高等职业教育市场营销专业系列教材

市场营销实务

(第二版)

主　编　皮菊云　袁　华
副主编　向林峰　江　朝　王　磬
　　　　张　会
参　编　陈　辉　赵　炜　唐　迈

南京大学出版社

图书在版编目(CIP)数据

市场营销实务 / 皮菊云,袁华主编. —2版. —南京:南京大学出版社,2017.8(2023.1重印)
ISBN 978-7-305-18822-0

Ⅰ.①市… Ⅱ.①皮… ②袁… Ⅲ.①市场营销学—高等学校—教材 Ⅳ.①F713.50

中国版本图书馆 CIP 数据核字(2017)第 129873 号

出版发行	南京大学出版社
社　　址	南京市汉口路 22 号　　邮　编　210093
出 版 人	金鑫荣

书　　名	**市场营销实务(第二版)**
主　　编	皮菊云　袁　华
责任编辑	李素梅　武　坦　　编辑热线 025-83597482
照　　排	南京开卷文化传媒有限公司
印　　刷	广东虎彩云印刷有限公司
开　　本	787×1092　1/16　印张 18.5　字数 462 千
版　　次	2017 年 8 月第 2 版　2023 年 1 月第 6 次印刷
ISBN	978-7-305-18822-0
定　　价	45.00 元

网　　址:http://www.njupco.com
官方微博:http://weibo.com/njupco
官方微信号:njuyuexue
销售咨询热线:(025)83594756

* 版权所有,侵权必究
* 凡购买南大版图书,如有印装质量问题,请与所购
　图书销售部门联系调换

前　言

　　随着我国市场经济体制改革的深入和发展,特别是加入世界贸易组织以来,我国经济的市场化程度越来越高,市场竞争更加激烈。当今中国市场的供求关系已经发生了根本性的变化,短缺经济态势已经基本消除,绝大多数产品已经形成了供过于求的局面,步入了买方市场,企业之间的竞争非常激烈。同时,我国企业不仅要面对来自本国市场的竞争压力,更要与越来越多的跨国企业进行"白刃化"的竞争。在市场营销方面,我国企业与跨国企业相比还有较大的差距,这也是造成我国企业在国际市场上缺乏竞争实力的重要原因之一。因此,在21世纪,在日趋开放的中国市场和世界市场上,我国企业的市场营销任重而道远。

　　要增强我国企业的市场竞争能力,就需要一大批既懂得现代营销理论知识,又掌握市场营销技能的专业人才。高等职业院校就是专门为培养具有高技能的应用型人才而服务的。编写实践性强的市场营销教材是培养高技能市场营销人才的重要手段。因此,我们组织了一批高职院校内长期从事市场营销教学、具有一定市场营销工作实际经验的教师编写了这本《市场营销实务》,希望通过本教材使学生树立正确的市场营销观念,了解基本的市场营销理论知识,培养必备的市场营销技能,从而为社会输送高技能的市场营销人才。本书作为高职院校的专门教材,可作为高职院校市场营销专业的核心课程教材、其他经管类专业的专业课程教材以及其他非经管类专业的选修课教材,也可作为成人高校的教学用书以及企业营销人员和管理人员的培训用书。

　　为了保证和提高高等职业教育的教学质量,结合当前高职学生的实际,我们专门组织了部分教学经验丰富的高职院校的教师,成立了"市场营销实务"课程编写组,商讨并制定了该课程的教学大纲,规范该课程的基本教学内容。本书在编写的过程中主要突出以下几点:

　　(1) 本教材是一本以营销工作过程为导向,真正实现"项目驱动、任务引领"的高职高专市场营销教材。本书以营销工作的一般流程为主线来设计教材的内容,在不改变核心理论的前提下将知识内容进行了重组,真正做到"理论够用、突出技能",将理论的基础地位变为对实践操作的服务地位。每一项任务中都安排了案例分析项目和实训操作项目,让学生"在案例中学,在实训中做",使学生真正做到边做边学、工学结合。

　　(2) 在教学内容的安排上,本教材按照营销的工作流程,设计了10项工作任务:树立现代市场营销观念、规划企业战略与市场营销管理、分析市场营销环境、分析消费者市场和组织市场、组织市场营销调研、选择目标市场、制定产品策略、制定价格策略、制定分销渠道策略、制定促销组合策略。最后,根据营销理论和实践的新发展,设计了第11项工作任务——创新市场营销,为学生的长期发展奠定基础。

　　(3) 在教材的编写体例上,本书每一项工作任务都是按照"任务目标"、"导入案例"、"理论指导"、"课后自测"、"案例分析"、"实训操作"的顺序编写。有些任务中根据需要设置"知识扩展"部分,是对相关知识的介绍或相关营销理论的介绍,用于学生扩大知识面。通过案例引起读者的兴趣,引导他们主动地去学习和掌握市场营销的基础知识和基本原理。本书每一项任务的"导入案例"都进行了精辟的案例评析,这不仅有利于读者更好地掌握案例,也有利于帮助读者掌握"案例分析"这一重要的学习方法。

(4) 在教材的编写方法上,本书突出技能的培养。书中设置了大量的案例用来扩大读者的知识面,提高读者的学习兴趣,培养读者的分析能力。"实训操作"部分考查的都是市场营销工作所必须具备的技能,是根据高职高专学生的实际情况设置的,既符合学生的现有知识、能力水平,又具有一定的挑战性。通过实践活动,培养学生的动手能力,提高学生的操作技能。

(5) 本书编者都是来自于高职院校教学一线、教学经验丰富的教师,对高职学生了解全面,认识深刻,编写具有较强的针对性和实用性。

本书由皮菊云、袁华担任主编,向林峰、江朝、王磐、张会担任副主编,陈辉、赵炜、唐迈参与编写。编写人员分工如下:湖南化工职业技术学院皮菊云编写任务1、任务6;湖南化工职业技术学院袁华编写任务2、任务4;湖南化工职业技术学院江朝编写任务3;湖南化工职业技术学院向林峰编写任务5;江西制造职业技术学院王磐编写任务10;湖南化工职业技术学院陈辉编写任务7;南昌职业学院张会编写任务9;湖南化工职业技术学院赵炜编写任务8,湖南化工职业技术学院唐迈编写任务11。由皮菊云负责本书的框架构建、统稿和定稿等事宜。

本书在编写过程中,得到了湖南化工职业技术学院、江西制造职业技术学院、南昌职业学院的院系领导的大力支持,还得到了南京大学出版社的鼎力相助,在此一并表示真诚的感谢。同时,本书在编写过程中,参阅和引用了大量的书籍和案例,在此,特向所有作者表示诚挚的谢意!

由于时间仓促和编者水平有限,书中难免存在疏漏和不妥之处,恳请专家、读者批评指正。

皮菊云
2017 年 6 月

目 录

任务 1 树立现代市场营销观念 ……………………………………………（1）
　【任务目标】…………………………………………………………………（1）
　【导入案例】…………………………………………………………………（1）
　【理论指导】…………………………………………………………………（2）
　1.1　明确市场营销的定义和内涵 ……………………………………………（3）
　1.2　理解市场营销的核心概念 ………………………………………………（6）
　1.3　把握市场营销观念的发展 ………………………………………………（10）
　1.4　了解市场营销组合 ………………………………………………………（16）
　【实训操作】…………………………………………………………………（20）

任务 2 规划经营战略与市场营销管理 …………………………………（21）
　【任务目标】…………………………………………………………………（21）
　【导入案例】…………………………………………………………………（21）
　【理论指导】…………………………………………………………………（22）
　2.1　了解企业战略规划的内容与步骤 ………………………………………（22）
　2.2　把握市场营销管理过程 …………………………………………………（31）
　2.3　制定竞争性市场营销战略 ………………………………………………（37）
　【实训操作】…………………………………………………………………（42）
　【知识扩展】…………………………………………………………………（43）

任务 3 分析市场营销环境 …………………………………………………（47）
　【任务目标】…………………………………………………………………（47）
　【导入案例】…………………………………………………………………（47）
　【理论指导】…………………………………………………………………（48）
　3.1　明确市场营销环境的含义 ………………………………………………（48）
　3.2　分析市场营销微观环境 …………………………………………………（49）
　3.3　分析市场营销宏观环境 …………………………………………………（53）
　3.4　掌握分析市场营销环境的方法 …………………………………………（61）
　【实训操作】…………………………………………………………………（66）
　【知识扩展】…………………………………………………………………（67）

任务 4 分析消费者市场和组织市场 ……………………………………（68）
　【任务目标】…………………………………………………………………（68）

【导入案例】……………………………………………………………………（68）
　　　【理论指导】……………………………………………………………………（69）
　　　4.1　分析消费者市场 …………………………………………………………（70）
　　　4.2　分析组织市场购买行为 …………………………………………………（81）
　　　【实训操作】……………………………………………………………………（89）

任务5　组织市场营销调研 …………………………………………………………（90）
　　　【任务目标】……………………………………………………………………（90）
　　　【导入案例】……………………………………………………………………（90）
　　　【理论指导】……………………………………………………………………（91）
　　　5.1　设计市场调查问卷 ………………………………………………………（91）
　　　5.2　组织市场营销调研 ………………………………………………………（100）
　　　5.3　创建市场营销信息系统 …………………………………………………（108）
　　　【实训操作】……………………………………………………………………（111）

任务6　选择目标市场 ………………………………………………………………（114）
　　　【任务目标】……………………………………………………………………（114）
　　　【导入案例】……………………………………………………………………（114）
　　　【理论指导】……………………………………………………………………（115）
　　　6.1　组织市场细分 ……………………………………………………………（116）
　　　6.2　选择目标市场 ……………………………………………………………（125）
　　　6.3　确定市场定位 ……………………………………………………………（131）
　　　【实训操作】……………………………………………………………………（136）

任务7　制定产品策略 ………………………………………………………………（138）
　　　【任务目标】……………………………………………………………………（138）
　　　【导入案例】……………………………………………………………………（138）
　　　【理论指导】……………………………………………………………………（139）
　　　7.1　理解产品整体概念 ………………………………………………………（140）
　　　7.2　制定产品组合策略 ………………………………………………………（143）
　　　7.3　把握产品市场生命周期 …………………………………………………（146）
　　　7.4　制定品牌策略 ……………………………………………………………（151）
　　　7.5　制定包装策略 ……………………………………………………………（159）
　　　7.6　制定新产品开发策略 ……………………………………………………（162）
　　　【实训操作】……………………………………………………………………（169）

任务8　制定价格策略 ………………………………………………………………（172）
　　　【任务目标】……………………………………………………………………（172）
　　　【导入案例】……………………………………………………………………（172）
　　　【理论指导】……………………………………………………………………（173）
　　　8.1　分析影响产品定价的因素 ………………………………………………（173）
　　　8.2　掌握制定价格策略的步骤 ………………………………………………（179）

8.3　确定产品定价的方法 ……………………………………………………(181)
　　8.4　制定产品定价的策略 ……………………………………………………(188)
　　【实训操作】………………………………………………………………………(197)

任务 9　制定分销渠道策略 ………………………………………………………(199)
　　【任务目标】………………………………………………………………………(199)
　　【导入案例】………………………………………………………………………(199)
　　【理论指导】………………………………………………………………………(200)
　　9.1　了解分销渠道的内涵与类型 ……………………………………………(200)
　　9.2　设计分销渠道 ……………………………………………………………(206)
　　9.3　管理分销渠道 ……………………………………………………………(209)
　　9.4　认识中间商 ………………………………………………………………(217)
　　9.5　了解产品实体分配过程 …………………………………………………(223)
　　【实训操作】………………………………………………………………………(229)

任务 10　制定促销组合策略 ……………………………………………………(230)
　　【任务目标】………………………………………………………………………(230)
　　【导入案例】………………………………………………………………………(230)
　　【理论指导】………………………………………………………………………(232)
　　10.1　认识促销组合 …………………………………………………………(232)
　　10.2　认识人员推销 …………………………………………………………(237)
　　10.3　认识广告促销 …………………………………………………………(243)
　　10.4　认识公共关系 …………………………………………………………(251)
　　10.5　认识营业推广 …………………………………………………………(256)
　　【实训操作】………………………………………………………………………(259)

任务 11　创新市场营销 …………………………………………………………(261)
　　【任务目标】………………………………………………………………………(261)
　　【导入案例】………………………………………………………………………(261)
　　【理论指导】………………………………………………………………………(262)
　　11.1　认识绿色营销 …………………………………………………………(262)
　　11.2　认识关系营销 …………………………………………………………(266)
　　11.3　认识体验营销 …………………………………………………………(270)
　　11.4　认识网络营销 …………………………………………………………(273)
　　11.5　认识整合营销 …………………………………………………………(278)
　　【实训操作】………………………………………………………………………(282)

参考文献 ……………………………………………………………………………(285)

任务1　树立现代市场营销观念

【任务目标】

知识目标：
1. 理解市场营销的定义和内涵；
2. 理解市场营销的核心概念；
3. 了解市场营销观念的演变过程。

能力目标：
1. 能树立现代营销观念；
2. 能掌握案例分析的技巧。

【导入案例】

苹果手机营销策略

随着互联网时代的到来，智能手机已经成为人们不可或缺的工具。在众多的手机品牌中，来自美国的苹果手机脱颖而出，在中国市场掀起令人惊奇的"苹果热潮"。人们排着队抢购苹果手机，相当一部分人以拥有苹果手机为荣，更有甚者卖肾换"苹果"，也因此有人戏谑地称之为"肾机"。在这种近乎盲目的狂热背后，究竟是什么在吸引着消费者，或者说到底是什么样的经营策略推动了这种"苹果狂潮"？

苹果公司非常重视先进技术的研发工作。苹果拥有强大的研究机构，目的就是为了在未来的市场竞争中占有一席之地。市场上的消费电子类企业一向致力于发现消费者的需求，继而迎合需求，然而苹果走的是一条完全不同的路——创造需求。面对种类繁杂的电子产品市场，消费者多数时候并不知道自己真正需要什么。在这种情况下，他们选择的是风险最小的，也就是价钱最低的。手机行业曾经的霸主诺基亚，通过推出1 000多种不同型号的手机，成功地将有不同层次需求的消费者一网打尽，但这也导致了诺基亚倒退到工业生产时代的老路上，生产而不再创造。反观苹果，其思路是，不去问消费者他们想要什么，而是去创造那些他们需要但表达不出来的需求。苹果的产品通过完美的消费体验，为消费者提供了一种新的生活方式，从而创造出新的需求。而这些需求是市场上别的产品满足不了的，消费者要想获得这种完美的用户体验，唯一的选择就是购买苹果的产品。

在屏幕上，用户只要用两根手指张开或合拢，就能调整图像大小；根据环境光线的强弱，

iPhone 能自动调节屏幕的亮度，也能感受用户是纵向还是横向拿着手机，从而自动将图像以合适的方式显示。这些创新的技术对于消费者来说，是一种全新而实用的体验，自然而然地，新的需求就被创造出来了。苹果在研发流程中，始终都贯彻着创造需求、走差异化路线的思想。无形的用户体验和新的需求为苹果的产品创造出巨大的价值，这也为苹果公司的成功打下了坚定的基础。

另外，乔布斯总是以其独具特色的风格向消费者介绍苹果手机，他的言谈举止向世人传达着他偏执但追求完美、反叛而标新立异的个性，并将这种个性融入苹果文化进而推向世界。尽管他已经逝世，但他造就的苹果文化依旧深深地烙在了消费者的心中，并且让消费者对这一性格和文化高度认同。在许多消费者看来，苹果已经不再是单纯的通讯娱乐工具，而是一种文化、一种性格的载体，并以拥有这种文化为荣。

【思考】
苹果手机成功的根本原因是什么？

【简要评析】
苹果的成功绝非偶然，它的研发、生产和营销策略也不是相互独立、毫无联系的。苹果的研发战略使其产品获得了很高的价值，决定了产品的竞争优势不在于先进的硬件，而是优秀流畅的操作系统和出色的用户体验，这就是一种产品差异化的过程。回顾苹果的成功之路，无不体现着"创新"二字。研发策略中苹果始终注重用户体验，而不是盲目的硬件升级。营销策略也没有采取保守的做法，而是大胆地发布产品前，营造一种神秘的气氛，发布后控制供货量，采取高定价，成功地提升了品牌形象，公司的营业收入和利润也大幅上升。苹果的成功无法复制，因为苹果走的是一条创新的路，创新是无法模仿的。

理念是最重要的，苹果的理念是顾客至上，设计产品的过程中始终考虑着用户的感受，从细节入手，务求产品能让顾客用得最舒服、最愉悦。中国手机商应该学习应用这个理念，而不是一味地追求外观的时尚和低廉的价格，忽略了用户在使用产品的过程中的感受。企业能获得快速成长，靠的是消费者，企业能否赢得消费者的支持就在于企业的产品能否为消费者创造实实在在的价值，我国手机厂商也应接受、消化这个理念，从消费者的角度去设计研发产品。

【理论指导】

在市场经济高速发展的 21 世纪，任何企业都与市场存在着千丝万缕的联系。企业作为市场系统的活动主体之一，只有同市场保持经常性的输入输出关系，进行物质的、劳务的、信息的交换或置换，才能求得生存与发展。市场不仅是企业生产经营活动的起点和终点，是企业与外界建立协作关系、竞争关系的传导和媒介，也是企业生产经营活动成功与失败的评判者。市场营销则是企业与市场进行联系的最主要的活动形式，企业需要通过各种市场营销活动去认识市场，适应市场，甚至驾驭市场。

1.1 明确市场营销的定义和内涵

1.1.1 了解市场及其相关概念

1. 市场的概念

市场是商品经济的范畴，它是社会分工和商品生产的产物，是商品经济中社会分工的表现。任何企业都与市场存在着千丝万缕的联系，只要社会上存在商品生产和商品交换，就必然存在着与之相适应的市场。最初，市场是人们进行商品买卖的场所，即买方与卖方聚集在一起交换货物的场所。通常，市场是人烟稠密和交通发达之地，是城市和集镇的主要组成部分。现实市场的形成要有三个基本条件：消费者（用户）一方需要或欲望的存在，并拥有其可支配的交换资源；存在由另一方提供的能够满足消费者（用户）需求的产品或服务；要有促成交换双方达成交易的各种条件，如双方接受的价格、时间、空间、信息和服务方式等。然而，按照经济学上的理解，市场是指商品交换关系和供求关系的总和。在商品生产经营者看来，市场就是有购买力的需求的总和。如美国著名的市场营销学家菲利普·科特勒（Philip Kotler）认为："市场是由所有潜在的客户组成的。这些客户具有一个共同的特殊需求和欲望，并愿意和有能力进行交换以满足这种需求和欲望。"因此，市场营销学中市场的定义为：具有特定需求和欲望而且愿意并能够通过交换来使需求和欲望得到满足的全部顾客的总和。

从市场营销角度来看，卖方构成行业，买方构成市场。市场就是指需求方，不包括供应方。市场的形成有三个基本因素：人口、购买力和购买欲望。用公式表示就是：

$$市场 = 人口 + 购买力 + 购买欲望$$

市场的这三个因素是相互制约、互为条件的，共同构成现实的市场，并决定市场的规模。其中，人口是组成市场的基本细胞，购买力是组成现实市场的物质基础，购买欲望则是购买力得以实现的条件。首先，顾客实质上都是由人构成的，人口密度较小的地区其市场潜力是非常有限的。其次，如果一个国家或地区人口众多，但收入很低，购买力有限，就不能构成很有潜力的市场。最后，如果产品不适合需要，不能引起顾客的购买欲望，对销售者来说，仍然不能成为现实的市场。

2. 市场的相关概念

(1) 需求

需求是市场最核心的概念。市场营销者考察市场主要就是考察需求。需求是指消费者在某一特定时期内，在每一价格水平上愿意而且能够购买的商品数量。需求必须具备两个基本条件：一是消费者愿意购买；二是消费者有支付能力。因此，我们所研究的需求是指有效需求。没有支付能力的需求只能看作消费者的欲望。例如，许多人想购买豪华轿车，但是没有相应的支付能力，他们的需求就不是有效需求，也不会成为豪华轿车的生产者或经营者的目标顾客。因此，市场营销者不仅要了解有多少消费者欲求其产品，还要了解他们是否有能力购买,进而通过使产品富有吸引力、适应消费者的支付能力且使之容易得到来影响其需求。

影响市场需求的因素很多,概括起来主要有以下几种:① 商品本身的价格。一般来说,商品本身价格高,需求就会少;价格低,需求就会多。② 其他商品的价格。主要是指互补品和替代品。两种互补商品之间价格与需求呈反方向变动;两种替代商品之间价格与需求呈同方向变动。③ 消费者的收入水平。收入水平提高会使需求增加,收入水平下降会使需求减少。④ 消费者偏好。偏好就是消费者对某种商品的喜欢和偏爱。随着社会生活水平的提高,消费不仅要满足人们的生理需求,还要满足心理和社会需求,因此,消费者偏好,即社会消费风尚的变化对需求的影响很大。⑤ 消费者对未来的预期。如果消费者预期未来收入或价格水平上升,则会增加现在的需求;反之,则会减少现在的需求。⑥ 人口数量和结构的变化。人口是构成市场的最基本的因素。人口数量的增减会使需求发生同方向变动,人口结构的变动则主要影响需求的构成。⑦ 政府的消费政策。例如,政府提高利率会使消费减少,政府降低利率会使消费增加。

(2) 供应

供应是现实市场形成的必备条件之一。市场不仅要有买者,还必须要有卖者,交易才能完成。供应是指在某一特定时期内,在各种可能的价格下生产某种商品的生产者愿意并且能够提供的该种商品的数量。供应也必须具备两个基本条件:一是生产者愿意供应。一般来说,只要产品的市场价格比较合理,对企业来说有利可图,企业就愿意供应。二是生产者能够供应。企业受其生产资源的限制和影响,不能无限制地扩大生产规模,提高商品的供应量。商品的供应也受很多因素的影响,如企业的经营目标、商品本身的价格、生产要素的价格、其他商品的价格、厂商对未来的预期、生产技术的变动、政府的政策等。

(3) 竞争

竞争是市场的基本特征之一,也是企业在市场上从事生产经营活动所必须重点考虑的问题。一般意义上的竞争是指生产经营同类产品的企业之间所进行的一种相互比较、相互促进的活动。市场竞争一般具备三个特点:一是竞争主要发生在市场主体之间;二是竞争的目的是为了获得有利的市场条件和尽量多的经济利益;三是竞争的结果导致优胜劣汰。

对待市场竞争,企业要有正确的认识:第一,竞争是不可避免的。企业在市场上从事生产经营活动,只要不是存在绝对的垄断(在现实生活中,绝对垄断是不存在的),总免不了要与同类产品的其他生产者开展竞争,企业只能想办法在市场竞争中占据一个有利的位置。第二,市场竞争是有利于企业发展的。市场竞争并不是一个你死我活的斗争过程,而是通过企业之间的相互比较和学习,促使企业在生产经营方面做出改进并不断进步的过程。

按照市场竞争状况的不同,可以将市场分为买方市场和卖方市场。产品供过于求,因而对买方有利的市场就是买方市场;产品供不应求,因而对卖方有利的市场就是卖方市场。买方市场上的竞争主要集中在卖方之间,即竞卖;卖方市场上的竞争则主要集中在买方之间,即竞买。目前绝大多数市场都已经由卖方市场走向买方市场,因此,企业之间的竞争将会越来越激烈。

1.1.2 掌握市场营销的含义

1. 市场营销的定义

"市场营销"一词,是由英文"Marketing"转译而来。"市场营销"起源于20世纪初,但时至今日,关于市场营销的定义,理论界并无定论。对于什么是企业的市场营销,曾经有过多种宽窄不一、重点有别的表述。美国市场营销协会(AMA)在1960年给市场营销下过这样的定义:"市场营销是引导货物和劳务从生产者流向消费者或用户的企业商务活动过程。"由于这一定义界定范围过于狭窄,仅把市场营销局限于商品的流通领域范围内,难以适应市场营销发展的需要。因此,该协会在1985年又把市场营销定义为:"市场营销是关于构思、货物和服务的设计、定价、促销和分销的规则与实施过程,目的是创造能实现个人和组织目标的交换。"除此之外,还有许多的管理学家或营销学者对市场营销下过不一样的定义。

本书采用当代营销学权威菲利普·科特勒的定义:市场营销是通过创造和交换产品及价值,从而使个人或群体满足欲望和需求的社会过程和管理过程。这个概念包括三个层次:第一,人类的需求和欲望是市场营销的起点,市场营销的最终目标是"使个人或群体满足欲望和需求"。企业应了解顾客的需求与欲望并通过企业的营销活动来满足他们的需求和欲望,在此基础上实现企业赢利的目标。另外,为了更好地满足顾客的需求,企业要不断地创造和引导需求。第二,"交换"是市场营销的核心。交换是市场营销活动得以进行的基本条件,也是满足人们需求的重要手段。市场营销的直接目的就是要促使交换的实现,从而满足顾客的需求。第三,市场营销是"社会过程和管理过程",是综合性的企业活动。市场营销活动过程包括市场调研、选择目标市场、产品开发、产品定价、渠道选择、产品促销、产品储存和运输、产品销售、提供服务等一系列与市场有关的企业经营活动。市场营销活动既包括企业在流通领域内进行的活动(如分销、促销),也包括生产过程的产前活动(如市场调研、产品开发)和售后活动(如售后服务、跟踪调查)。

2. 几种常见的市场营销概念误区

(1) 市场营销就是推销

这是一种比较有代表性的营销概念误区。持这种观点的人把营销等同于推销,认为市场营销就是要想尽办法把货物推销出去。这种认识显得相当褊狭。事实很简单,如果企业不能生产出适销对路的产品,产品不能满足顾客的需求,那么不管推销工作如何精彩,也是枉然,因为顾客一般是不会购买不能满足自身需求的产品的。

现代市场营销学认为,推销是市场营销活动的一个组成部分,但不是最重要的部分;推销是企业营销人员的职能之一,但不是最重要的职能。如果企业搞好市场营销研究,了解购买者的需求,按照购买者的需求来设计和生产适销对路的产品,同时合理定价,做好渠道选择、销售促进等市场营销工作,那么这些产品就能轻而易举地销售出去。正如美国著名的管理学家彼得·德鲁克(Peter Drucker)所说:"人们总是认为某种推销还是必要的,但营销的目的却是使推销成为不必要。"

(2) 市场营销就是销售

持这种观点的人认为市场营销就是卖东西,市场营销工作的任务就是将企业已经生产出来的产品销售出去。与上述观点一样,这种观点也是非常狭隘的。其实,营销与销售的区别非常明显:销售重视的是卖方的需要,营销重视的则是买方的需要。销售以卖方为主,卖方的需要是如何将它的产品卖出去,从而谋取利润。营销则是考虑如何更好地满足顾客的需要,根据顾客的需要来设计产品,确定产品质量,增加花色品种;根据顾客的需要来制定产品的价格,使顾客愿意接受;根据顾客的需要来确定销售渠道,处处方便顾客;根据顾客的需要进行促销,及时传播与顾客相关的市场信息。

(3) 市场营销就是为了赢利

持这种观点的人也不在少数。他们认为一切市场营销活动的直接目的就是赢利,或者说赚钱,只要是赢利的,就是可为的。这种观点是很危险的。诚然,任何营利性企业都会以追求利润最大化作为自己的主要目标,而市场营销则是实现产品价值的主要渠道,也是企业获取利润的主要途径。但是,现代经济学或管理学所强调的利润最大化是企业长期利润最大化。企业应该通过更好地满足顾客的需要来促使顾客购买本企业产品,从而达到赢取利润的目的,而不能通过坑骗、欺瞒甚至逼迫顾客来赢利。也就是说,市场营销要以正当的、合法的手段来获取合理的利润。

另外,在市场营销实践活动中经常出现这种情况:某一次或某几次的市场营销活动都是不赢利的,甚至是亏损的,却能换来长期的赢利。这就说明,并不是每一次交换企业都要追求赢利,只要能达到长期利润最大化的目标,短期亏损也是可以接受的。

1.2 理解市场营销的核心概念

市场营销涉及以下问题:其出发点,即满足消费需求;以何种产品来满足消费需求;如何才能满足消费者需求,即通过哪种交换方式;产品在何时、何处交换;谁来实现产品与消费者的连接等。可见,市场营销的核心概念应当包含需求及相关的欲望、需要,产品及相关的效用、价值和满足,交换及相关的交易和关系,市场、市场营销及市场营销者。因此,市场营销涉及以下核心概念:需要、欲望和需求,产品,效用、价值和满足,交换、交易和关系,市场,市场营销与市场营销者。

1.2.1 需要、欲望和需求

需要是指消费者生理及心理的需求,如人们为了生存,有食物、衣服、房屋等生理需求。另外,消费者还有安全、归属感、尊重和自我实现等心理需求。市场营销者不能创造这种需要,而只能适应它。

欲望是指消费者深层次的需求。不同背景下的消费者欲望不同,比如中国人需求食物则欲望大米饭,法国人需求食物则欲望面包,美国人需求食物则欲望汉堡包。人的欲望受社会因素及机构因素,诸如职业、团体、家庭、教会等影响。因而,欲望会随着社会条件的变化而变化。市场营销者能够影响消费者的欲望,如建议消费者购买某种产品。需求则是指有支付能力和愿意购买某种物品的欲望。可见,消费者的欲望在有购买力做后盾时就变为需求。许多人想购买奥迪牌轿车,但只有具有支付能力的人才能购买。因此,市场营销者不仅要了解有多少消费者欲望其产品,还要了解他们是否有能力购买。

人类的需要和欲望是市场营销活动的出发点。需要是没有得到某些基本满足的感受状态。欲望是想得到基本需要的具体满足物的愿望。而需求是对于有能力购买并且愿意购买的某个具体产品的欲望。人类为了生存,需要食品、衣服、住所、安全、归属、受人尊重等,这些需要可用不同方式来满足。人类的需要有限,但其欲望却很多。当具有购买能力时,欲望便转化成需求。将需要、欲望和需求加以区分,其重要意义就在于阐明这样一个事实:市场营销者并不创造需要,需要早就存在于市场营销活动出现之前;市场营销者,连同社会上的其他因素,只是影响了人们的欲望,并试图向人们指出何种特定产品可以满足其特定需要,进而通过使产品富有吸引力、适应消费者的支付能力且使之容易得到来影响其需求。

1.2.2　产品

人类靠产品来满足自己的各种需要和欲望。因此,可将产品表述为能够用以满足人类某种需要或欲望的任何东西。产品包括有形与无形的、可触摸与不可触摸的。有形产品是为顾客提供服务的载体。无形产品或服务是通过其他载体,诸如人、地、活动、组织和观念等来提供的。当人们感到疲劳时,可以到音乐厅欣赏歌星唱歌(人),可以到公园去游玩(地),可以到室外散步(活动),可以参加俱乐部活动(组织),或者接受一种新的意识(观念)。服务也可以通过有形物体和其他载体来传递。实体产品的重要性不仅在于拥有它们,更在于通过使用它们来满足人们的欲望。人们购买小汽车不是为了观赏,而是因为它可以提供一种叫作交通的服务。所以,实体产品实际上是向人们传送服务的工具。如果生产者关心产品甚于关心产品所提供的服务,那就会陷入困境。过分钟爱自己的产品,往往导致忽略顾客购买产品是为了满足某种需要这样一个事实。人们不是为了产品的实体而买产品,而是因为产品的实体是服务的外在表现,即通过购买某种产品的实体能够获得自己所需要的服务。市场营销者的任务,是向市场展示产品的实体中所包含的利益或服务,而不能仅限于描述产品的形貌。否则,企业将导致"市场营销近视",即在市场营销管理中缺乏远见,只看见自己的产品质量好,看不见市场需要在变化,最终使企业经营陷入困境。

1.2.3　效用、价值和满足

在对能够满足某一特定需要的一组产品进行选择时,人们所依据的标准是各种产品的效用和价值。效用是消费者对满足其需要的产品的全部效能的估价,是指产品满足人们欲望的能力。效用实际上是一个人的自我心理感受,它来自人的主观评价。

例如,某消费者到某目的地去的交通工具,可以是自行车、汽车、火车、飞机等。这些可供选择的产品构成了产品的选择组合。又假设某消费者要求满足不同的需求,即速度、安全、舒适及节约成本,这些构成了其需求组合。这样,每种产品有不同能力来满足其不同需要。比如,自行车省钱,但速度慢,欠安全;飞机速度快,但成本高。消费者要决定一项最能满足其需要的产品。为此,将最能满足其需求到最不能满足其需求的产品进行排列,从中选择出最接近理想产品的产品,它对顾客效用最大,如顾客到某目的地所选择理想产品的标准是安全、速度,他可能会选择火车。

顾客选择所需的产品除效用因素外,产品价格亦是因素之一。如果顾客追求效用最大化,他就不会简单地只看产品表面价格的高低,而会看每一元钱能产生的最大效用,如一部好汽车价格比自行车昂贵,但由于速度快、修理费少、相对于自行车更安全,其效用可能更大,从而更能满足顾客需求。这就涉及价值的概念。

价值是一个很复杂的概念,也是一个在经济思想中有着很长历史的概念。马克思认为,价值是把人类劳动当作商品共有的社会实体的结晶,商品价值量的多少由社会必要劳动时间来决定,而"社会必要劳动时间是在现有的社会正常的生产条件下,在社会平均的劳动熟练程度和劳动强度下制造某种使用价值所需要的劳动时间"(《马克思恩格斯全集》第23卷,第52页)。市场营销中所讲的价值很多时候却主要是指消费者心目中对产品效用的理解,是一种心理上的概念。绝大多数消费者并不能很明确地知道产品的社会必要劳动时间是多少,但是,在每一个消费者心目中,却有着对具体产品的效用评价,消费者称之为价值评价,这一评价的结果直接影响了消费者的购买态度。例如,有些工艺品可能花费了制造者的很多劳动时间,也可能很有艺术价值,但是对有些消费者来说,这件工艺术只是一个摆设,仅此而已,他并不认为这件产品的价值有多高。

【知识扩展】

顾客让渡价值

顾客让渡价值是菲利普·科特勒在《营销管理》一书中提出来的,他认为,顾客让渡价值是指顾客总价值(Total Customer Value)与顾客总成本(Total Customer Cost)之间的差额。顾客总价值是指顾客购买某一产品与服务所期望获得的一组利益,它包括产品价值、服务价值、人员价值和形象价值等。顾客总成本是指顾客为购买某一产品所耗费的时间、精神、体力以及所支付的货币资金,包括货币成本、时间成本、精神成本和体力成本。

顾客让渡价值决定顾客购买行为。由于顾客在购买产品时,总希望把有关成本包括货币、时间、精神和体力等降到最低限度,而同时又希望从中获得更多的实际利益,以使自己的需要得到最大限度的满足,因此,顾客在选购产品时,往往从价值与成本两个方面进行比较分析,从中选择出价值最高、成本最低,即顾客让渡价值最大的产品作为优先选购的对象。

顾客让渡价值是市场营销活动的核心。现代市场营销强调通过满足顾客需求来实现企业利益的最大化,而满足顾客需求的最佳办法是向顾客提供高顾客让渡价值。企业为在竞争中战胜对手,吸引更多的潜在顾客,就必须向顾客提供比竞争对手具有更多顾客让渡价值的产品,这样,才能使自己的产品为消费者所注意,进而购买本企业的产品。为此,企业可从两个方面改进自己的工作:一是通过改进产品、服务、人员与形象,提高产品的总价值;二是通过降低生产与销售成本,减少顾客购买产品的时间、精神与体力的耗费,从而降低货币与非货币成本。

顾客让渡价值的应用:

假定一家公司(A公司)为了工作需要计划购买一套办公设备,目前它有两家可以选择的设备提供商——B公司和C公司。

在同两家供应商几次洽谈之后,基本情况和A公司的大体印象如下:

(1) B、C两家公司的销售人员都十分详尽地介绍了他们的产品,相比较而言B公司职员给人感觉更加专业,知识更丰富一些,而且耐心、诚恳度、责任心等方面表现得更好。

(2) 在设备的性能可靠性、耐用性等方面 B 公司的产品比 C 公司的产品具有一定的优势。

(3) B 公司在服务的提供上(送货服务、技术培训、维修保养、保证期限等)所做的承诺也比 C 公司略占优势。

在 A 公司看来，B 公司提供了比较好的产品价值、服务价值、人员价值和形象价值，很显然，从整体顾客价值这方面来说，B 公司优于 C 公司。

但这并不意味着 A 公司就一定会选择 B 公司而放弃 C 公司，因为 A 公司还要评估整体顾客成本。A 公司首先要评估购买两家公司产品分别要付出的货币成本，此外，购买和使用产品所要付出的时间成本、体力成本和精力成本也在 A 公司的评估范围，而最终 A 公司选择哪家公司的设备，则取决于整体顾客价值和整体顾客成本的差额。很显然，如果 A 公司认为 B 公司的整体顾客成本太高，尽管 B 公司的整体顾客价值高于 C 公司，A 公司还是有可能选择购买后者的办公设备。

1.2.4 交换、交易和关系

交换是市场营销的核心概念。当人们决定以交换方式来满足需要或欲望时，就存在市场营销了。所谓交换，是指通过提供某种东西作为回报，从别人那里取得所需物品的行为。交换的发生，必须具备五个条件：① 至少有两方；② 每一方都有被对方认为有价值的东西；③ 每一方都能沟通信息和传送物品；④ 每一方都可以自由接受或拒绝对方的产品；⑤ 每一方都认为与另一方进行交换是适当的或称心如意的。具备了上述条件，就有可能发生交换行为。但交换能否真正发生，取决于双方能否找到交换条件，即交换以后双方都比交换以前好(至少不比以前差)。

交换是一个过程，而不是一个事件。如果双方正在洽谈并逐渐达成协议，称为在交换中。如果双方通过谈判并达成协议，交易便发生了。交易是交换的基本组成部分。交易是指买卖双方价值的交换，它是以货币为媒介的，而交换不一定以货币为媒介，它可以是物物交换。交易涉及几个方面，即两件有价值的物品，双方同意的条件(含时间、地点等)，还有来维护和迫使交易双方执行承诺的法律制度。

关系在现代市场营销中的作用极为重要。处理好企业同顾客的关系可以减少交易费用和时间，并通过企业同市场营销中介建立起的牢固的业务关系最终建立起市场营销网络。企业不应只看重某一次交易能否成功，能给企业带来多少利润，而应着眼于长远利益，保持并发展与顾客的长期关系。

1.2.5 市场

市场营销学主要研究作为销售者的企业的市场营销活动，即研究企业如何通过整体市场营销活动，适应并满足买方的需求，以实现经营目标。站在销售者市场营销的立场上，同行供给者即其他销售者都是竞争者，而不是市场。卖方构成行业，而买方构成市场。企业在决定进入某一市场之前，必须首先对该市场的市场容量进行探测，只有市场容量较大，目前还没有得到全部满足且市场容量没有饱和的市场，才是企业可以有所作为、能为企业带来较高利润的市场。

1.2.6 市场营销与市场营销者

由上述分析,我们可以将市场营销理解为与市场有关的人类活动。在交换双方中,如果一方比另一方更主动、更积极地寻求交换,则前者称为市场营销者,后者称为潜在顾客。所谓市场营销者,是指希望从别人那里取得资源并愿意以某种有价之物作为交换的人。市场营销者可以是卖主,也可以是买主。在买方市场上,因为竞争主要存在于卖主之间,因此市场营销者一般是指卖主。但也有例外,假如有几个人同时想买正在市场上出售的某种奇缺产品,每个准备购买的人都尽力使自己被卖主选中,这些购买者就都在进行市场营销活动,他们就是市场营销者。在另一种场合,买卖双方都在积极寻求交换,那么,我们就把双方都称为市场营销者,并把这种情况称为相互市场营销。

1.3 把握市场营销观念的发展

企业的营销活动是在一定的市场营销观念指导下进行的。所谓市场营销观念,是企业在开展市场营销活动的过程中,在处理企业、顾客和社会三者利益方面所持的态度、思想和观念,也称营销哲学。市场营销观念的核心问题是:以什么为中心来开展企业的生产经营活动。市场营销观念正确与否,直接关系到营销活动的成败和企业的兴衰。了解市场营销观念的演变,对于企业更新观念,加强市场营销管理,具有十分重要的意义。

1.3.1 了解市场营销观念的演变过程

市场营销观念是随着商品经济的发展而产生和演进的。在产业革命之前的漫长岁月里,由于商品交换制度还停留在极其简单的基础上,市场营销仅处于萌芽阶段。随着产业革命的到来,小作坊生产让位于机器化大生产,商业活动变得更复杂了,买卖双方之间个人对个人的关系越来越少,市场营销有了长足的发展,随之市场营销观念逐渐形成并不断发展。一般认为,有代表性的市场营销观念有五种:生产观念、产品观念、推销观念、市场营销观念、社会市场营销观念。其中,生产观念、产品观念和推销观念统称为传统营销观念,市场营销观念和社会市场营销观念统称为现代营销观念。

1. 生产观念

生产观念是指导销售者行为的最古老的观念之一。这种观念的基本内容是:企业以改进、增加生产为中心,生产什么产品就销售什么产品。这种观念认为,消费者喜欢那些可以随处买得到而且价格低廉的产品,企业应致力于提高生产效率和销售效率、扩大生产、降低成本以扩展市场。企业很少考虑或者说没有必要去考虑是否存在不同的具体需求,因而也谈不上开展市场调研活动。很显然,生产观念是一种重生产、轻市场营销的营销哲学。

生产观念是在卖方市场条件下产生的,其不重视市场营销的最根本原因是在当时大多数产品供不应求,只要有生产必定有销路。在资本主义工业化初期和第二次世界大战末期及战后一段时期内,由于物资短缺,市场产品供不应求,生产观念在企业经营管理中颇为流行。我国在计划经济旧体制下,由于市场产品短缺,企业不愁其产品没有销路,工商企业在其经营管理中也奉行生产观念。其具体表现为：工业企业集中力量发展生产，不重视市场营销，以产定销；商业企业集中力量抓货源，工业企业生产什么就收购什么，工业企业生产多少就收购多少，也不重视市场营销。

【案例启示】

　　1908年，福特宣布他的公司日后将只生产一种汽车——T型车。这种车在当时集中了各种型号车的优点。几年来，对这种车的赞扬来自四面八方，甚至美国税务委员会也说，这是一种很好的车。各阶层的人都在使用它，T型车的市场需求量比其他任何公司的汽车市场需求量都大。然而，到了20世纪20年代，汽车已经成为美国人个性的延伸。随着城市居民人数第一次超过农村，美国人发出了要求个性的呼声。人们的价值观念、消费观念迅速变化，而福特的营销观念是：我生产什么，消费者就买什么。它们生产的是统一样式的T型车，用福特本人的话说就是"任何顾客都可以把他的车漆上他喜欢的颜色，所以我们只要生产黑色的就行"。福特公司在错误的观念引导下，一直只生产一种汽车，甚至是一种颜色的汽车，终于在当时激烈的市场竞争中败下阵来。而在此期间，美国通用汽车公司推出了注重人性化、个性化需求的雪佛兰产品，顺应了历史发展的要求，超越了一成不变只生产T型车的福特公司，成为世界上最大的汽车公司。而T型车最终于1927年停产，福特公司就此陷入漫长的衰退时期，几近崩溃。

2. 产品观念

　　产品观念也是一种古老的经营思想。这种经营思想认为：消费者或用户总是欢迎那些质量高、性能好、有特色、价格合理的产品，生产者只要注意提高产品质量，做到物美价廉，就一定会产生良好的市场反应，顾客就会自动找上门来，因而无须花大力气开展推销活动。因此，企业应致力于生产高质量产品，并不断加以改进。如果说生产观念强调的是"以量取胜"，产品观念则是强调"以质取胜"、"以廉取胜"。这种观念本质上还是生产什么就销售什么，但它比生产观念多了一层竞争的色彩，并且考虑到了消费者或用户对产品质量、性能、特色和价格方面的愿望。这种观念也产生于市场产品供不应求的卖方市场形势下。最容易滋生产品观念的场合，莫过于当企业发明一种新产品时，此时，企业最容易导致"市场营销近视"，过多地将注意力放在产品上，而不是放在市场需求上，在市场营销管理中缺乏远见，只看到自己的产品质量好，看不到市场需求在变化，致使企业经营陷于困境。产品观念在我国一直比较盛行，俗语"好酒不怕巷子深"就充分体现了这一思想。

【案例启示】

　　美国爱尔琴钟表公司自1869年创立到20世纪50年代，一直被公认为美国最好的钟表制造商之一。该公司在市场营销管理中强调生产优质产品，并通过由著名珠宝商店、大百货公司等构成的市场营销网络分销产品。1958年之前，公司销售额始终呈上升趋势，但此后其销售额和市场占有率开始下降。造成这种状况的主要原因是市场形势发生了变化：这一时期的许多消费者对名贵手表已经不感兴趣，而趋于购买那些经济、方便、新颖的手表；而且，许多制造商迎合消费者需要，已经开始生产低档产品，并通过廉价商店、超级市场等大众分销渠道积极推销，从而夺得了爱尔琴钟表公司的大部分市场份额。爱尔琴钟表公司竟没有注意到市场形势的变化,依然迷恋于生产精美的传统样式手表,仍旧借助传统渠道销售,认为自己的产品质量好,顾客必然会找上门。结果,致使公司经营遭受重大挫折。

3. 推销观念

推销观念或称销售观念,是被许多企业所采用的另一种观念。这种观念认为,消费者通常表现出一种购买惰性或抗衡心理,如果听其自然的话,消费者一般不会足量购买某一企业的产品,因此,企业必须积极推销和大力促销,以刺激消费者大量购买本企业产品。这种观念认为,只要企业努力推销什么产品,消费者或用户就会更多地购买什么产品。在这一观念指导下,企业十分注意运用推销术和广告术,向现实买主和潜在买主大肆兜售产品,以期压倒竞争者,提高市场占有率,取得较为丰厚的利润。由于这种强调推销的营销观念是从旧有的产品出发,因而本质上依然是生产什么就销售什么。企业的一切营销活动都只是为了把产品推销出去了事,而对产品能否满足消费者或用户的需要则漠不关心。

推销观念产生于资本主义国家由卖方市场向买方市场过渡的阶段。1920—1945年,由于科学技术的进步,科学管理和大规模生产的推广,产品产量迅速增加,逐渐出现了市场产品供过于求、卖主之间竞争激烈的新形势。许多企业感觉到,即使有物美价廉的产品,也未必能卖得出去,企业要在日益激烈的市场竞争中求得生存与发展,就必须重视推销工作。推销观念在现代市场经济条件下被大量用于那些非渴求物品,即购买者一般不会想到要去购买的产品或服务。许多企业在产品过剩时,也常常奉行推销观念。

【案例启示】

1994年8月,吴炳新、吴思伟父子在山东济南祭起"三株口服液"的大旗。当年,三株莺啼初试,销售额达1.25亿元,1995年猛跳到23亿元,1996年则达到惊人的80亿元。支撑这个销售奇迹的是三株惊人的推销手段。每到周末,三株就会聘用一些医生走上街头开展义诊活动,其主旨则是推销三株口服液。崇拜毛泽东"农村包围城市"思想的吴炳新显然更具战略家的能力,他利用中国低廉的人力成本优势,开展人海战略,聘用了数以十万计的大学生充实到县级、乡镇级的办事处和宣传站。同时,他还创造了一种"无成本广告模式",即发给每个宣传站和村级宣传员一桶颜料和数张三株口服液的广告模板,要求他们把"三株口服液"刷在乡村每一个可以刷字的土墙、电线杆、道路护栏、牲口栏圈和茅厕上。以至于当时每一个来到乡村的人都会十分吃惊地发现,在中国大地的每一个有人烟的角落,几乎都可以看到三株的墙体广告,使得三株迅速成为家喻户晓的名牌。

但是,三株只注重花大量人力物力把生产出来的产品推销出去,而忽视了市场的调查研究工作,致使产品功能与消费者日益变化的需求脱节。而且,由于十多万人、数千个大大小小的指挥部在前线作战,种种夸大功效、无中生有、诋毁对手的事件频频发生,总部到最后已疲于奔命而无可奈何。这样一来,即使是最好的推销手段也难以吸引消费者。最后,强大的"三株帝国"终结在一个湖南常德的老汉身上。1996年6月3日,湖南常德汉寿县的退休老船工陈伯顺在三株"有病治病,无病保健"的广告承诺打动下,花428元买回了10瓶三株口服液,服用后出现不适,于9月3日死亡,医院诊断为"三株药物高蛋白过敏症"。这一事件给了三株毁灭性的打击。一个盛极一时的品牌就这样逐渐被人们所淡忘。

4．市场营销观念

市场营销观念是完全不同于上述营销观念的一种现代经营思想。其基本内容是：消费者或用户需要什么产品，企业就生产或销售什么产品，即企业以满足顾客需求为出发点，以需定产。在这种观念指导下，企业考虑问题的逻辑顺序不是从既有的生产出发，不是以现有的产品去吸引或寻找顾客，而是反过来，从反映在市场上的消费需求出发，按照目标顾客的需要和欲望，比竞争者更有成效地去组织生产和销售。企业的主要目标不是单纯追求销售量的短期增长，而是着眼于长久地占领市场。市场营销观念认为，实现企业各项目标的关键在于正确确定目标市场的需要和欲望，并且比竞争者更有效地传送目标市场所期望的物品和服务，进而比竞争者更有效地满足目标市场的需要和欲望。在这种观念指导下，企业十分重视市场调研，在消费需求的动态变化中不断发现那些尚未得到满足的市场需求（包括潜在的或潜意识的需求），并集中企业一切资源和力量，千方百计地去适应和满足这种需求，从而在顾客的满意中不断扩大市场销售，获得长期利润。

第二次世界大战后，尤其是20世纪50年代以来，西方先进企业的营销观念由推销观念发展成为市场营销观念。这种革命性的演变，一方面是由于买方市场态势的出现，许多产品供过于求的态势进一步发展，需求变化频率加快，市场竞争更加激烈，迫使企业不得不改弦易辙；另一方面，也是资本主义企业经营管理的实践经验不断总结和积累的结果，由于这种观念符合生产是为了消费的基本原理，有助于缓解资本主义经济固有的基本矛盾，因而一经提出就引起了广泛的注意，并成为当代市场研究中的主线。

【案例启示】

烟台张裕集团有限公司的前身烟台张裕葡萄酿酒公司创办于1892年，至今已有107年历史。它是中国第一个工业化生产葡萄酒的厂家，也是目前中国乃至亚洲最大的葡萄酒生产经营企业。改革开放后，张裕产品凭借其卓越的品质，多次在国际、国内获得大奖，成为家喻户晓的名牌产品。然而，名牌不等于市场。在改向市场经济的头两年中，由于市场观念差，企业缺乏适应市场竞争的能力，盲目生产，等客上门，受到了市场的惩罚：1989年，张裕的产值较上一年下降了2.5%，产量下降了26.2%，6条生产线停了4条，1/4的职工没有活干，近一半的酒积压在仓库里，累计亏损400多万元，生存和发展都面临着严峻的挑战。关键时刻，张裕人积极反思失败原因，努力摸索市场规律，下功夫钻研营销，公司提出了"市场第一"的经营观念和"营销兴企"的发展战略，实现了两个根本性转变：一是企业由"销售我生产的产品"转变为"生产我销售的产品"，一切围绕市场转；二是由"做买卖"转变为"做市场"，从"推销"变成"营销"。这两个转变使企业的经营不再是单纯的生产和推销问题，而是以市场为导向的调研、决策、实施、监控的有机结合，在满足消费者利益的同时为企业创造最佳效益。在正确营销观念的指导下，张裕集团1997年、1998年连续两年产销量、销售收入和市场占有率均高居同行业榜首。

5．社会市场营销观念

社会市场营销观念是对市场营销观念的修改和补充。其基本内容是：企业提供产品，不仅要满足顾客的需要和欲望，而且要有符合顾客和社会的长远利益，企业要关心与增进社会福利，营销要有利于并促进社会的可持续发展。这种观念提出，企业的任务是确定各个目标市场的需要、欲望和利益,并以保护或提高消费者和社会福利的形式,比竞争者更有效、更有力地向目标市场提供满足其需要、欲望和利益的物品和服务。社会市场营销观念要求企业进行市场营销活动是要统筹兼顾三方面的利益,即企业利润、顾客需要和社会利益。

社会市场营销观念出现于20世纪70年代。在西方,它的提出一方面是基于当时的社会环境:人口爆炸性增长、失业增加、全球性通货膨胀、环境急剧恶化、能源短缺等;另一方面是基于对广泛兴起的以保护消费者利益为宗旨的消费者保护运动的反思。有人认为,单纯的市场营销观念提高了人们对需求满足的期望和敏感,加剧了满足眼前消费需要和长远的社会福利之间的矛盾,导致产品过早陈旧,环境污染更加严重,并造成了资源的浪费。社会市场营销观念的提出,应该说是非常适合社会的发展趋势的。

【案例启示】

在中国婴幼儿产品市场上,贝因美集团从诞生开始,就面临着国外品牌的巨大压力。但是,从另一个方面看,贝因美也发现了巨大的市场机会。通过认真的分析和研究,贝因美提出,适合国外婴幼儿的食品不一定就适合中国的婴儿。贝因美发现许多中国家长因为缺乏育儿知识方面的科学指导,并不能真正地判断什么样的食品是自己孩子所需要的,从而影响了孩子的成长。意识到这一点,贝因美集团既看到了机遇也感到了责任,如果能够生产出真正符合中国婴儿特质的产品,指导家长正确地养育自己的孩子,将为中国婴幼儿成长做一些实事,同时也将真正获得社会的认同,从而争取市场份额,有效地实现社会利益的同时也有效地实现企业利益。为此,贝因美开展了"育婴工程"。"育婴工程"的具体内容,就是通过知识的传播和普及,真正从生育、养育、教育三个层面上关怀中国婴幼儿的成长问题,真正致力于告诉家长如何来养育宝宝,从根本上满足年轻家长的需求,即不仅仅是对好产品的需求,更加是对如何选择产品的知识的需求,对于如何养育的知识的需求。帮助家长从只看广告而盲目跟从的误区中走出来,建立起自己真正的科学的判断能力。这种站在整个社会立场上的营销手段已经不再是狭隘的以产品为出发点,甚至其最终的指向也不是指向产品的,而是以社会的需要为其出发点,以实现社会的利益为其最终的指向。经过几年的推广,"育婴工程"得到了消费者的积极响应,也为企业赢得了很好的社会效益和经济效益。

五种营销观念的比较,如表1-1所示。

表1-1 五种营销观念的比较

营销观念	产生背景	企业重心	表现	问题
生产观念	卖方市场	生产(产量)	生产什么就卖什么	忽视顾客需要
产品观念	卖方市场	生产(质量)	生产高质量产品	营销近视
推销观念	过渡阶段	销售	我卖什么,顾客就买什么	强行推销
市场营销观念	买方市场	消费者需求	顾客需要什么就生产什么	社会问题
社会市场营销观念	买方市场	社会整体利益	兼顾企业利润、顾客需要、社会利益三方利益	

1.3.2 传统市场营销观念与现代市场营销观念的比较

以上五种营销观念一般归并为两大类：一类是传统市场营销观念，包括生产观念、产品观念和推销观念；另一类是现代市场营销观念，包括市场营销观念和社会市场营销观念。这两类营销观念在内容上存在着本质区别：前一类观念的出发点是产品，是以卖方（企业）的需求为中心，其目的是将产品销售出去以获取利润，这是一类"以生产为导向"的营销观念；后一类营销观念的出发点是消费需求，是以买方（顾客）的需求为中心，其目的是从顾客的满足之中获取利润，这是一类"以顾客为导向"或称"市场导向"的营销观念。另外，两类营销观念实现目的的方法或途径也是有区别的：前者主要依靠增加生产或加强推销，企业重点考虑的是"我能生产什么"；后者则是组织以产品适销对路为轴心的整体市场营销活动，企业首先考虑的是"顾客需要什么"。

应该说，上述两类五种营销观念的产生与存在，各有其必然性与合理性，都是与一定生产力发展水平、一定的商品供求状况和企业规模等相联系、相适应的。尽管它们在历史上是依次出现的，但并不能认为它们是此生彼亡的关系。由于社会生产各个行业的生产力发展水平不同，千门万类的社会产品的供求状况不一样，企业的规模大小各异，企业管理人员的价值取向和经验判断也不同。在同一时期，不同的企业往往会有不同的市场营销观念，即使在今天，仍然有部分企业坚持传统营销观念。不过，自从市场营销观念出现以来，由于其内涵先进而极富魅力，即使实际上奉行传统营销观念的企业，也不可能不受到市场营销观念的启迪和影响，也就是说，现代市场上的企业，不可能完全不顾及顾客的需求而盲目生产。

值得注意的是，对于市场营销观念，不能简单地、绝对化地去施行。从理论上来讲，为了更好地满足社会消费的需要，一方面要求生产紧随消费，按照市场上反映出来的、尚未得到满足的消费需求去组织生产，去开发新产品；另一方面要求生产走在需求的前面，以科学技术进步为契机挖掘潜在的消费需求，也就是说，企业要主动开发出新产品来引导需求，引导消费。因此，作为企业，既要强调"我跟市场走"，也要力求实现"市场跟我走"。日本著名企业家、索尼公司的创始人之一盛田昭夫在其所著《索尼与我》一书中说："我们的政策是以新产品去引导消费，而不是先调查消费者喜欢什么商品，然后再投其所好。"结果，"索尼"成了全世界最著名的电器品牌。

在市场经济情况下，我们一方面应当大力倡导具有现代意识的市场营销观念和社会市场营销观念；另一方面，我们也要看到在商品经济不够发达，一些产品仍然处于供不应求的情况下，生产观念、产品观念、推销观念还会在部分企业存在。问题在于，这类企业不能固守这些传统观念，而应努力体现营销观念的要求，并随着生产力的发展、供求态势的变化，及时调整自己的营销观念。总之，无论奉行哪一种营销观念，都应当兼顾卖方、买方、公众这三种力量对营销活动的关注和要求，既要考虑到如何去满足买方的需要和欲望，考虑到卖方扩大销售、增加利润的目标，也须务求产品安全可靠，价格公平合理，促销诚实有信，不滥用资源，不污染环境。

1.4 了解市场营销组合

1.4.1 掌握市场营销组合的内容与特点

市场营销组合是企业市场营销战略的一个重要组成部分,也是企业市场竞争的基本手段。所谓市场营销组合,是指企业针对目标市场的需要,在综合考虑环境、竞争状况及自身能力的基础上,对企业自身可控的因素进行优化组合与综合运用,以实现企业的营销目标。一般认为,市场营销组合是由美国哈佛大学鲍敦教授于1960年最先提出的概念。同年,另一位美国市场营销学家麦卡锡(Mccarthy)教授进一步完善了这一概念,他将市场营销组合策略概括为易于记忆的4Ps理论,从而奠定了管理营销的基础理论框架。4Ps理论被营销经理们奉为营销理论中的经典,也是目前市场营销学的核心内容。

1. 市场营销组合的内容

麦卡锡以单个企业作为分析单位,认为影响企业营销活动效果的因素有两种:一种是企业不能够控制的,如政治、法律、经济、人文、地理等环境因素,称为不可控因素,这也是企业所面临的外部环境;另一种是企业可以控制的,如产品、价格、地点、促销等营销因素,称为企业可控因素。企业的市场营销活动实质是对可控制的各种营销因素的优化组合和综合运用,市场营销组合只是对企业可控因素的组合。这些可控因素很多,可概括为四个基本变量:产品(Product)、价格(Price)、分销(Place)和促销(Promotion)。由于这四个名词的英文字头都是P,所以市场营销组合又称为4Ps或4P组合。

市场营销组合中的"产品"代表企业提供给目标市场的物品和服务的组合,包括产品质量、外观、买卖权(在合同规定期限内按照规定的价格买卖某种物品等的权利)、式样、品牌名称、包装、尺码或型号、服务、保证、退货等。

市场营销组合中的"价格"代表顾客购买商品时的价格,包括价目表所列的价格、折扣、折让、支付期限、信用条件等。

市场营销组合中的"分销"代表企业使其产品可进入和达到目标市场(或目标顾客)所进行的各种活动,包括渠道选择、仓储、运输等,通常又称为分销渠道。

市场营销组合中的"促销"代表企业宣传介绍其产品的优点和说服目标顾客来购买其产品所进行的种种活动,包括广告、人员推销、营业推广、公共关系等。

产品、价格、分销和促销是企业市场营销可以控制的四个因素,也是企业市场营销的四个主要手段,它们不是彼此分离的,而是相互依存、相互影响、相互制约的。在开展市场营销活动时,不能孤立地考虑某一因素,因为任一因素的特殊优越,并不能保证营销目标的实现。要对它们进行综合考虑,整体规划,合理编配,优化组合,使它们密切配合,发挥出系统功能,实现最佳的市场营销效果。在竞争激烈的市场条件下,企业要满足顾客需要,完成经营目标,赢得市场竞争的胜利,不能依靠某种单一的营销手段或策略,必须从目标市场的需要和市场环境的特点出发,根据企业资源条件和优势,综合运用各种营销手段,形成统一的、配套的营销策略,通过企业上下各部门的协调努力、密切配合来实现。

2. 市场营销组合的特点

（1）可控性

市场营销组合的四大因素对企业来说都是可控因素。企业可以根据目标市场的需要，决定自己的产品结构，制定产品价格，选择分销渠道和促销方法等，对这些市场营销手段的运用和搭配，企业有自主权。但是这种自主权是相对的，企业不能随心所欲，因为企业市场营销过程不但要受本身资源和目标的制约，而且要受各种微观和宏观环境因素的影响和制约，这些是企业所不能控制的变量。企业的市场营销组合只有与它们的发展变化相适应，才能收到预期的效果。因此，制定市场营销组合必须以深入细致的市场调研为基础，充分掌握市场环境变化态势及目标市场的需求特点。只有根据市场环境变化和目标市场需要制定的营销组合，才是最优组合。

（2）动态性

市场营销组合不是固定不变的静态组合，而是变化无穷的动态组合。因为市场营销组合是多个营销因素的组合，这些因素受到内部条件和外部环境的变化影响，经常处于变化状态。例如，生产成本的升降会引起商品价格的变动，而生产成本的升降可能是外部环境变化引起的，也可能是企业内部变化引起的。在营销组合中，任一因素的变化必然导致营销组合的变化，出现新的组合。在环境千变万化，需求瞬息万变的市场上，为适应市场环境和消费需求的变化，企业必须随时调整营销组合因素，使营销组合与市场环境保持一种动态的适应关系。

（3）复合性

市场营销组合的四大因素各自包括了多个次一级乃至更次一级的因素，即包括多个亚组合。因此，市场营销组合是至少包括两个层次的复合结构。以促销为例，促销包括广告、公共关系、营业推广和人员推销四个因素，这四个因素各自又包括了更次一级的因素。企业在确定市场营销组合时，不但应该求得四个因素之间的最佳搭配，而且要注意安排好每个因素内部的搭配，使所有这些因素达到灵活运用和有效组合。

（4）整体性

市场营销组合是企业根据营销目标制定的整体策略，它要求企业市场营销的各个因素协调配合，一致行动，发挥整体功能。因为各因素各自发挥作用，难免缺乏整体的协调，有些功能就会相互抵消；而在组合条件下，各个因素相互补充，协调配合，目标统一，其整体功能必然大于局部功能之和。因此，在制定营销组合时，要追求整体最优，而不能要求各个因素最优，各个亚层次的营销组合也必须服从整体组合的目标和要求，维护营销组合的整体性。

【案例启示】

山水豆腐公司在国外是有一定名望的，但是，它的豆腐一直在国内销售。公司老板为了扩展业务，决定从国际化的观点去考虑全公司的经营。公司在开拓国外市场中，把美国这个消费最大的市场作为进攻目标。首先反复派员到美国实地考察。他们在考察中发现，豆腐这种低热量、高蛋白的天然食品是会受到注重保健的美国人青睐的。同时，了解到美国市场目前的豆腐容量为每年7 000万美元左右，但却有韩国、日本、中国和美国人经营的200家豆制品公司参与竞争。山水豆腐公司做出决策：在美国设厂生产豆腐，但必须使自己的产品适合于美国人的饮食习惯，适应美国超级市场的销售方式。1995年11月，山水豆腐公司与当地一家公司合营，开始在美国市场经营豆腐，以"白云"商标把产品投入市场，为了使产品在超级市场的货架上醒目，采用颜色鲜艳的、密封透明的塑料盒包装。与此同时，聘请医生在电视等广告媒体上介绍豆腐的营养及其对人体的保健作用，并介绍豆腐的食用方法和烹调技术。在推销方法上，山水公司采取了既利用大型批发商的销售网，又直接向超级市场供货的双管齐下的推销术。

经过几年的经营，山水豆腐公司在美国豆腐市场上已有很大的占有率，在加州，它已占据市场销量的85%～90%。它已经成为美国最大的豆腐公司，拥有从业人员64人，月产豆腐100万块。1998年，该公司又建了一条豆浆生产线，雄心勃勃地开拓保健饮料的业务。

1.4.2 了解市场营销组合理论的发展

自从市场营销组合理论在企业中得到广泛实践后，绝大多数企业基本上遵循着传统的4Ps理论，设计其市场营销组合策略。运用这种理论，企业在市场上取得了广泛的成功。然而随着消费者的个性化需求日益突出，市场竞争日趋激烈，媒介传播速度越来越快，4Ps理论无法满足企业对品牌形象、服务水平和顾客关系等重要营销战略的更高要求。更重要的是，4Ps理论都是从企业自身角度来设计营销活动，没有充分体现顾客的需求和市场竞争的影响，受到越来越多的挑战。

1. 4Cs组合

20世纪80年代，美国北卡罗来纳大学教授劳特朋（Lauterborn）针对4Ps存在的问题，提出了以消费者需求为导向的4Cs理论。其内容如下所述：

消费者需求（Consumer），即首先要了解、研究、分析消费者的需要与欲求，企业要生产消费者所需要的产品，而不是先考虑企业能生产什么产品。

成本（Cost），即首先要研究消费者的收入状况、消费习惯以及同类产品的市场价位，了解消费者在满足需要与欲求时愿意付出多少成本，而不是先将产品定价（即向消费者要多少钱）。

便利（Convenience），即首先考虑顾客购物等交易过程如何给顾客方便，而不是先考虑销售渠道的选择和策略。

沟通（Communication），即消费者不只是单纯的受众，本身也是新的传播者，以消费者为中心实施营销沟通是十分重要的，通过互动、沟通等方式，将企业内外营销不断进行整合，把顾客和企业双方的利益无形地整合在一起。

与4Ps理论相比，4Cs理论更注重消费者的需求，因而比4Ps理论更能符合市场需要。但是，4Cs理论注重的只是顾客的需求，没有更多地关注竞争对手，而企业在市场中从事营销活动，除了要满足顾客的需求外，还应该冷静分析自身在竞争中的优劣势，并采取相应的策略，在竞争中求发展。因此，后来又有学者提出了以市场竞争为导向的4Rs理论。

2. 4Rs理论

20世纪90年代，美国的舒尔茨（Don E. Schultz）教授提出了4Rs营销新理论，阐述了一个全新的营销四要素：

关联(Relevancy)，即企业要与顾客建立关联。在竞争性市场中，顾客具有动态性。顾客忠诚度是变化的，他们会转移到其他企业。要提高顾客的忠诚度，赢得长期而稳定的市场，重要的营销策略是通过某些有效的方式在业务、需求等方面与顾客建立关联，形成一种互助、互求、互需的关系。特别是企业对企业的营销与消费市场营销完全不同，更需要靠关联、关系来维系。

反应(Response)，即企业应提高市场反应速度。在今天相互影响的市场中，对经营者来说最现实的问题不在于如何控制、制定和实施计划，而在于如何站在顾客的角度及时地倾听顾客的希望、渴望和需求，并及时答复和迅速做出反应，满足顾客的需求。

关系(Relation)，即关系营销越来越重要。在企业与客户的关系发生了本质性变化的市场环境中，抢占市场的关键已转变为与顾客建立长期而稳固的关系，从交易变成责任，从顾客变成用户，从管理营销组合变成管理与顾客的互动关系。一般认为，企业必须优先与创造企业75%～80%利润的20%～30%的那部分重要顾客建立牢固关系，否则把大部分的营销预算花在那些只创造企业20%利润的80%的顾客身上，不但效率低而且是一种浪费。沟通是建立关系的重要手段。企业应该在售前、售中、售后都与顾客保持充分的沟通。

回报(Return)，即回报是营销的源泉。对企业来说，市场营销的真正价值在于其为企业带来短期或长期的收入和利润的能力。一方面，追求回报是企业发展的动力；另一方面，回报是维持市场关系的必要条件。企业要满足客户需求，为客户提供价值，但不能做"仆人"。一定的合理回报既是正确处理营销活动中各种矛盾的出发点，也是营销的落脚点。因此，营销目标必须注重产出，注重企业在营销活动中的回报。一切营销活动都必须以为顾客及股东创造价值为目的。

综上所述，4Rs营销理论的最大特点是以竞争为导向，在新的层次上概括了营销的新框架。4Rs理论根据市场不断成熟和竞争日趋激烈的形势，着眼于企业与顾客互动与双赢。另外，4Rs理论体现并落实了关系营销的思想。通过关联、关系和反应，提出了如何建立关系、长期拥有客户、保证长期利益的具体操作方式，这是一个很大的进步。反应机制为互动与双赢、建立关联提供了基础和保证，同时也延伸和升华了便利性。"回报"则兼容了成本和双赢两方面的内容。追求回报，企业必然实施低成本战略，充分考虑顾客愿意付出的成本，实现成本的最小化，并在此基础上获得更多的顾客份额，形成规模效应。这样，企业为顾客提供价值和追求回报相辅相成，相互促进，客观上达到的是一种双赢的效果。因此，4Rs理论提供了很好的营销思路。

4Ps、4Cs、4Rs三者是什么关系呢？不是取代关系，而是完善、发展的关系。由于企业层次不同，情况千差万别，市场、企业营销还处于发展之中，所以至少在一个时期内，4Ps还是营销的一个基础框架，4Cs也是很有价值的理论和思路。因而，两种理论仍具有适用性和可借鉴性。4Rs不是取代4Ps、4Cs，而是在4Ps、4Cs基础上的创新与发展，所以不可把三者割裂甚至对立起来。在了解新世纪市场营销理论的最新发展的同时，应根据企业的实际，把三者结合起来指导营销实践，以取得更好的效果。

微信扫码查看

课后自测

案例分析

【实训操作】

一、实训内容

走访不同性质和规模的零售商，通过观察和亲身购物体验、感受不同企业或经营者的经营方式，分析其市场营销观念，感受消费者的顾客让渡价值和顾客满意程度，对企业的市场营销理念做出评价。

二、实训步骤

1. 授课教师可以将班上学生分组，每组 4～5 人，组内要进行分工，有计划地对不同企业进行购物体验；
2. 授课教师有选择地指定当地几家不同层次的零售商，如个体经营者、小超市、中型超市、国际连锁超市、大商场等；
3. 选择不同的时间去参观走访企业，并进行购物体验；
4. 学生通过网络等了解企业的相关信息，调查消费者对企业的评价；
5. 将观察和体验到的企业经营服务的感受记录下来，并进行分析评价，全组同学一起讨论；
6. 写一篇本组同学对市场营销购物体验的认识实践报告。

三、实训考核

1. 课后准备充分，收集资料全面；(2分)
2. 积极参与活动，观察体验用心；(2分)
3. 课堂讨论认真，营销体验深刻；(3分)
4. 完成报告及时，内容真实可靠。(3分)

任务2　规划经营战略与市场营销管理

【任务目标】

知识目标：
1. 了解战略的内涵；
2. 掌握战略规划的内容和步骤；
3. 掌握市场营销管理的内容；
4. 掌握市场竞争分析的内容。

能力目标：
1. 能参与规划企业经营战略；
2. 掌握营销管理的方法；
3. 掌握市场竞争的分析方法。

【导入案例】

联想集团的战略转型

1991—2000年，联想主要以PC(个人电脑)业务为中心，依靠自身核心产品的支持，在产品同质化加剧的状况下提供了新的产品服务，充分利用公司的研发和渠道优势，建立了有效的竞争优势。通过产品差异化战略，通过高质量的产品、低价格、合理的渠道分布与强有力的促销活动成就了在中国市场占有率第一。

21世纪是互联网的时代。2000—2005年，作为国内计算机业的领军企业，联想通过技术、核心竞争力来提升自身的竞争力与价值。由于当时PC市场国外品牌商的降价和国内多家PC制造企业的崛起，市场竞争激烈，产品利润低。联想集团战略由产品全面转向技术、服务的多样化战略，并进一步丰富自身的品牌元素，开拓国际化道路。可是2003年联想的业绩同比增幅仅为3.5%。多样化战略是联想集团业绩增长放缓的主要原因，因为有限的技术力量，过长的产品线，导致想在每个领域都做出成绩，结果每个领域都平淡无奇。因此从2003年后，联想集团从多样化又重新回归到以PC以及相关产品(笔记本电脑、服务器、外部设备等)作为自己的核心业务。

2004年开始，联想集团重新定位自身的发展重心后，公司发展体现出一种强有力的模式。同年，联想成为2006年都灵冬季奥运会和2008年北京奥运会合作伙伴，收购IBM全球个人电脑(台式和笔记本电脑)业务。利用IBM的Think品牌进行联合销售，通过全球知名企业来扩大自身在全球的影响力，为在国际市场的快速发展提供有力支持。

2005年5月,联想完成了对IBM个人电脑业务的并购,加上奥运会的开幕、国际资本的引入,联想开始了真正的国际化道路。联想重新回到PC业务上,并发力于智能手机和平板电脑,由于手机与电脑的差异化变得越来越小,智能手机市场逐渐引得关注。通过几年的消化和吸收,联想集团从2010年开始取得了飞速的发展,营业额突破了200亿美元,全球市场份额也急剧上升。战略的转型使得企业改变了财务状况欠佳的局面。

【思考】

如何看待联想集团的多次战略转型?

【简要评析】

企业制定战略必须符合市场的发展趋势。联想集团在前期完成了资金积累,创造了品牌优势,但是联想的多样化道路并不显成功。由于当时互联网的兴起,IT服务和互联网服务等新兴事物使得各个与之相关的企业都想投入其中。由于互联网行业当时的普遍亏损,在此大环境影响下,很难有较好的业绩表现。但是在今日看来,IT服务、互联网服务、房地产、移动通信等都有了飞速发展并涌现出一批较为出色的企业。联想集团还是在于太急功近利,渔网撒得太大,在环境和战略发生变化时,自身实力却不能适应环境和战略的需要,为了适应新的外部环境,战略转型之际企业也必须考虑自身的内部环境并使之相适应。也许联想在今后还会再次考虑多样化这条道路。

联想集团通过几次转型,有成功也有挫折,但也在不断地发展与成熟,管理能力在不断提升,竞争力不断增强。在手机和互联网快速发展的今天,联想集团在PC业务再接再厉的同时也会再重新考虑尝试产品多元化的战略。

【理论指导】

没有战略的企业往往是没有前程的企业。在动态的环境中生存和发展,企业不仅要善于创造顾客并满足其欲望,还要积极、主动地适应不断变化的市场。市场如战场,一个企业为了有效地开展经营活动,提高企业的市场竞争力,实现经营目标,必须规划企业未来较长时期的发展方向,制定以市场为导向的企业战略规划。

2.1 了解企业战略规划的内容与步骤

2.1.1 了解企业战略的特点与层次

1. 企业战略的含义

企业战略是指企业根据环境的变化、机会、本身的资源和实力寻求最合理的策略,选择适合的经营领域和产品,并形成自己的核心竞争力,使企业目标和能力与不断变化的环境之间保持平衡。

企业战略是对企业各种战略的统称,其中既包括竞争战略,也包括营销战略、发展战略、品牌战略、融资战略、技术开发战略、人才开发战略、资源开发战略等。企业战略是层出不穷的,如信息化就是一个全新的战略。企业战略虽然有多种,但基本属性是相同的,都是对企业的谋略,都是对企业整体性、长期性、基本性问题的计划。例如,企业竞争战略是对企业竞争的谋略,是对企业竞争整体性、长期性、基本性问题的计划;企业营销战略是对企业营销的谋略,是对企业营销整体性、长期性、基本性问题的计划;企业技术开发战略是对企业技术开发的谋略,是对企业技术开发整体性、长期性、基本性问题的计划;企业人才战略是对企业人才开发的谋略,是对企业人才开发整体性、长期性、基本性问题的计划。各种企业战略有同也有异,相同的是基本属性,不同的是谋划问题的层次与角度。总之,无论哪个方面的计划,只要涉及的是企业整体性、长期性、基本性问题,就属于企业战略的范畴。

2. 企业战略的特点

企业战略是一种设立远景目标并对实现目标的轨迹进行的总体性、指导性谋划,属宏观管理范畴,具有纲领性、全局性、长远性、竞争性、系统性、风险性六大主要特征。

(1) 纲领性

企业战略界定了企业的经营方向、远景目标,明确了企业的经营方针和行动指南,并筹划了实现目标的发展轨迹及指导性的措施、对策,在企业经营管理活动中起着导向的作用。

(2) 全局性

企业战略立足于未来,通过对国际、国家的政治、经济、文化及行业等经营环境的深入分析,结合自身资源,站在系统管理高度,对企业的远景发展轨迹进行了全面的规划。

(3) 长远性

"今天的努力是为明天的收获","人无远虑,必有近忧"。兼顾短期利益,企业战略着眼于长期生存和长远发展的思考,确立了远景目标,并谋划了实现远景目标的发展轨迹及宏观管理的措施、对策。其次,围绕远景目标,企业战略必须经历一个持续、长远的奋斗过程,除根据市场变化进行必要的调整外,制定的战略通常不能朝令夕改,应具有长效的稳定性。

(4) 竞争性

竞争是市场经济不可回避的现实,也正是因为有了竞争才确立了"战略"在经营管理中的主导地位。面对竞争,企业战略需要进行内外环境分析,明确自身的资源优势,通过设计适体的经营模式,形成特色经营,增强企业的对抗性和竞争力,推动企业长远、健康的发展。

(5) 系统性

立足长远发展,企业战略确立了远景目标,并需围绕远景目标设立阶段目标及各阶段目标实现的经营策略,以构成一个环环相扣的战略目标体系。同时,根据组织关系,企业战略需由决策层战略、事业单位战略、职能部门战略三个层级构成一体。决策层战略是企业总体的指导性战略,决定企业经营方针、投资规模、经营方向和远景目标等战略要素,是战略的核心。本书讲解的企业战略主要属于决策层战略;事业单位战略是企业独立核算经营单位或相对独立的经营单位,遵照决策层的战略指导思想,通过竞争环境分析,侧重市场与产品,对自身生存和发展轨迹进行的长远谋划;职能部门战略是企业各职能部门遵照决策层的战略指导思想,结合事业单位战略,侧重分工协作,对本部门的长远目标、资源调配等战略支持、保障体系进行的总体性谋划,比如策划部战略、采购部战略等。

(6) 风险性

企业做出任何一项决策都存在风险,战略决策也不例外。市场研究深入,行业发展趋势预测准确,设立的远景目标客观,各战略阶段人、财、物等资源调配得当,战略形态选择科学,制定的战略就能引导企业健康、快速的发展。反之,仅凭个人主观判断市场,设立目标过于理想或对行业的发展趋势预测偏差,制定的战略就会产生管理误导,甚至给企业带来破产的风险。

3. 企业战略的层次

企业战略一般分为三个基本层次,即总体战略、经营战略和职能战略。

(1) 总体战略

总体战略又称公司战略,是企业最高层次的战略。大企业(特别是多种经营的企业)需要根据企业的使命选择参与竞争的业务领域,合理配置资源,使各项业务经营相互支持、协调。总体战略的任务主要是回答企业应在哪些领域活动,经营范围如何选择,以及资源如何配置。通常,总体战略是企业高层负责制定、落实的基本战略。

(2) 经营战略

经营战略又称经营单位战略、竞争战略,大企业(特别是企业集团)往往从组织形态上把一些具有共同战略因素的二级单位(如事业部、子公司等)或其中的某些部分组合成一个战略经营单位。在一般企业,如果二级单位的产品和市场具有特殊性,也可视为独立的战略经营单位。因此,经营战略是战略经营单位或者有关事业部、子公司的战略。

(3) 职能战略

职能战略又称职能层战略,是企业各个职能部门的战略。职能战略帮助职能部门及其管理人员更加清楚地认识本部门在总体战略、经营战略中的任务、责任和要求,有效运用有关管理职能,保证企业目标的实现。通常,职能战略涉及对市场营销、生产、财务、人力资源和研究与开发等领域的管理。由于营销职能在现代企业中的重要作用,因此,营销战略常常成为最重要的职能战略。

2.1.2 了解战略规划的内容

企业战略规划是指依据企业外部环境和自身条件的状况及其变化来制定和实施战略,并根据对实施过程与结果的评价和反馈来调整、制定新战略的过程。一些大企业都有意识地对未来长时期的发展做出预先规划。制定战略规划一般分为三个阶段:第一个阶段就是确定目标,即企业在未来的发展过程中,要应对各种变化所要达到的目标。第二阶段就是要制定这个规划,当目标确定了以后,考虑使用什么手段、什么措施、什么方法来达到这个目标,这就是战略规划。第三阶段将战略规划形成文本,以备评估、审批,如果审批未能通过的话,那可能还需要多个迭代的过程,需要考虑如何修正。

战略规划的内容主要包括确定企业的经营方向、企业的经营结构、企业的发展速度和规模。

1. 企业的经营方向

企业的经营方向是营销战略的根本性问题。一个企业没有正确的经营方向,就难免发生经营战略上的失误。美国克莱斯勒汽车公司的盛衰起落充分说明了这一点。面对20世纪70年代初石油危机对汽车工业的沉重打击,美国通用、福特汽车公司迅速改变了经营方向,由生产耗油量大的大型汽车转向生产耗油量小的小型汽车,而克莱斯勒这个与通用、福特并驾齐驱的美国第三大汽车公司却毫无反应,仍然坚持原来的经营方向,结果70年代末石油危机再次来临时,该公司汽车销路一蹶不振,存货堆积如山,亏损达数十亿美元。在这危难之际,原福特汽车公司总经理雅科卡到克莱斯勒走马上任,他迅速改变了经营方向,主持设计和制造普通型、微型和超微型等多种型号、多种价格的新产品,并集中力量发展 K 型车,投入市场后深受欢迎。随着销路的不断扩大,克莱斯勒公司迅速扭亏为盈,不但偿还了全部债务,而且很快重返与通用、福特相抗衡的行列,恢复了美国汽车工业的"三足鼎立"局面,雅科卡也因此成为世界闻名的传奇式企业家。

2. 企业的经营结构

在确定企业经营方向的基础上,企业主要考虑在一定时期内的产品经营结构。要根据市场需求变化的趋势,认真分析各种产品的生命周期,决定经营品种的对象和范围。哪些品种应该增加;哪些品种应该淘汰;哪些将继续经营维持一段时间再作调整;哪些是最有前途的产品,是企业经营的主要发展对象等等,企业都应在营销战略中做出安排。

3. 企业的发展速度和规模

企业的发展速度和规模,既是企业经营战略的重要内容,也是确定企业经营目标的基本指标之一。企业的发展要受到多种因素的影响,企业应根据自身的条件和经营环境的变化,确定在一定时期内的发展速度和经营规模。速度不一定越快越好,企业应根据市场变化和自设的条件,灵活地进行改变和调整。

2.1.3 掌握战略规划的步骤

在公司层级上,公司首先界定其整体目标和使命(见图 2-1),这个使命接下来就被转化为详尽的支持性目标以引导整个公司的发展。然后,公司的管理者决定什么样的业务组合和产品最适合公司,对于各项业务和各种产品都要制订详尽的营销计划和其他部门计划,以支持公司的整体战略。

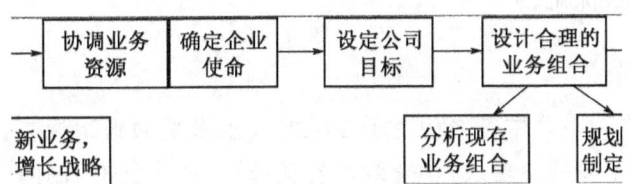

图 2-1 战略规划的阶段和步骤

任何企业之所以存在都是为了完成某种事情。企业在发展的过程中,需要时时清楚其存在的目的或宗旨。经常要问:我们的业务是什么,顾客是谁,顾客的价值是什么,我们的业务将来会是什么,我们的业务应该是什么……这些简单的问题是企业不得不回答的最基本也是最困难的问题。成功的企业总是不断提出这些问题,并认真、准确回答这些问题。

1. 确定企业使命

企业使命是企业经营者确定的企业生产经营的总方向、总目标、总特征和总的指导思想。

企业使命是企业存在的目的和理由,是对企业经营目标的一种表述,说明企业的经营领域、经营思想,为企业目标的确立与战略的制定提供依据。清晰的企业使命对企业来说就像一只看不见的手来指导员工独立地工作,并共同迈向企业的整体目标。产品导向和市场导向的企业使命,如表 2-1 所示。

表 2-1 产品导向和市场导向的企业使命

公司	产品导向的企业使命	市场导向的企业使命
惠普公司	我们生产和销售电脑	我们为人类的幸福和发展做出技术贡献
美国在线	我们提供在线服务	我们创造任何时间、任何地点的顾客连接
露华浓	我们制造化妆品	我们出售生活方式和自我表达,成功和地位,回忆、希望和梦想
耐克	我们销售鞋子	我们帮助人们体验竞争和取胜的感觉
迪士尼	我们经营主题公园	我们创造梦幻:一个体验地道的美国风格的地方
沃尔玛	我们经营折扣店	我们每日提供低价,让普通人有机会买到与有钱人相同的东西
微软公司	我们设计软件	我们致力于提供使工作、学习、生活更加方便、丰富的个人电脑软件

2. 设定公司目标

企业使命是一个长远性、方向性的东西。确定企业使命以后,就要确定公司发展的总体目标,还要进一步把其具体化为企业各个管理层的目标,形成一套完整的目标体系,使每个管理人员都有自己明确的目标,并对其目标的实现完全负责。企业目标体系的形成应当遵循层次化、数量化、先进合理性和协调一致性原则。企业目标体系的层次就是企业在追求的多种目标中应当有主次之分,突出重点。企业目标反映了企业开展业务的期望水平和预期效果,是可以被衡量的,应当尽可能量化。一个企业所选择的目标水平必须切实可行,是经过努力可以实现的。在企业的目标体系中,各项目标之间应该协调一致,获得最佳的综合效益,而非单个目标的最优化。

【案例启示】

美国哈佛大学有一个非常著名的关于目标对人生影响的跟踪调查。对象是一群智力、学历、环境等条件差不多的年轻人,调查结果发现:27%的人没有目标;60%的人目标模糊;10%的人有清晰但比较短期的目标;3%的人有清晰且长期的目标,并能把目标写下来,经常对照检查。

经过25年的跟踪研究,他们的生活状况和分布现象十分有意思:那些占3%的有清晰且长期目标的人,25年来几乎不曾更改过自己的人生目标,朝着同一方向不懈地努力,25年后,他们几乎都成了社会各界的顶尖成功人士,他们中不乏自手创业者、行业领袖、社会精英。占10%的有清晰但短期目标的人,大都生活在社会的中上层。他们的共同特点是,那些短期目标不断被达成,生活状态稳步上升,成为各行各业不可缺的专业人士,如医生、律师、工程师、高级主管等。占60%的目标模糊的人,几乎都生活在社会的中下层面,他们能安稳地生活与工作,但没有什么特别的成绩。剩下27%的是那些25年来都没有目标的人群,他们几乎都生活在社会的最底层。他们的生活过得不如意,常常失业,靠社会救济,并且常常都在抱怨他人,抱怨社会,抱怨世界。

其实正常的人们智商方面的差别很小,那么为什么这个社会中人的差别却又这么大呢?主要是因为每个人的人生目标不一样而已。有些人确定了自己的远大的人生目标和实现计划,一步步迈向成功。有些人却什么目标也没有,没有奋斗方向,整日忙忙碌碌,却一事无成。这个案例中的人们之间的差别仅仅在于：25年前，他们中的一些人就已经知道自己最想要做的是什么，而另一些人则不清楚或不很清楚。这个调查生动地说明了明确生活目标对于人生成功的重要意义，可以说，有什么样的人生目标就会有什么样的人生成就和结果。

3. 设计合理的业务组合

在确定了企业使命和企业目标的基础上，企业还要对其业务组合进行分析和安排，以合理配置资源，使企业扬长避短，发挥竞争优势，更好地适应环境中的有利机会，从而能最有效地满足市场需要并战胜竞争者。

这里主要介绍当前业务组合分析法。具体来说，就是通过业务组合分析，企业管理部门对各项业务进行分类和评估，然后根据其经营效果的好坏，决定给予投入的比例，对盈利的业务追加投入，对亏损的业务维持或减少投入。常用的方法为波士顿咨询集团分析法。

波士顿咨询集团分析法是美国一家著名的管理咨询公司——波士顿咨询集团常用来分析业务单位并进行评估的一种方法。该方法是用"市场成长率—相对市场占有率"矩阵图来分析（见图2-2）。横坐标代表相对市场占有率，表示企业各业务单位的市场占有率与同行业最大竞争对手的市场占有率之比。市场占有率则是指企业在该市场总销量中所占的比例。以1.0为分界线，分为高、低两部分，1.0以上为高相对市场占有率，1.0以下为低相对市场占有率。如果相对市场占有率为0.2，则表示其市场占有率为最大竞争对手市场占有率的20%；如果相对市场占有率为3.0，则表示其市场占有率为最大竞争对手市场占有率的3倍。纵坐标代表市场成长率，表示企业的各业务单位的年市场成长率，以10%为分界线，分为高、低两部分，10%以上为高市场成长率，10%以下为低市场成长率。

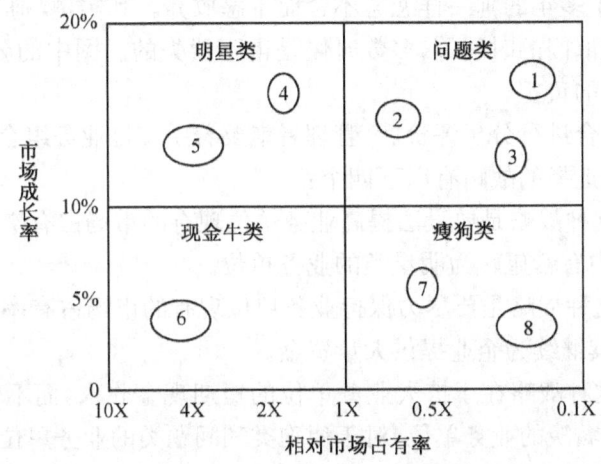

图2-2 波士顿咨询集团的"市场成长率—相对市场占有率"矩阵图

图2-2中，八个圆圈代表公司的八个业务单位，它们的位置表示这个业务的市场成长率和相对市场占有率的高低，面积的大小表示各业务的销售额大小。

波士顿矩阵法将一个公司的业务分成四种类型：问题类、明星类、现金牛类和瘦狗类。

① 问题类业务是指高市场成长率、低相对市场占有率的业务。这往往是一个公司的新业务，为发展问题业务，公司必须建立工厂，增加设备和人员，以便跟上迅速发展的市场，并超过竞争对手，这些意味着大量的资金投入。"问题"非常贴切地描述了公司对待这类业务的态度，

因为这时公司必须慎重回答"是否继续投资,发展该业务"这个问题。只有那些符合企业发展长远目标、企业具有资源优势、能够增强企业核心竞争能力的业务才能得到肯定的回答。图中所示的公司有三项问题类业务,不可能全部投资发展,只能选择其中的一项或两项,集中投资发展。

② 明星类业务是指高市场成长率、高相对市场占有率的业务。这是由问题类业务继续投资发展起来的,可以视为高速成长市场中的领导者,它将成为公司未来的现金牛类业务。但这并不意味着明星业务一定可以给企业带来滚滚财富,因为市场还在高速成长,企业必须继续投资,以保持与市场同步增长,并击退竞争对手。企业没有明星类业务,就失去了希望,但群星闪烁也可能会耀花了企业高层管理者的眼睛,导致做出错误的决策。这时必须具备识别行星和恒星的能力,将企业有限的资源投入在能够发展成为现金牛类的恒星业务上。

③ 现金牛类业务是指低市场成长率、高相对市场占有率的业务。这是成熟市场中的领导者,它是企业现金的来源。由于市场已经成熟,企业不必大量投资来扩展市场规模,同时作为市场中的领导者,该业务享有规模经济和高边际利润的优势,因而给企业带大量财富。企业往往用现金牛类业务来支付账款并支持其他三种需大量现金的业务。图中所示的公司只有一项现金牛类业务,说明它的财务状况是很脆弱的。市场环境一旦变化,这项业务的市场占有率下降,公司就不得不从其他业务单位中抽回现金来维持现金牛的领导地位,否则这个强壮的现金牛可能就会变弱,甚至成为瘦狗。

④ 瘦狗类业务是指低市场成长率、低相对市场占有率的业务。一般情况下,这类业务常常是微利甚至是亏损的。瘦狗类业务存在的原因更多是由于感情上的因素,虽然一直微利经营,但像人对养了多年的狗一样恋恋不舍而不忍放弃。其实,瘦狗类业务通常要占用很多资源,如资金、管理部门的时间等,多数时候是得不偿失的。图中的公司有两项瘦狗类业务,可以说,这是沉重的负担。

企业对各业务组合进行分析评价后,管理者就要着手安排业务组合,确定对各个业务单位的投资战略。可供选择的战略有以下四个:

① 发展战略。这种战略是要设法提高业务单位现有的市场占有率,必要时可放弃短期利润,适用于问题类中有希望转为明星类的业务单位。

② 维持战略。这种战略是要尽力保持业务单位现有的市场占有率,适用于现金牛类的业务单位,目的是使其继续为企业提供大量资金。

③ 收割战略。这种战略在于扩大业务单位的短期现金收入,而不管其长期效果,主要适用于现金牛类前景黯淡的业务单位,对于瘦狗类和问题类的业务单位也适用。

④ 放弃战略。这种战略就是变卖和处理某些业务单位,以便使企业资源转移到那些盈利的业务单位上,适用于给企业造成很大负担而又没有发展前途的瘦狗类和问题类的业务单位。

4. 制定新业务增长战略

企业除对现有业务进行评估和规划外,还要对未来的业务发展方向做出战略规划,即制定企业的增长战略。企业的增长战略主要分为三类:密集型增长战略、一体化增长战略、多角化增长战略。这三类增长战略又各自包含三种具体形式。

(1) 密集型增长战略

密集型增长战略是指企业利用现有产品和现有市场的潜在盈利能力和机会来扩大企业产品销售的战略。这种战略主要有三种方式,如图2-3所示。

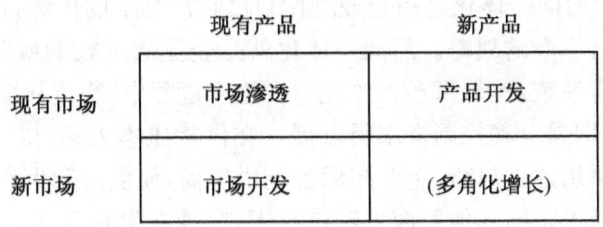

图2-3 产品—市场发展矩阵

① 市场渗透。市场渗透是指企业在现有的市场上增加现有产品的市场占有率。要增加现有产品的市场占有率,企业必须充分利用已取得的经营优势或竞争对手的弱点,进一步扩大产品的销售量,努力增加产品的销售收入。

市场渗透有三种主要的方法:一是尽力促使现有顾客增加购买,包括增加购买次数和增加购买数量。如牙膏厂可以向顾客宣传餐后刷牙是护齿洁齿的最好方法,宣传保护牙齿的重要性,如果能增加顾客的刷牙次数,也就增加了牙膏的使用量,从而增加顾客购买牙膏的数量。二是尽力争取竞争者的顾客,即使这些顾客转向购买本企业的产品。如提供比竞争对手更为周到的服务,在市场上树立更好的企业形象和产品信誉,努力提高产品质量等,尽可能把竞争对手的顾客吸引到本企业的产品上来。三是尽力争取新的顾客,即使更多的潜在顾客、从未使用过该产品的顾客购买。市场上一般总存在没有使用过该产品的消费者,他们或是由于支付能力有限,或是由于其他原因,企业可以采取相应的措施,如分期付款、降低产品的价格等,使这些消费者成为本企业的顾客。

② 市场开发。市场开发是指企业尽力为现有的产品寻找新的市场,满足新市场对产品的需要。

市场开发有三种主要方法:一是在当地寻找潜在顾客。这些顾客尚未购买该产品,但是他们对产品的兴趣有可能被激发。二是企业可以寻找新的分市场,即使现有产品进入新的细分市场。如一家以企事业单位为目标市场的电脑商,开始向家庭、个人销售电脑。三是企业可以考虑扩大其市场范围,即建立新的销售渠道或采取新的营销组合,发展新的销售区域,如向其他地区或国外发展。

③ 产品开发。产品开发是指向现有市场提供新产品或改进的新产品,目的是满足现有市场不同层次的需求。

产品开发的具体做法:利用现有技术增加新产品;在现有产品的基础上,增加产品的花色品种;改变产品的外观、造型,或赋予产品新的特色;推出不同档次、不同规格、不同式样的产品。发现这些机会,企业就有可能从中找到促进销售增长的途径。然而这还远远不够,企业还应该研究一体化增长的可能性。

(2) 一体化增长战略

一体化增长战略是指企业利用社会化生产链中的直接关系来扩大经营范围和经营规模,在供产、产销方面实行纵向或横向联合的战略。

一体化增长战略就是企业在本行业内考虑联合与其相关联的企业,达到使企业规模更大、效率更高、获取更多利润的目的的战略。如果所属行业有增长潜力,企业实行一体化后可提高效率,提高盈利能力和控制能力,则采取一体化增长战略,具体形式有以下三种:

① 后向一体化。后向一体化是指企业利用自己在产品上的优势,把原来属于外购的原材料或零件,改为自行生产的战略。后向一体化就是企业通过收购或兼并若干原材料供应商,拥有和控制其供应系统,实行供产一体化。在生产过程中,物流从反方向移动,即通过获得供应商的所有权或增强对其控制来求得发展。在供货成本太高、供货方不可靠或不能保证供应时,企业经常采用这种战略,企业向后控制供应商,使供应和生产一体化,实现供产结合。例如,某汽车厂商原来向其他厂商采购汽车配件,现在发现汽车市场需求增长很快,于是决定自行生产某种汽车配件或收购股份参与控制现有的某些配件商。后向一体化是为了保证物资供应来源,以发展自己的产品。采用这种战略,一般是把原来属于后向的企业合并起来,组成联合企业或总厂,以利于统一规划,保证企业顺利发展。

② 前向一体化。前向一体化战略是指获得分销商或零售商的所有权或加强对它们的控制,也就是企业根据市场的需要和生产技术的可能条件,利用自己的优势,把成品进行深加工的战略。在生产过程中,物流从顺方向移动,称为前向一体化,采用这种战略,是为获得原有成品深加工的高附加价值。一般是把相关的前向企业合并起来,组成统一的经济联合体,这通常是制造商的战略。企业向前控制分销渠道,实现产销结合,如汽车厂商设立分销系统。当一个企业发现它的价值链上的前面环节对它的生存和发展至关重要时,它就会加强前向环节的控制。典型的实施这一战略的例子是可口可乐公司,它发现决定可乐销售量的不仅仅是零售商和最终消费者,分装商也起了很大作用时,它就开始不断地收购国内外分装商,并帮助它们提高生产和销售效率。越来越多的制造商借助互联网和直销队伍直接销售自己的产品,这也是一种前向一体化。

③ 水平一体化。水平一体化也叫横向一体化,是指为了扩大生产规模、降低成本、巩固企业的市场地位、提高企业竞争优势、增强企业实力而与同行业企业进行联合的一种战略。其实质是资本在同一产业和部门内的集中,目的是扩大规模,降低产品成本,巩固市场地位。横向一体化就是兼并或控制竞争者的同类产品企业,如大汽车厂商收购或控制小汽车厂商。

采用横向一体化战略,企业可以有效地实现规模经济,快速获得互补性的资源和能力。此外,通过收购或合作的方式,企业可以有效地建立与客户之间的固定关系,遏制竞争对手的扩张意图,维持自身的竞争地位和竞争优势。

不过,横向一体化战略也存在一定的风险,如过度扩张所产生的巨大生产能力对市场需求规模和企业销售能力都提出了较高的要求;同时,在某些横向一体化战略如合作战略中,还存在技术扩散的风险;此外,组织上的障碍也是横向一体化战略所面临的风险之一,如"大企业病"、并购中存在的文化不融合现象等。

一体化增长战略是在市场竞争中实现的,体现了竞争的活力,可达到资源的优化组合,从而提高整个社会的经济效率。

(3) 多角化增长战略

多角化增长战略,亦称多样化战略、多元化战略,是企业发展多品种或多种经营的长期谋划,即向本企业业务经营范围以外发展,扩大业务范围,向其他行业投资,实行跨行业经营,以扩大企业规模,提高经营效益。

多元化战略的具体形式有以下三种:

① 同心多元化,即企业利用原有的技术、特长和营销力量等发展新产品,增加产品种类,从同一圆心向外扩大业务经营范围,吸引更多的新顾客。

② 横向多元化,即企业利用原有市场,采用不同的技术来发展新产品,增加产品种类,如大型百货商店内开设餐厅、酒吧、舞厅、美容室等,以稳定现有顾客,扩大营业额,并吸引新顾客。

③ 集团多元化,即大企业收购、兼并其他行业的企业,或者在其他行业投资,把业务扩展到其他行业中去,新产品、新业务与企业的现有产品、技术、市场毫无关系。也就是说,企业既不以原有技术也不以原有市场为依托,向技术和市场完全不同的产品或劳务项目发展。例如,企业进入新的商业领域,如经营房地产、开办饭店和剧院、举办学校等。它是实力雄厚的大企业集团采用的一种多元化的经营战略。

【案例启示】

中粮集团的一体化战略

2009年7月7日,中国最大的粮油食品企业中粮集团有限公司宣布联手厚朴基金投资61亿港币收购蒙牛公司20%的股权。中粮集团正在沿着其董事长宁高宁的新战略——"打造全产业链",通过一系列的收购、注资、运作,来逐步实现其战略梦想。

"打造全产业链"这句中粮集团内部年度最热词,说白了就是"一体化"。中粮集团是一个历史悠久的老国有企业,其前身是1952年于北京成立的中国粮谷出口公司、中国油脂出口公司和中国食品出口公司,它通过主要的粮油食品加工等取得了世界五百强的地位。宁高宁不只是将加工继续发展壮大,而是让人意想不到却又情理之中的提出"打造全产业链"。中粮集团一直在产业链的前端,加工、生产、技术,都是低值。只有打造全产业链,打通末端的品牌与终端销售,才能实现更高的附加值,产生更大的价值。

"打造全产业链"的目标是:九大产业,横向一体化;打通产业链,纵向一体化。宁高宁对媒体称:"我们将从业务出发,形成小麦、玉米、油脂油料、稻米、大麦、糖和番茄、饲料、肉食等八条产业链。"如今,宁高宁的产业链条上还需要再加上一笔——乳业。这九大产业链的打通与呼应,正是中粮集团成为食品帝国的基础,将来这九大产业的一体化规模壮大,正是中粮集团成为食品帝国的体现。九大产业的横向一体化,可以壮大中粮集团的整体作战能力与抗风险能力;打通产业链纵向一体化,实现价值与品牌梦想。中粮集团正借收购蒙牛,撬开了全产业链的大门。

2.2 把握市场营销管理过程

企业市场营销管理的目的在于使企业的营销活动与复杂多变的市场营销环境相适应,这是企业经营成败的关键。所谓市场营销管理过程,是指企业识别、分析、选择和发掘市场机会,以实现企业任务和目标的管理过程。它包括四大步骤:一是分析市场机会;二是选择目标市场;三是确定市场营销组合;四是管理市场营销活动。

2.2.1 分析市场机会

分析市场机会是企业营销管理过程的第一个步骤。所谓市场机会,就是市场上尚未满足的需求,哪里有未满足的需求,哪里就有赚钱的机会。市场机会与企业机会是有差别的。所谓企业机会,就是对企业经营活动具有吸引力,利用这一机会可以获得竞争优势和差别利益的环境机会。市场未满足的需求在客观上只是一种环境机会,能否成为企业机会,要看其与企业战略规划所确定的目标范围是否一致,以及企业各方面的资源是否具备优势,即是否能比竞争者获得更大的差别利益。

【案例启示】

亚里士多德·苏格拉底·奥纳西斯是闻名于世的船王,他的创业经历是一个传奇。奥纳西斯1906年出生于土耳其,后来随父母定居希腊。由于出身贫寒,为了生活,奥纳西斯来到南美洲的阿根廷闯荡。他干过许多活儿,后来又经商,做过诸如烟草贸易一类的生意,积累了一些资金。

生活的艰辛使奥纳西斯历尽磨难,但磨难也让他大受裨益,练就了他观察、分析事物以及判断事物发展趋势的能力。

1929年,世界性经济危机首先在美国爆发,继而波及世界各地,阿根廷的经济也陷入了极端困难的境地,工厂纷纷倒闭,工人大量失业。自然,红极一时的海上运输业同样难逃厄运。

1931年,加拿大国营运输公司为了渡过难关,准备拍卖产业。其中,在经济危机前价值200万美元的6艘货船,只要价12万美元。奥纳西斯看准时机,拿出自己的全部积蓄,并向好友借了几万美元,专程飞赴加拿大买下了这几艘船。

奥纳西斯的反常举动令商界人士大感不解。他们实在想不通,奥纳西斯明明知道1931年的海上运输量仅为1928年的35%,连海运专家们都不知道如何是好,他却"飞蛾扑火",自寻死路。奥纳西斯却不这么想,他通过目睹这场经济灾难的前前后后,断定这是资本主义经济发展的一个规律,并认为经济很快就会复苏,危机很快就会结束,物价很快会从暴跌变为暴涨,海上运输业也将很快走出低谷。

果然,精明果断的奥纳西斯预料了个正着,两年后经济危机过去了。在百业重兴的过程中,海洋运输业的发展势头大大领先于其他行业,他花低价买来的6艘货船转眼间身价倍增,企业界无不羡慕,银行家们对他刮目相看,纷纷主动上门为其提供贷款。

聪明的奥纳西斯乘机壮大自己的海洋运输队伍,使自己的实力倍增。紧接着,他开始向世界各主要航线进军,所到之处罕遇对手,大量的财富以惊人的速度流入他的腰包。1945年,奥纳西斯成为希腊海运第一人。不久,奥纳西斯成了名副其实的"世界船王"。

2.2.2 选择目标市场

企业发现了符合本企业目标和资源的市场机会以后,首先要仔细测量其现有的和未来的市场容量,并对市场结构做进一步分析。如果对市场前景的预测看好,就要决定如何进入这个市场。这包括三个步骤:市场细分、目标市场选择和市场定位。

市场上的顾客多种多样,企业必须选择最合适的顾客,为他们提供产品和服务。而要选择目标顾客,首先就要将他们按照不同的需求进行市场细分,通过市场细分,企业就可以根据自己的资源条件从中选择一个或几个细分市场作为自己的服务对象,这就是目标市场选择。

企业选定了目标市场后,还需要进行市场定位,就是要确定自己的产品在目标市场上的竞争地位。企业必须让自己的产品在顾客心目中占有重要的位置,能引起顾客的注意。

以上步骤我们将在本书的任务6中详细介绍。

2.2.3 确定营销组合

营销管理的第三个步骤是确定市场营销组合。市场营销组合是为了满足目标市场的需求,企业对自身可以控制的各种市场营销要素如质量、包装、价格、广告、销售渠道等的优化组合。

企业可控制的市场营销要素有很多,为了便于分析运用,最流行的分类方法是美国的E.J.麦卡锡教授提出的分类方法。他把各种市场营销要素归纳为四大类:产品(Product)、价格(Price)、分销(Place)、促销(Promotion),简称"4Ps"。所谓市场营销组合就是这四个"P"的搭配与组合。它体现了现代市场营销观念指导下的整体营销思想。营销组合的详细内容见任务1。

【案例启示】

20世纪90年代初进入中国大陆市场的顶新集团,自在天津经济技术开发区投资建厂,生产"康师傅"品牌方便面以来,一直以高品质、高价格的形象而闻名,并占据了全国各大城市的方便面市场。在集团不断发展的情况下,为了进一步扩大市场占有率,增强市场竞争力,顶新集团决定开发生活水平较低的中小城市市场及农村市场,为此,经过一番市场调查研究,顶新集团采取了以下市场营销组合策略。

(1)产品策略方面:在继续保持产品高质量的前提下,为了不影响"康师傅"这一高档品牌形象,集团决定所推出的低档方便面不再延用"康师傅"这一品牌,而是推出一种全新的品牌,并命名为"福满多",同时在包装方面不再延用原系列包装,而采用新的包装系列,并且包装袋上也不出现"康师傅"字样的康师傅卡通形象。

(2)价格策略方面:由于争取低档方便面市场,因此价格相对于同档次的竞争品牌要有竞争优势,每包价格一定低于1元,订在0.7~0.9元。

(3)渠道策略方面:由于方便面是便利食品,是消费者经常购买的商品,所以保证货源是一个品牌成功的最基本要求。因此大量补货是最重要的,顶新集团仍利用以往的渠道网络,使方便面遍布各个商场、超市、食品店,保证货源充分,使消费者能方便地买到顶新的产品。

(4)促销策略方面:在"福满多"上市之前,集团请广告公司精心制作了一则广告,并在集团内部请广大员工观看,提出意见,不断改进。经过多次修改后,这则体现了物美价廉、福气满堂的广告陆续在各大电视台播放,使"福气多多,满意多多"这句广告语深入人心,同时也提升了广大消费者对新品牌"福满多"的认识,扩大了销售。

2.2.4 实施与控制营销活动

企业市场营销管理过程的第四个步骤是管理市场营销活动,即执行和控制市场营销计划。这是整个市场营销管理过程中极其重要的一个步骤。

1. 执行市场营销计划

企业要贯彻执行市场营销计划,有效地开展各种市场营销工作,必须建立和发展市场营销组织。通常,企业要设立专门的市场营销部门,主要完成两项任务:一是合理安排营销力量,协调企业营销人员工作,提高营销工作的有效性;二是积极与生产、财务、研究开发等有关部门配合,促使企业的职能部门和所有员工齐心协力,千方百计满足顾客需要,保证营销计划的实施。营销部门开展工作的有效性,不仅取决于营销组织结构的合理性,而且取决于营销部门对营销人员的选择、培训、指挥、激励等活动。只有配置合格的营销管理人员,并充分调动他们工作的积极性和创造性,才能保证营销计划任务的完成。

2. 市场营销控制

在执行市场营销计划的过程中,不可避免地会出现各种意外情况,企业必须进行控制,根据实际调整营销计划。控制方法主要有三种:年度计划控制、盈利能力控制和战略控制。

(1) 年度计划控制

年度计划控制的中心是目标管理,即保证企业年度营销计划中规定的各项目标能够顺利实现。年度营销计划控制步骤如下:营销管理者应将年度营销计划的指标分解为每季或每月的指标;随时跟踪掌握指标的完成情况;及时发现实际的营销状况与营销计划的差距并分析其原因;采取补救措施,调整实施步骤或修正计划。

年度计划控制可按管理层次分头进行,即最高主管负责控制整个公司的计划执行结果,而各部门经理只负责控制本部门计划目标的实施。

年度计划控制的方法主要有以下四种:

① 销售情况分析。销售情况分析主要用于分析销售额指标的完成情况,具体做法有以下两种:

A. 销售差异分析。销售差异分析法可以分析实际销售额与计划指标产生差异的原因,反映不同因素对销售额的影响。

B. 个别销售分析。个别销售分析法常用来分析个别地区或个别产品的销售状况。

② 市场占有率分析。销售额不能说明企业产品的市场地位和竞争实力。在迅速成长的市场上,会出现企业销售额上升、市场份额却下降的情况。只有市场占有率提高才能说明企业竞争实力的增强和市场地位的稳固。分析市场占有率有以下三种不同的衡量尺度:

A. 总体市场占有率。总体市场占有率是以公司的销售总额占整个行业销售额的百分比来表示的。进行这种分析首先要做出两个决策:一是界定行业范围,即明确本行业应包括的产品、市场等;二是决策计量单位,市场占有率既可以用销售量计算,也可用销售额计算。

B. 细分市场占有率。大多数企业的目标市场都不止一个细分市场,所以除了解总体市场占有率外,还有必要测算各细分市场占有率,即在一定时期内,企业产品在某一细分市的销售量(额)占该市场同类产品销售总量(额)的百分比。

C. 相对市场占有率。相对市场占有率是指本企业的市场占有率与最大竞争对手市场占有率之比。

③ 营销费用率分析。营销费用率是市场营销费用占销售额的比例。营销费用包括推销人员费用、广告费、促销费、市场调查费、营销管理费等。在销售额一定的情况下,营销费用越低,企业的效益就越好。营销费用率分析的目的是监督营销费用的支出情况,确保其不超出年度计划的指标。

营销费用率受各种随机因素的影响而上下波动,一般允许有适当的偏差,但如果波动超出正常范围,就应引起注意。

④ 用户反应跟踪。年度营销计划控制除了需要定量分析外,还需要一些定性分析,主要是收集用户的反应。因为用户对企业及其产品的态度变化,往往是企业市场占有率发生变化的早期信号,所以敏锐的营销管理者都十分注意调查了解用户的偏好、态度及意见,以便及早采取行动,影响和改变用户的态度,激发他们采取有利于企业的购买行为。企业可建立各种用户反应跟踪系统,如投诉和建议系统、定期反馈制度、用户调查系统等。

(2) 盈利能力控制

盈利能力控制是对企业营销组合中各类因素的获利能力进行分析,以帮助营销管理者决策需要发展或缩减或淘汰的产品及市场。

① 市场营销成本分析。市场营销成本是指与市场营销活动有关的各项费用支出。市场营销成本直接影响企业营销的利润。因此,企业不仅要控制销售额和市场占有率,也要控制营销成本。市场营销成本包括以下主要内容:直接推销费用,包括直销人员的工资、奖金、差旅费、培训费、交际费等;促销费用,包括广告媒体成本、产品说明书、印刷费用、赠奖费用、展览会费用、促销人员工资等;仓储费用,包括租金、维护费、折旧、保险、包装费、存货成本等;运输费用(包括托运费用等),如果是自有运输工具,则要计算折旧、维护费、燃料费、牌照税、保险费、司机工资等;其他市场营销费用,包括市场营销管理人员工资、办公费用等。

② 盈利能力分析。企业盈利能力历来为市场营销管理人员高度重视,因而盈利能力控制在市场营销管理中占有十分重要的地位。在对市场营销成本进行分析之后,就应考查盈利能力指标。

A. 销售利润率。一般来说,企业将销售利润率作为评估企业获利能力的主要指标之一。

$$销售利润率 = \frac{本期利润}{销售额} \times 100\%$$

但是,在同一行业各个企业间的负债比率往往大不相同,而对销售利润率的评价又常需通过与同行业平均水平进行对比。所以,在评估企业获利能力时最好能将利息支出加上税后利润,这样才能大体消除由于举债经营而支付的利息对利润水平产生的不同影响。因此,销售利润率的计算公式应为:

$$销售利润率 = \frac{税后息前利润}{产品销售收入净额} \times 100\%$$

这样的计算方法,在同行业间衡量营销水平时才有可比性,才能比较正确地评价市场营销效率。

B. 资产收益率。

$$资产收益率 = \frac{本期利润}{资产平均总额} \times 100\%$$

与销售利润率一样,为了在同行业间有可比性,资产收益率可以用如下公式计算:

$$资产收益率 = \frac{税后息前利润}{资产平均总额} \times 100\%$$

其分母之所以用资产平均总额,是因为年初和年末余额相差很大,如果仅用年末余额作为总额显然不合理。

C. 净资产收益率。净资产是指总资产减去负债总额后的净值。净资产收益率是衡量企业偿债后剩余资产的收益率。

$$净资产收益率 = \frac{税后利润}{净资产平均余额} \times 100\%$$

其分子不包含利息支出,因为净资产已不包括负债在内。

D. 资产管理效率。可通过资产周转率和存货周转率进行分析。

$$资产周转率 = \frac{产品销售收入净额}{资产平均占用额}$$

该指标可以衡量企业全部投资的利用效率。资产周转率高,说明投资的利用效率高。

$$存货周转率 = \frac{产品销售成本}{存货平均余额}$$

这项指标说明某一时期内存货周转的次数,从而考核存货的流动性。存货平均余额一般取年初和年末余额的平均数。一般来说,存货周转率次数越高,说明存货水平越低,周转快,资金使用效率高。

资产管理效率与获利能力密切相关。资产管理效率高,获利能力相应也较高。这可以从资产收益率与资产周转率及销售利润率的关系上表现出来。

资产收益率实际上是资产周转率和销售利润率的乘积:

$$资产收益率 = \frac{产品销售收入净额}{资金平均占用额} \times \frac{税后息前利润}{产品销售收入净额}$$
$$= 资金周转率 \times 销售利润率$$

(3) 战略控制

战略控制又称市场营销审计,是对企业的营销目标、政策和策略进行控制,以保证企业的可控因素与外界不断变化的营销环境保持和谐统一。

营销审计的内容主要有以下十个方面:

① 营销环境审计。主要分析宏观环境和企业微观环境中关键组成部分的发展和变化趋势。

② 营销战略审计。主要审计企业的各种营销目标和战略，评价它们对当前和预测的营销环境的适应程度，主要包括对制定营销战略的基础审查、选择营销战略类型审查、选择目标市场审查以及拓展海外市场战略与行动策略审查。

③ 营销组织审计。要求评价营销组织在实施对预测的环境战略方面必要的能力，主要包括营销组织的审计准则和审计标准以及市场营销部门的内部组织审查、国际营销组织结构审查和国际营销组织的弹性策略审查。

④ 营销绩效审计。主要包括销售收入绩效评核审查、销售费用绩效审查、实施与计划的比较分析、推销活动绩效的审查、货款回收与成品库存绩效评核分析。

⑤ 营销计划系统审计。主要包括营销计划范围的审查、市场营销计划应具备的要素审查、市场营销计划的特性审查、市场营销计划制订程序审查、营销计划方案审查。

⑥ 营销效率控制系统审计。主要包括销售效率审查、市场占有率审查、比率的分析运用审查。

⑦ 获利能力控制系统审计。主要包括营销成本审查和盈利能力审查。

⑧ 营销信息系统审计。主要包括设计营销信息系统的审查、使用营销系统的审查、构成营销信息系统以及建立营销信息系统的条件审查。

⑨ 新产品开发系统审计。包括检查企业开发新产品的观念、对研制新产品的重视程度、企业选择新产品的标准、新产品的开发计划和实施步骤以及新产品管理程序等内容。

⑩ 营销管理职能审计。主要包括管理的总体审计、销售管理审计、市场管理审计、广告管理审计、实体管理审计等。

2.3 制定竞争性市场营销战略

2.3.1 分析竞争者

需求的复杂性和技术的快速发展，使得企业面临日益复杂的竞争形势。企业参与市场竞争，不仅要了解谁是自己的顾客，而且要弄清谁是自己的竞争对手。企业要对竞争形势做出准确的判断，并慎重地选择所要进入的创新领域。例如，语音识别技术是 IBM 最早做的创新产品，但最后放弃了，因为 IBM 发现微软也在研究，他们意识到如果微软将语音识别和操作系统集成，自己根本无法与之抗衡，干脆就放弃了。再如，汉王是以技术见长的企业，其最适应在具有较高技术壁垒的细分行业市场上，从来不涉足大众消费类市场，因为该企业的渠道和品牌号召力都不及大量竞争对手。摩托罗拉做慧笔，想和汉王竞争，最终放弃，也是分析了企业优势而定的。因此，企业必须密切关注竞争环境的变化，了解自己的竞争地位及彼此的优劣势。

1. 从行业竞争的角度分类

① 现有厂商。本行业内现有的与企业生产同类产品的其他厂家，他们是直接竞争者。

② 潜在加入者。当某一行业前景乐观、有利可图时，会引来新的竞争企业，市场份额将被重新瓜分，特别是某些多元化经营的大型企业。新企业的加入，将可能导致产品价格下

降,利润减少。

③ 替代品厂商。与某一产品具有相同功能,能满足同一需求的不同性质的其他产品属于替代品,如不用洗衣粉的环保洗衣机就是传统洗衣机的替代品。随着科学技术的发展,替代品将越来越多,企业都将面临与生产替代品的其他企业进行竞争。

2. 从市场方面分类

① 品牌竞争者。同一行业中以相似的价格向相同的顾客提供类似产品或服务的其他企业称为品牌竞争者,如手机市场中海尔、夏新、波导等厂家之间的关系。品牌竞争者之间的产品替代性较高,竞争非常激烈,各企业都非常重视培养顾客品牌忠诚度。

② 行业竞争者。提供同种或同类产品,但规格、型号、款式不同的企业称为行业竞争者,如电热水器和燃气热水器生产企业之间的关系。

③ 需要竞争者。提供不同种类的产品,满足和实现消费者同种需要的企业称为需要竞争者,如自行车、摩托车、汽车生产企业都可以满足消费者对于交通运输的需要。

④ 消费竞争者。提供不同产品满足消费者的不同愿望,但目标消费者相同的企业称为消费竞争者,如消费者收入水平提高后,可能旅游,也可能购买汽车或购置房产。

3. 从企业所处的竞争地位分类

① 市场领导者。在某行业市场上居于统治地位的企业,如海尔是国内家电市场的领导者,可口可乐是软饮料市场的领导者等。

② 市场挑战者。在行业中处于次要地位的企业,如百事可乐是软饮料市场的挑战者。市场挑战者往往试图通过主动竞争扩大市场份额,提高市场地位。

③ 市场追随者。在行业中安于次要地位,在战略上追随市场领导者的企业。市场追随者通过学习、借鉴、模仿市场领导者,减少风险和降低成本,并不断发展壮大。

④ 市场补缺者。在行业中相对弱小的中小企业,它们专注于被大企业忽略的某些细分市场,并通过专业化经营来获取最大限度的收益。

2.3.2 确定基本的竞争战略类型

竞争战略是指在正确界定竞争对手和竞争形势后,企业计划在一段较长时期内采用的主要竞争手段。制定竞争战略的本质在于把某企业与其所处的环境联系起来。行业内的竞争状态取决于五种基本的竞争势力,即新参加竞争的厂商、替代产品的威胁、买方的讨价还价能力、供应方的讨价还价能力以及行业现有竞争者之间的抗衡。企业为了在长期中形成与竞争势力相抗衡的防御地位并超过竞争者,就必须根据自己所处的实力状况和环境选择最适宜的竞争战略。

美国著名的战略学家迈克尔·波特(Michael E. Porter)在其1980年出版的《竞争战略》一书中指出,企业要获得竞争优势有两条道路:一是在行业中成为成本最低的生产商,二是在企业的产品和服务上形成与众不同的经营特色,进而提出了可供企业选择的三种基本竞争战略,即成本领先战略、差异化战略、目标集聚战略。

1. 成本领先战略

成本领先战略是指通过有效途径,使企业的总成本低于同行的竞争者,由此获取较高行业利润并取得竞争优势。实现成本领先战略需要有一整套具体政策,如具备高效率的设备、生产规模化、积极降低成本、控制间接费用、提高市场占有率等,以创造和赢得竞争优势。我国的"格兰仕"微波炉、"爱浪"音响等企业都曾因成功地实施成本领先战略而赢得竞争优势。

【案例启示】

格兰仕就是依靠总成本领先的战略迅速成长为世界微波炉行业的龙头企业,其惊人的发展轨迹被经济学专家称为"格兰仕现象"、"格兰仕模式"。1992年格兰仕引进当时最先进的东芝微波炉生产线;1993年试产微波炉1万台;1994年产销量达10万台;1995年达到22万台,市场占有率达25%,成为市场的领导者。2004年,三星电子就不敌格兰仕的攻势,停止了苏州年产量150万台的微波炉生产线的生产,而格兰仕当时的年销售量就达到1 200万台。2014年中国微波炉市场品牌关注度最高的依然是老品牌格兰仕,关注比达到了50%。格兰仕取得这样的成绩,除了靠引进最先进的生产线、建立稳固的销售和售后服务网络外,最为关键的是,格兰仕一直在努力寻求规模经济以获得成本领先优势。

2. 差异化战略

差异化战略是指企业发扬自身的差别优势,提供个性突出的产品或服务,比同行竞争者更有效地满足目标顾客的需求,从而提升企业竞争优势的战略。这种战略的重点是创造被全行业和顾客都视为独特的产品和服务以及企业形象。实现差异化的途径多种多样,如产品性能、质量、外观、品牌形象、技术、客户服务、经销网络等。采用这种战略的企业要具有很强的创新能力和营销能力。

上述两种战略有着不同的管理方式和开发重点,企业经营结构和市场观念也不同。在同一市场的演进中,常会出现这两种竞争战略循环变换的现象。一般情况下,企业往往先采用产品差异化战略,当产品逐渐丧失了差异化的优势时,再采用成本领先战略。而企业要维持竞争优势,就必须再实施产品差异化战略,开始新一轮的战略循环。

【案例启示】

2003年,健力宝集团以"第三代果汁"的名义推出的"爆果汽",无疑成为该年饮料市场上的创新亮点——其对准了12~25岁的年轻群体,大胆启用时尚而冷酷的黑色包装,以其"果汁+汽水"的新口味一举打破果汁市场和碳酸汽水市场的旧格局。"爆果汽"属于一个全新的市场概念和空间。"爆果汽"是一种加汽型果汁,新鲜果汁含量达8%~12%,比汽水健康;由于加了汽,口感刺激,比一般的果汁清爽。"爆果汽"在形象塑造和市场推广上颇费心思,它亮出"果汁+汽水"的特色,取了一个既传达产品功能又兼具品牌个性的名字,再加上另类的黑色包装,这令消费者直观上隐约感受到碳酸饮料的刺激畅快。

针对年轻群体的特点,"爆果汽"采用差异化策略,对口味、包装、品牌形象上采取独特设计,从而迎合了目标消费者的消费心理和消费需求。

3. 目标集聚战略

目标集聚战略是企业将经营重点集中在某一特定的顾客群体、某产品系列或某一特定的地区市场上,力争在局部市场取得竞争优势。由于集中于局部市场,投资较少,因此多为中小企业所采用。目标集聚战略一方面能满足某些消费者群体的特殊需要而具有与差异化战略相同的优势,另一方面因在较小的领域里以较低成本进行经营而兼有与成本战略相同的优势。例如，天津汽车工业公司面对进口轿车和合资企业生产轿车的竞争，将经营重心放在微型汽车上，该厂生产的"夏利"微型轿车，价格低，颇受中小城市出租车司机的青睐。

每个企业不仅要依据自己的目标、资源和环境，还要依据自己在目标市场上的地位来制定竞争策略。根据企业在市场上所处的竞争地位，可以将竞争策略分为市场领导者策略、市场挑战者策略、市场跟随者策略和市场补缺者策略，如表2-2所示。

表2-2 不同地位企业的竞争策略

企业类型 \ 适用策略	竞争策略	具体措施
领导者	1. 扩大市场需求量	(1) 吸引新的使用者，如说服男士使用香水
		(2) 开发新用途，如杜邦公司的尼龙先后被用作降落伞的合成纤维、女袜的纤维、衬衫的主要原料、汽车轮胎的原料等
		(3) 提高使用率，如牙刷生产厂家建议人们每三个月更换一次牙刷
	2. 维护现有市场占有率	(1) 创新。在产品、技术、服务等方面不断创新
		(2) 防御。保持原有的市场占有率
		(3) 主动出击，如可口可乐公司打入酒类市场，兼并水果饮料公司，涉足海水淡化设备等工业
	3. 扩大现有市场份额	(1) 增加新产品
		(2) 提高产品质量
		(3) 增加开拓市场的费用
挑战者	1. 攻击市场领导者 2. 攻击同类型企业 3. 攻击弱小的企业	(1) 正面攻击。打击竞争对手的强项
		(2) 侧翼攻击。攻击竞争对手的弱项，最经济和最有效，如德国和日本的汽车生产厂商就是通过发掘尚未被美国汽车生产厂商重视的节油小型汽车的需要而获得极大发展
		(3) 包围进攻。全方位、大规模的进攻策略，如日本精工表在国际市场上就是采取这种策略
		(4) 迂回进攻。最间接的进攻策略，避开了对手的现有阵地。实行产品多元化、市场多元化、技术创新和产品开发以替换现有产品
		(5) 游击进攻。适用于中小企业。如有选择的降价、突袭式促销等
追随者	1. 紧密跟随	在各个细分市场及策略方面模仿领导者
	2. 距离跟随	仅在主要市场及策略方面追随领导者并保持差异
	3. 选择跟随	择优跟随，发展自己的独创性，同时避免直接竞争

续　表

企业类型＼适用策略	竞争策略	具体措施
补缺者	专业化营销	(1) 用户专业化，如生产残疾人用品的企业
		(2) 产品专业化，如拉链生产企业
		(3) 客户订单专业化，如DELL公司
		(4) 地理区域专业化，如农机产品
		(5) 价格专业化，如生产高档服装的企业
		(6) 分销渠道专业化，专门服务于某一类分销渠道，如生产适用超级市场销售的产品

2.3.3　竞争新策略——合作竞争

合作竞争，就是使拥有不同优势的企业在竞争的同时也注重彼此之间的合作，通过优势互补，营造更持久有力的竞争优势。通过与其他企业紧密合作，不同企业间的资本、人才、技术以及信息资源得以有效地组合，市场机会得到充分利用，企业创造出更大的利润空间。

随着经济一体化的发展和全球竞争的加剧，企业很难仅靠自身的力量抗击来自全球范围内规模、实力不等的竞争者。现代科技飞速发展，信息传播加快，产品的生命周期不断缩短，顾客的需求日趋个性化、多样化，企业也很难仅仅依靠自身的力量来维持长久的竞争优势。

与传统公司间竞争态度和竞争策略不同的是，现代竞争越来越强调联盟和合作，通过寻求与自己有战略利益的竞争者，采取协作、战略联盟、兼并收购、虚拟企业等多种方式，谋求合作，快速建立竞争优势，适应快速变化的消费需求。

行业巨头之间的合作营销，是近年来企业普遍采取的一种营销策略，其关键前提是合作企业之间的产品应该具有良好的互补性和相关性。例如，可口可乐(中国)和第九城市利用双方的目标消费群体一致，看准游戏玩家的消费习惯进行异业合作营销，追求双赢。2005年4月，可口可乐(中国)与第九城市在上海签署了跨领域推广《魔兽世界》的协议，开创饮料公司联手网游公司的先河。"饮料＋网游"这一跨行业合作营销模式，带来新的消费群拓展模式。娃哈哈、百事可乐等饮料企业之后的模仿，更说明了其模式的成功。

微信扫码查看

课后自测　　案例分析

【实训操作】

一、实训内容

根据资料,为五连矿泉水制定一份营销计划书。

要求:

1. 分组完成;
2. 认真分析所给企业资料;
3. 根据营销战略规划的步骤整理计划书的思路;
4. 要对矿泉水市场进行调查研究;
5. 计划书的写法参照【知识扩展】部分。

背景资料:

五连矿泉地处东北,是世界三大冷泉之一,常年温度在 2 到 4 度,含有丰富的微量元素和矿物质,在中国 3 500 处可开发矿泉水源中,唯一天然含气。它曾经获得多项荣誉,通过 ISO 9001 和 ISO 14001 双项认证,是第六届华商大会指定用水,2001 年全国人大、政协(两会)文艺晚会指定用水等。

该产品有如下特点:

(1) 世界三大冷泉之一,与世界最好的法国维希矿泉水齐名;

(2) 天然含气,在非碳酸型饮料中非常罕见;

(3) 口感很独特,乍喝辛辣清爽,喝一口想吐,喝一瓶有感觉,喝两瓶就容易上瘾;

(4) 包装特殊,中国矿泉水中不多见的用玻璃瓶包装,外形像一滴水珠;

(5) 营养价值高,在当地被誉为"神泉",可治多种疾病。

包装和市场零售价(号称中国最贵的水):

330 ml——5.5 元

238 ml——4.0 元

200 ml——3.2 元

在被 J 集团投资 3 亿元并购前,该矿泉水一直没有做大,仅局限在东北地区。J 集团正式运作该项目后,发现市场推广中存在许多问题,主要是以下四点:

(1) 产品问题。由于该产品的特殊性,定位在中高档消费者是没问题,但细分之后,是像法国依云水主打女性市场、兼顾时尚青年还是只从商务人士入手,很难确定。正常一个产品推向市场的步骤是一个一个卖点推出,由于该产品特点众多,反而束缚了思路,不知道先推哪一个后推哪一个,由此公司内部分为四派。"形象派"主张打国际牌,一开始在广告诉求中就突出五连矿泉水世界级水的尊贵;"气泡派"说,不要急,先从一个小的切入点含有气泡入手,大打这是一瓶"会跳舞的水";"口感派"说,你们没看到消费者反映,大多数消费者第一次喝没有不皱眉头的,我们现在应该解决第一口和第一瓶问题,只要消费者能把一瓶水喝下去,他就会继续喝下去;"健康派"说,健康是一种时尚,好水喝出健康来,我们的水有这么好的健康功能,为什么不把它作为首要切入点。

(2) 价格问题。该产品的市场定价,在中国水行业中是最高的,但与相同品质的法国依云水相比只是其三分之二价格。在市场推广过程中,定价遇到许多难度,由此公司分为三派。"降价派"主张一定要降价,这么高的价格,没有品牌知名度,如何能卖这么高的价格;"提价派"主张提价,说我们的水一点不比依云水差,能喝这水的都是有钱人,不会在乎多一块两块的,我们要提价,用高价体现消费者的身份;"维持派"说这个价格正好,我们不是国际名牌,比依云水低一点,正常。

(3) 渠道问题。由于该矿泉水不是普通矿泉水,所以对该产品的主要销售通路,公司分为四派。"宾馆派"认为,我们应该学习依云水,依云水主打高档宾馆,我们应该跟随,可取得许多便利条件,同时高档宾馆的消费群体是我们的目标客户,对他们不需要投入多少宣传费用;"酒店派"认为,我们应该以酒店餐饮为主,妙士奶就是从餐饮入手做起来的,只要酒店喝五连水成为时尚,一下子就可以火起来;"夜场派"认为我们应该从酒吧、迪厅、夜总会入手,那里的消费群体都是追求时尚的人,对新产品容易接受;"商超派"认为我们应该从高档商场和大型超市入手,通过堆码展示我们高档产品的形象,同时高档商场和大型超市是信息集散地,在商超不断做活动就可以把该产品推起来。

(4) 促销问题。由于该产品是一个中高档产品,大面积在大众媒体投放广告是不合适的,所以公司认为应该主要把资金用在终端促销上。

二、实训步骤

1. 分组;
2. 全组同学认真阅读并分析所给资料,找出企业目前存在的问题;
3. 全组讨论,初步确定解决问题的方案,包括企业的营销战略和策略;
4. 分工调查矿泉水市场需求和竞争情况;
5. 小组讨论,指定企业营销战略和策略;
6. 撰写营销计划书。

三、实训考核

1. 课后认真分析,积极参与讨论;(2分)
2. 调查深入,资料全面;(2分)
3. 思路正确,知识掌握情况良好;(3分)
4. 完成报告及时,格式规范,具有一定实际意义。(3分)

【知识扩展】

营销计划的编写

一、分析营销机会

1. 管理营销信息与衡量市场需求

(1) 营销情报与调研

(2) 预测概述和需求衡量

2. 评估营销环境

(1) 分析宏观环境的需要和趋势

(2) 对主要宏观环境因素的辨认和反应(包括人文统计环境、经济环境、自然环境、技术环境、政治法律环境、社会文化环境等)

3. 分析消费者市场和购买行为

(1) 消费者购买行为模式

(2) 影响消费者购买行为的主要因素(包括文化因素、社会因素、个人因素、心理因素等)

(3) 购买过程(包括参与购买的角色、购买行为、购买决策中的各阶段)

4. 分析团购市场与团购行为(包括团购市场与消费市场的对比、团购购买过程的参与者、机构与政府市场等)

5. 分析行业与竞争者

(1) 识别公司竞争者(行业竞争观念、市场竞争观念)

(2) 辨别竞争对手的战略

(3) 判定竞争者的目标

(4) 评估竞争者的优势与劣势

(5) 评估竞争者的反应模式

(6) 选择竞争者以便进攻和回避

(7) 在顾客导向和竞争者导向中进行平衡

6. 确定细分市场和选择目标市场

(1) 确定细分市场的层次、模式、程序,细分消费者市场的基础,细分业务市场的基础,有效细分的要求

(2) 选定目标市场,评估细分市场,选择细分市场

二、开发营销战略

1. 营销差异化与定位

(1) 产品差异化、服务差异化、渠道差异化、形象差异化

(2) 开发定位战略——推出多少差异,推出哪种差异

(3) 传播公司的定位

2. 开发新产品

(1) 新产品开发的挑战,包括外部环境分析(机会与威胁分析)

(2) 有效的组织安排,架构设计

(3) 管理新产品开发过程,包括营销战略发展、商业分析、市场测试、商品化等

3. 管理生命周期战略

(1) 产品生命周期包括需求、技术生命周期,产品生命周期的各个阶段

(2) 产品生命周期中的营销战略,如引入阶段、成长阶段、成熟阶段、衰退阶段,产品生命周期概念的归纳和评论

4. 自身定位——为市场领先者、挑战者、追随者和补缺者设计营销战略

(1) 市场领先者战略,包括扩大总市场,保护市场份额与扩大市场份额

(2) 市场挑战者战略,确定战略目标和竞争对手,选择一个进攻战略,选择特定的进攻战略

(3) 市场追随者战略

(4) 市场补缺者战略

5. 设计和管理全球营销战略

(1) 关于是否进入国际市场的决策

(2) 关于进入哪些市场的决策

(3) 关于如何进入该市场的决策,包括直接出口、间接出口、许可证贸易、合资企业直接投资、国际化进程等

(4) 关于营销方案的决策(4Ps)

三、营销方案

1. 管理产品线、品牌和包装

(1) 产品线组合决策

(2) 产品线决策,包括产品线分析、产品线长度、产品线现代化、产品线特色化、产品线削减等

(3) 品牌决策

(4) 包装和标签决策

2. 设计定价策略与方案

(1) 制定价格,包括选择定价目标,确定需求,估算成本,分析竞争者成本、价格和提供物,选择定价法,选定最终价格等

(2) 修订价格,地理定价,价格折扣和折让,促销定价,差别定价,产品组合定价

3. 选择和管理营销渠道

(1) 渠道设计决策

(2) 渠道管理决策

(3) 渠道动态

(4) 渠道的合作、冲突和竞争

4. 设计和管理整合营销传播(开发有效传播,包括确定目标受众、确定传播目标、设计信息、选择传播渠道、编制总促销预算、管理和协调整合营销传播)

5. 管理广告,销售促进和公共关系

(1) 开发和管理广告计划,包括确定广告目标、广告预算决策、广告信息选择、媒体决策、评价广告效果等

(2) 销售促进

(3) 公共关系

6. 管理销售队伍

(1) 销售队伍的设计,包括销售队伍目标、销售队伍战略、销售队伍结构、销售队伍规模、销售队伍报酬等

(2) 销售队伍管理,包括招牌和挑选销售代表、销售代表培训、销售代表的监督、销售代

表的激励、销售代表的评价等

四、管理营销

1. 营销组织、营销部门的演进，组织营销部门的方法，营销部门与其他部门的关系，建立全公司营销导向的战略
2. 营销执行监控以保证营销的有效性
3. 控制营销活动，年度计划控制，盈利能力控制，效率控制
4. 根据营销部门的信息来进行战略控制

任务3　分析市场营销环境

【任务目标】

知识目标：
1. 理解市场营销环境的含义及特点；
2. 掌握市场营销环境的构成因素；
3. 掌握SWOT分析法的内容。

能力目标：
1. 掌握企业应对市场营销环境的基本策略；
2. 能应用SWOT法分析企业所面临的市场营销环境。

【导入案例】

家乐福退出日本市场

2005年3月10日，家乐福将向日本零售巨头永旺出售其在日本的八家大卖场，全面退出日本市场。四年前，当家乐福谨慎而又雄心勃勃地进入日本市场时，它并没有料到，会因为经营不善而不得不从世界第二大零售市场——日本退出。

1963年，家乐福在世界上首先倡导大型超市的概念，即一种集超市和百货商店于一身的超大型购物中心。家乐福最擅长的是大力控制成本、薄利多销的运营方式。

家乐福在日本照搬在欧美国家经营的经验，单纯依靠薄利多销的运营方式，没有根据不同的国情和消费习惯来调整营销策略，导致水土不服。比如日本的住宅面积比较小，不宜一次购买很多商品存放在家中。特别是蔬菜、鱼肉及其制成品，日本人十分讲究新鲜度，随买随吃。另一方面，大部分日本妇女婚后不工作，主要在家料理家务，照看孩子，所以平日也有时间到附近超市选购新鲜食品。因而，日本的超市一般都设在交通流量大的车站附近或者居民比较集中的住宅区和闹市区。据日经BP社报道，自2001年6月日本废除了《大店铺法》之后，日本出现了大型零售商业设施进一步向中心集结转移的趋势。而家乐福目前在日本开设的8家超市全部位于中心城市郊区，远离市区的家乐福仅有的价格优势显然不能成为招揽顾客的法宝。

【思考】
作为全球的零售业巨头，家乐福为什么会从消费品市场发达的日本退出？

【简要评析】

家乐福的营销方式是一种很有效的经营模式,能很好地满足大部分消费者讲究效率、经济实惠的需求。但是日本的消费者市场具有自己的特点,日本以中产阶级为消费主体,消费较为理性,主流消费追求个性化和特色化,因此品类齐全、价格低廉的大超市无法与专业和价格细分程度相对较高的专卖店竞争。在此背景下,家乐福仍固守薄利多销策略,没有把握住日本顾客想体验法国气氛的这一独特需求创新求变,这是其兵败日本的根本原因。

因此,在很多情况下,企业的市场营销策略本身没有好坏之分。一个企业的营销策略能否成功,主要取决于企业的营销策略能否与企业所在的市场营销环境相适应,适应的才是有效的,有效的才是正确的。

【理论指导】

在市场经济条件下,企业营销活动都是在不断变化的营销环境中进行的。企业必须建立营销环境扫描检测系统,经常监视和预测其周围的市场营销环境的发展变化,并善于分析和识别由于环境变化而造成的主要机会和威胁,及时采取适当的对策,使自己的经营管理与市场营销环境的发展变化相适应。

3.1 明确市场营销环境的含义

3.1.1 了解市场营销环境的内涵

市场营销环境是指影响企业市场营销活动及其目标实现的各种因素和动向,可分为宏观营销环境和微观营销环境。微观营销环境是指对企业的经营活动有直接影响的因素,是企业营销活动的参与者,包括企业内部因素、营销渠道企业、目标顾客、竞争者、公众、供应商等。宏观营销环境是指那些较大的、影响整个微观营销环境的因素,对企业的营销活动有间接影响,包括人口环境、经济环境、自然环境、科学技术环境、政治法律环境、社会文化环境等。

任何企业的营销活动都不是在真空中进行的,企业的营销活动不可能脱离周围环境而孤立地存在。每个企业都和市场营销环境的某个部分相互影响、相互作用,我们将这部分环境称为相关环境。企业的相关环境总是处于不断变化的状态之中。在一定时期内,经营最为成功的企业,一般是能够适应其相关环境的企业。企业得以生存的关键,在于它在环境变化需要新的经营行为时所拥有的自我调节能力。适应性强的企业总是随时注视环境的发展变化,通过事先制订的计划来控制变化,以保证现行战略对环境变化的适应。企业营销活动要以环境为依据,主动地去适应环境,同时又要在了解、掌握环境状况及其发展趋势的基础上,通过营销努力去影响外部环境,使环境有利于企业的生存和发展,有利于提高企业营销活动的有效性。

3.1.2 了解市场营销环境的特征

1. 客观性

企业面临的市场营销环境不以营销者意志为转移地客观存在着,有自己的运行规律和发展趋势。企业的营销活动能够主动适应和利用客观环境,但不能改变或违背。主观臆断营销环境及发展趋势,必然导致营销决策的盲目与失误,造成营销活动的失败。一般来说,企业无法摆脱和控制市场营销环境,特别是宏观环境。

2. 关联性与相对分离性

关联性表明市场营销环境各因素都不是孤立的,而是相互联系、相互渗透、相互作用的。如一个国家的体制、政策与法令总是影响着该国的科技、经济的发展速度和方向,继而改变社会习惯;同样,科技、经济的发展,又会引起政治、经济体制的相应变革。这种关联性,给企业营销带来了复杂性。同时,在某一特定时期,环境中某些因素又彼此相对分离。各因素对企业活动影响大小不一样。例如,在政局稳定的和平时期,经济、科技、自然因素对企业营销影响大;而在战争期间,军事、政治因素对其影响强烈。此外,不同的环境因素对不同的营销活动内容影响的重点不同。营销环境因素的相对分离性为企业分清主次环境提供了可能。

3. 变化性与相对稳定性

环境的变化性主要指两个方面:一是由于相关性影响,一种环境因素的变化会导致另一环境因素随之变化;二是每个环境内部的子因素(如文化环境中的宗教文化)变化也会导致环境因素的变化。因此,市场营销环境总是处于不断变化的动态过程中。相对稳定性是指在某一时间段内,某一营销环境因素处于稳定状态。

4. 不可控性与企业能动性

市场营销环境作为一个复杂多变的整体,单个企业不能控制它,只能适应它。对于市场营销环境因素中的绝大多数单个因素,企业不可能控制,只能在基本适应中施加一些影响。然而,企业通过本身能动性的发挥,如调整营销策略、进行科学预测或联合多个企业等,可以冲破环境的制约或改变某些环境因素,取得成功。

3.2 分析市场营销微观环境

市场营销的微观环境是指对企业营销活动有影响的供应商、营销中介、顾客、公众和竞争者所构成的企业直接营销环境。企业为了实现自己的目标,要协调企业内部各职能部门的具体工作及相互之间的关系,要与许多供应商、营销中介和公众联合起来,在与竞争者的博弈中,赢得目标顾客。

3.2.1 企业内部

企业是由各职能机构,如计划、供销、制造、财会、技术、后勤等部门组成的以盈利为目的的经济单位。企业内部各职能部门的分工合作科学、和谐与否,会影响企业整个营销活动的成败。在现代市场经济条件下,销售部门的作用十分重要和突出。它的工作顺利与否可以左右整个企业。但在实际工作中,由于企业各部门各自的工作重点不同,销售部门经常与采购、制造、财会等部门发生矛盾,且往往难以协调。企业市场营销部门与企业其他部门发生这样那样的矛盾,妨碍企业市场营销活动。为了实现营销目标,企业市场营销部门必须协调和处理好与企业各部门之间的各种矛盾和关系。总的原则是,倡导以消费者需求为导向的营销观念,强调以市场营销为中心的组织结构,推行上下沟通共同制定并完成企业战略总目标的目标管理体制。有条件的大企业(集团)可以通过建立独立的现代销售公司,全面负责协调企业营销中出现的一切矛盾。

3.2.2 供应商

供应商是向企业供应生产产品和劳务所需要的各种资源的企业。企业要进行生产,首先要有各种原材料、燃料、辅助材料等的供应作保障。供应商对企业的营销就形成了直接的影响与制约。供应商供货及时、质量可靠和价格稳定与否会对企业的营销活动产生很大的影响。因此,企业在寻找供应商时,必须对供应商的情况进行综合评价,选择交货准时、信誉好、成本低的供应商。为了避免对某一供应商的过分依赖,要在供应商之间的竞争中占据主动地位,以减少供应商对企业的影响与制约,企业对同一物品可从多家供应商采购。当然,为了使企业有稳定的物料供应,企业应该与主要供应商建立长期的供销关系,以便在特殊情况下,如原材料短缺时,供应商仍能优先供应,使企业的原材料、辅助材料、主要零部件的供应有所保障。

3.2.3 营销中介

营销中介是指在企业推广、销售、分配产品给顾客等营销活动中提供各种服务的企业,包括中间商、物流机构、营销服务机构(调研、广告、咨询公司)、金融机构(银行、信托、保险公司)等。在社会化商品经济中,营销中介对企业营销活动起着很重要的作用。

1. 中间商

中间商是协助企业寻找顾客或直接与顾客进行交易的商业企业,主要分为代理商和经销商两大类。代理商就是代理人或经纪人,他们不拥有商品的所有权,只是介绍客户或与客户商谈交易合同的中间人。经销商又分批发商和零售商,他们先拥有商品的所有权,然后再出售商品。在社会化商品经济中,除了某些大生产企业外,一般生产企业都不设自己的销售渠道,而是靠中间商来推销产品。这既可以替生产企业节省费用,又能得到比生产企业高的推销效率。但是,如何选择中间商和与中间商很好地合作并非易事。随着市场经济的发展,制造商一般不与众多的小中间商交易,而是通过少数几家大的中间商(批发商)的连锁店来推销产品。这种方法不仅能推销大量产品,而且成本较低。

2. 物流机构

物流机构是协助企业运输、分配或储存产品的专业企业,包括仓储、运输企业。把产品从生产地运送到销售地或储存地的工作一般由运输企业来完成。因为专业运输企业的运输成本、速度、安全性都比制造企业要好。企业生产的产品一般不会立即销售完,总有一段储存的时间。生产企业除了自己拥有少量的仓库以外,大部分是向仓储企业租用,这是一种低成本、高效益的方法。现代企业往往通过物流中心来完成产品运输、分配或储存任务。

3. 营销服务机构

营销服务机构是指市场调研公司、广告代理公司、营销咨询公司等企业。这些企业协助生产企业调研、选择市场，宣传、推销产品，等等。除了某些大生产企业外，营销服务机构提供的服务是大多数中小企业营销活动过程中不可缺少的。由于营销服务机构提供的是专业服务，且内容不同，质量也不同，因此企业在选择专业公司办理业务时，必须全面考虑价格、内容、服务质量等，从中找出最适合为本企业服务的机构。

4. 金融机构

金融机构是指对企业营销活动提供融资及保险的各种机构，包括银行、信贷、保险公司等。在现代市场经济中，生产企业与顾客都通过各种金融机构来融资。银行贷款利率的升降或信贷来源受限制都会影响生产企业的正常运转。因此，生产企业在开展营销活动过程中，应处理好与金融机构的关系。

3.2.4 顾客

顾客就是企业的目标市场，是企业服务的对象。顾客是企业直接营销环境中最重要的因素。顾客是企业产品的直接购买者，顾客的变化意味着企业市场的获得或丧失。企业的顾客市场可划分为消费者市场和组织市场。在消费者市场上，消费者是为了个人和集体的消费而购买。分析与掌握消费者市场变化指标的目的是了解消费者市场需求什么和需求多少。组织市场有生产者市场和政府市场等，它们的购买行为类型、购买决策参与者、购买决策过程和影响因素既有共性，又有各自的特点，需要认真仔细地研究，把握变化趋势，从中找出对应的营销策略。

3.2.5 竞争者

竞争者是指与本组织存在利益争夺关系的其他经济主体。在现代市场经济中，大多数企业在进行营销活动时，是面对着垄断竞争目标市场，不可避免地会遇到已有或潜在的竞争对手的挑战。企业要想在竞争中取得成功，就必须比竞争对手更好地满足顾客的需要和欲望。

企业要胜出同行竞争对手一筹，满足目标顾客的需求，可重点关注：① 谁是主要的同行竞争对手；② 竞争对手的战略战术；③ 竞争对手的营销目标；④ 竞争对手的优势与劣势；⑤ 竞争对手对竞争的反应模式。确定主要竞争对手是相当复杂的工作，因为一个企业的潜在竞争对手可能比现实的竞争对手更多，只要存在着需求向替代品转移的可能性，潜在竞争对手就会出现。所以，可以将能够以类似价格提供类似产品和劳务给顾客的企业视为竞争对手，也可认为所有提供同类产品的企业都是竞争对手。企业应了解竞争对手的利润目标、目前的获利能力、市场占有率、技术领先程度、现金流量等。企业还应了解竞争对手的策略，包括研究发展、生产制造、采购、财务等各方面的策略。除了了解竞争对手的目标、策略以外，企业还应找出竞争对手在产品利润、市场占有率、销售额等各方面与本企业间的长处和短处，制定出企业与竞争对手相对立的策略。同时企业还必须时刻关注竞争对手，设法胜过竞争对手，保持本企业的市场份额并能逐步扩大。

3.2.6 公众

公众是指对一个组织实现其目标的能力具有实际或潜在利害关系和影响力的一切团体和个人。由于企业的营销活动必然会影响到公众的利益,因而,政府机构、融资机构、中介机构、群众团体、地方居民等公众,乃至国际上的各种公众,必然会关注、监督、影响、制约企业的营销活动。这种制约力量的存在,决定了企业必须处理好与周围各类公众的关系,即搞好公共关系。当今许多公司都设立了公共关系部,专门负责处理与公众的关系。企业的全体员工都要有公关意识,要采取有效措施满足各方面公众的合理要求,开展一些力所能及的公益活动,努力塑造并保持企业良好的信誉和公众形象,这是企业适应和改善任务环境的一个重要方面。

企业所面临的公众主要有以下几种。

1. 金融公众

金融公众是指影响企业融资能力的金融机构,如银行、投资公司、保险公司、证券经纪公司等。企业可以通过发布真实而乐观的年度财务报告,回答关于财务问题的询问,稳健地运用资金,在金融公众中树立信誉。

2. 媒介公众

媒介公众主要是指报纸、杂志、广播电台、电视台和网络等大众传播媒介。企业必须与媒体建立友善关系,充分利用媒体的公众信任度,争取更多更好的有利于本企业的报道。

3. 政府公众

政府公众是指对企业的营销活动有影响作用的有关政府机构。企业的发展战略和营销计划必须与政府的发展计划、产业政策、政策法规保持一致。企业必须了解有关产品安全卫生、广告真实性、商人权利等方面的政策,以便与政府部门处理好关系。

4. 社团公众

社团公众是指各种消费者保护组织、环境保护组织、少数民族团体及其他群众团体。

5. 社区公众

社区公众是指企业所在地邻近的居民和社区组织。企业必须重视保持与当地公众的良好关系,积极支持社区的重大活动,为社区的发展贡献力量,争取社区公众的理解和支持。

6. 一般公众

一般公众是指上述各种公众以外的社会公众。

7. 内部公众

内部公众是指企业的员工,包括高层管理人员和一般员工。内部公众对企业营销活动的影响很直接,企业的营销活动必须争取内部公众的支持和配合。

上述六种因素既构成了企业营销的微观环境,也是一个企业的市场营销系统。不断地疏通、理顺这个系统,是企业重要而又迫切的经常性任务。

【案例启示】

都是 PPA 惹的祸

2000年11月17日,国家药监局下发《关于立即停止使用和销售所有含有 PPA 的药品制剂的紧急通知》,并在11月30日前全面清查生产含 PPA 药品的厂家。一些消费者平时较常用的感冒药"康泰克"、"康得"、"感冒灵"等因为含 PPA 而成为禁药。

这次名列"暂停使用"名单的有15种药,但大家只记住了康泰克,原因是"早一粒,晚一粒"的广告非常有名。作为向媒体广泛询问的一种回应,中美史克公司11月20日在北京召开了记者恳谈会,总经理杨伟强先生宣读了该公司的声明,并请消费者暂停服用这两种药品,能否退货,还要依据国家药监局为此事件作的最后论断再定。这两种产品已经进入了停产程序,但他们并没有收到有关康泰克能引起脑中风的副反应报告。对于自己两种感冒药——康泰克和康得被禁,杨伟强的回答是:中美史克在中国的土地上生活,一切听中国政府的安排。为了方便回答消费者的各种疑问,他们为此专设了一条服务热线。另据分析,康泰克与康得退出的市场份额每年高达6亿元。不过,杨伟强豪言:"我可以丢了一个产品,但不能丢了一个企业。"

3.3 分析市场营销宏观环境

企业的营销活动是在宏观环境中进行的,因而会受宏观环境因素,如人口、经济、技术、政治法律、社会文化、自然地理等因素的间接影响。企业必须对这些宏观环境因素变化带给企业的营销活动的挑战与机会做出正确的分析评估,制定和实施相应的营销决策。

3.3.1 人口环境

市场营销是围绕市场中心展开的,而市场又是由具有购买欲望和购买力的人组成的。因此,人口环境包括人口规模、人口增长、人口结构、人口的地理分布等因素,这些就成为企业营销首要分析评估的宏观环境因素。

1. 人口规模

一般来说,在经济发展和收入水平相等的条件下,一国人口规模越大,则市场规模就越大。人口规模对市场规模的决定影响,通常表现在对基本生活资料市场的需求量方面。因此,人口规模尤其成了企业营销活动考察基本生活资料市场潜力的基本指标。据世界银行预测,到2050年,世界人口将突破100亿。2014年年末,我国内地总人口已达136 782万人。随着世界及我国人口规模扩大,世界及我国市场规模也会不断扩大。

2. 人口增长

对企业营销来说,不仅要通过了解人口现状来了解现有市场规模,更需要关注人口发展的趋势。因为,人口增长与否或速度快慢,直接影响未来市场需求增长与否或变化方向。据联合国发布的世界人口展望报告,截至2015年年中,全球人口总量已达73亿,即在过去12

年中增加了约 10 亿人口,而且所增加的人口主要集中在发展中国家,发达国家人口增长缓慢。这意味着发展中国家或地区的消费需求会不断增长,市场潜力很大;相反,有些西欧、北欧国家或地区人口出生率下降,则可能会造成这些国家儿童用品消费需求总量的相对减少,对营销儿童用品的企业是一种"环境威胁",但对另一些行业,如旅游业、交通运输业、餐饮业等行业来说,却是增加了市场机会。

3. 人口结构

企业营销者除了要掌握人口规模、人口增长以外,还应分析人口的结构。因为不同的人口结构对商品有不同的需求,分析不同的人口结构,可为企业寻找目标市场提供依据。人口结构主要包括人口的年龄结构、性别结构、学历结构、家庭结构、社会结构以及民族结构。

(1) 年龄结构

人口年龄通常分为六个阶段:学龄前儿童、学龄儿童、青少年、25～40 周岁青年人、40～60 周岁中年人和 60 周岁以上老年人。不同年龄人群对商品的需求不一样。截至 2017 年年初,全球 60 岁及以上人口为 9.62 亿人,到 2050 年这一年龄层的人口数量将是现在的两倍多,达到 21 亿人,2100 年则是现在 3 倍多,将达到 31 亿人。我国的人口老龄化趋势也进一步加快,60 岁及以上人口占总人口的 16%。预计到 2050 年,我国老年人口比例将达 27%。这意味着在今后 20 年内,世界及我国"银发市场",诸如保健用品、营养品、老年医疗卫生将会发达起来。

(2) 性别结构

不同性别的人口,会给市场需求带来性别上的差异。例如,女性比男性更喜欢打扮、逛商场,上街采购日用品、化妆品、女性服装,等等,而男子则在购买大件物品等方面表现出积极性。企业营销者有必要掌握人口性别的差异给企业产品营销带来的差异影响,以便顺利实现营销目标。

(3) 学历结构

人口学历结构反映人口受教育程度的高低。不同学历等级的人口,会表现出不同的消费偏差。通常,高学历等级的人口,更多倾向于购买有知识品味的商品;低学历等级的人口,则较多讲究所购商品价廉、实用。随着我国九年制义务教育的普及和高等教育机会的增加,人口的学历层次将会普遍提高,这将会给电脑等知识商品市场营销带来机遇,甚至文化礼品市场也将在我国逐渐兴起,成为市场的一个重要组成部分。

(4) 家庭结构

家庭是市场需求的基本单位。不同的家庭结构类型会有不同的购买行为,从而影响企业的市场营销行为。目前,世界上家庭规模普遍呈现由扩大型向核心型转化的趋势。欧美国家的家庭规模基本上户均 3 人左右,亚非拉等发展中国家户均 5 人左右。在我国,"独生子女"的小家庭已逐步由城市向乡镇普及。家庭结构核心型,必然引出家庭数量的剧增,这对住房、家具、家用电器等需求会有助长作用。

(5) 城乡结构

2016 年我国城镇常住人口 8 亿 2 345 万人,比 2015 年年末增加 2 182 万人,乡村常住人口 5 亿 8 973 万人,减少 1 373 万人,城镇人口占总人口比重(城镇化率)为 57.35%。随着我国城镇化比例越来越高,城市拥有的市场潜力大大高于农村。

(6) 民族结构

世界各国的民族结构有单一的,也有多元的。像日本,几乎所有的人都是属于一个民族,即大和民族。而在我国,除了占人口大多数的汉族以外,还有55个少数民族,他们在饮食、服饰、居住、婚丧、节日等物质和文化生活各方面各有特点,如回族居民不食猪肉,傣族居民要过泼水节,藏族居民要欢度藏历新年,等等。这些不同的消费需求与风俗习惯影响了消费者需求的构成和购买行为。因此,企业营销者要注意民族市场的营销,重视开发适合各民族特性、受其欢迎的商品。

4. 人口的地理分布

人口的地理分布是指人口在不同地区的密集程度。由于自然地理条件以及经济发展程度等多方面因素的影响,人口的分布绝不会是均匀的。世界人口正在加速城市化,在许多国家和地区,人口往往集中在几个大城市里。从我国来看,人口主要集中在东南沿海一带,约占全国总人口的94%,而西北地区人口仅占6%左右,而且人口密度逐渐由东南向西北递减。另外,城市的人口比较集中,尤其是大城市人口密度很大,在我国就有上海、北京、重庆等几个城市的人口超过1 000万人,而农村人口则相对分散。人口的这种地理分布表现在市场上,就是城市市场的集中程度高,销售周转快;农村市场广,但运输成本大。

随着经济的活跃和发展,人口的区域流动性也越来越大。在发达国家,除了国家之间、地区之间、城市之间的人口流动外,还有一个突出的现象就是城市人口向农村流动。我国自1979年改革开放以来,人口的区域流动表现为农村人口向城市或工矿地区流动,内地人口向沿海经济开放地区流动,从而增加了人口流入较多地区的基本需求量,给当地企业带来较多的市场份额和营销机会。

3.3.2 经济环境

经济环境是指企业市场营销活动所面临的社会经济条件及其运行状况和发展趋势,主要包括收入水平和消费结构模式。

1. 收入水平

市场是由人组成的,而这里所指的"人"必须是具有购买欲望和购买力的人。有收入才能有购买力。因此,收入水平成了企业考察市场规模及其潜力大小的一个基本指标。我们常用国民收入、个人收入、收入分配来估算市场规模及其潜力的大小。

(1) 国民收入

国民收入是一个国家在一定时期(通常是一年)内各物质生产部门劳动者所创造的价值总和,它是衡量市场规模及其质量的主要指标。国民收入决定社会购买力水平和消费者的收入水平,也就是说,会影响消费者的消费需求、消费结构和消费行为。因而,它是企业营销环境的重要经济因素。

(2) 个人收入

个人收入是指消费者个人的工资、红利、租金、接受赠予等收入,即个人所有的货币收入。由于收入水平不仅决定消费者购买力规模的大小,而且直接影响消费者支出的行为模式,所以个人收入状况是影响消费者购买力的一个重要因素。

从经济学的角度来分析,个人收入可分为个人可支配收入和个人可随意支配收入两部分。个人可支配收入是指扣除个人缴纳的各项税款和交给政府的非商业性开支后,可用于个人消费和储蓄的那部分收入。个人可随意支配收入是指个人可支配收入减去个人用于购买生活消费必需品的固定支出(如房租、保险费、分期付款、抵押贷款)所剩下的那部分收入。

从以上定义可以看出,个人可随意支配收入是消费者可以任意投向的收入,这部分收入越多,给企业的营销机会就越大。因而,它是影响消费需求构成最活跃的经济因素。

消费者的个人收入还要受到通货膨胀的影响。如果通货膨胀率超过个人货币收入增长率,或个人货币收入不变而税收增加等,都会使得消费者的个人收入的实际数下降。因此,企业考察营销市场规模及其潜力大小要注意区别货币收入和实际收入,只有实际收入发生变化,才能直接影响消费者的支出行为和购买力。

(3) 收入分配

在分析市场营销环境时,企业营销者不仅应该注意收入水平,而且应注意收入的分配状况。因为人均收入指标会掩盖收入分配的偏斜情况,这就不能确切地反映需求结构。在许多国家和地区,收入分配很不均衡,形成了富人与穷人需求结构的极大反差。占总人数比例极少的高收入者,可享用各种高级昂贵的奢侈品;大多数低收入者,只能以生存为主,省吃俭用,竭力节约,以维持基本的衣、食、住、行开销。企业营销者应注意研究收入的分配差距,以利于企业差别营销。

2. 消费结构模式

西方经济学家认为,个人收入与消费之间存在着一个函数关系。消费者个人收入用于各种消费支出中的比例关系及其相互关系就是消费结构。描述消费结构模式的一个理论就是著名的恩格尔定律。德国统计学家恩格尔(Engel)在对比利时不同收入家庭的调查基础上,提出了关于消费者支出模式的论断,揭示了收入变化和需求变化不同的关系。恩格尔系数是用一系数来衡量收入对消费结构影响的,公式如下:

$$恩格尔系数 = \frac{食物支出变动百分比}{收入变动百分比}$$

恩格尔系数反映了收入变化与食物支出变化之间的关系,即随着家庭收入的增加,用于购买食物的支出比例减少,用于衣、住方面的支出变动不大,而用于教育、医疗、娱乐和体育活动等方面的支出呈增长的趋势。恩格尔系数越小,表明生活越富裕;系数越大,表明生活水平越低。按联合国划分富裕程度的标准,恩格尔系数在60%以上的国家为饥寒,50%~60%的为温饱,40%~50%的为小康,40%以下的为富裕。第二次世界大战以来,西方发达国家的消费结构发生了很大变化:① 恩格尔系数显著下降,目前大都下降到20%以下;② 衣着消费比重降低,幅度在20%~30%;③ 住宅消费支出比重增大;④ 劳务消费支出比重上升;⑤ 消费开支占国民生产总值和国民收入的比重上升。2016年,我国居民恩格尔系数为30.1%,比2012年下降2.9个百分点,接近联合国划分的20%至30%的富足标准。由于恩格尔系数是衡量一个国家、一个地区、一个城市、一个家庭生活水平高低的标准,所以企业可以从恩格尔系数中了解市场消费水平,还可据此来推断今后消费变化的趋势及对本企业的影响。

3.3.3 技术环境

技术环境是指创造新技术、开发新产品对企业所造成的影响力。技术环境不仅直接影响企业内部的生产与经营,同时还与其他环境因素互相依赖、相互作用。因此,企业要密切注意技术环境的发展变化,了解技术环境发展变化对企业市场营销的影响,以便及时采取对策。

20 世纪以来,科学技术日新月异,尤其是在二次大战后,科学技术在现代生产中的主导作用更为突出,科学技术已成为第一生产力。一种新技术的应用,必然导致新的产业部门、产品种类、市场和消费方式出现,旧的产业部门、产品种类、市场和消费方式被淘汰。例如,在美国,电子计算机技术的发展,使人们改变了传统的笔算和拨算盘珠的做法,甚至在日常生活中也逐渐离不开电子计算机和微型计算器。这些社会生产、生活方式的变革,如果能被企业深刻认识到,主动采取与之相适应的营销策略,就能获得成功。所以,企业在组织市场营销时,必须深刻认识和把握由于科学技术发展而引起的社会生产、生活的变化,看准营销机会,积极采取行动,并且要尽量避免科技发展给企业造成的威胁。

实际上,科学技术的发展为提高营销效率提供了更新、更好的物质条件。例如,新的交通运输工具的发明或旧的运输工具的技术改进,使运输的效率大大提高;电子信息、通信设备的改善,更便于企业组织营销,提高营销效率。现代商业中,自动售货、邮购、电话订货、电视购物、网络商务等方式的发展,既满足了消费者的需求,又使企业的营销效率提高了。

3.3.4 政治法律环境

企业的市场营销决策在很大程度上受政治与法律环境变化的影响。政治与法律环境是由法律、政府机构以及在社会上对各种组织有影响和制约的集团构成的,它直接与一个国家的体制、宏观政策联系起来,规定了整个国家的发展方向及政府采取的措施。政治对于企业的市场营销影响一般是通过各种法令、规章而加以实施的,即以法律的形式把政治法制体现出来。一是政府通过立法,如公司法、企业法、合同法、工业产权法等,规范企业商业行为,保护各企业的利益相互不受损害,建立一个公平竞争的环境;二是政府通过立法,如消费者保护条例等,从法律上来确定生产者和销售者对其生产或出售的产品所应承担的责任,保护消费者利益免受不正当商业行为的损害;三是政府通过立法,如环境保护法等,对企业为了眼前利益和自身利益而损害社会大众利益和社会长远利益的行为进行制约,保护自然环境,防止社会公害,保障整个社会的可持续发展。例如,国际上通过的到 2000 年完全停止使用氟利昂以保护大气臭氧层的决定,对社会公众的长远利益是有利的,但对以氟利昂为制冷剂的冰箱生产企业是一个约束,这就促使生产该类产品的企业必须尽快升级换代,才不致使产品被市场禁止销售。

【案例启示】

睡衣风波

1997 年,美国和加拿大之间围绕"古巴睡衣"问题发生了一场政治纷争,而夹在两者之间的是一家百货业的跨国公司——沃尔玛公司。当时,争执的激烈程度可以从下面的报纸新闻标题中见得一斑:《将古巴睡衣从加拿大货架撤下:沃尔玛公司引起纷争》《古巴问题:

沃尔玛公司因撤下睡衣而陷入困境》、《睡衣赌局：加拿大与美国赌外交》、《沃尔玛公司将古巴睡衣放回货架》。

这一争端是由美国对古巴的禁运引起的。美国禁止其公司与古巴进行贸易往来，但在加拿大的美国公司是否也应执行禁运呢？当时，沃尔玛加拿大分公司采购了一批古巴生产的睡衣，美国总部的官员意识到此批睡衣的原产地是古巴后，便发出指令要求撤下所有古巴生产的睡衣，因为那样做违反了美赫尔姆斯——伯顿法。这一法律禁止美国公司及其在国外的子公司与古巴通商。而加拿大则是因美国法律对其主权的侵犯而恼怒，他们认为加拿大人有权决定是否购买古巴生产的睡衣。这样，沃尔玛公司便成了加、美对外政策冲突的牺牲品。沃尔玛在加拿大的公司如果继续销售那些睡衣，则会因违反美国法律而被处以100万美元的罚款，且还可能会因此而被判刑。但是，如果按其母公司的指示将加拿大商店中的睡衣撤回，按照加拿大法律，会被处以120万美元的罚款。

3.3.5 社会文化环境

社会文化是指一个社会的民族特征、价值观念、生活方式、风俗习惯、伦理道德、教育水平、语言文字、社会结构等的总和。社会文化内容十分广泛，主要由两部分组成：一是全体社会成员所共有的基本核心文化；二是随时间变化和外界因素影响而容易改变的社会次文化或亚文化。人类在某种社会中生活，必然会形成某种特定的文化，不同国家、不同地区的人民，不同的社会与文化，代表着不同的生活模式。这种差异对企业营销的影响极为复杂，有时甚至可能成为某次营销活动成败的关键。社会文化是对消费者影响最深远的因素。因此，对于市场营销人员来说，社会文化环境是又一个不可忽视的重要因素。

1. 语言

语言是人类最重要的交际工具，也是不同文化间最明显的标志。要想进入某个市场，就必须掌握市场所在地区的语言，通过用当地语言交流，向顾客介绍自己的产品和服务，了解顾客的需求，来刺激顾客的购买欲望。不懂当地语言并不能做出正确翻译，就会影响营销活动，这在国际营销中尤为重要。例如，美国百事可乐公司著名的广告"Come alive with Pepsi"被译成德文后是"从坟墓中复活"；美国通用汽车公司的雪佛莱品牌车"神枪手"的英文"NOVA"译成西班牙语就是"跑不动"的意思，结果在使用西班牙语的国家营销就受到了很大影响。

2. 价值观

价值观念的不同，对人们的消费行为、消费方式也会产生重大影响。例如，在西方国家中，许多人的价值观念是"能挣会花"，用明天的钱追求今天的享受，因此，分期付款、赊销等形式在西方国家非常通行，人们普遍习惯于借债消费；而中国人多数崇尚"节俭"，消费原则是"量入为出"，不习惯于借债消费。当然，价值观除了与传统文化有关，还要受到社会发展程度的影响，但不论怎样，价值观念影响着消费者的目标选择和购买决策。因此，企业在营销活动过程中，在产品的设计、造型、颜色的选择，广告、推销方式等方面都应充分考虑不同的价值观念的重要影响，采取不同的策略。

3. 宗教信仰

不同的宗教信仰有不同的文化倾向和戒律，影响着人们认识事物的方式、价值观念和行为准则,从而影响着人们的消费行为,带来特殊的市场需求,与企业的营销活动有密切的关系。特别是在一些信奉宗教的国家和地区,宗教信仰对市场营销的影响力更大。据统计,全世界信奉基督教的教徒有10多亿人,信奉伊斯兰教的教徒有8亿人,印度教徒6亿人,佛教徒2.8亿人,泛灵论者3亿人。教徒信教不一样,信仰和禁忌也不一样,这些信仰和禁忌限制了教徒的消费行为。比如,印度教徒视牛为圣物,不吃牛肉;伊斯兰教徒忌食猪肉和含酒精的饮料;佛教徒不沾荤腥。这些都是企业营销时必须注意的因素。

某些国家和地区的宗教组织在教徒的购买决策中有重大影响。一种新产品出现后,宗教组织有时会提出限制和禁止使用,认为该商品与该宗教信仰相冲突;相反,有的新产品出现后,会得到宗教组织的赞同和支持,它就会号召教徒购买、使用,起一种特殊的推广作用。因此,企业应充分了解不同地区、不同民族及不同消费者的宗教信仰,提供适合其要求的产品,制定适合其特点的营销策略,否则会触犯宗教禁忌,失去市场。这说明,了解和尊重消费者的宗教信仰,对企业营销活动具有重要意义。

4. 风俗习惯

风俗习惯是人们根据自己的生活内容、生活方式和自然环境,在一定的社会物质生产条件下长期形成,并世代相袭而成的一种风尚和由于重复、练习而巩固下来并变成需要的行动方式等的总称。它在饮食、服饰、居住、婚丧、信仰、节日、人际关系等方面,都表现出独特的心理特征、伦理道德、行为方式和生活习惯。不同的国家、不同的民族有不同的风俗习惯,它对消费者的消费喜好、消费模式、消费行为等具有重要的影响。例如,不同的国家、民族,对图案、颜色、数字、动植物等都有不同的喜好和不同的使用习惯。比如,中东地区严禁带六角形的包装;英国忌用大象、山羊做商品装饰图案;中国人以红色表示喜庆,白色表示丧事,而西方人的结婚礼服则用白色,表示爱情的纯洁;伊拉克人视绿色代表伊斯兰教,但视蓝色为不吉利;日本人在数字上忌用"4",因在日语发音中"4"同死相近。我国是一个多民族国家,各民族都有自己的风俗习惯。比如,蒙古族人喜穿蒙袍,住帐篷,饮奶茶,吃牛羊肉,喝烈性酒;朝鲜族人喜食狗肉、辣椒,穿色彩鲜艳的衣服,食物上偏重素食,群体感强,男子地位突出。企业营销者应了解和注意不同国家、民族的消费习惯和爱好,做到"入境随俗"。可以说,这是企业做好市场营销尤其是国际营销的重要条件,如果不重视各个国家、各个民族之间的文化和风俗习惯的差异,就可能造成难以挽回的损失。

【案例启示】

1979年,中国开始实行对外开放政策,引起西方发达国家的关注,美国和西欧诸国的家电制造业,先后派人到中国进行市场考察。调查的结论是:因为中国居民收入很低,在5~7年内不可能形成消费市场。然而,日本的家电企业派人到中国来调查后认为,虽然当时的职工年平均工资仅有644元人民币,但东方民族的家庭素有积攒钱财的习惯,并且为了一个家庭认同的目标而省吃俭用的精神可以发挥到极致,这是欧美人士很难理解的。因此,日本企业的人员估计最多到1985年,中国市场的家电消费高潮就要到来,于是积极进行适合中国市场的家电产品开发,到了1983年,中国的家电消费高潮出现,比日本企业人员估计的时间提前了两年。到了1985年,中国进口的家电产品达到700万件(台),其中日本企业的产品占23.6%。欧美国家的新闻媒体称:日本企业现在夜以继日,为中国市场赶制产品。

3.3.6 自然地理环境

一个国家或地区的自然地理环境包括自然资源、地形地貌和气候条件,这些因素都会不同程度地影响企业的营销活动,有时这种影响对企业的生存和发展起决定性作用。企业要避免由自然地理环境带来的威胁,最大限度地利用环境变化可能带来的市场营销机会,不断分析和认识自然地理环境变化的趋势,根据不同的环境情况来设计、生产和销售产品。

1. 物质自然环境

物质自然资源是指自然界提供给人类各种形式的物质财富,如矿产资源、森林资源、土地资源、水力资源等。这些资源分为三类:一是"无限"资源,如空气、水等;二是有限但可以更新的资源,如森林、粮食等;三是有限但不可再生资源,如石油、锡、煤、锌等。自然资源是进行商品生产和实现经济繁荣的基础,与人类社会的经济活动息息相关。由于自然资源的地理分布不均衡性,企业到某地投资或从事营销必须了解该地的自然资源情况。如果该地对本企业产品需求大,但缺乏必要的生产资源,那么,企业就适宜向该地输送销售产品;如果该地有丰富的生产资源,企业就应当在该地投资建厂,在当地生产,就地销售。资源短缺将使企业生产成本大幅度上升,企业必须积极从事研究开发,尽力寻求新的资源替代品。而各国政府对环境污染问题进行控制,限制了某些行业的发展,也为企业创造了两种营销机会:一是为治理污染的技术和设备提供了一个大市场;二是为不破坏生态环境的新生产技术和包装方法创造了营销机会。因此,企业经营者要了解政府对资源使用的限制和对污染治理的措施,力争做到既能减少环境污染,又能保证企业发展,提高经济效益。

2. 地理环境

一个国家或地区的地形地貌和气候,是企业开展市场营销所必须考虑的地理环境因素,这些地理特征对市场营销有一系列影响。例如,气候(温度、湿度等)与地形地貌(山地、丘陵等)特点,都会影响产品设备的性能和使用。在沿海地区运转良好的设备到了内陆沙漠地区就有可能发生性能的急剧变化。有些国家地域辽阔,南北跨度大,各种地形地貌复杂,气候多变,企业必须根据各地的自然地理条件生产与之相适应的产品,才能适应市场的需要。例如,我国北方寒冷与南方炎热的气候,造成南方地区对降温产品,如冷饮、电风扇、空调、电冰箱的大量需求,而北方地区则需保暖产品。可见气候、地形地貌不仅直接影响企业的经营、运输、分销等活动,而且会影响一个地区的经济、文化和人口分布状况。因此,企业开展营销活动,必须考虑当地的气候与地形地貌,使其营销策略能适应当地的地理环境。

【案例启示】

日美汽车大战

美国汽车制造一度在世界上占霸主地位,而日本汽车工业则是20世纪50年代学习美国发展而来的。但是时隔30年,日本汽车制造业突飞猛进,充斥欧美市场及世界各地,为此美国与日本之间出现了汽车摩擦。

20世纪60年代,当时有两个因素影响汽车工业:一是第三世界的石油生产正被工业发达国家所控制,石油价格低廉;二是轿车制造业发展很快,豪华车、大型车盛行。但是擅长市场调查和预测的日本汽车制造商,首先通过表面经济繁荣,看到产油国与跨国公司之间正暗中酝酿和发展着的斗争,以及发达国家消耗能量的增加,预见到石油价格会很快上涨。因此,必须改产耗油小的轿车来适应能源短缺的环境。同时,随汽车数增多,马路上车流量增多,停车场的收费会提高,因此,只有造小型车才能适应拥挤的马路和停车场。另外,日本制造商分析了发达国家家庭成员的用车状况。主妇上超级市场,主人上班,孩子上学,一个家庭只有一辆汽车显然不能满足需要。这样,小巧玲珑的轿车得到了消费者的宠爱。于是,日本在调研的基础之上做出正确的决策。在20世纪70年代世界石油危机中,日本物美价廉的小型节油轿车横扫欧美市场,市场占有率不断提高,而欧美各国生产的传统豪华车因耗油大、成本高,销路大受影响。

3.4 掌握分析市场营销环境的方法

3.4.1 了解"威胁—机会"矩阵图法

市场营销环境变化给企业营销带来的影响是多样的、复杂的。企业应持全面、具体、有主次的评价原则,运用环境扫描法、"威胁—机会"矩阵图法等科学方法,对影响企业营销的相关环境因素及其权重作出准确估析,并据此提出可选择的应变对策。

1. 市场机会分析

市场营销环境变化给企业营销带来的影响,集中地表现为机会与威胁两种情况。所谓市场营销机会,是指对企业市场营销活动富有吸引力的领域。在该领域内,企业将拥有竞争优势。这些机会可以按其吸引力以及每一个机会可能获得成功的概率来加以分类。企业在每一特定机会中成功的概率,取决于其业务实力是否与该行业所需要的成功条件相符合。

在图3-1中的四个象限中,第2象限是企业应该高度重视的,因为潜在利益和出现概率都很大;第1和第4象限是企业不容忽视的,因为第1象限虽然出现概率低,但是一旦出现会给企业带来很大的利益,第4象限虽然潜在利益不大,但是出现概率很高,需要企业注意,制定对策;对第3象限,主要是观察它的发展变化,及时采取措施。

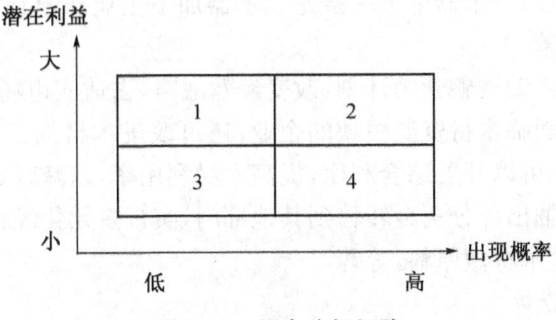

图3-1 机会分析矩阵

把握市场机会的对策有三种:一是准确把握时机选择。如果看准了市场环境趋势,就应当机立断,尽早做出决策,不能等到停工待料时,再去寻找市场机遇。二是慎重行事。美国著名市场学学者西奥多·李维特曾告诫企业家们,要小心地评价市场营销机会。他指出,"这里可能是一种需要,但是没有市场;或者这里可能是一个市场,但是没有顾客;或者这里可能有顾客,但是目前不是市场"。他的告诫说明,机会决策必须准确地预测市场需要和估价企业的能力,避免从表象出发,导致错误。三是逐步到位。实施决策应分步骤,边试验,边总结,以进一步摸清市场环境,然后全面实施。

2. 环境威胁分析

威胁和机遇是同时存在的,企业不仅要看到市场营销环境变化带给企业营销机会的一面,还要发掘它所给予企业威胁的一面。所谓环境威胁,是指环境中一种不利的发展趋势所形成的挑战,如果不采取果断的市场营销行动,这种不利趋势将损害企业的市场地位。企业的营销人员应善于识别所面临的威胁,并按其严重性和出现的可能性进行分类,然后,为那些严重性大且可能性也大的威胁制订应变计划。

在图3-2中的四个象限中,第2象限是企业应该高度重视的,因为影响程度和出现概率都很大;第1和第4象限是企业不容忽视的,因为第1象限虽然出现概率低,但是一旦出现会给企业带来很大的影响,第4象限虽然影响不大,但是出现概率很高,需要企业注意,制定对策;对第3象限,主要是观察它的发展变化,及时采取措施。

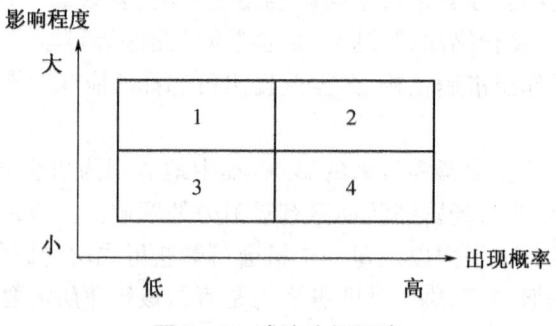

图3-2 威胁分析矩阵

应付环境威胁的对策主要有以下三种:

一是促变,即企业采取措施抑制或扭转不利因素的发展,化不利为有利,促进环境因素的转变。例如,因木材资源减少,威胁到木器加工企业的生产,企业可主动与林业部门联营,实现林业生产—木材供应—木器生产一条龙。木器加工企业扶植林业生产,增加木材资源供应,就是一种促变对策。

二是减轻,即企业主动调整营销计划,改变经营战略,去适应市场环境变化,减轻环境威胁的严重程度。例如,面临木材资源短缺的企业,还可改进木材加工工艺,增用辅料或代用材料,减少木材消耗;也可以开展综合利用,提高木材利用率,以减轻资源短缺带来的困难。

三是转移,即企业抽出部分资金转移到其他部门,实行多元化经营;也可以全部转产,或者全部采用新材料代替木材做原料,等等。

3. 营销环境综合分析

分析评价市场营销环境,目的是为了制定应变对策。由于各个企业的具体情况不同,在同样的市场营销环境变化中,应变对策也不可能一样,因此很难确定一种固定模式。这里仅根据威胁与机遇两种情况,为企业适应环境变化,选择合理的对策提供几种思路,供参考。

(1) 用环境扫描法找出影响企业营销的相关环境因素

并不是所有市场营销环境因素都与该企业的营销活动相关,企业也不可能一一详细评析。因此,企业有必要首先从各种市场营销环境因素中找出与本企业营销活动密切相关的那些重要因素,以便缩小范围。分析有关市场营销环境因素的实用方法是环境扫描法,即由熟悉环境的专家和企业营销人员组成环境扫描小组,将所有可能出现的与企业营销活动有关的因素都列举出来,最后把比较一致的意见作为环境扫描的结果,即得出相关的主要环境因素。

例如,某烟草公司通过信息系统和市场营销调查了影响企业营销的一些相关环境因素,最后确定以下这些因素足以影响其业务经营的动向:

① 有些国家的政府颁布了法令,规定所有的香烟广告和包装上都要印上关于吸烟危害健康之类的严厉警告。例如,在美国,里根总统1984年签署了一项新法令,规定在所有的香烟广告和包装上要印上"吸烟会引起肺癌、心脏病、肺气肿并危害孕妇"、"戒烟可使健康免受严重危险"、"孕妇吸烟可能导致胎儿受伤、早产和新生儿体重不够"、"香烟内含有一氧化碳毒气"等四条警告。

② 有些国家的某些地方政府禁止在公共场所吸烟。例如,英国伦敦地铁从1984年7月9日起开始禁止吸烟。北京市环境保护局规定从1985年6月1日起,在局机关办公室、会议室等公共场所禁止吸烟。

③ 许多国家吸烟人数下降。例如,据统计,美国成年人吸烟的比例1981年为37%,1983年为29%,这一年美国人少吸了311亿支香烟。据日本国营烟草专卖局调查,1983年日本约有200万人戒了烟。

④ 这家烟草公司的研究实验室发明了用莴苣叶制造无害烟叶的方法。

⑤ 发展中国家的吸烟人数迅速增加。据估计,我国目前有三亿多人吸烟,其中青年人中吸烟者所占比例最高。

显然,上述①~③条环境因素给这家烟草公司造成环境威胁;④~⑤条环境因素则给这家烟草公司带来市场机会,使这家公司可能享有"差别利益"。

(2) 用"威胁—机会"矩阵图法确定各影响因素的重要程度

找出主要环境因素后,还必须确定其重要程度。因为并不是所有的市场威胁因素对企业的威胁程度都一样,也不是所有的市场机会对企业具有同样的吸引力。因此,企业可以用市场"威胁—机会"矩阵图加以分析、评价。

图3-3中显示了四种市场"威胁—机会"组合状况,也就是说有四种营销企业类型:① 冒险状况或冒险企业,市场营销环境威胁大,机会也多;② 成熟状况或成熟企业,市场营销环境威胁小,机会也少;③ 理想状况或理想企业,市场营销环境威胁小,而机会多;④ 困难状况或困难企业,市场营销环境威胁大,机会也少。

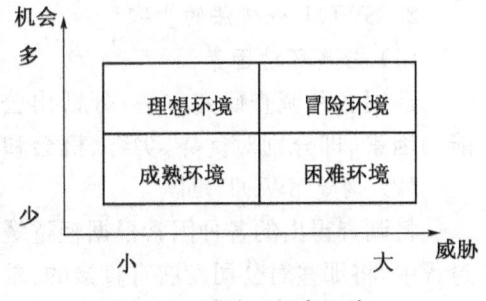

图3-3 威胁—机会矩阵

上述这家烟草公司既有两个威胁出现的可能性和潜在严重性都大的市场营销环境因素,又有一个成功出现可能性和潜在吸引力都大的市场营销环境因素,总体上说,这家烟草公司处于冒险的市场营销环境中,属于冒险企业。

现实中的企业,尤其是那些大中型企业,一般生产多品种产品,市场营销环境变化不一定给每一种产品带来同等的威胁或同等的机会。但对具体产品的市场威胁和机会分析,也可采用同种方法。

3.4.2 掌握SWOT分析法

SWOT分析法即态势分析法,20世纪80年代初由美国旧金山大学的管理学教授韦里克提出,经常被用于企业战略制定、竞争对手分析等场合。SWOT分别代表企业优势(Strength)、劣势(Weakness)、机会(Opportunity)和威胁(Threats)。其中,S、W是内部因素,O、T是外部因素。按照企业竞争战略的完整概念,战略应是一个企业"能够做的"(组织的强项和弱项)和"可能做的"(环境的机会和威胁)之间的有机组合。SWOT分析实际上是将对企业内外部条件各方面内容进行综合和概括,进而分析组织的优劣势、面临的机会和威胁的一种方法,可以通过分析帮助企业把资源和行动集中在自己的强项和有最多机会的地方。

1. SWOT分析法的内容

(1) 机会与威胁分析(OT分析)

环境发展趋势分为两大类:一类表示环境威胁(T),另一类表示环境机会(O)。环境威胁指的是环境中一种不利的发展趋势所形成的挑战,如果不采取果断的战略行为,这种不利趋势将导致公司的竞争地位受到削弱。环境机会就是对公司行为富有吸引力的领域,在这一领域,该公司将拥有竞争优势。常用的分析机会与威胁的方法就是"威胁—机会"矩阵图法。

(2) 优势与劣势分析(SW分析)

竞争优势(S)是指一个企业超越其竞争对手的能力,或者指公司所特有的能提高公司竞争力的东西。例如,当两个企业处在同一市场或者说它们都有能力向同一顾客群体提供产品和服务时,如果其中一个企业有更高的盈利率或盈利潜力,那么,我们就认为这个企业比另外一个企业更具有竞争优势。竞争优势可以是以下几个方面:技术技能优势、有形资产优势、无形资产优势、人力资源优势、组织体系优势、竞争能力优势。竞争劣势(W)是指某种公司缺少或做得不好的东西,或指某种会使公司处于劣势的条件。

2. SWOT分析法的步骤

(1) 分析环境因素

运用各种调查研究方法,分析出公司所处的各种环境因素,即外部环境因素和内部能力因素,即分别对优势、劣势、机会和威胁进行分析。

(2) 构建SWOT矩阵

将调查得出的各种因素根据轻重缓急或影响程度等排序方式,构造SWOT矩阵。在此过程中,将那些对公司发展有直接的、重要的、大量的、迫切的、久远的影响因素优先排列出来,而将那些间接的、次要的、少许的、不急的、短暂的影响因素排列在后面。

(3) 制订行动计划

在完成环境因素分析和SWOT矩阵的构造后,便可以制订出相应的行动计划。制订计划的基本思路：发挥优势因素，克服劣势因素，利用机会因素，化解威胁因素；考虑过去，立足当前，着眼未来。运用系统分析的综合分析方法，将排列与考虑的各种环境因素相互匹配起来加以组合，得出一系列公司未来发展的可选择对策。

经过SWOT分析，企业的行动计划有四种不同类型的组合：优势—机会(SO)组合、劣势—机会(WO)组合、优势—威胁(ST)组合和劣势—威胁(WT)组合。

① 优势—机会(SO)战略是一种发展企业内部优势与利用外部机会的战略，是一种理想的战略模式。当企业具有特定方面的优势，而外部环境又为发挥这种优势提供有利机会时，可以采取该战略。企业应好好利用这些因素，采取增长型战略。例如，良好的产品市场前景、供应商规模扩大和竞争对手有财务危机等外部条件，配以企业市场份额提高等内在优势可成为企业收购竞争对手、扩大生产规模的有利条件。

② 劣势—机会(WO)战略是利用外部机会来弥补内部劣势，使企业扭转劣势而获取优势的战略。虽然存在外部机会，但由于企业存在一些内部劣势而妨碍其利用机会，可采取措施先克服这些劣势。企业应采取扭转型战略，尽量扭转自己的劣势。例如，若企业劣势是原材料供应不足和生产能力不够，从成本角度看，前者会导致开工不足，生产能力闲置，单位成本上升，而加班加点会导致一些附加费用。在产品市场前景看好的前提下，企业可利用供应商扩大规模、新技术设备降价、竞争对手财务危机等机会，实现纵向整合战略，重构企业价值链，以保证原材料供应，同时可考虑购置生产线来克服生产能力不足及设备老化等缺点。通过克服这些劣势，企业可能进一步利用各种外部机会，降低成本，取得成本优势，最终赢得竞争优势。

③ 优势—威胁(ST)战略是指企业利用自身优势，回避或减轻外部威胁所造成的影响。例如，竞争对手利用新技术大幅度降低成本，给企业带来很大的成本压力；同时材料供应紧张，其价格可能上涨；消费者要求大幅度提高产品质量；企业要支付高额环保成本；等等。这些都会导致企业成本状况进一步恶化，使之在竞争中处于非常不利的地位。但若企业拥有充足的现金、熟练的技术工人和较强的产品开发能力，便可利用这些优势开发新工艺，简化生产工艺过程，提高原材料利用率，从而降低材料消耗和生产成本。另外，开发新技术产品也是企业可选择的战略。新技术、新材料和新工艺的开发与应用是最具潜力的成本降低措施，同时它可提高产品质量，从而回避外部威胁影响。

④ 劣势—威胁(WT)战略是一种旨在减少内部劣势、回避外部环境威胁的防御性技术。当企业存在内忧外患时，往往面临生存危机，降低成本也许成为改变劣势的主要措施。当企业成本状况恶化，原材料供应不足，生产能力不够，无法实现规模效益，且设备老化，使企业在成本方面难以有大作为，这时将迫使企业采取目标聚集战略或差异化战略，以回避成本方面的劣势，并回避成本原因带来的威胁。

图3-4是某邮政快递公司的SWOT分析矩阵图。

内部能力 \ 外部因素	优势(Strength) 1. 作为国家机关，拥有公众的信任； 2. 顾客对邮政服务的高度亲近感和信任感； 3. 拥有全国范围的物流网（几万家邮政局）； 4. 具有众多的人力资源； 5. 具有创造邮政金融 Synergy 的可能性。	劣势(Weakness) 1. 上门取件相关人力及车辆不足； 2. 市场及物流专家不足； 3. 组织、预算、费用等方面的灵活性不足； 4. 包裹破损的可能性很大； 5. 追踪查询服务不够完善。
机会(Opportunity) 1. 随着电子商务的普及，对寄件需求增加（年平均增加38%）； 2. 能够确保应对市场开放的事业自由度； 3. 物流及IT等关键技术的飞跃性发展。	SO 战略 1. 以邮政网络为基础，积极进入宅送市场； 2. 进入 Shopping Mall 配送市场； 3. Epost 活性化； 4. 开发灵活运用关键技术的多样化的邮政服务。	WO 战略 1. 构成邮政包裹专门组织； 2. 对实物与信息的统一化进行实时的追踪(Track & Trace)及物流控制(Command & Control)； 3. 对增值服务与一般服务差别化的价格体系的制订及服务内容的再调整。
威胁(Threats) 1. 通信技术发展后，对邮政的需求可能减少； 2. 现有宅送企业的设备投资及代理增多； 3. WTO 邮政服务市场开放的压力； 4. 国外宅送企业进入国内市场。	ST 战略 1. 运用范围宽广的邮政物流网络，树立积极市场战略； 2. 通过与全球性的物流企业进行战略联盟； 3. 提高国外邮件的收益性及服务； 4. 为确保企业顾客，树立积极的市场战略。	WT 战略 1. 根据服务的特性，对包裹详情单与包裹运送网分别运营； 2. 对已经确定的邮政物流运营提高效率(BPR)，由此提高市场竞争力。

图 3-4 某邮政快递公司 SWOT 矩阵图

微信扫码查看

课后自测

案例分析

【实训操作】

一、实训内容

用 SWOT 分析法对某企业或某行业进行营销环境分析。

要求：

1. 分组进行；

2. 每组在老师的指导下自己确定准备分析的企业或行业，要选择真实的、有代表性的企业或行业；

3. 要进行实地考察；
4. 每组撰写一份SWOT分析报告；
5. 每组派一名代表，当众讲解本组的分析报告。

二、实训步骤
1. 在老师指导下确定准备分析的企业或行业；
2. 小组讨论，明确任务，成员分工；
3. 市场调查，包括资料查询和实地考察；
4. 整合资料，讨论分析，找出问题；
5. 补充调研；
6. 撰写分析报告；
7. 讲解本组报告。

三、注意事项
1. 要充分分析公司的SWOT，有的公司资源对一个细分市场是优势，对另一细分市场就变劣势了。
2. 对每个分析结论都要认真描述，观点要明确。
3. SWOT分析报告可以根据自己的知识进行组织编写。
4. 所收集的资料要尽量的全面、真实、及时。

四、实训考核
1. 课后准备充分，收集资料全面；(2分)
2. 小组讨论认真，SWOT分析深入；(2分)
3. 完成报告及时，内容真实可靠；(3分)
4. 报告内容完整，格式规范，讲解全面。(3分)

【知识扩展】

企业营销环境SWOT分析报告的格式

封面(标题、成员、指导教师、时间)
前言(任务概述、学习目标等)
目录
正文：
一、企业概述(简介)
　　发展历程、现状、产品介绍等
二、营销环境分析
　　宏观环境分析、微观环境分析
三、SWOT分析
　　优势、劣势、机会、威胁
四、SWOT分析图
五、总结
　　重要观点、结论
附件(调查问卷、原始资料)

任务4 分析消费者市场和组织市场

【任务目标】

知识目标：
1. 理解消费者市场的特点；
2. 掌握影响消费者购买行为的因素；
3. 掌握消费者购买决策过程；
4. 理解组织市场的含义及特点。

能力目标：
1. 具备消费者市场分析能力；
2. 具备组织市场服务能力。

【导入案例】

脑白金的广告词

如果要问中国人脑海中印象最深的广告是哪个，大家第一反应就是"今年过节不收礼，收礼只收脑白金"这句广告词。对于脑白金的广告，其实褒贬不一。很多人说它庸俗，没有什么美感；也有人说它很有趣，因为它很多广告是卡通的效果；更有人说它是在操控我们的思维，因为它提出很多新的概念，我们会不知不觉进入到广告中的角色。在我们作决策的时候，我们脑子会回响脑白金的广告。要知道，一个保健品品牌能在市场上屹立十几年是很不容易的。而脑白金的广告可以说为其立下了汗马功劳。为什么这个让很多人诟病的广告能发挥这么大的效果呢？

首先，"送礼"的准确广告定位。"今年过节不收礼，收礼只收脑白金"这句广告语，它瞄准了中国人在逢年过节的时候，和朋友、领导间等都崇尚礼尚往来表示心意，给父母送礼表示孝道，送什么是很多人最头疼的事情。如果你很头疼，那我就建议你送脑白金。而且铺天盖地的脑白金广告，已经深入人心，在我们权衡到底是送什么礼的时候，"收礼只收脑白金"在这时会起到关键作用。后面还推出了"今年孝敬咱爸妈，送礼还送脑白金"、"今年过节不收礼，收礼还收脑白金"等广告语，都无一不是瞄准送礼的概念，并且广告语朗朗上口，妇孺皆知，容易记住。从刚推出来的"收礼只收脑白金"到"收礼还收脑白金"，表示去年已经收过好礼脑白金，今年还想得到，由此预知脑白金是受到市场接受与欢迎的。

其次，新概念的提出。脑白金另一条广告词是"脑白金——年轻态，健康品"，让很多年轻的白领都一窝蜂地买回来想保持年轻态,而年纪大的人也会争着买,希望能够体验或恢复到年轻态的感觉。

第三,强调保健功能。"脑白金加深睡眠,改善肠胃","有效才是硬道理",相信很多人对这两句广告语一点都不陌生。现代人,由于工作压力大,生活节奏加快,所以睡眠问题、肠胃问题异常突出,所谓的很多亚健康状态,基本上和这两个因素有关,而这也是很多老年人最普遍存在的毛病,因此这样的一个广告诉求,可以说是大小通吃,针对性很强。

第四,不起用明星,更贴近普通消费者。大家仔细看看脑白金的广告,都没有用很大牌的明星,大都是形象很和蔼的,像是隔壁邻居一样的广告人物,起到的作用就像是隔壁的邻居吃过脑白金后,在向其他人宣传它的功效好一样,很具说服力。到后来采用了卡通的形象,但是还是老年人的卡通形象,看起来也觉得很生动,很有趣。这样的制作成本低不说,脑白金公司把起用明星的花费投入到更多的广告中,这个也是我们常年都可以看到它们的身影的原因。

第五,高密度的广告投放策略。脑白金刚推出来的时候,每次的广告投放就是三遍连续轰炸一样,不断地滚动播出。后来大凡到送礼高峰期,比如春节,脑白金的广告就会铺天盖地,这让很多消费者觉得烦。但是,有时候让别人被强迫接受烦也是广告策略的一种,至少固定在某个广告之后,还没有播出,消费者就会条件反射地知道下一个就是脑白金出场了。

【思考】

脑白金的广告能够成功的深层次原因是什么?

【简要评析】

企业开展营销活动,必须从顾客的需求出发,同时一定要注意,顾客的心理在很大程度上会影响他的需求和选购。在很多人看来,脑白金广告一无是处,更有业内人士骂其毫无创意,"土得令人恶心"。有趣的是,就靠着这在网上被传为"第一恶俗"的广告,脑白金创下了几十个亿的销售额,"巨人"史玉柱也翻了身,再次踌躇满志地重出江湖。土广告打下大市场,不是用偶然性能解释的。脑白金广告的俗,是因为它的广告更贴近百姓生活,很准确地满足了百姓需求的产品广告诉求。我们现在的大部分国民对广告的要求还达不到很高的艺术境界,特别是针对普罗大众的产品,你只要告诉消费者"是什么产品","有什么用,解决什么问题"就行,只要能让你的目标顾客在最短的时间内熟知你,接纳你,这就是成功的广告。

【理论指导】

市场是企业营销活动的出发点和归宿。按照顾客购买目的或用途的不同,市场可分为组织市场和消费者市场两大类。组织市场是指以某一种组织为购买单位的购买者所构成的市场,该市场购买者的购买目的是为了生产、销售,以及维持组织的正常运作和组织基本职能的正常发挥。而消费者市场是个人或家庭为了生活消费而购买产品和服务的市场。因此,企业要想有效地开展市场营销活动,就非常有必要对消费者购买行为进行仔细分析,就要着重研究市场需求,分析购买者的行为特点,研究影响消费者购买行为的主要因素及其购买决策过程,从而有针对性地制定产品、价格、渠道和促销策略,在充分满足消费者需求的前提下实现企业的发展目标。

4.1 分析消费者市场

4.1.1 了解消费者市场的特点

1. 消费者市场的含义

消费者市场又称为最终消费品市场、消费品市场或生活资料市场,是指个人或家庭为满足生活需求而购买商品和服务的市场。消费者市场是现代市场营销理论研究的主要对象,是市场体系的基础。因而,研究影响消费者购买行为的主要因素及其购买决策过程,对于开展有效的市场营销活动至关重要。

2. 消费者市场的特点

(1) 从交易的商品看,消费者市场的特点呈现出复杂性、地区性、易变性和伸缩性

① 复杂性。消费品是供人们最终消费的,其购买者是个人或家庭,因而会受到消费者个人因素诸如文化修养、个性、收入水平等方面的影响,使得市场交易活动呈现复杂性。

② 地区性。我国幅员辽阔,不同地区的消费者有着不同的风俗习惯及行为特点,同一地区会有相似的消费习惯和消费需求。

③ 易变性。消费者一般有喜新厌旧、标新立异的心理,对产品的品种、款式、性能等要求多样化,他们要求企业的产品要不断地推陈出新。

④ 伸缩性。消费品的专业技术性不强,替代品较多,消费需求又受消费者收入、生活方式、商品价格等影响,因而商品的价格需求弹性较大。

(2) 从交易的规模和方式看,消费者市场的特点表现出广泛性和分散性

① 广泛性。消费品是人们生存发展不可或缺的物质基础,消费者市场购买者数量众多。

② 分散性。消费品的购买单位是个人或家庭,市场分散,成交次数频繁,但交易数量零星。

(3) 从购买行为看,消费者市场的特点表现出可诱导性和季节性

① 可诱导性。消费者市场的购买者大多缺乏比较专业的商品知识和市场知识,其购买行为属非专业性购买;消费者在决定采取购买行为时,他们对产品的选择受广告宣传的影响较大,具有自发性、感情冲动性。由于消费者购买行为的可诱导性,企业要做好商品的宣传广告,广告宣传要特别重视消费者情感的诉求,从而引导其消费。例如,乐百氏纯净水就因"27层净化"这一理性诉求经典广告给消费者留下了深刻印象并使之建立了深厚的品牌认同感,"27层净化"给消费者一种"很纯净,可以信赖"的印象,从而引导消费者购买。

② 季节性。商品的生产与销售呈现出季节性变化。季节性变化分为三种:第一种是季节性气候变化所引起的季节性消费;第二种是季节性生产所引起的季节性消费;第三种是风俗习惯和传统节日所引起的季节性消费。

(4) 从市场动态看,消费品市场的特点表现出流动性和发展性

① 流动性。随着城乡及地区间往来的日益频繁、旅游事业的发展以及国际交往的增

多,人口的流动性越来越大,购买力的流动性也随之加强。因此,企业要密切注视市场动态,要注意增设购物网点和在交通枢纽地区创设规模较大的购物中心,以适应流动购买力的需求。

② 发展性。随着社会生产力和科技的不断进步,产品的生命周期缩短,消费者的收入水平不断提高,消费者的要求也呈现出由少到多、由粗到精、由低级到高级的发展趋势。

【案例启示】

老太太买水果

有一天,有一位老太太离开家门,拎着篮子去楼下的菜市场买水果。她来到第一个小贩的水果摊前问道:"这李子怎么样?"

"我的李子又大又甜,特别好吃。"小贩回答。

老太太摇了摇头没有买。她向另外一个小贩走过去问道:"你的李子好吃吗?"

"我这里是李子专家,各种各样的李子都有。您想要什么样的李子?"

"我要买酸一点儿的。"

"我这篮李子酸得咬一口就流口水,您要买多少?"

"来一斤吧。"

老太太买完李子继续在市场中逛,又看到一个小贩的摊上也有李子,又大又圆,非常的抢眼,便问水果摊的小贩:"你的李子多少钱一斤?"

"您好!您问哪种李子?"

"我要酸一点儿的。"

"别人买李子都要又大又圆又甜的,您为什么要酸的李子呢?"

"我儿媳妇要生孩子了,想吃酸的。"

"老太太,您对你儿媳妇真体贴,她想吃酸的,说明她一定能给您生个大胖孙子。你要多少?"

"我再来一斤吧。"老太太被小贩说得很高兴,便又买了一斤!

小贩一边给老太太称李子,一边继续问:"您老人家知道孕妇最需要什么营养吗?"

"不知道。"

"孕妇特别需要补充维生素。您知道哪种水果含的维生素最多吗?"

"不清楚。"

"猕猴桃含有多种维生素,特别适合孕妇。您要是给你儿媳妇天天吃猕猴桃,她一高兴,说不定能给您生出一对双胞胎来。"

"是吗?好啊,那我就再来一斤猕猴桃吧。"

"您老人家真好,谁摊上您这样的婆婆,一定有福气。"

小贩开始给老太太称猕猴桃,此时嘴里也不闲着:"我每天都在这儿摆摊,水果都是当天从批发市场里找新鲜的批发回来的,您媳妇要是吃得喜欢,您再来。"

"嗯,行。"老太太被小贩说得很高兴,提着水果边付账边应承着。

看到了这里,大家可以思考一下了:为何三个同样的小贩,水果应该也都是从新鲜水果市场批发回来的,可是销售结果却不同呢?

4.1.2 分析消费者市场购买行为模式

在商品经济社会中,每个人都是商品消费者,每个消费者都有各自的购买目的和购买习惯。研究消费者购买特征的共同规律对企业的营销工作将具有重要的指导作用。在分析消费者市场购买行为模式之前,首先了解消费者市场的内容。

1. 消费者市场的内容

消费者市场涉及的内容很多,营销学家归纳出以下六个主要问题:购买者(目标顾客)与参与者、购买对象、购买动机、购买方式和使用方法、购买时间、购买地点。

上述六个问题中第三个问题是关键性问题。其他五个问题可通过观察、调查来获得较明确的答案,而"购买动机"却是企业看不到的"暗箱"。但"暗箱"里面的内容是企业必须想办法研究的内容。"暗箱"受外界环境及营销因素的影响。以下就来研究建立在行为心理学基础上的"市场营销刺激"引起的"消费者购买行为反应"的模式,即"刺激—反应"模式。

2. "刺激—反应"模式

消费者购买行为,是一个投入—产出的过程。一方面,消费者接收各种外部刺激;另一方面,消费者对这种刺激做出各种反应。外部刺激和消费者反应,往往是有形的,看得见摸得着,而消费者如何消化各种外部刺激,形成各种特征的某种反应,则常常令人难以揣度,形成了消费者行为中的一个"暗箱"。例如,你的朋友中有人买了一款新型的漂亮手机,刚好是你非常喜欢、一直很想买的那款。这时你会即时产生许多不同的念头,以下的几种想法,你会有哪一种呢——为他感到高兴;很想马上也去买这款手机;因为他的炫耀心理,让你对这款手机产生了一种厌恶感;决定不买这款手机了,因为不想与别人一样;有点自卑,因为自己还没有足够的钱买……

研究消费者购买行为理论中最有代表性的理论就是"刺激—反应"模式,如图4-1所示。市场营销因素和外部环境因素的刺激作用进入消费者的意识,消费者会根据自己的特性对外界的信息进行加工处理,经过一定的决策过程,最后做出是否购买的决定。

消费者刺激		消费者暗箱		消费者反应
营销刺激	外部刺激	消费者的特征	消费者的决策过程	产品选择 品牌选择 卖主选择 购买时机 购买数量 购买地点
产品 价格 分销 促销	经济 技术 政治 文化	文化 社会 个人 心理	认识需要 收集信息 评估 决策 购后感受	

图4-1 消费者市场购买行为模式

3. 消费者市场的购买对象

(1) 按消费者的购买习惯分类

按消费者的购买习惯划分,购买对象一般分为便利品、选购品、特殊品。

① 便利品,即消费者日常生活所需、需重复购买的商品,如粮食、洗衣粉等。消费者在购买这类商品时,一般不愿花很多时间比较价格和质量,愿意接受其他替代品。因此,便利品的生产者,应注意分销的广泛性和经销网点的合理分布,以便消费者能及时就近购买。

② 选购品，即比便利品的价格要贵，消费者购买时愿花较多时间对多种商品进行比较之后才决定购买的商品，如服装、家电等。消费者在购买前，对这类商品了解不多，在购买前总要对同一类型的产品从价格、款式、质量等方面进行比较。选购品的生产者应将销售网点设在商业网点较多的商业区，并将同类产品销售点相对集中，以便顾客进行比较和选择。

③ 特殊品，即消费者对其有特殊偏好并愿意花较多时间去购买的商品，如化妆品等。消费者在购买前对这些商品有一定的认识，偏爱特定的品牌和商标，一般不愿接受替代品。为此，企业应注意争创名牌，以赢得消费者的青睐。

(2) 按商品的耐用程度和使用频率分类

按商品的耐用程度和使用频率划分，购买对象可分为耐用品和非耐用品。

① 耐用品，即能多次使用、寿命较长的商品，如电视机、电脑等。消费者购买这类商品时，决策较为慎重。企业要注重技术创新，提高产品质量，同时要做好售后服务。

② 非耐用品，即使用次数较少、消费者经常购买的商品，如食品、文化娱乐品等。生产这类产品的企业，除应保证质量外，要特别注意销售点的设置，以方便消费者的购买。

4.1.3 掌握影响消费者购买行为的主要因素

消费者的购买行为，即消费主体通过支出（包括货币或信用）而获得所需商品或劳务时的选择过程。这个过程的形成与发展要受到许多因素的影响，其主要影响因素有文化因素、社会因素、个人因素、心理因素等。

1. 文化因素

影响消费者购买行为的文化因素是影响人们的消费行为的深层原因。

(1) 文化

文化是指人类生活实践中建立起来的价值观念、道德、理想和其他有意义的象征的综合体。文化是决定人类欲望和行为的基本因素，文化的差异引起消费行为的差异，表现在婚丧、服饰、饮食起居、建筑风格、礼仪等物质和文化生活各个方面的不同特点上。比如，"今年过节不收礼，收礼只收脑白金"，脑白金成功的关键在于定位于礼品市场，而中国是"礼仪之邦"，礼品市场广阔。

跨国企业在实施国际化战略时就特别关注文化的差异性。比如，百胜集团为了赢得中国的消费者，尊重和重视中国人独特的饮食文化和饮食习惯，积极实施本土化营销，将自己在西式快餐中掌握的窍门及供应管理体系，结合中国本土饮食习惯，打出新的品牌。2005年百胜集团开了第一家中式快餐店"东方既白"，取名源自苏东坡的"不知东方之既白"。2005年肯德基针对"传统洋快餐产品选择少，难以达到营养平衡"的软肋，在16个城市提出"拒做传统洋快餐，全力打造符合中国国情的新快餐"口号，随后1 500家肯德基餐厅推出全新的"蔬果搭配餐"。

(2) 亚文化

每个国家的文化中都包含着一些较小群体所具有的独特文化，即亚文化或次文化，主要有民族、宗教、种族和地理等方面的亚文化。

2. 社会因素

(1) 相关群体

相关群体(Reference Groups)是指能够直接或间接影响消费者购买行为的个人或集

体。相关群体有三种形式：一是主要团体，包括家庭成员、亲朋好友和同窗同事，主要团体对消费者的购买行为发生直接和主要的影响；二是次要团体，即消费者所参加的工会、职业协会等社会团体和业余组织，这些团体对消费者购买行为发生间接的影响；三是期望群体，消费者虽不属于这一群体，但这一群体成员的态度、行为对消费者有着很大影响。

相关群体对消费者购买不同商品的影响是有所区别的。一般来说，消费者购买引人注意的产品（如汽车、服装等）受相关群体的影响较大，而购买使用时不太引人注意的产品（如洗衣粉等）则不受相关群体的影响。

企业必须深入了解消费者的文化背景，善于运用相关群体对消费者的影响作用。

(2) 家庭

家庭是社会基本的消费单位，消费者以个人或家庭为单位购买产品。家庭成员和其他有关人员在购买活动中往往起着不同作用并且相互影响，构成了消费者的"购买组织"。分析家庭成员对购买决策的影响往往由家庭特点决定，家庭特点可以从家庭权威中心点、家庭成员的文化和社会阶层等方面分析。

社会学家根据家庭权威中心点不同，把家庭分为四种类型：一是丈夫决策型，即家庭购买决策权掌握在丈夫手中；二是妻子决策型，即家庭购买决策权掌握在妻子手中；三是协商决策型，即大部分购买由家庭成员共同协商做出；四是自主决策型（亦称自治型），即每个家庭成员对自己所需的商品可独立做出购买决策，其他人不加干涉。

在不同商品的购买中，家庭成员的影响亦有区别。研究发现，人寿保险的购买通常属丈夫主导型决策；度假、孩子上学、购买和装修住宅则多由夫妻共同做出决定；清洁用品、厨房用具和食品的购买基本上是妻子做主；而像饮料、花园用品等的购买一般是由夫妻各自自主做出决定。该研究还发现，越是进入购买决策的后期，家庭成员越倾向于联合做决定。换言之，家庭成员在具体产品购买上确有分工，某个家庭成员可能负责收集信息和进行评价、比较，而最终的选择则尽可能由大家一起决定。

(3) 社会阶层

社会学家根据人们的职业、收入来源、教育水平、价值观和居民区域进行社会分类，按层次排列成具有同质性和持久性的社会群体就形成了社会阶层。同一社会阶层的成员具有类似的价值观、行为倾向。社会阶层展示一定的社会地位，一定社会地位需要通过一定的消费予以显示。目前，消费者对于自己的社会阶层身份的辨识的需求越来越明显。消费者将其所在的社会阶层意识在消费领域进行物化，如房产、汽车、服饰、活动场所等方面。企业在满足消费者这种阶层心理的时候，往往以阶层的方式对所售卖的产品或者服务进行定位与包装。

3. 个人因素

消费者因其个体的行为差异和消费偏好，呈现出不同的消费特点，这种表现出来的不同消费偏好和特征使得我们可以对消费者进行细分。为满足消费者差异化的需求，企业也不断向消费者提供越来越个性化的产品。从生产的角度来观察，体现出从大规模制造到按需定做，如 DELL 公司等。又如，在服装领域，普遍消失的裁缝铺又开始普及；偏爱饰物的女性可以自己设计所喜爱的饰物再由商家进行定做加工；等等。

(1) 经济因素

个人的经济状况如可支配收入、储蓄和借贷能力等在很大程度上影响消费者对产品的选择。一般而言,消费者总以尽可能少的支出(包括货币或信用)获取最大的商品效用:一是追求物美价廉的商品;二是追求商品的最大效用。营销人员虽然不能改变消费者的经济状况,但能够影响消费者的消费与储蓄的态度。

(2) 生理因素

生理因素是指年龄、性别、体征、健康状况等生理特征。生理因素影响消费者对产品种类、款式、功能等方面的要求。比如,消费者随着年龄的增长,对产品和服务的需求不断地发生变化,尤其对食品、衣着、家具、娱乐、教育等方面的消费有明显的年龄特征。

(3) 个性

个性是指一个人的心理特征。个性会直接或间接地影响消费者的购买行为。个性特征有许多类型,如外向与内向、自信与自卑、乐观与悲观等。直接与消费者个性相联系的购买风格有习惯型、理智型、经济型、冲动型、不定型等。习惯型消费者按照过去形成的爱好与兴趣为基础进行购买,对新产品和新品牌不太容易接受。理智型消费者购买慎重。经济型购买者对价格反应敏感。冲动型消费者易受环境影响,凭直觉选择产品,追求新产品,成交迅速。不定型消费者无主见,无固定偏好,容易受营销人员及周围人群的影响。

(4) 生活方式

生活方式比社会阶层和个性更深刻、更全面地表示出一个人在态度、行为和心理需要方面的特点。营销人员应区分不同生活方式的群体,如节俭者、奢侈者、守旧者、革新者及自我主义者等,在产品设计和广告宣传上要注意针对特定的生活方式群体。

国外许多知名企业就非常注意针对消费者个性需求而实施灵活的营销战术。例如,在美国买车不会当天开走车,因为经销店要根据你的要求完成最后的配置组装和改装,丰田就是依靠这一特点,针对不同类型产品的用户需求提供服务,包括轮胎要用什么样的轮毂罩也可以在经销店里完成,而不用再去汽车美容店。通用针对不同地区用户对品牌的心理需求,进行贴牌。通用最著名的 EPSILON 平台可以生产十余种不同的车型,贴上七个品牌进行销售。如果你喜欢"雪佛兰"这个牌子,也喜欢铃木 CALOS 这款车,那么你就可以买到贴"雪佛兰"牌子的 CALOS,从而利用多品牌达到多种营销的目的。

满足消费者个性化的需求是企业制订营销战略的起点和终点。企业要在充分掌握地域营销多变性的基础上,分析不同用户的生活状态和习惯,制定更灵活的促销和服务战术。

4. 心理因素

心理因素包括动机、感知、学习、信念和态度等心理过程,通过对这些过程的研究,可以了解消费者购买行为的起因。

(1) 需要和动机

消费者的购买行为是受动机支配的。动机来源于需要。需要就是客观刺激物通过人体感官作用于人脑所引起的某种缺乏状态。动机是引起人的行为、支配人的行为的直接原因和动力。

人的行为受动机支配,而动机是由需要引起的。当一个人的某种需要升华到足够的强度时,就会成为动机。因此,企业应设法通过一定的刺激物来引发消费者的动机,促使消费者采取购买行为。美国心理学家马斯洛提出"需要层次理论",将人的需要分为五个不同的层次,即生理的需要、安全的需要、社会的需要、尊重的需要和自我实现的需要。人的需要是分层次的,而且人们在满足了较低层次的需要后会追求较高层次的需要,因而将消费者购买动机分为以下几种:求实动机、求廉动机、求新动机、求美动机和求名动机。

求实动机是指消费者追求实惠,考虑商品的使用价值而不太计较产品的外观。求廉动机是指消费者追求价廉物美,喜欢购买一些低档品及处理品等。求新动机是指消费者追求商品的时尚和新颖。求美动机是指消费者重视商品的欣赏价值和艺术价值。求名动机是指消费者追求名牌产品,看重其商标、牌号、产地和名声等。上述购买动机绝不是彼此孤立的,而是相互制约的,对消费者购买动机切忌作静态和简单的分析。

(2) 感知

感知是指人们通过感觉器官,对客观刺激事物和情境的反映。消费者不仅对不同的刺激物或情境会产生不同的感知,就是对于相同的刺激物或情境,也会产生不同的感知。心理学家认为,感知过程是一个有选择性的心理过程,主要包括三个方面:选择性注意、选择性曲解、选择性记忆。

① 选择性注意。一个消费者每天要接触大量的信息和刺激,如广告,但其中大部分都不会引起注意,留不下什么印象。一般来说,人们倾向于注意那些与自己当时需要有关的、与众不同或反复出现的刺激物。

② 选择性曲解。人们接受了外界信息的刺激,但并不一定会像信息发布者预期的那样去理解或客观地理解这些信息,而是按照自己的想法、偏见或先入之见来理解这些信息。

③ 选择性记忆。消费者常常记不住所获悉的许多信息,仅记住某些信息,特别是证实了他的态度和信念的信息。例如,人们可能很容易记住自己所喜欢品牌的优点,而记不住其他竞争厂家产品的优点。

(3) 学习

心理学家认为,消费者的购买行为不是先天具有的,而是受经验的影响而形成的。由于经验引起个人行为的改变则是学习。消费者的学习过程是由驱使力、刺激物、提示物(诱因)、反应、强化等五要素组成的。"学习模式",如图 4-2 所示。

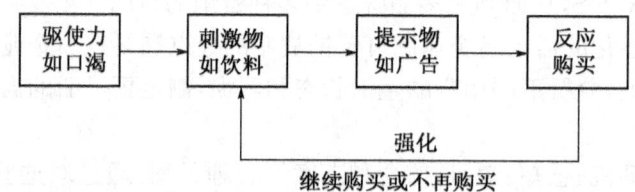

图 4-2 学习过程示意图

驱使力有先天形成的内在刺激力,比如饥渴等;也有后天形成的内在刺激力,如贪婪等。刺激物是指可以满足内在驱使力的物品,比如食物就是人们感到饥饿时的刺激物。当驱使力明确指向特定的刺激物时,就形成了一种动机。提示物则是诱发消费者购买行为的所有因素,如商品的价格、品牌、包装、服务、广告等。反应是指消费者对诱因产生的反射行为,做出购买决策。强化是指消费者购买评价,即对刺激物的反应的评价。对所购物品的满足程度高,就形成正强化,导致重复购买;如果满足程度低,会形成负强化,以后不再购买。

(4) 信念和态度

信念和态度是从学习中来的,一旦形成,则直接影响人们的行为,其影响比学习的影响更加的深远与持久。信念基于实际知识和个人的见解与信仰等,带有感情色彩。例如,某些顾客认为国际品牌的商品货真价实,等等。顾客的信念造成企业与产品在其心目中的定位,影响其购买行为。

态度是人们对某些事物或观念长期持有的好与坏的认识评价、感受和行为倾向。态度比信念更加直接影响消费者的行为。态度呈现为稳定一致的模式,改变一种态度是很困难的。当然,态度是可以通过一些营销活动如广告宣传、公共活动去改变的。例如,如果果汁饮料看上去浑浊,消费者会认为产品可能变质,因此在许多果汁饮料甚至口服液的产品包装上均会标明"如有沉淀,为果肉(有效成分)沉淀,摇匀后请放心饮用",而实际上这可能说明产品果汁含量高。农夫果园正是抓住了这个卖点,一句绝妙的广告语"喝前摇一摇",以其独有的趣味性、娱乐性改变了消费者的态度。

4.1.4 掌握消费者购买行为的决策过程

1. 购买决策的参与者

消费者消费是以家庭为单位,但参与购买决策的通常并非家庭的全体成员,其各自扮演的角色亦是有区别的。家庭成员在一项购买决策过程中可能充当以下角色:发起者、影响者、决定者、购买者、使用者。

① 发起者:首先想到或提议购买某种产品或劳务的人。
② 影响者:其看法或意见对最终决策具有直接或间接影响的人。
③ 决定者:对购买做最后决定的人。
④ 购买者:实际采购的人。
⑤ 使用者:直接消费或使用所购商品或劳务的人。

根据消费者在购买决策中的角色地位与特性采取有针对性的营销策略,就能较好地实现营销目标。比如,购买一台空调,提出要求的是孩子;是否购买由夫妻共同决定,而丈夫对空调的品牌、功能做出决定,这样企业就可以对丈夫做更多有关品牌、功能方面的宣传;妻子可能在空调的造型、色调方面有较大的决定权,公司则可设计一些在造型、色调等方面受妻子喜爱的产品。

2. 购买行为的类型

根据消费者的介入程度和品牌间的差异程度,消费者购买行为可分为以下类型,如图4-3所示。

品牌差异程度 \ 消费者的介入程度	高	低
大	复杂性购买行为	多样性购买行为
小	化解不协调感购买行为	习惯性购买行为

图4-3 消费者购买行为类型

(1) 复杂性购买行为

消费者初次选购价格昂贵的、购买次数较少的、冒风险的和高度自我表现的商品,则属于复杂性购买。由于缺乏了解,他们往往需要高度参与,广泛地收集信息,了解现有各品牌、品种和规格之间具有的显著差异,形成对品牌的态度,最后慎重地做出购买决策。企业营销者应设法制定策略帮助消费者了解该产品有关的知识,运用各种途径宣传本品牌的优点,设法让消费者确信本产品在性能方面的特征及优势,使他们树立对本产品的信任感,影响其最终购买决定,简化其购买决策过程。

(2) 化解不协调感购买行为

化解不协调感购买行为是指消费者并不广泛收集产品信息,并不精心挑选品牌,购买决策过程迅速而简单,但是购买以后会认为自己所买产品具有某些缺陷或其他同类产品有更多的优点,进而产生失调感,怀疑原先购买决策的正确性。消费者购买品牌差异不大的商品时,容易产生购后的不协调感,即消费者购买某一产品后,或因产品自身缺陷,或得到了其他产品更好的信息,从而产生心理不平衡。为此,企业应帮助消费者消除不平衡心理,要提供完善的售后服务,通过各种途径经常提供有利于本企业和产品的信息,使顾客相信自己的购买决策是正确的,坚定其对所购产品的信心。

(3) 多样性购买行为

消费者属于低参与并了解现有品牌和品种之间具有的显著差异,则会产生寻求多样化的购买行为。寻求多样化的购买行为指消费者购买产品有很大的随意性,并不深入收集信息和评估比较就决定购买某一品牌,在消费时才加以评估,但是在下次购买时又转换其他品牌。

此类消费者购买商品时并不花太多的时间,也不太专注于某一产品。面对这种多样化的购买行为,不同企业的营销策略是不同的。当企业处于优势地位时,应注意以充足的货源占据货架的有利位置,并通过提醒性的广告促成消费者建立习惯性购买行为;当企业没有处于优势地位时,则应以降低产品价格、折扣、赠券、免费试用等方式,鼓励消费者进行多种品种的选择和新产品的试用,引导消费者改变原习惯性购买行为。

(4) 习惯性购买行为

消费者低参与并认为各品牌之间没有什么显著差异,就会产生习惯性购买行为。习惯性购买行为是指消费者并未深入收集信息和评估品牌,只是习惯于购买自己熟悉的品牌,在购买后可能评价也可能不评价产品,消费者出于习惯购买某一商品。

针对这种购买行为,企业广告要加强重复性促使消费者形成购买习惯,或者利用价格优势和促销手段吸引消费者,或者以鲜明的视觉标志、巧妙的形象构思赢得消费者的青睐。

3. 购买决策过程

不同消费者的购买过程有特殊性,也有普遍性。消费者购买决策过程一般可以分为五个阶段,即确认需要、收集信息、选择评价、购买决策和购后行为,如图4-4所示。

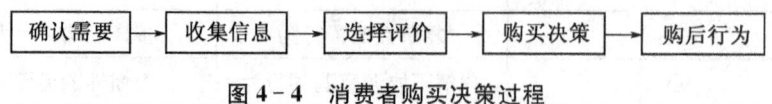

图 4-4 消费者购买决策过程

(1) 确认需要

确认需要是消费者购买决策过程的起点。消费者需要既可以是内在刺激因素所引发的,如因饥饿而引发购买食品,也可以是由外部条件刺激所诱生的,如看见楼宇广告中诱人的食品而购买,路过水果店时看到新鲜的水果而购买等。企业应注意识别引起消费者某种需要和兴趣的环境,充分了解与本企业产品有关联的驱使力,善于安排诱因,促使消费者对企业产品产生强烈的需求并采取购买行动。

(2) 收集信息

当消费者产生了购买动机之后,便会注意收集与需求相关的信息,以便进行购买决策。消费者信息的来源主要有以下四个方面:

① 个人来源。从家庭、亲友、邻居、同事等个人交往中获得信息。这是最可靠的、最让消费者信任的信息来源。

② 商业来源。包括广告、推销人员的介绍、商品包装、产品说明书等提供的信息。这是途径最正式、信息量最大的来源。

③ 公共来源。消费者从电视、广播、报纸杂志等大众传播媒体所获得的信息。这是最具权威性、消费者也比较认可的信息来源。

④ 经验来源。消费者从自己亲自接触、使用商品的过程中得到的信息。这是最直接、最具促销作用的信息来源。

上述信息来源中,商业来源最为重要,针对性、可靠性强,是企业可以控制的。个人和经验来源只能起验证作用。

(3) 选择评价

当消费者从不同的渠道获取有关信息后,便对可供选择的品牌进行分析和比较,并做出评价,最后决定购买。

① 分析产品属性。产品属性是能够满足消费者需要的特性。消费者一般将产品看作一系列属性的集合。例如,对于电脑,消费者关心图像显示能力、软件适用性等属性;对于牙膏,则关心洁齿、防治牙病、香型等属性。产品属性较多,但消费者往往对产品属性赋予不同的权数。企业应提供具有不同属性的产品来满足顾客不同的需求。

② 确定品牌信念。消费者会根据各品牌的属性及各属性的参数,建立起对各个品牌的不同信念。

③ 效用要求。消费者对其重视的属性的基本要求。消费者所期望的产品满足感会随产品属性的不同而有所变化。比如,某一消费者准备购买一台摄像机的满足感,会随着功能的齐全、图像的清晰、操作的方便等而得以实现,但也会因价格的上升而使满足感减少。

④ 最后评价。消费者通过一定的评价方法,对众多可供选择的品牌进行评价,从而形成对它们的态度和对某种品牌的偏好。大多数消费者总是将实际产品与理想产品进行比较。

(4) 购买决策

消费者经过对产品评估后就会形成一种购买意向,但不一定导致实际购买。企业要真正将购买意向转为购买行动,还要注意以下两个因素的影响:

① 他人的态度。消费者的购买意图会因他人的态度而增强或减弱。例如,丈夫想买一

台大屏幕的彩色电视机,而妻子坚决反对,丈夫就极有可能改变或放弃购买意图。

② 意外的情况。消费者购买意图的形成与预期收入、预期价格和期望等因素密切相关。如因失业而减少收入或因产品涨价而无力购买等,会使消费者改变原有的购买意图。

(5) 购后行为

购买后的满足程度取决于购买前期望得到实现的程度。消费者购买商品后,通过使用和他人的评价,会对所购买的商品产生某种程度的满意或不满意,这将影响到其以后的购买行为。企业应尽量减少购买者购后不满意的程度,如在做产品宣传时要实事求是、加强售后服务等以增加消费者的满意感。

【案例启示】

大宝护肤品,面对工薪阶层

大宝是北京三露厂生产的护肤品,在国内化妆品市场竞争激烈的情况下,大宝不仅没有被击垮,而且逐渐发展成为国产名牌。在日益增长的国内化妆品市场上,大宝选择了普通工薪阶层作为销售对象。既然是面向工薪阶层,销售的产品就一定要与他们的消费习惯相吻合。一般来说,工薪阶层的收入不高,很少选择价格较高的化妆品,而他们对产品的质量也很看重,并喜欢固定使用一种品牌的产品。因此,大宝在注重质量的同时,坚持按普通工薪阶层能接受的价格定价。其主要产品"大宝 SOD 蜜"市场零售价不超过 10 元,日霜和晚霜也不过是 20 元。其价格同市场上的同类化妆品相比占据了很大的优势,本身的质量也不错,再加上人们对国产品牌的信任,大宝很快争得了顾客。许多顾客不但自己使用,也带动家庭其他成员使用大宝产品。大宝还了解到,使用大宝护肤品的消费者年龄在 35 岁以上居多,这一类消费群性格成熟,接受一种产品后一般很少更换。这种群体向别人推荐时,又具有可信度,而化妆品的口碑好坏对销售起着重要作用。大宝正是靠着群众路线获得了市场。

在销售渠道上,大宝认为如果继续依赖商业部门的订货会和各省市的百货批发站,必然会造成渠道越来越窄。于是,三露厂采取主动出击、开辟新的销售网点的办法,在全国大中城市的有影响的百货商场设置专柜,直接销售自己的产品。2015 年年底,大宝在全国二、三线城市建立了 500 多个专柜,并培训了众多的信息员、导购员和电脑测试员在专柜前从事销售工作。专柜的建立不仅扩大了销售,也为大宝做了广告宣传。此外,许多省市的批发商也直接到厂里提货,再批发到县乡一级。零售与批发同步进行,使大宝的销售覆盖面更加广泛,在许多偏僻的地区也能见到大宝的产品。

在广告宣传上,大宝是唯一可与外资化妆品广告攻势相抗衡的国产品牌。大宝强调广告媒体的选择一定要经济而且恰到好处,因而选择了中央电视台二套节目播出,理由是该台也向全国播出,且故事片多,许多消费者在闲暇时喜欢收看。更重要的是,中央二套的广告价格较一套便宜许多,还可以套播。大宝赞助了大宝国际影院和大宝剧场两个栏目。这样加起来,每日在电视上能见到七八次大宝的广告,如此高密度、轰炸式的广告,为大宝带来了较高的知名度。

广告的成功还在于广告定位与目标市场相吻合。大宝曾经选用体育明星、影视明星做广告,但效果不是很好。后来大宝一改化妆品广告的美女与明星形象,选用了戏剧演员、教师、工人、摄影记者等实实在在的普通工薪阶层,在日常生活的场景中,向人们讲述了生活和工作中所遇到的烦恼以及用了大宝护肤品后的感受。广告的诉求点是工薪阶层所期望解决的问题,于是,"大宝挺好的"、"要想皮肤好,早晚用大宝"、"大宝天天见"等广告词深深植入了老百姓的心中。

当然,很多国际化妆护肤品牌在高端市场成功的案例也非常多,之所以举大宝案例,乃是大宝通过品牌传播定位的不同,与这些国际巨头同样形成品牌崇拜的根本所在。就像大宝的广告语"吸收特别快"、"还真对得起咱这张脸"、"你也弄瓶贵点的呀,可我老婆就看上大宝了"、"大宝天天见"等,采用了人际交流的方式迎合了中低消费阶层不大强调格调,而较重视人际经验和口碑的特点。正是在这样的品牌传播定位指导下,大宝一贯坚持的大众化美学的沟通方式,给自己创造了不可复制的机会。

4.2 分析组织市场购买行为

组织市场是指工商企业为从事生产销售等业务活动以及政府部门和非营利组织为履行职责而购买产品和服务所构成的市场。组织市场是企业所面临的市场的重要组成部分,是企业的重要营销对象。企业应该充分认识该市场的特点和购买行为。

4.2.1 组织市场的类型和特点

1. 组织市场的类型

企业把大量的原材料、机器设备、办公用品及相应服务提供给企业、社会团体、政府机关等组织用户,这些用户就构成了组织市场。根据组织的不同特点,组织市场可以分为三类,即生产者市场、中间商市场、非营利组织市场。

(1) 生产者市场

生产者市场也叫产业市场或生产资料市场,是指购买产品或服务用于企业生产其他产品或服务,以供销售或租赁或供给他人以获取利润的单位和个人。组成生产者市场的主要产业有工业、农业、林业、渔业、采矿业、建筑业、运输业、通信业、金融业和服务业等。

(2) 中间商市场

中间商市场是指那些通过购买商品或服务以转售或出租给他人以获取利润的单位和个人,包括批发商和零售商。中间商不提供形式效用,而提供时间效用、地点效用和占有效用。

(3) 非营利组织市场

非营利组织市场泛指所有不以营利为目的、不从事营利性活动的组织。非营利组织市场指为了维持正常运作和履行职能而购买产品和服务的各类非营利组织所构成的市场,如政府及其所属机构、医院、学校以及各种非营利协会组织等。其中,政府机构采购量大,范围广泛,因此,政府市场是非营利组织市场的主要组成部分。

2. 组织市场的主要特点

与消费者市场相比,组织市场具有以下特征。

(1) 从交易的商品看

从交易的商品看,组织市场具有批量大、需求弹性小的特点。

① 批量大。企业采购原材料、零配件总是批量采购,一张订单金额就能达到数千万元甚至数亿元。

② 需求弹性小。组织市场对产品和服务的需求总量受价格变化的影响较小。例如,汽车生产者一般不会因为汽车轮胎的涨价而少购进轮胎,也不会因轮胎的降价而增加购进。组织市场的需求在短期内缺乏弹性或无弹性。企业在短期内不可能很快变更其生产方式和产品种类。企业的规模越大,组织市场的需求就越缺乏弹性。

(2) 从交易的规模和方式看

从交易的规模和方式看,组织市场具有数量少、区域集中、直接性、互惠性、租赁交易的特点。

① 数量少。组织市场的购买者主要是企业、团体组织,比消费者市场的购买主体要少得多,如大型医疗设备的购买者是极少数的各大医院等。

② 区域集中。由于各地资源、交通条件和历史原因,购买者往往集中在某些区域,特别是一些工矿已形成有专业特色的地域分工,形成同类企业的集中布点。在我国,工业客户主要集中在东北、华北、东南沿海一带。

③ 直接性。由于购买量大、价格高,对技术要求高,组织市场的购买者一般不通过中间商而直接向供应方采购。特别是高尖技术设备和定制设备的购买,还需要根据购买者提出的技术要求进行设计和制造。

④ 互惠性。组织市场的购买者和供应者互为买方和卖方。互惠有时表现为三角形或多角形。

⑤ 租赁交易。某些商品如机器设备、车辆、飞机等单价高,通常用户需要融资才能购买,而且技术设备更新快,因此企业常常通过租赁方式取得某些商品。

(3) 从购买行为看

从购买行为看,组织市场具有派生性、供需关系稳定、理智性、组织性的特点。

① 派生性。组织市场对商品或服务的需求是从消费者对消费品的需求派生出来的,消费者需求是组织市场需求的源泉。如消费者对手机的需求引起手机制造商对手机配件的需求。

② 供需关系稳定。供需双方是利益的共同体。供应方需要长期稳定的销路,需求方也需要源源不断的货源。双方经常在产品的花色品种、技术质量等方面进行沟通并达成一致的看法。

③ 理智性。组织市场的主要设备技术性强,价格昂贵,组织市场经常雇佣专家负责采购,购买行为一般是理性购买,受情感因素影响小。

④ 组织性。影响组织市场购买的人比消费者市场要多,大多数企业有专门的采购部门,通常由许多具有不同地位、权力、职能的人组成,如质量管理者、采购申请者、使用者、财务主管、工程技术人员及经理等。

(4) 从市场动态看

从市场动态看,组织市场具有需求波动大、环境性的特点。

① 需求波动大。组织市场对商品和劳务的需求比消费者的需求更容易发生变化。消费者需求的少量增加能导致产业购买者需求的大大增加。西方经济学者将此称之为加速理论。因为产业市场的需求变化很大,所以企业往往实行多元化经营以减少风险。

② 环境性。组织市场购买者会受当时的经济、技术、政治等环境的影响,其中最主要的是经济、技术环境。当今科技飞速发展,产品更新换代速度加快,营销者要恰如其分地介绍有关经济技术的前景以便加速销售。

4.2.2 生产者市场及其购买行为

在组织市场当中,生产者市场的购买行为具有典型意义,在购买行为类型、购买决策过程及复杂程度等方面的表现特别明显。

1. 生产者购买行为的主要类型

(1) 直接重购

直接重购是指企业的采购部门依据以往的订货目录及对产品的基本要求继续向原供应商购买产品。这是一种保持供应者、购买对象、购买方式都不变的购买类型。这种购买行为是惯例化的,是最简单的购买类型,所购买的多是低值易耗品,如原材料、零配件以及劳保用品等。采购部门往往选择稳定的供应商作为采购对象。面对这种采购类型,原有的供应者不必重复推销,而应努力保证产品的质量、数量及供货的及时性等,以保持稳定的关系。

(2) 修正重购

修正重购是指企业改变原来所购买产品的规格、价格或其他交易条件。这种采购需要调整或修订采购方案。用户会与原来的供应商就供货协议重新达成协议,甚至更换供应商。对于这样的购买类型,原有供应者要清醒认识面临的挑战,积极改进产品规格和服务质量,大力提高生产率,降低成本,以保持现有的客户;新的供应者要抓住机遇,争取新业务。

(3) 新购

新购是指企业第一次采购某种产品或服务。新购产品一般是大型生产设备、医疗设备、办公大楼及办公系统等。新购是最复杂的购买类型,涉及的资金越大,风险也越大。买方对新购产品不甚了解,在购买决策前,企业要充分地收集市场信息,参与购买的人数较多,人员素质要求更高。新购是供应商的机会,他们要采取措施影响决策的中心人物;通过广告宣传使购买者了解本产品;组织优秀、庞大的营销队伍,以赢得采购者信任并使其做出购买决策。

2. 生产者市场购买对象

生产者购买的产品一般有原材料、主要设备、附属设备、零配件、半成品和消耗品。

(1) 原材料

原材料是指生产某种产品的基本原料。原材料供货方较多且质量上差别不大。因此,对自然形态的产品(如原油)宜采取直接销售的方式,运输成本应尽可能低;而对农产品(如粮食)则应加强保管,减少分销环节等。

(2) 主要设备

主要设备是保证企业进行生产的基本设备,包括重型机床、厂房建筑等。这类产品一般体积大,价格高,技术复杂。供应企业应注意产品性能的改进、宣传和售后服务工作。

(3) 附属设备

附属设备价格较低,供应厂家较多,产品标准化突出,采购人员在购买时比较注重价格,如机械工具、办公设备等。

(4) 零配件

产品品种复杂,专用性强。零配件不能独立发挥生产作用,但直接影响生产的正常进行。及时按标准供货是零配件购买者最基本的要求,如集成电路块、仪表等。

(5) 半成品

半成品是指经初步加工以供生产者生产新产品的产品。半成品可塑性强,其质量、规格有明确要求,产品来源较多,供应者除确保供货及时外,还应加强销售服务。

(6) 消耗品

诸如煤、润滑油、办公用品等产品。这类产品价格低,替代性强,生命周期短,多属重复购买。购买者比较注重购买的方便性。

3. 影响生产者购买决策的主要因素

生产者购买行为也会受到许多因素的影响。美国的韦伯斯特和温德将影响生产者购买行为的各种因素概括为环境因素、组织因素、人际因素和个人因素,如图4-5所示。

组织因素	人际因素	个人因素		环境因素
目标	地位			需求水平
政策	职权	年龄、收入	购	经济前景
采购程序	态度	教育、职业	买	资金成本
组织结构	说服力	个性、风险态度	者	技术进步
制度				政治与法规
				竞争态势

图4-5 影响生产者购买行为的主要因素

(1) 环境因素

环境因素是指企业外部的无法控制的宏观环境因素,包括国家的经济前景、市场需求水平、技术进步、竞争态势、政治与法规等。在诸多影响因素中,经济环境因素是最主要的。

(2) 组织因素

组织因素是指生产者用户自身因素。采购组织都有自己特定的目标、政策、采购程序、组织结构和制度,供应商只有尽最大努力掌握采购组织的这些相关信息,才能找准顾客。

(3) 人际因素

人际因素是指企业内部的人事关系。参与购买过程的人员在采购中的地位、职权、态度、说服力以及相互之间的关系各不相同,对采购决定所起的作用也不同,因而在购买决定上呈现复杂的人际关系,而这会影响到购买行为。

(4) 个人因素

生产者市场的购买行为虽为理性购买,但参加决策者不可避免地受其年龄、收入、所受教育等方面的影响。供应商应该了解他们的个人情况而采取"因人而异"的策略。

4. 生产者购买决策的参与者

购买类型的复杂程度不同使得购买决策的参与者不同。在直接重购中,起决定作用的是采购部门负责人;在新购过程中,企业的高层领导和技术专家起决定作用。一般情况下,生产者在采购过程中要受到以下人员的影响。

(1) 使用者

使用者是指生产企业直接使用所采购产品的人员。使用者往往是最初提出购买意见的人,他们在计划购买产品的品种、规格中起着重要作用。

(2) 影响者

影响者是指生产企业的内部或外部对采购决策产生直接或间接影响的人员。他们会影响供应商的选择及对产品规格、性能、购买条件等的确定。

(3) 决策者

决策者是指做出最终决策的人员。供应商应该弄清对决策起关键作用的人。

(4) 采购者

采购者是指按采购方案实行具体采购行动的人员,其主要任务是交易谈判和选择供应者。

(5) 信息控制者

信息控制者是指生产者用户的内部或外部能够控制信息流向的人员。例如,采购代理人可以拒绝某些供应商产品的信息,接待员可能阻止推销人员与决策者及使用者接触等。

5. 生产者购买决策过程

生产者购买决策过程比消费者购买决策过程要复杂。生产者购买决策过程具体可分为以下八个阶段。

(1) 认识需要

认识需要由内在刺激和外在刺激引起。比如,为了提高管理效率,企业需要购买电脑及相关软件,这是内在刺激。而企业在何时何地购买,会受到广告或推销员的影响,这就是外在刺激。

(2) 确认需要

确认需要,即确定需求品种及其规格、数量。标准化产品容易确定,而非标准化产品的确定较复杂。

(3) 说明需要

说明需要是指对所要采购的产品的品种、性能、数量、特征、服务等制定详细的技术说明书,作为采购人员采购的依据。

(4) 物色供应商

企业的采购人员应该按照说明书的要求寻找最佳供应商。获取供应商的信息来源有:内部信息,如采购档案等;外部信息,如新闻报道等。

(5) 征求建议书

候选供应商要提交供应建议书,尤其是对价值高、价格贵的产品,还要写出详细的说明。

(6) 选择供应商

选择供应商是指生产者用户对提供的建议书加以分析评价,选择供应商。评价的内容包括供应商的信誉、品牌形象、领导素质、产品的质量、性能、价格、服务态度、交货能力,等等。生产者用户通常会选择两家以上的供应商,保持多条供应渠道,以保持充足的货源。

(7) 签订合同

选择供应商后,生产者用户根据所购产品的技术说明书、需要量、交货时间与地点、退货条件、担保书、售后服务等内容与供应商签订供货合同。双方一般都愿意建立长期合作的稳定的伙伴关系,互惠互利。现在许多企业日趋采用"一揽子合同",又称为"无库存采购计划",即和某个供应商之间建立长期的供货关系。

(8) 绩效评价

绩效评价是指生产者用户对各个供应商的绩效从多个方面进行定量或定性的评价,以决定维持、修正或中止供货关系。供应商必须加强追踪调查和售后服务,提高顾客的满意度,维持和发展良好的合作关系。

生产者用户购买过程的阶段多少,取决于购买情况的复杂程度。在直接重购的情况下,购买过程的阶段最少;在新购情况下,购买过程的阶段最多,如表4-1所示。

表4-1 生产者购买决策过程

购买阶段		购买类型		
		直接重购	修正重购	新购
1	认识需要	不必	可能需要	需要
2	确定需要	不必	可能需要	需要
3	说明需要	不必	需要	需要
4	物色供应商	不必	可能需要	需要
5	征求建议书	不必	可能需要	需要
6	选择供应商	不必	可能需要	需要
7	签订合同	不必	可能需要	需要
8	绩效评价	需要	需要	需要

4.2.3 中间商市场及其购买行为

中间商市场也称转卖市场,包括各种批发商和零售商,其采购商品的目的是为了再销售。中间商处在生产者和消费者之间,起着商品流通的作用。

1. 中间商的购买类型

(1) 新产品的采购

中间商会根据市场需求、市场风险、利润大小、竞争者情况等一系列因素做出采购的决定。

(2) 改善交易条件的采购

中间商并不热衷于更换供应商,而是希望供应商在原定的交易条件下给予更多的折扣和利益。市场价格的波动及其他供应商的竞争都会使得中间商提出加大折扣、增加服务、信贷优惠等条件。

(3) 直接重购

直接重购是指中间商的采购部门按照过去的交易条件及订货目录继续向原来的供应商购买产品。只要商品的库存低于规定水平就按照常规续购。

2. 中间商购买过程的参与者

中间商购买过程中参与者的多少与商店的类型及规模有关。在小型的商店中,店主亲自进行商品选购,而在大公司,有专门的部门或人员从事采购工作。不同类型的中间商,如百货公司、超级市场等采购方式不尽相同,参与购买过程的一般有如下人员或组织。

(1) 专职采购人员

专职采购人员是指专门执行采购商品任务的个人。采购人员一般有专门的商品知识，熟悉供应商的情况，负责商品的组合、编排、定价以及供应商的管理。

(2) 采购委员会

采购委员会是中间商企业执行采购业务的专门机构，一般由公司总部的各部门经理和商品经理组成，其主要职责是审查商品采购建议，做出决策。只要商品生产企业能够向中间商提供令人信服的消费者需求调研报告、设计精良的广告和促销计划以及有力的资金支持，便可得到中间商的订货机会。

3. 中间商购买行为选择

(1) 产品组合

产品组合，即确定中间商的经营范围和经营品种。这是中间商采购决策中最重要的决策，它关系到中间商的经营战略和市场定位。产品组合策略主要有：① 唯一组合策略。即只经营一家生产企业的产品，如雅戈尔服装专卖店、格力电器专卖店等。② 深度组合策略。即经营各种生产厂家的同类产品，如某电视机销售企业同时经营"长虹"、"海尔"、"索尼"等品牌的电视机。③ 广度组合策略。即经营多家厂商的多种相关产品，如国美、苏宁家电连锁企业同时经营电视机、空调、电冰箱等多类产品。④ 混合组合策略。即中间商经营不同行业的产品，如百货商场经营电器、服装和其他商品。

(2) 供应商的选择

选择供应商主要考虑供应商的信誉及品牌形象、供应商的产品质量，以及供应商的货源是否充足。中间商由于没有足够的经营场地，其资金、管理水平有限，只能选择给自己带来最大利润的品牌进行经营。一些中间商为了自创品牌，还会选择那些愿意为它们制造产品的生产企业作为供应商。国内外许多大型零售商场都有自己品牌的商品。

(3) 购买条件的确定

购买条件主要是购买商品的交易价格和其他交易条件。

(4) 采购时间的要求

为了尽量降低经营风险，中间商对产品购进时间的要求相当严格。要么立即购进以赶上消费潮流，要么拖延时间静观消费者的反应，寻找进货的最佳时机。

(5) 采购数量

中间商购买数量主要依据存货水平、预期需求以及成本与效益的比较。

4. 中间商购买行为的影响因素以及购买决策过程

中间商购买行为的影响因素以及购买决策过程和生产者市场基本类似，具体内容可参见对于生产者市场的分析。

4.2.4 非营利组织市场及其购买行为

非营利组织是指不以营利为目的的组织，它的目标通常是支持或处理个人关心或者公众关注的议题或事件。非营利组织所涉及的领域非常广，包括艺术、慈善、教育、政治、宗教、学术、环保等。非营利组织的运作并不是为了产生利益，这一点通常被视为这类组织的主要特性。然而，某些专家认为将非营利组织和企业区分开来的最主要差异是：非营利组织受到法律或道德约束,不能将盈余分配给拥有者或股东。非营利组织有时亦称为第三部门(the third sector),与政府部门(第一部门)和企业界的私部门(第二部门),形成三种影响社会的主要力量。非营利组织还必须产生收益,以提供其活动的资金,但是,其收入和支出都是受到限制的。非营利组织因此往往由公、私部门捐赠来获得经费,而且经常是免税的状态。私人对非营利组织的捐款有时还可以抵税。

1. 非营利组织兴起的原因

非营利组织的发展是现代社会发展的必然趋势。非营利组织兴起的主要原因是第一部门和第二部门职能和力量的欠缺。随着市场经济的发展,市场机制触及社会生活的各个角落,但是,社会问题的多重性、复杂性是市场机制难以招架的,更谈不上合理地解决。同时,市场机制本身造成的贫富差距,增加了新的社会问题。对残疾人、城市贫困人口的救助,对社区中老年人的照顾等,也是单一的市场机制所无能为力的。同时,政府不是万能的,政府的力量是有限的,单独依靠政府力量已不能解决众多的社会问题。而非营利组织的兴起,恰恰弥补了第一部门和第二部门在解决社会问题上的不足,因此,受到人们的高度重视。

2. 非营利组织市场的类型

按职能不同,非营利组织可以分为以下三类。

(1) 履行国家职能的非营利组织

履行国家职能的非营利组织是指服务于国家和社会以实现社会整体利益为目标的有关组织,主要有各级政府及下属部门、军队等。

(2) 促进群众交流的非营利组织

促进群众交流的非营利组织是指为了加强群体之间的交流,宣传某些知识和观念,维护群体的利益的群众性组织,如宗教组织、学术协会等。

(3) 提供社会服务的非营利组织

提供社会服务的非营利组织是指为某些公众的特定群体提供特殊服务的非营利组织,如医院、学校、基金会、红十字会、慈善机构等。

3. 非营利组织的购买特点

非营利组织的购买主要有如下特点:购买总额受到限制,价格要求低,质量要求好,采购受控制,程序比较复杂。例如,政府的经费来源于财政拨款,政府采购是有计划的,不能随意增加;非营利组织大多经费比较紧张,在采购中会精打细算;非营利组织购买商品都是为了维持组织运转及履行组织职能,要求价格低,质量有保证;政府部门的采购要经过许多部门的签字盖章,受许多规章制度的约束。

4. 非营利组织的购买方式

(1) 公开招标

非营利组织通过媒体或其他方式发布广告及信函,详细说明要采购的商品的名称、规格、数量及有关的要求,邀请供应商进行投标。

(2) 议价合约

议价合约是指非营利组织的采购部门与许多供应商之间就某一采购项目的价格和有关交易条件展开谈判,选择最佳供应商并与之签订合同。这种方法花费时间长,费用大。

(3) 日常性采购

日常性采购是指非营利组织为了维持日常办公及组织的正常运转的需要而进行的购买活动。这种采购数量少，金额小，容易做出决策。

5. 影响非营利组织购买行为的主要因素

非营利组织的购买行为除了受到环境因素、组织因素、人际因素和个人因素的影响，还受到组织公众、国际国内政治形势、经济形势等因素的影响。

微信扫码查看

课后自测　　案例分析

【实训操作】

一、实训内容

结合消费者购买行为的影响因素和特点，调查并研究当代大学生图书消费的特点，并写出调查报告。

要求：

1. 分组完成；
2. 调查对象：高校大学生，一定要做实际调查；
3. 调查样本容量：50 以上，注意随机性原则；
4. 最后要形成书面调查分析报告；
5. 调查完成时间：两周。

二、实训步骤

1. 分组；
2. 小组讨论，初步确定调查的问题；
3. 组内分工，走访调查；
4. 小组讨论，分析整理调查结果；
5. 撰写调查报告。

三、实训考核

1. 课后准备充分，组内分工协作；(2 分)
2. 小组讨论积极，设计问题科学；(3 分)
3. 实地调查积极，统计分析认真；(2 分)
4. 完成报告及时，内容真实可靠。(3 分)

任务 5　组织市场营销调研

【任务目标】

知识目标：
1. 理解市场营销调研的含义和内容；
2. 掌握市场营销调研的方法；
3. 掌握市场营销调研的程序；
4. 掌握调查问卷的设计；
5. 掌握市场营销信息系统的创建。

能力目标：
1. 能完成调查问卷的设计；
2. 能组织小规模的市场营销调研；
3. 能创建简单的市场营销信息系统。

【导入案例】

蒙牛公司与"超级女声"的合作

2005年，蒙牛与"超级女声"合作，花费了1 600万对"超级女声"进行赞助，最终赢得了新品蒙牛酸酸乳27个亿的销售收入。

2004年，为了将"超级女声"的收视率作为跟湖南卫视谈判时的撒手锏，蒙牛委托曾帮他们专门做过几十个城市市场调研的公司调查了当时所有综艺栏目的收视率。其中包括山东卫视的"星光大道"、中央电视台的"同一首歌"，和湖南卫视"超级女声"的收视率做对比。调查发现，"超级女声"跟"同一首歌"这样的老牌节目虽然还有一定的差距，却已经与"星光大道"持平。

"超级女声"在2004年的收视率是0.5%，这无论如何是算不上高的。但让人好奇的是什么人在关注着"超级女声"这样的"群众秀"？

蒙牛的市场总监孙隽在看了调查报告后就发现观众基本都是年轻人。事实上，湖南卫视所有的观众群普遍都比其他电视台观众的年龄低。正如调研公司的客户经理宋小姐所说，在湖南卫视推广酸酸乳这个产品是最合适的了，而且，"超级女声"这个节目只有推广酸酸乳这个产品才是最好的，换成早餐奶或是冰淇淋都没有那么合适。因为它们的受众惊人的一致：都是青春期的女孩子。事实证明，"超级女声"节目的大获成功帮助蒙牛打败伊利，成为当年中国乳制品的第一品牌。

【思考】
蒙牛为什么选择了当时还不甚有名的"超级女声"节目合作？

【简要评析】
企业进行任何营销策划之前要先进行仔细的全面的市场调查，并进行深入的市场分析，以制定有效的营销策略。一个企业要想在激烈的市场竞争中取得胜利，就必须要适应目标市场的需求，迎合目标市场的需求特点。"酸酸乳"的目标顾客是青春期的女孩子，青春期的女孩子盛行观看"超级女声"节目。超女的风格，裁判的取向，主持的形象，观众的态度，无不让这些少女疯狂。酸酸乳针对的这类人群，强调"我就喜欢"，同时突出产品的青春色彩，排除此类消费人群将喝奶与幼稚、乳臭未干的情绪结合起来。这些成功的营销策略都是建立在深入的市场调研基础上的。

【理论指导】

"没有调查就没有发言权"，这句话同样适合处在激烈市场竞争中的企业。企业要想占领市场并获得预期效果，必须依赖行之有效的经营决策，而行之有效的经营决策就必须以及时掌握市场信息、搞好市场营销调研为基础。那么，什么是市场营销调研？怎么才能组织好市场营销调研？怎么才能及时掌握市场信息？这就是我们下面需要解决的问题。

5.1 设计市场调查问卷

5.1.1 掌握调查问卷的概念及设计原则

1. 调查问卷的概念

在进行市场营销调研之前，无论采用面谈访问、电话访问、寄卷访问还是面卷访问，都需要事先拟订调查提纲，来概括调查者所需要收集的有关信息。我们把系统地记载需要调查的项目及内容的有关文件，统称为调查问卷。因此，市场调查问卷是为了达到一定的调研目的和收集必要数据而设计的一系列问题的集合，是收集来自于被调查者信息的正式一览表。

问卷调查是收集第一手资料最基本的方法，也是国际上通用的调查方法。调查问卷是调查者收集市场信息的重要依据，是实现调查目的的一种重要形式。问卷设计的好坏直接影响到问卷的回收率以及资料的真实性、实用性等。因此，调查问卷的设计水平是提高市场营销调研质量的关键要素。

2. 调查问卷的设计原则

调查行业、调查方式以及调查对象不同，问卷设计在形式上和内容上也会有所不同。但是无论对于哪种类型的问卷而言，一份完美的调查问卷必须具备两个功能：一是能保证收集到足够的信息以满足调查目的所需；二是使被调查者乐于回答。要完成这两个功能，在进行问卷设计时应当遵循一定的原则。从总体上来看，调查问卷的设计应遵循以下主要原则。

(1) 目的性原则

在问卷设计中，最重要的也是首要的一点就是必须明确调查目的，这是问卷设计的前提和基础。为什么要做市场调查？调查需要了解什么？市场调查的总体目的是为决策层提供参考依据，目的可能是为了制定长远性的战略规划，也可能是为制定某阶段或针对某问题的具体策略。不论出于何种目的，在进行问卷设计时都必须对调查目的有一个清楚的认识。

(2) 简明性原则

一份问卷必须完成所有的调研项目，以满足管理者对信息的需要。要设计好一份完美的调查问卷，首先要能收集到足够的有用信息以服务于管理者决策。根据调研目的和主题，从实际出发进行问卷设计，做到目的明确、重点突出，选择必要的问题。如果问题数量过少，过于简略，则无法说明调查所要了解的问题；如果数量过多，过于繁杂，不仅会增大工作量和调查成本，而且会降低回答质量以及问卷的回复率和有效率，也不能很好地说明调查所要了解的问题。因此，在进行问卷设计时，对于没有价值或与调查目的无关的问题不要列入，并要杜绝出现重复的问题。

(3) 可接受原则

问卷是用来收集信息的，而信息的提供者就是我们要调查的对象。因此，设计问卷时，必须要充分考虑到被调查者的实际情况，如被调查者类型、智力水平、理解能力、合作可能性等多方面的因素，尽量获得被调查者的合作，让他们自愿并如实地回答问题。具体到问卷的设计上，要将调查目的明确告诉被调查者，让对方知道该项调查的意义和自身回答对整个调查结果的重要性；问卷说明要亲切、温和，提问要自然、有礼貌和有趣味，必要时可采用一些物质鼓励；要替被调查者保密，以消除其心理压力，使被调查者自愿参与，认真填好问卷。此外，还应使用适合被调查者身份、水平的用语，尽量避免列入一些会令被调查者难堪或者反感的问题。

(4) 匹配性原则

匹配性原则是问卷设计一个十分重要的原则，也是进行资料整理和统计分析的重要依据。设计问卷时需正确把握调查目的与信息资料间的关系，使得问卷调查完成后，能够方便地检查其正确性和适用性，进行调查结果的整理和统计分析，把握数据与数据之间的关系，进行数据之间的核算、检验和分析。这些关系通常不是独立存在的，它们是目的性原则的具体体现，表现为目的与结果之间、资料与资料之间相互校验对应关系。

5.1.2 掌握调查问卷的结构及设计程序

1. 调查问卷的结构

一份优秀的问卷，必须有一个清晰的结构，虽然不同的市场调查问卷可以有不同的结构，但一般而言，一份完整的调查问卷包括三大部分：开头部分、主体部分和结束语。

(1) 开头部分

俗话说，"万事开头难"，"一个好的开始是成功的一半"，所以问卷的开头部分必须慎重对待。开头部分的文字必须简明易懂，能打消被调查者的顾虑，并激发其兴趣；语言则应该是亲切、诚恳而礼貌的，言简意赅，切忌啰嗦。具体包括以下几个方面：

① 问卷标题。每份问卷都有一个研究主题。研究者应开宗明义定个题目，反映这个研究主题，使人一目了然，增强被调查者的兴趣和责任感。例如，"××超市VIP顾客满意程度调查问卷"这个标题，把调查对象和调查中心内容和盘托出，十分鲜明，使被调查者对所要

回答的问题有一个概括性的了解。

② 问卷说明。主要是向被调查者说明调查机构或调查人员的身份、调查目的、调查的意义、调查的主要内容、问卷填写的有关要求及合作的意义等。一般包括称呼、问候、调查人员自我说明、调查的主办单位和个人身份、简要地说明调查的目的内容和填写方法、说明填答问卷的意义或重要性、声明调查的匿名性和保密性原则、表示真诚的感谢以及附上调查机构的名称和调查时间。

【案例启示】

××学校学生食堂满意度情况调查问卷

亲爱的同学：

　　您好！我们是学校调研协会的调查员。为了不断改进学院食堂服务水平、饭菜质量、环境卫生，更好地满足同学们的需求，学校食堂特委托我们进行此项调查。请您抽出一点宝贵的时间，仔细阅读问卷题目和答案，并把您的真实想法告诉我们。对于您的合作与支持我们表示衷心的感谢！请您按照实际情况和真实想法填写问卷，并在相应答案的□中打"√"。

××学校调研协会
××年×月×日

(2) 主体部分

主体部分是问卷的核心部分，市场调查所要收集的信息主要在问卷主体中得以体现。一般问卷主体可分为两个部分：主要部分是调查的各类问题和问题的回答方式；另一部分就是被调查者的背景资料，即性别、年龄、职业、收入、婚姻状况、受教育程度等个人基本情况。通常我们把这两部分分开。出于降低敏感性的考虑，大多数问卷把关于背景资料的问题放在基本内容的后面，但有时为了甄别出合格的被调查者也可以放在前面。

(3) 结束语

结束语放在问卷的最后，可以是简短的几句话，对调查者的合作表示感谢；也可稍长一点，顺便征询一下被调查者对问卷设计和问卷调查本身的看法和感受。问卷的最后还可附上一些调查的基本信息，也叫作证明记载，主要包括调查人员的姓名、访问日期、联系方式等。如果有必要，还可列上被调查者的姓名、电话、家庭住址等，以便进行审核和追踪调查，但必须征得被调查者的同意方可。例如：

调研者_____　　时间_____
地　点_____　　日期_____

2. 调查问卷的设计程序

设计调查问卷的目的是更好地收集满足调查者需要的信息资料。问卷设计是由一系列相关的工作过程所构成的，为使问卷具有科学性、规范性和可行性，问卷设计一般可参照以下程序进行。

(1) 确定所需要收集的信息

问卷是信息的载体，因而在设计问卷时，首先要确定应收集什么内容的信息。一般要根据调查的目的，安排调查内容。同时要考虑调查内容的针对性、系统性、全面性、深入性，要把与调查主题相关联的内容一一列出,然后再区分调查的主要资料和次要资料。

(2) 确定问卷的类型

不同的调查对象具有不同的特点,需要采用不同的方法进行调查。为了使问卷的设计符合调查对象的特点,就必须对样本特征进行分析,明确调查对象是企业还是个人,是生产商还是经销商,是现实消费者还是潜在消费者等,并了解各类调查对象所处的社会阶层、社会环境、行为规范和观念习惯等社会特征,了解他们的需求动机和潜在欲望等心理特征以及他们的理解能力、文化程度和知识水平等学识特征,并针对其特征确定问卷的类型。

(3) 确定问题内容及表述

一旦决定了调查问卷的类型,下一步就是确定每个问题的内容:每个问题应包括什么,以及由此组成的问卷应该问什么,是否全面与切中要害。

我们遵守的原则是,问卷中的每一个问题都应对所需的信息有所贡献,或服务于某些特定的目的。如果从一个问题得不到有用的信息,那么这个问题就应该取消。

接下来就是决定如何表述具体问题。对调查人员而言,在特定问题的表述上总要花很长时间,这是一种随时间和主题不断发展的技巧,在每个问题的用词与安排上,应遵守一定的指导原则。

(4) 决定问题的顺序

提问问题的顺序安排不同,被调查者回答的结果往往也会产生差异。例如,美国学者葛罗斯(E. Gross)曾研究问题的次序对被调查者的影响。他将受访者分成5组,并设计了5种不同的问题顺序:

① 先将某产品的各种特性告诉受访者后,立即问受访者对产品的购买兴趣。
② 先问受访者此产品的优点何在,再问购买兴趣。
③ 先问受访者此产品的缺点何在,再问购买兴趣。
④ 先问受访者此产品的优点,再问其缺点,然后再问购买兴趣。
⑤ 先问受访者此产品的缺点,再问其优点,然后再问购买兴趣。

一般来说,问卷中的问题应按一定的逻辑顺序排列,遵循以下原则:先简单问题,后复杂问题;先次要问题,后主要问题;先事实性问题,后态度性问题和敏感性问题;总括性问题应先于特定性问题。总括性问题是指对某个事物总体特征的提问,如"在选择空调时,哪些因素会影响你的选择"。特定性问题是指对事物某个要素或某个方面的提问,如"你在选择空调时,耗电量处于一个什么样的重要程度"。总括性问题应置于特定性问题之前,否则会影响总括性问题的回答。另外,内容上应具有一定的连贯性,前后呈现递进关系,使被调查者易于回答。同时,由于访问的方式不同,问题的安排顺序也有一定的技巧。例如,使用面谈访问法时,为了融洽气氛,取得被调查者的配合,一般可将一些简单的开放式问题放在前面,把封闭式问题放在中间,将一些重要的开放式问题放在后面,使被调查者无拘无束,自由回答。如果采用电话访问、寄卷访问、面谈访问,则应将封闭式问题放在前面,开放式问题放在后面。另外,涉及被调查者个人的情况资料,如姓名、年龄、性别、收入职业、文化程度等,应列在调查问卷之后,以免引起被调查者的不满,影响调查效果。

(5) 问卷的评估

考虑到问卷在市场调查中的关键作用,在问卷初稿设计好之后,设计者应再回过来进行

评估。在问卷评估过程中,下面一些原则应加以考虑:

① 问卷是否太长。问题的设计并不是越多越好,因为问卷的空间有限,一份问卷中问题太多,会使被调查者感到厌烦而拒绝合作;而且,问题太多会增加调查的时间和经济成本,问卷处理的难度也会加大。

② 问题是否必要。如果问题不能达到任何目的,就是无意义的,应予以删除。

③ 问卷是否能反映调研目标所需的信息。要确保问卷能反映调研目标所需的信息,以满足管理者决策的要求。

④ 问题设计是否合理。主要可以从问题类型的确定、选择答案的设计、问题的表述、问题的排列等方面去综合考虑。

⑤ 是否预留足够空间给被调查者填写答案。这主要是针对开放式问题而言的。一般来说,开放式问题后留 3~5 行就可以了。

⑥ 答题说明是否清楚。在问卷中对答题要求加以强调,以引起被调查者的注意。

⑦ 注意问卷的外观、版面和字体设计。一份完善的问卷从形式上看,要求版面整齐、美观,便于阅读和填答,这是总体上的要求。另外,为避免混淆并澄清哪些是问题,哪些是说明,所有的问卷说明应当使用明显字体,以引起调查人员和被调查者的注意。

(6) 对问卷进行试答和修改

问卷设计结束后,应选择有经验的调查员,在小范围内进行试答,以便发现问题,进行修改。在进行试答时,应注意问题是否完整,是否需要补充相应内容;词语是否贴切,含义是否清晰;提问的问题顺序是否合理;使用的提问方式是否相当;被调查者回答的时间是否过长;等等。然后,根据小范围的试答情况,提出修改问卷的具体意见。

(7) 定稿并印刷

根据小范围的试答情况,修改完善问卷,进行定稿并大量印刷,以备调查之用。为了保证回收问卷数量充足,可适当地增加一点问卷印刷数量,以保证市场调查所需要的最小样本数量。

5.1.3 调查问卷的设计技巧

从问卷的结构上看,一个完整的调查问卷包括了问卷标题、问卷说明、调查内容、被调查者基本情况、作业证明记载等多项内容,但从问卷的内容构成上看,可将其分成问卷的开头、主体部分、结尾。由于每一个部分的设计内容和特点不同,因此有不同的设计技巧。

1. 问卷开头部分的设计技巧

问卷的开头,主要是指问卷的说明词部分,目的是引起被调查者的注意和兴趣,取得被调查者的支持和合作。一般来说,开头设计技巧主要有:问卷要以书信的格式开头,称呼加冒号之后换行再书写其他内容,称呼要用尊称,如"亲爱的女士"、"尊敬的先生"等;语气要亲切、自然、诚恳、谦虚,使被调查者愿意合作;构成的内容上,应注意说明调查的目的、意义、调查内容、问卷填写要求等,尤其应说明调查者的身份,身份说明可以放在开头,也可以放在说明的末尾,并标明单位地址、电话等,以增加信任感;另外,篇幅不宜过大,一般字数应在 200 字左右。

2. 问卷主体部分的设计技巧

从内容上看,问卷的主体部分主要包括调查内容和被调查者基本情况等。被调查者的基本情况,可根据调查目的和统计整理的需要,选择相关的项目即可。而从形式上看,问卷的主体部分主要由问题和答案组成,因此,对问题和答案的设计是调查问卷设计的关键。

(1) 问题的类型

① 按照问题的询问方式,可将问题分为直接性问题和间接性问题。

所谓直接性问题是指通过直接提问方式就可以得到答案的问题,如"您的年龄"、"您最喜欢什么品牌的方便面"等。由于直接性问题能给被调查者一个较明确的回答范围,所以比较容易得到明确的答案,便于统计分析与整理,但对一些窘迫性问题,则不便采用这种提问方式。

间接性问题是指那些不宜于直接提问,而采用间接提问的方式获得答案的问题。例如,当问及家庭暴力、个人收入、婚姻状况、对政府的态度等问题时,如果采用直接询问的方式,被调查者往往因不愿意或不敢回答而影响了调查效果。这时,如果将要提问的问题换成其他人的意见和看法,而由被调查者进行选择和评价,就容易多了,而且会比直接提问获取更多的信息和资料。例如,"您认为工厂劳动定额制定是否合理",该问题过于直接,一般人可能不愿意回答或不真实回答,而若改为"听大家议论,大多数人对工厂劳动定额制定是否合理存疑,请问您怎么看这个问题",就比较容易回答。

② 按照问题的答案是否已经列出,可将问题分为开放式问题和封闭式问题。

开放式问题是指提出问题,不列出答案,而由被调查者自由回答的问题。这种类型的问题,由于没有限定答案,有利于发挥被调查者的想象力,突破被调查者的思维范围,集思广益,获取更多、更深入的信息资料,特别适合询问答案很多又很复杂的问题。但是,这种提问方式由于需要被调查者思考且书写答案,增加了回答的难度及回答的时间,被调查者往往不愿意合作,影响了问卷的回收率;由于答案的多样性,加大了统计整理的难度,不便于进行分析;这种提问方式对被调查者的文化素质要求较高。开放式提问过多,容易影响问卷的质量。所以,在问卷设计时应尽量减少对开放式问题的使用。

封闭式问题是指已经列出答案,被调查者只要或只能从中选择一个或几个答案的提问方式。封闭式提问由于有现成的答案,回答方便,节省了调查时间;被调查者易于合作,有利于提高问卷的回收率和有效率;答案标准化,便于统计整理和分析。其缺点是只能在规定的范围内回答,由于问卷设计者所列举的答案不一定全面,因而缺乏灵活性和深入性,无法反映被调查者的真实想法;另外,设计难度较大。

③ 按照提问的内容,可将问题分为行为性问题、动机性问题、态度性问题。

行为性问题是对被调查者的行为特征进行调查而提出的相关问题,如"您是否购买了电脑"、"您是否经常光顾××商场"等。动机性问题是对被调查者的行为产生的原因或动机进行调查而提出的相关问题,如"您为什么购买电脑"、"您为什么经常光顾××商场"等,比较适合了解事件或行为产生的原因,所以常常与行为性问题结合使用。态度性问题是对被调查者的态度、意见、看法等进行调查时而提出的相关问题,如"您是否喜欢××品牌的电视机"、"您认为××看法是否正确"等。

④ 按照提问问题的答案是否客观存在,可将问题分为事实性问题和假设性问题。

事实性问题是指要求被调查者回答客观存在的一些事实方面的问题。例如,要求被调查者回答姓名、年龄、职业、文化程度等问题都属于事实性问题。事实性问题能够给调查者提供各种事实资料,常常作为统计分类的依据,为统计整理提供了方便。假设性问题是指通过假设某一客观事实已经存在,而向被调查者提问获得答案的问题。例如,"如果住房和汽车您只能选购一种,您会选购哪种"。使用时应注意假设的客观事实存在的可能性。

以上是从不同的角度对问题进行分类的,每一种提问方式都有其不同的特点,在实际调查时,往往要结合在一起使用。例如,在一份问卷中,既有事实性问题,也有假设性问题;既有行为性问题,也有态度性、动机性问题;对问题的回答,既可采用封闭性问题,也可采用开放式问题;对事实性、态度性问题,既可采用直接提问方式,也可采用间接提问方式等。问卷的设计者可根据调查对象、调查内容、调查方式,选择不同的提问方式。

(2) 问题的设计技巧

① 用词应语意明确清楚,贴近调查对象的生活。

问题中所使用的概念要有明确的含义,应避免出现歧义,否则被调查者可能根据不同的理解来回答,导致收集信息资料的混乱。例如,"您住的地方离这里只有 5 分钟的路途吗",这个问题有赖于来这里的方式(可能是步行也可能是开车来的)、路上走(开车)的速度以及其他一些因素。又如,"您的家庭有几口人",既可以被理解成以夫妻关系为核心的小家庭,也可能被理解为传统意义上的包括祖孙几代人的大家庭。用词清楚也意味着使用合理的用语。问卷不是词汇测试,要尽量贴近调查对象的生活。问卷设计应使用通俗的语言。

② 问题表达要具体、准确。

问题过于笼统、抽象,是调查中普遍存在的问题。如果问题的本来目的在于获取某种特定资料,而问题却过于笼统,被调查者所提供的答案就没多大意义和价值了。例如,某商场要了解顾客对该商场的商品和服务是否满意,不能只问:"您对本商场是否感到满意?"这样提问,不能得到顾客对该商场商品和服务的反映,太笼统,太一般化。问题应具体化,可以问:"您对本商场所售商品是否感到满意? 您对本商场的服务是否感到满意?"

③ 设计问题要注意避免双重或多重问题。

每个问题只能包含一项内容,要避免在一个句子中出现两个问题(有时称为双向式问题)或多个问题。例如,"您认为咖啡蛋糕的味道和原料如何",此问题应分为两个问题:一个关于味道,一个关于原料。

④ 要考虑到被调查者回答问题的能力。

遗忘和记忆的差错可能导致被调查者无法提供全面和准确的资料。为了解决这个问题,问题应提供一定的提示或选择,涉及的时间期限应尽量短。要避免单纯依靠被调查者的记忆回答问题。例如,"过去的一年内,您读了多少本书",如直接提问,被调查者很可能记不清准确数字。当问题的要求较高时,人们是不会回答的,他们或者拒绝或者乱回答。这个问题需给出一个选择的范围,如:A. 无;B. 1~10 本;C. 11~25 本;D. 26~50 本;E. 多于 50 本。

另外,问题的设计应着眼于获得基本信息,避免过多的计算,以减轻被调查者的负担。例如,"请问您家每人平均每年的食品支出是多少",这个问题要求被调查者进行复杂的计算:首先把每月的食品支出估算出来,然后乘以 12,最后再除以家庭成员数才得出结果。这样烦琐的计算可能使被调查者单方面结束访问。这个问题可改为"请问您家每月食品支出大概是多少"和"请问您家有几口人"两个小问题。取得这两个数据后,计算人均年食品支出也就很容易了。

⑤ 避免使用诱导性、暗示性或倾向性词语。

问题的提出要站在客观的立场上,用中立性的方式提问,以便于收集到准确的信息。如问题本身有明显的诱导性、暗示性或倾向性,被调查者往往在趋同、从众等心理的支配下,做出不真实的回答。这就要求在问题设计时,要避免出现这些倾向,避免透露出调查者自己的观点,不引用权威性观点,对涉及调查者自身产品和服务的调查,不应在问题中特别提醒注意。例如,"人们常说 A 牌电视机比 B 牌电视机好,您是不是也这样认为",这个问题则带有明显的诱导性,会影响被调查者的选择。被调查者即使认为 B 品牌比 A 品牌好,也可能回答 A 牌电视机比 B 牌电视机好。因为,在外界压力存在的情况下,被调查者往往顺应大多数人的意见,而不是提供自己真正的想法。因此可改成"您认为 A 品牌和 B 品牌电视机哪个更好",这样更为客观。

⑥ 注意敏感性问题的表达技巧和方式。

敏感性问题是指被调查者不愿在调查人员面前作答的某些问题,如私人问题,尴尬、敏感、有损自我形象的问题,或不为一般社会公众所接纳的行为或态度问题。直接提出这类问题,被调查者可能会拒绝回答,即使勉强回答也往往不真实。如果一定要获得敏感性问题的答案,又要避免被调查者做不真实的回答,可采用一定的技巧和方法。例如,"请问您每月的工资收入是多少",这个问题如果直接回答易遭拒绝,可改成选择题,将月收入分为几个档次,用区间的方式提出:1 000 元以下;1 000~1 999 元;2 000~2 999元;3 000~4 999 元;5 000~6 999元;7 000~9 999 元;10 000 元以上,让被调查者从中做出选择。

(3) 答案的设计方法

在实际的市场调查中,无论是哪种问题类型,都要对答案进行设计,尤其是封闭性问题,更要进行全面、系统、严格、周密的设计。一般常用的答案设计方法有以下几种:

① 二项选择法。所谓二项选择法,是指提出的问题只有两种对立的答案可供选择,被调查者只能在两种答案中选择其一。例如:

"您家里有电脑吗?"

  A. 有   B. 无

② 多项选择法。所谓多项选择法,是指提出的问题有两种以上的答案可供选择,被调查者只需在多种答案中选择一项或几项。例如:

"您不喜欢食用方便面的原因是什么?"(在您认为合适的项目下画上"√")

  A. 没有营养   B. 有害健康   C. 价格偏高   D. 其他_____

③ 顺位法。又称排队法,是指问卷设计者列出若干个项目,由被调查者按重要性进行排列顺序的一种方法。顺位法在实际应用中,主要有两种方法:一种是有限顺位法,另一种是无限顺位法。

有限顺位法,即按重要程度,规定其顺位数。例如:

"在您购买方便面时,请您按重要程度的顺序排列出您认为最重要的三个影响因素,并将其序号写在题干后面的括号里。"   (   )

A. 品牌　B. 价格　C. 包装　D. 促销　E. 亲朋影响　F. 方便快捷性　G. 其他

无限顺位法,即不规定顺位数,而由被调查者对答案全部排列或按其理解进行排列。例如:

"在您购买方便面时,请您按重要程度将下列影响因素的顺序排列出来,并将其序号写在题干后面的括号里。"（　　）

A. 品牌　B. 价格　C. 包装　D. 促销　E. 亲朋影响　F. 方便快捷性　G. 其他

④ 比较法。所谓比较法,是指采用对比的方式,将具有可比性的事物进行对比并做出选择的方法。例如:

"请比较下列每一对不同品牌的方便面,哪一种您更喜欢食用?"（每一对中只选一个并画上"√"）

A. 康师傅　今麦郎　　B. 康师傅　福满多　　C. 东三福　福满多
D. 东三福　康师傅　　E. 今麦郎　福满多

⑤ 自由回答法。又称开放式回答法,它是指问卷的设计者只列出问题,而没有给定答案。由于自由回答法只需列出题干,因而自由回答法是问卷中最简单的一种设计答案的方法。由于开放式问题与封闭式问题正好相反,所以自由回答法的优缺点与选择法的优缺点正好互换。

⑥ 回想法。给被调查者提示回想的范围,让被调查者根据记忆进行回答。在实际进行调查时可用于了解消费者对商品、品牌名称、企业名称和有关广告的印象强度的调查。例如,"请说出您熟悉的海尔集团的产品"。

⑦ 再确认法。事先给被调查者提供某种线索,如文字、名称、图片等,请被调查者回忆确认。一般用于调查被调查者对产品品牌、商品名称、广告等的认知情况。例如,拿出某类商品的图片,然后让被调查者说出商品的名称或说出该产品的广告语。

⑧ 配合法。出示两类提示物,请被调查者找出提示物之间的一一对应关系,以了解被调查者的认知程度。例如,列出几种冰箱的品牌和对应的价格,请被调查者连线,确定它们的对应关系。

⑨ 倾向程度法。这种调查法是对某种产品按照逻辑顺序连续进行询问,以了解被调查者从一个品牌转换为另一品牌的态度差别程度。在调查消费者对产品或企业的态度、意见时经常使用。例如:

"您平时经常喝什么牌子的啤酒?"

A. ××牌（　　）　　B. ××牌（√）　　C. ××牌（　　）

这里有 A 牌和非 A 牌两种答案,如果没有答 A,则可继续提问:

"如果目前市场上最受欢迎的是 A 牌,今后您是否仍然买其他品牌?"

是（√）　　　　否（　　）

继续提问:

"如果最近 A 牌产品广告计划开展有奖销售活动,您还购买其他品牌的产品吗?"

是（　　）　　　　否（　　）

(4) 答案的设计技巧

要想保证答案的设计质量,必须遵守以下两个原则:

① 互斥性原则。互斥性原则是指每个问题中所有被选答案必须互不相容、互不重叠,

主要是为了避免被调查者在选择时出现双重选择的现象。例如：

"您平均每月的支出中，花费最多的是哪项？"

    A. 食品   B. 服装   C. 书籍   D. 日用品

    E. 报刊   F. 饮料   G. 娱乐   H. 其他_____

备选答案中食品和饮料、书籍和报刊等都不是互斥的。

② 完备性原则。完备性原则是指所列出的答案应包括问题的全部表现，不能遗漏。这是为了使所有被调查者都能在给定的备选答案中至少选择出一项适合自己回答的答案，不致因所列出的答案中没有合适的答案而放弃回答。

在注意完备性原则的同时，也要注意答案的数量不能太多。答案太多，容易引起意见分散，不利于统计整理，也可能引起被调查者的不满，降低问卷的回收率，影响调查效果。特别是无法列尽所有答案时，可以将封闭式问题与开放式问题结合起来，在答案的最后加上个"其他"，并留有一定的空间，由被调查者自由填写，以使被调查者能够充分发表自己的见解。例如：

"您喜欢什么品牌的电视机？"

    A. 长虹   B. 创维   C. 海尔   D. 康佳   E. 其他_____

3. 问卷结尾的设计技巧

问卷的结尾一般以简单为主，如果是面谈访问或电话访问，一般可不必设计结尾，可以直接用语言表达谢意；如果是寄卷访问或面卷访问，一般应注明调查人员姓名、调查时间、调查地点等，同时还应对被调查者的合作表示感谢，必要时还可以留下被调查者的联系方式。由于一般人不愿意向别人透露自己的姓名、身份和电话，所以如果想了解相关信息，态度要诚恳，语气要委婉。例如，某调查公司在设计调查问卷的结尾时使用了两句话："我们的访问结束了，再次感谢您的支持"，"为了检查我们的访问员的工作质量，在接下来的两周我们会有个简短的回访，请您留下您的联系电话好吗"，就收到了较好的效果。

5.2 组织市场营销调研

5.2.1 了解市场营销调研的含义与作用

1. 市场营销调研的含义

企业市场营销的目标是创造性地满足顾客需求。为了实现这一目标，要求企业的市场营销人员必须了解和研究市场，运用科学的手段进行市场营销调研。

市场营销调研是指运用科学的方法，有组织、有计划、系统、全面、准确及时地收集、整理和分析市场现象的各种资料的活动过程。

2. 市场营销调研的作用

在目前市场竞争日趋激烈的情况下，拥有市场比拥有一个工厂更为重要，企业由于对市场信息掌握不够，从而坐失良机或销售受阻的情况比比皆是。因而市场营销调研的作用就更显重要，如何分析市场、发现市场和确定市场已成为企业关注的关键问题。市场营销调研被称为企业的"雷达"或"眼睛"，其重要作用主要表现在以下几个方面。

(1) 市场营销调研为企业经营决策提供依据

经营决策决定了企业的经营方向和目标,它的正确与否,直接关系到企业的成败。因此,瞄准市场,使企业生产或经营的产品和服务满足消费者的需要是营销策略中首先要解决的问题。

只有坚持不懈地进行市场营销调研,不断收集和反馈消费者及竞争者的信息,才能把握经营策略的制定和调整,从而在市场上站稳脚跟,立于不败之地。

(2) 市场营销调研有利于企业开拓市场,开发新产品

任何企业不会在现有的市场上永远保持销售旺势,要想扩大影响,继续盈利,就不能把希望只寄托在一个有限的地区范围内。当一种产品在某个特定市场尚未达到饱和状态时,企业就应该开始着眼于更远的、还没有满足的市场,辐射就成为非常迫切的问题。通过市场营销调研活动,企业不仅可以了解其他地区对产品的需求,甚至可以了解到国外市场的需求状况,它使企业掌握了该向哪些地区发展、有无发展余地等有用信息,从而决定下一步的经营战略。

【案例启示】

儿童文学读物《哈利·波特》在中国热销就是来自对出版市场的深入调查研究。长期以来,我国儿童类图书大多以知识性、教育型为主,不重视儿童的纯真天性。儿童教育理论专家认为,"寓教于乐"不是不可以,但现实操作中具有很大的难度,需要同儿童心理学家合作才有可能成功。《哈利·波特》正好弥补了儿童"非智力"读物市场的空白。孩子们看完后,想象力得到了充分的发挥和满足,成功地打开儿童思维的另一扇窗户。这一例子说明利用市场调查对某类市场状况进行研究后,可以发现同类产品的市场空白,从而及时开发新产品以满足市场的需求。

(3) 市场营销调研有利于企业在竞争中占据有利地位

要达到在竞争中取胜的目的,就必须掌握对手的经营策略、产品优势、经营力量、促销手段及未来的发展意图等。企业面对的可能是一个竞争者,也可能是多个对手,是采取以实力相拼的策略,还是采取避开竞争,另辟蹊径的策略,要根据调查结果并结合企业实际做出决断。要在竞争中占据有利地位,并不一定非要进行直接的面对面的竞争,因为直接竞争的损耗将会很大,因此,通过市场营销调查,了解对手的情况,就可以在竞争中绕开对手的优势,发挥自己的长处,或针对竞争者的弱点,突出自身的特色,以吸引消费者选择本企业的产品。一旦竞争决策有误,经营的失败不仅表现为市场占有率的减少,也意味着对手力量的进一步强大,显然,市场营销调查对竞争取胜意义重大。

【案例启示】

日本麒麟啤酒公司的目标市场是商人和军人,曾一度占据日本啤酒市场份额的60%。但到了20世纪80年代,在日本的年轻人中开始盛行喝干啤,而麒麟公司仍然将市场定位于喜欢传统啤酒的商人和军人消费者,没去开发干啤这一新兴的市场。相反,日本朝日啤酒公司则适应市场需求的变化,大力推出适应年轻人口味的干啤,从而迅速地超过了麒麟公司,成为日本啤酒业的龙头。

(4) 市场营销调研有利于企业打造核心竞争力

近年来，随着生产力水平的大幅度提高和信息技术的推广与普及，"创造客户"、"创造市场"的观念已经逐步从理论变为现实，这给核心竞争力在"创造客户"和"创造市场"的经营理念指导下发挥独特作用提供了广阔的舞台。企业面对如此庞大的市场，通过市场营销调查不仅可以在市场中挖掘出企业最具竞争优势、发展潜力的细分市场，而且可以在一定程度上引导潜在需求以培养和创造新的市场，从而将企业的核心竞争力转化为市场中具体的竞争优势。

(5) 市场营销调研为企业预测未来市场发展提供基础

每个企业在进行营销的同时，还要注重对未来市场的研究，即不断了解、分析市场未来的发展趋势，从而抓住新的发展契机。而对未来市场的了解就是在市场营销调查的基础上进行的市场预测，否则市场预测只能是空中楼阁，甚至造成预测失误。

5.2.2 明确市场营销调研的内容

1. 市场基本环境调查

企业的任何活动都脱离不开其所处的外部环境，这些外部市场环境是客观存在的，不以人的意志为转移的，并对企业营销活动提供机遇或者施加威胁。只有在了解的基础上去适应它，并将其为我所用，才能取得经营的成功。对市场基本环境的调查主要包括如下内容：自然环境、经济环境、政治法律环境、文化环境、人口环境、科学技术环境（具体内容见任务3）。

2. 市场需求调查

市场是企业的营销活动的出发点和归宿，市场容量的大小制约着企业生产经营的规模。没有需求，也就谈不上具有市场容量，当然就无法进行生产；需求变化，生产也会随之发生变化。所以，市场需求调查是市场调查中最基本的内容，它包括消费者需求量调查、消费结构调查、消费者行为调查等内容。

(1) 消费者需求量调查

消费者需求直接决定市场规模的大小，它一般受以下两个因素的直接影响：

① 人口数量。人口数量是计算需求量时必须考虑的因素。一般来说，人口数量多，市场规模就大，尤其是日常食品和日用工业品这类商品，其需求量随着人口的增加必然增加。例如，我国人口约占全球总人口的1/4，市场规模较大。

② 货币收入。消费者需求数量的大小要取决于其货币收入的多少。在拥有一定货币收入的条件下，消费者才可能挑选和购买自己所需的商品。因此，分析消费者购买力主要看消费者的货币收入的来源、数量、需求支出方向以及储蓄状况等。

(2) 消费结构调查

消费结构，是指消费者将货币收入用于不同商品的比例。它决定了消费者的消费投向。对消费结构的调查包括以下几个方面的内容：

① 人口构成。由于人口的性别、年龄、职业、文化程度、民族等的不同，其消费投向会有差异。因此，在市场调查中，为了更准确地瞄准目标市场，必须把人口特征作为重要的调查内容来考虑，从中了解不同特征的消费者对商品的看法和偏好的程度，以此为依据来确定应

该面对的消费群,并针对这部分人的消费意愿进行产品的设计和市场营销活动。

② 家庭规模和构成。家庭规模也就是家庭的人口数。家庭人口数多,对商品的需求量就大,但家庭购买力的大小则要视就业人口在家庭总人口中的比重而定。

③ 收入增长状况。经济增长,收入水平也会随之相应增加。根据对恩格尔系数所测算的消费结构的比重变化,当人们收入增加时,用于吃穿方面的支出比重会逐渐下降。

(3) 消费者行为调查

消费者行为是市场调查中较难把握,而又带有不确定性的因素。它受多方面因素影响,如消费者心理、性格、宗教信仰、文化程度、消费习惯、个人偏好和周围环境等。

【案例启示】

某鞋厂生产了一种海蓝色的涤纶坡跟鞋,在本地很受欢迎。鞋厂根据这一情况主动给外地一家大商场发送了一部分这样的鞋。不久,商场来电要求退货。厂方百思不得其解,迅速派人前往调查。调查结果显示出这种鞋之所以不受欢迎,是因为该商场所在城市的风俗与生产者本地不同,这种鞋的颜色为该城市所忌,因此才使这种鞋成为冷门。吃一堑,长一智,后来该厂通过市场调查获悉某地有一民俗,即逢清明节,头年结婚的新媳妇要给七大姑八大姨赠送新鞋。根据这一信息,厂方立即组织生产几千双布鞋,赶在清明前发至该地,结果这些布鞋很快便销售一空。

3. 市场供给调查

市场供给是指全社会在一定时期内对市场提供的可交换商品和服务的总量。它是市场需求得以实现的物质保障。企业在生产过程中除了要掌握市场需求情况外,还必须了解整个市场的货源状况,包括货源总量、构成、质量、价格和供应时间等一系列情况,必须对本企业的供应能力和供应范围了如指掌。只有这样,才能及时生产和组织适销对路的商品,避免积压或脱销。对市场供给进行调查,可为编制计划、安排市场提供依据。市场供给调查主要包括商品供给来源及影响因素调查、商品供给能力调查、商品供应范围调查。

4. 市场竞争对手的调查

任何产品在市场上都会遇到竞争对手,不同的企业所处的行业不同,其竞争者数量和竞争程度也不同。一般而言,对竞争对手的调查包括:① 企业竞争者是谁;② 主要竞争者所占有的市场份额是多少;③ 主要竞争者的竞争优势表现在什么地方;④ 主要竞争者是否存在优势;⑤ 行业竞争者采取的营销战略与策略是什么。

企业只有了解了相关信息,才能判断出本身所具有的与竞争对手相抗衡的条件或可能性,才能清楚地知道自身在市场竞争中所处的地位。作为进入国际市场的企业,还需了解外国企业在市场上的份额及在该国市场上所处的优势等。任何一个成功的竞争者,都有自己的成功之处,如企业形象好、产品质量优、价格适中、雄厚的资金、销售渠道的控制、成功的广告、有效的促销手段等。

【案例启示】

美国曾对钟表市场进行调查研究,发现手表购买者分为三类:① 大约23%侧重价格低廉;② 46%侧重耐用性及一般质量;③ 31%侧重品牌声望。

当时美国著名钟表公司大多数都把注意力集中于第三类细分市场,制造出豪华昂贵手表并通过珠宝店销售,豪华昂贵手表利润丰厚,但竞争激烈。TIMES公司独具慧眼,选定第一、第二类细分市场作为目标市场,全力推出一种价廉物美的"天美时"牌手表并通过一般钟表店或某些大型综合商店出售。该公司后来发展成为全世界第一流的钟表公司。

5. 市场营销组合策略调查

市场营销组合策略调查是对企业从事市场营销活动而实施的营销组合策略及其运用效果的调查。主要包括以下四个方面:一是产品策略调查,主要收集消费者对企业产品的满意程度、偏好信息,从而确定企业产品的定位与市场前景,预测产品市场潜力和销售潜力,为企业开发新产品和制定有效的营销策略提供依据。二是价格策略调查,围绕对企业产品或服务的价格形成、变动趋势与影响以及价格变动引起的市场反应等进行调查,为企业制定最佳的价格策略提供可靠的依据。三是销售渠道调查,主要包括销售渠道基本类型调查、渠道成员性质与信誉调查、渠道管理情况调查等。四是促销策略调查,是针对企业实施各种促销活动进行调查,以评价各种促销形式的作用、方法和实际效果,为企业实现最佳促销组合与最大效率提供帮助。其主要内容包括:广告媒体、广告效果、广告信息调查,企业公关活动条件、公关活动效果调查,推销人员基本素质、推销能力、推销技术、推销成效以及推销组织管理的调查,营业推广的类型、时机、实施效果等方面的调查。

5.2.3 掌握市场营销调研的方法

市场营销调研资料的收集方法主要有文案调研法、询问调研法、观察调研法、实验调研法和问卷调查法。

1. 文案调研法

文案调研法,也称第二手资料的调研法。在营销调研中调研人员一般是先收集二手资料。二手资料的来源主要有两个:一是内部资料,二是外部资料。内部资料包括企业营销信息系统中贮存的各种数据;外部资料主要是公开出版的各种报刊、书籍,政府的各类出版物,各类咨询公司、信息中心提供的各种数据。一般来说,调研人员能以较快速度和较低的费用得到二手资料,而收集原始资料则成本较高,并且需较长的时间完成。但二手资料可能存在可获得性、时效性和准确性等方面的问题。因此,为了避免这些问题,调研人员还必须进行实地调研,即收集第一手资料。

2. 询问调研法

询问法是营销调研中最常用、最基本的一种方法。它是调研人员通过谈话或书面的方式向被调查者询问有关问题,从而获得资料的一种方法。按调查者与被调查者的接触方式不同,可以分为面谈调查法、电话调查法、邮寄调查法和留置调查法。

(1) 面谈调查法

这是调研人员与被调查者面对面交谈的一种方式。调研人员一般按事先准备好的询问表或调研提纲提问,由被调查者回答,也可以自由交谈。根据调查者和被调查者人数的多少,可以分为个别面谈和小组面谈等形式。这种方式的优点:① 调研人员可以向被调查者解释说明问题的含义,使其回答准确;② 可根据被调查者的态度采取较灵活的提问方式,也可通过交谈启发引导;③ 调研人员可当场解释被调查者不清楚的地方。这种方法的主要缺点:① 调查方式费用高,花费时间多;② 被调查者可能受调研人员态度语气的影响,容易产生偏见。

(2) 电话调查法

调研人员根据选择的调查对象,用电话按调查表所列项目进行询问的一种方法。这种方法的优点:① 可在短时间内调查较多人;② 收集资料迅速及时;③ 成本低且不受地区的限制。这种方法的缺点:① 询问时间不能过长;② 对问题只能简单地回答;③ 不易得到对方的合作。因此,电话调查时调查项目要少,问题要集中,容易理解,最好事先准备好提纲,以节省时间。

(3) 邮寄调查法

邮寄调查法是将设计好的问卷或调查表邮寄给被调查者,以期回答并寄回以收集资料的方法。这种方法的优点:① 费用低;② 调查范围广;③ 被调查者可以自由、充分地回答,不会受调研人员态度的影响。这种方法的缺点:① 回收率低;② 回收时间长;③ 回答可能不全面,而且出了错误无法纠正。

(4) 留置调查法

留置调查法是由调研人员当面将问卷交给被调查者,说明填表要求和注意事项后,由被调查者自行填写,调研人员定期取回。

3. 观察调研法

观察法是调研人员在无须与被调查对象沟通的条件下,通过对调查对象的观察和记录,来收集资料的一种调查方法。它不是直接向被调查者提出问题并要求回答,而是凭调研人员的直观感觉或是利用录音机、录像机或其他器材,记录和考察被调查者的活动和现场事实。观察法可分为直接观察法、间接观察法和借助仪器观察法。

(1) 直接观察法

直接观察法是指对所发生的事或人的行为直接观察和记录。在观察过程中,调研人员所处的地位是被动的,也就是说调研人员对所观察的事件或行为不加以控制或干涉。例如,超市的经营者直接在现场观察和统计进入超市的顾客及停留在柜台或橱窗观看的人数。

(2) 间接观察法

间接观察法是通过对实物的观察,来追索和了解过去所发生的事情,又称为对实物的观察法。例如,调研人员通过察看住户的食品柜,记录下住户所购买的食品品牌、数量和品种等,来收集家庭食品的购买和消费的资料。

(3) 借助仪器观察法

调研人员可以借助各种先进的仪器、仪表(如摄像机、监测器、闭路电视、计算机等)来观察和记录被调查者的行为或所发生的事情,以提高调查的准确性。例如,调研人员利用外形像盏台灯、内藏特殊设计的隐藏式照相机的"阅读器",来记录许多有关阅读习惯、不同大小的广告的停留能力和品牌名回忆力的结果性信息。

与其他方法相比,观察调研法的优点主要是在一种日常的、自然状态的情况下对市场进行调查,调查结果无主观因素,较可靠,能获得被调查者不愿意或者不能提供的信息。它的缺点主要是往往只能取得一些表面的资料,难以调查到内在的原因,所以在运用时,常将观察调研法与其他收集资料方法结合使用。

4. 实验调研法

实验调研法是在一个小范围内，并在一定的条件下对市场营销的某个因素，如产品的质量、设计、包装、广告和陈列等进行实际实验，分析其结果，以判断这种方法是否有大规模推行的价值。一般来说，采用实验法要求控制调查人员事先将实验对象分组，然后置于一种特殊安排的环境中，做到有控制的观察。例如，选定两个各种条件基本相同的小组，一个作为实验组，置于有计划的变化条件下；另一个作为控制组，保持原来的条件不变。然后比较两个小组的变化，以观察条件变化对实验对象的影响。在剔除外来因素或加以控制的条件下，实验结果与实验条件有关。

这种方法的优点主要是比较科学，可以获得确切的信息，从而减小经营的风险。这种方法的缺点主要是获取资料花费时间长，费用高，选择实验市场比较困难。

5. 问卷调查法

问卷调查法是以书面提出问题的方式搜集资料的一种研究方法。调研人员将所要研究的问题编制成问题表格，以邮寄方式、当面作答或者追踪访问方式填答，从而了解被调查者对某一现象或问题的看法和意见，所以又称问题表格法。问卷法的运用，关键在于编制问卷、选择被调查者和分析结果。

按照问卷填答者的不同，问卷调查可分为自填式问卷调查和代填式问卷调查。其中，自填式问卷调查，按照问卷传递方式的不同，可分为报刊问卷调查、邮政问卷调查和送发问卷调查；代填式问卷调查，按照与被调查者交谈方式的不同，可分为访问问卷调查和电话问卷调查。这几种问卷调查方法各有利弊，具体如表5-1所示。

表5-1 五种问卷调查法优缺点比较

项 目	自填式问卷调查			代填式问卷调查	
	报刊问卷	邮政问卷	送发问卷	访问问卷	电话问卷
调查范围	很广	较广	窄	较窄	可广可窄
调查对象	难控制和选择，代表性差	有一定控制和选择，但回复问卷的代表性难以估计	可控制和选择，但过于集中	可控制和选择，代表性较强	可控制和选择，代表性较强
影响回答的因素	无法了解、控制和判断	难以了解、控制和判断	有一定了解、控制和判断	便于了解、控制和判断	不太好了解、控制和判断
回复率	很低	较低	高	高	较高
回答质量	较高	较高	较低	不稳定	很不稳定
投入人力	较少	较少	较少	多	较多
调查费用	较低	较高	较低	高	较高
调查时间	较长	较长	短	较短	较短

5.2.4 掌握市场营销调研的程序

市场营销调研是指针对企业生产、经营中所要解决的问题而进行的活动。因此,调查活动必须具备很强的目的性,在目标确定以后,工作需按照一套系统、科学的程序进行。从准备到方案的制定,直至最后的实施和完成,每一阶段都有特定的工作内容,以保证调查工作有秩序地进行,减少盲目性。市场营销调研一般按以下几个步骤进行。

1. 确定问题及调研目标

企业营销调研的第一个步骤是确定营销中存在的问题及调研所要达到的目的。在任何一个问题上都存在着许许多多可以进行调研的因素,因此企业营销管理者必须善于稳妥地把握,对问题的规定要适量,既不要太宽,也不要太窄。一般情况下这类问题主要牵涉以下几个方面:① 企业未来的发展方向。企业的进一步发展需要更深层次地了解市场规模和结构,如有关新产品的开发问题,这种产品的需求量、市场潜力和发展前景等情况决定了企业对新产品开发的投资规模,也同样影响企业未来的投资方向。② 生产、经营中出现的困难。在生产、经营过程中,会出现这样或那样的困难,如销售出现困难导致产品积压、资金呆滞、市场占有率下降等,需要找出产生问题的原因和解决问题的方法。③ 竞争。为了保住和扩大市场,就必须与对手进行竞争,也就必须了解竞争对手的各种情况。通过对市场上各种竞争力量的分析与对比,来寻找市场缝隙,找出竞争对手的弱点,抓住时机,从而在竞争中取胜。

在确定了营销中存在的问题之后,管理人员和调研人员应共同确定调研目标。调研目标就是调查所要达到的具体目的,包括企业产品问题、经营中出现的困难、市场竞争问题及未来的发展方向等。在确定市场研究目标时要做到明确具体,对于一时难以确定的目标,可以先进行一般性的初步研究。

2. 拟订市场研究方案和工作计划

目标确定以后,就要拟订市场研究方案和工作计划。市场研究方案是对某项市场研究本身的具体设计,主要包括研究的目的和要求、研究的具体对象、研究的内容、表格、地理区域范围、资料的搜集和整理方法等。它是指导市场研究工作的总纲。工作计划是指对某项研究的组织领导、人员配备和考核、完成时间、工作进度和费用预算等预先进行的安排,目的是使市场研究工作能够有计划、有秩序地进行,以保证市场研究方案的实现。一般来说,研究方案和工作计划是两回事,其作用也各不相同。一般大型的市场研究需要分别制订研究方案和工作计划;而一些小型的市场研究,可以合二为一,统一考虑研究方案与工作计划。

3. 市场调研资料的收集

拟订研究方案和工作计划,经有关人员批准后,就进入到调研资料的收集实施阶段。这个阶段的主要任务是组织研究人员深入实际,按照研究方案的要求和工作计划的安排,系统地收集各种资料依据。在营销调研中,资料收集阶段是花费最大且又容易失误的阶段。因此,在这一阶段要合理组织市场调研人员,以确保市场研究的质量。

4. 市场调研资料的整理分析和撰写调研报告

市场调研资料的整理分析阶段,是市场调研全过程的最后一环,也是市场调研能否充分发挥作用的关键。它包括资料的整理、资料的分析和市场调研报告的撰写。当取得大量的市场调研资料之后,首先要对其进行审核订正、分类汇总,根据研究目的进行加工整理,然后进行分析,即运用统计学的有关原理和方法,研究市场现象总体的数量特征和数量关系,揭示市场现象的发展规律、水平,总体结构和比例,市场现象的发展趋势和速度,等等。因此,市场调研人员还需要掌握一定的统计分析技术,通过分析研究,在确实弄清楚市场活动和过程的基础上,研究其动向及其发展变化规律,探索解决问题的方法。

5.3 创建市场营销信息系统

5.3.1 了解市场营销信息系统的含义与特点

1. 市场营销信息系统的含义

市场营销信息系统是指由相互联系的人、设备和过程组成的一个持续系统,其任务是准确、及时地对与营销决策有关的重要信息进行收集、整理、分析、评估和分配,供营销决策者运用,以便使他们的计划、执行和控制具有更高的科学性和准确性。

在当今市场竞争日益激烈的条件下,哪个企业掌握的市场信息丰富、连续、全面,哪个企业就可以据此获得在市场上的主动权,在竞争中取胜。在世界进入信息时代的今天,利用现代信息技术,建立市场营销信息系统,高效地收集和处理信息,使其成为制定和修正市场营销计划的依据。这一程序可以通过市场营销信息系统来完成。

2. 市场营销信息系统的特点

(1) 系统性

市场营销信息系统从系统的角度解决企业营销所需要的信息,信息内容包括市场营销的内部信息和外部信息,把系统的问题放在整体中处理,以实现市场营销信息整体最优化。

(2) 适应性

市场营销信息系统不断输入各种信息,经过加工处理,输出给企业的管理部门和决策者,然后依据信息输出所产生的反应,再输入到信息系统中。随着现代信息处理技术的飞速发展,及时、准确、完整、高质量的信息服务成为现实,使企业可以根据市场情况变化,及时调整营销策略,提高企业的应变能力。

(3) 预测性

市场营销信息系统具有导向作用,对决策者关心的变量和未来可能的水平做出估计测算,使企业可以未雨绸缪,立于不败之地。

5.3.2 掌握市场营销信息系统的构成

不同行业和规模的企业,其信息系统的具体构成会有所差异,但基本的框架大致相同,一般由内部报告系统、营销情报系统、营销调研系统及营销分析系统构成。市场营销信息系统如图5-1所示,其中左半部分列出了营销环境的构成要素,包括目标市场、分销渠道、竞争者、公众、宏观经济力量等。

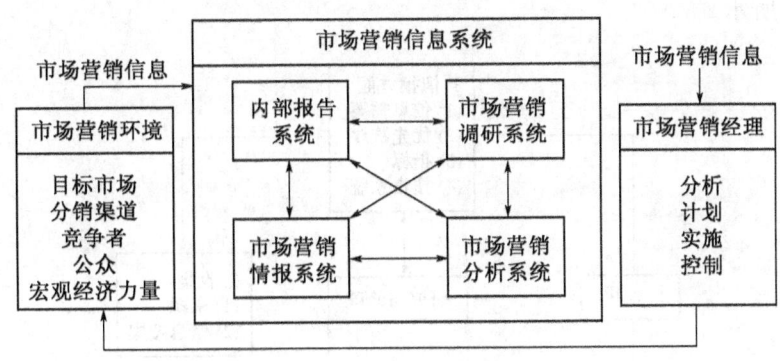

图 5-1 市场营销信息系统

1. 内部报告系统

内部报告系统是以内部会计系统为基础,其主要作用是报告企业的订货、库存、销售、费用、现金流量以及应收付款等方面的数据资料。其主要工作内容是"订单—发货—收款"的循环,即接到客户订单之后,将订单副本分送到各有关部门,仓储部门迅速组织发货,财务部门进行结算,得到付款通知后,做出收款账务,然后定期向主管部门递交报告。随着现代化手段和技术的运用,这个循环的速度将越来越快。

内部报告系统主要是提供本企业各部门各种产品经营成果方面的信息,所收集储存的信息应当是与营销决策密切相关的。例如,营销部门制定某种产品广告预算决策需要掌握的信息:本产品商标知名度如何,竞争对手的广告预算是多少,广告策略是什么,在促销组织中广告应处于什么地位等。营销信息系统中的工作人员应与营销决策人员保持经常联系,掌握他们对各类信息的需要状况,以便使营销信息系统所提供的信息更符合决策人员的需要,更好地为决策服务。

2. 营销情报系统

营销情报系统是指营销人员日常收集有关企业外部市场信息资料的一些来源和程序。它与内部报告系统的区别在于:它主要提供营销环境发生变化的信息;而内部报告系统则是提供本企业内部的财务、库存、销售等信息。

现代市场营销学就市场营销活动提出了"情报循环"理论,这对建立企业的策略性情报系统是行之有效的。一个典型的营销情报系统的循环由五个阶段构成:第一阶段是情报的定向。该阶段的主要目的在于确定企业营销所需外部环境的情报及其优先次序,还有观察这些情报的指标和搜集系统的建立。第二阶段是情报的收集。该阶段主要目的在于负责观察各种环境,以搜集适当的情报。情报的来源通常十分广泛,如政府机构、竞争者、顾客、大众传播媒介、研究机构等。第三阶段是情报的处理和分析。通常情况下,对于收集到的情报,要分析其是否适用、可靠和有效。也就是说,收集到的信息需要经过适当的处理才能转变成有用的情报。第四阶段是将经过处理的情报在最短的时间内传播到适当的人手中。为此,要确定接受人、接受时间和接受方式。工作中,应特别注意经各种途径传播的情报有无失真的情况。第五阶段是情报的使用。为了有效地使用情报,必须建立一种索引系统,指引营销人员方便地获得存储的情报,同时,还应定期清除一些过期或无效的情报。

上述五个阶段是相互关联的,企业依每一阶段出现的问题加以集中研究,然后加以修改,如图 5-2 所示。

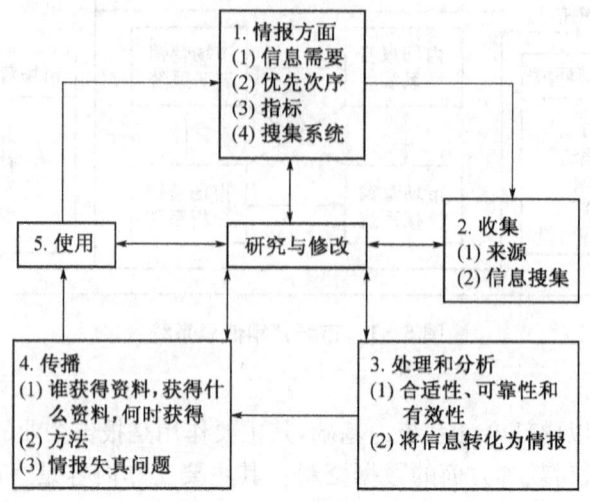

图 5-2　情报循环系统

3. 营销调研系统

营销调研系统的主要职能是根据企业营销工作面临的主要问题,即对与某项具体的营销决策有关的信息进行系统的收集、分析和报告的过程。

4. 营销分析系统

营销分析系统是指分析营销的统计模型和统计数据,即使用计算机为代表的先进技术和方法来分析市场营销信息,以便更好地进行营销决策。国外一些大公司普遍采用营销分析系统来分析和解决营销中存在的问题。

市场营销分析系统中,拥有两组工具,即统计库和模式库。

统计库中一般包括一系列统计过程,以帮助分析者了解一组数据中彼此之间的相互关系及统计的可靠性,帮助管理者了解影响企业产品销售额之间因果变量关系,如提高 20% 的促销预算费用,销售额会增长多少。

模型库则是一系列的数学模型,这些模型是可用以描述某些真实的系统或过程的一组变量和它们之间的相互关系,利用这些数学模型,管理部门可以做出更加科学的决策。

经过营销分析系统科学处理的信息,有相当一部分具有重新使用的价值,因此,初次使用后的信息可进入储存状态。电子计算机进入营销系统后,可将信息编码放入计算机的存储系统中。为了使处于存储状态的信息能够及时、方便地提取使用,需要建立一套完善的查找方法和手段,即信息检索方式。目前有多种检索方式,其中利用电子计算机进行检索,代表了营销信息检索的发展趋向。计算机处理信息的显著特点是能够实现大量的综合性处理,从而提高信息的综合性和准确性。

5.3.3　了解市场营销信息系统的业务流程

1. 信息的输入

信息的输入是指将企业内部和外部有关企业营销的各种信息收集起来,输入到以电子计算机及相关软件构成的信息系统中,以便利用现代化手段进行分析处理,作为企业在市场营销各项工作中的依据。

2. 信息的处理

市场信息经常表现为临时的、突发的、零星的,有时是散乱无序的,不经过科学处理,几乎没有价值。所以,企业的市场营销信息系统一定要及时处理信息,对原始数据进行必要的鉴别、筛选、分类、编码、储存等加工处理工作。

3. 信息的输出

信息的输出是指将处理过的有用信息在适当的时间提供给企业的管理部门和决策者,作为决策的依据。企业最好建立直接向管理层和经理人员传送信息的专门系统,用这些常规的信息和分析报告来支持其制订计划,进行决策或实施具体措施,避免信息因时过境迁或知悉人员增多而使其利用价值减小。

4. 信息的反馈

信息的反馈也是一个输入过程,是将信息输出后所产生的反应再输入到信息系统中。

市场营销信息系统是企业管理信息系统的重要组成部分,它和任何系统一样,其产出的有效性依靠投入的有效性。如果系统中资料过时、欠准确或分析有误,都会产生低质量信息,从而影响决策者的正确判断。因此,市场营销信息系统应把相关人员对信息的态度、评价、要求等反应及时收集起来,以便对信息的收集和处理提出更高的要求,使系统进入良性循环。

微信扫码查看

课后自测

案例分析

【实训操作】

一、实训内容

项目一:某方便面生产厂家准备投入生产某一新品牌方便面,决定对市场进行一次市场调查,请为其设计一份市场调查问卷,并组织一次市场调查。

项目二:某手机公司为了进一步占领各高校市场,想了解大学生对手机需求的特点,请为其设计一份市场调查问卷,并组织一次市场调查。

要求:

1. 分组完成;
2. 以上项目可以任选其一;
3. 调查问卷要符合设计要求;
4. 要运用自己设计的问卷组织一次问卷调查,调查人数50人以上;
5. 每组撰写一份调查报告。

二、实训流程

1. 授课教师可以将班上同学分组,每组4~5人,抽签选择调研内容;

2. 组内要进行分工,使每位同学有具体的设计内容;
3. 全组同学要一起讨论,共同完善调查问卷;
4. 小组内部分工,进行问卷调查;
5. 整理问卷,进行统计分析;
6. 撰写调研报告;
7. 授课教师再进行综合评价。

三、实训考核

1. 课后准备充分,组内分工协作;(2分)
2. 问卷符合设计要求,格式规范;(3分)
3. 实地调查积极,统计分析认真;(2分)
4. 完成报告及时,内容真实可靠。(3分)

【调查问卷范例】

牙膏消费调查问卷

亲爱的顾客:

您好!我是××公司的调查员。我们正在进行一项关于牙膏产品的问卷调查。请您根据自己的实际情况回答以下问题,请在您认为正确的答案前的□划"√"。您的参与对我们完成这项调查非常重要,在此感谢您对我们的支持与信任!

1. 请问您的性别?
   □男　　　　　□女
2. 请问您一般多久使用一次牙膏产品?
   □一天一次　　□一天两次　　□一天三次　　□一天三次以上
3. 请问您更换牙膏的周期?
   □不知道　　　□1~3个月　　□4~6个月　　□6个月以上
   □随便
4. 请问您知道以下哪些牙膏品牌产品?
   □高露洁　　　□佳洁士　　　□黑人　　　　□云南白药
   □中华　　　　□两面针　　　□纳爱斯　　　□黑妹
   □舒适达　　　□其他_____
5. 请问您曾经使用过以下哪些牙膏品牌产品?
   □高露洁　　　□佳洁士　　　□黑人　　　　□云南白药
   □中华　　　　□两面针　　　□纳爱斯　　　□黑妹
   □舒适达　　　□其他_____
6. 您最经常使用的牙膏品牌产品?
   □高露洁　　　□佳洁士　　　□黑人　　　　□云南白药
   □中华　　　　□两面针　　　□纳爱斯　　　□黑妹
   □舒适达　　　□其他_____

7. 为什么您经常使用这个品牌的牙膏产品？
   □价格合理　　　□品牌知名度高　　□口味好　　　　□功能好
   □包装好　　　　□分量足

8. 对于您最常用的牙膏品牌产品，您的总体评价是什么？
   □非常好　　　　□比较好　　　　　□一般　　　　　□不太好
   □非常不好

9. 下次购买时，您最有可能会购买哪个品牌的牙膏产品？
   □高露洁　　　　□佳洁士　　　　　□黑人　　　　　□云南白药
   □中华　　　　　□两面针　　　　　□纳爱斯　　　　□黑妹
   □舒适达　　　　□其他_____

10. 请问您更看重牙膏产品什么功能？
    □美白　　　　　□抗过敏　　　　　□防蛀牙　　　　□清新口气
    □其他_____

11. 请问您通常在什么情况下购买牙膏产品？
    □牙膏用完的时候　　　　　　　　　□促销的时候
    □逛超市的时候　　　　　　　　　　□其他_____

12. 请问您喜欢哪种方式的牙膏产品促销？
    □降价　　　　　□捆绑　　　　　　□附带赠品　　　□其他_____

13. 请问您喜欢购买哪种包装的牙膏产品？
    □小包装（90克以下，类似儿童牙膏大小）
    □中包装（90~120克）
    □大包装（120~160克）
    □超大包装（一般不采用管装）

14. 请问您经常在哪里购买牙膏产品？
    □便利店　　　　□超市　　　　　　□化妆品商店　　□网络上

15. 如果您经常去购买的商店里没有您想要买的牙膏产品，请问您会怎么办？
    □暂不买，等到有这个品牌时再买
    □买同一品牌的其他类产品
    □买以前使用过的品牌产品
    □尝试没有使用过的品牌产品

16. 请问您认为牙膏产品哪些方面有待改进？

_____

_____

再次感谢您的配合！

　　　　　　　　　　　　　　　　　　　　　　　　年　　月　　日

任务6　选择目标市场

【任务目标】

知识目标：
1. 掌握市场细分的概念及依据；
2. 理解目标市场的含义及其形成条件；
3. 掌握三种目标市场策略的特点及应用；
4. 掌握市场定位的方法和步骤。

能力目标：
1. 能对特定市场进行有效的市场细分；
2. 能为企业制定有效的目标市场战略；
3. 能进行有效的市场定位。

【导入案例】

米勒公司的市场定位

中国的香烟消费者大多知道"万宝路"，但很少知道生产、经销"万宝路"香烟的公司是菲利浦·莫里斯公司。正是这家公司在1970年买下了密尔瓦基的米勒啤酒公司，并运用市场细分策略，使米勒公司跃居该行业头把交椅，成了啤酒业的老大。

原来的米勒公司是一个业绩平平的企业，在全美啤酒行业中排名第七，市场占有率仅为4%。到1983年，在菲利浦·莫里斯的经营下，米勒公司的市场占有率达到21%，仅次于排第一位的布什公司（其市场占有率为34%），但已将排名第三、第四位的公司远远抛在了后头，以致当时人们普遍认为米勒公司创造了一个奇迹。

米勒公司之所以能够创造这一奇迹，关键在于菲利浦·莫里斯公司吞并米勒公司后，实施了该公司曾使"万宝路"成功的营销技巧，即市场细分策略。

首先，米勒公司在做出营销决策前，先对市场做了认真的调查。他们发现，根据对啤酒饮用程度的不同，可将消费人群分为两类，一类是轻度饮用者，另一类是重度饮用者，其饮用量是轻度饮用者的8倍。

结果一出来，米勒公司马上意识到他们面对的是怎样一个消费群体：多数为蓝领阶层，年龄在30岁左右，爱好体育运动。于是，米勒公司果断地决定对"海雷夫"啤酒进行重新定位，改变原先在消费者心中"价高质优的精品啤酒"形象，将其消费人群从原先的妇女及社会高收入者转向了"真正爱喝啤酒"的中低收入者。

重新定位还表现在米勒公司的新广告上。整个广告是面向那些喜好运动的蓝领阶层。广告画面中出现的都是一些激动人心的场面：年轻人骑着摩托车冲下陡坡，消防队员紧张地灭火，船员们在狂风巨浪中驾驶轮船……甚至还请来了篮球明星助阵。

为配合广告攻势，米勒推出了一种容量较小的瓶装"海雷夫"，又能很好地满足那些轻度饮用者的需求——少量。新产品一上市后，市场反应热烈，很快赢得了蓝领阶层的喜爱。

米勒公司并没有就此罢手，他们决定乘胜追击，又进入他们细分出来的另一个市场——低热度啤酒市场。开始，许多啤酒商并不看好米勒公司的这一决策，认为他们进入了一个"根本不存在市场的市场"。但米勒公司并没有放弃，他们依然从广告宣传上着手，反复强调该种啤酒——"莱特"的特点：低热度，不会引起腹胀，口感与"海雷夫"一样好。同时，还对"莱特"进行了重新包装，在设计上给人以高质量、男子气概浓、夺人眼球的感觉。在强大的广告攻势下，整个美国当年的销售额就达 200 万箱，并在以后几年迅速上升。

在占领了低档啤酒、低热度啤酒这两个细分市场后，米勒公司又开始了新的挑战，它将进军高档啤酒这一细分市场，将原本在美国很受欢迎的德国啤酒"老温伯"买了下来，开始在国内生产。广告宣传中，一群西装革履的雅皮士们高举酒杯，说着"来喝老温伯"，这一举措大大击垮了原先处于高档啤酒市场领导地位的"麦可龙"。

【思考】

米勒啤酒为什么能够创造营销奇迹？

【简要评析】

米勒啤酒之所以能创造营销奇迹，主要是因为其成功的目标市场战略。在现代市场上，需求呈现多元化和复杂化的特点，任何一家企业想要满足市场上所有顾客的需求是根本不可能的。正如杰克·韦尔奇所说："不管你的生意有多大，资金有多雄厚，你也不可能满足所有人的所有需求。"因此，企业只能在复杂的市场中寻找自己的目标顾客，主要为目标市场提供服务，有针对性地开展营销，企业才有可能成功。一般来说，目标市场战略要经历三个步骤，即"目标市场战略三部曲"：市场细分、选择目标市场、进行市场定位。米勒公司进行了有效的市场细分，找出了企业的目标市场，并对其产品、包装、广告等进行了改变。针对目标顾客的需求特点，有针对性地提供产品，进行更符合顾客身份特点的广告宣传，拉近与目标顾客的距离，使顾客更加满意。不同的顾客对同样的产品可能有不同的需求，企业应该按照顾客需求的差异性提供不同的产品或服务，从而提高顾客的满意度，这才是企业目标市场战略的精髓。

【理论指导】

市场是企业从事营销活动的舞台和战场。从营销的角度看，一种产品市场是指该种产品的全体买主（消费者或用户）。社会和经济的发展，使得市场不断扩大化、多元化和复杂化。任何一个企业都会面对众多的买主，而这些买主对产品的具体消费需求往往并不相同，甚至差异很大。这就决定了任何规模的企业，都不可能满足全体买主对产品互有差异的整体需求。一般来说，消费品市场的需求差异性比工业品市场更明显。但是，对于工业品生产企业来说，也不可能去满足所有顾客的需求，不仅因为资源有限，也是为了保持效率。一个企业要想在市场竞争中求得生存和发展,应该也只能满足某一类或某几类特定买主的需求。实践证明,经营成功的企业,不仅要明确为什么样的需求服务,尤其要明确为谁的需求服务。

为谁的需求服务,是企业的一种经营决策,这种经营决策就是选择目标市场,正确地选择目标市场,明确企业特定的服务对象,是制定企业营销战略(STP战略)的首要内容和基本出发点。企业实施目标市场战略要走好三个步骤:一是组织市场细分,二是选择目标市场,三是确定市场定位。

6.1 组织市场细分

6.1.1 掌握市场细分的含义

市场细分是美国市场营销学家温德尔·斯密于20世纪50年代中期首先提出的概念。第二次世界大战后,美国众多产品的市场转化为买方市场,处在买方市场形势下的西方企业纷纷接受现代市场营销观念,开始实行目标市场营销。而进行目标市场营销首先就要进行市场细分。

所谓市场细分,是指企业根据消费者需求的异质性,将某一产品的整体市场划分为若干消费者群(买者群)的市场分类过程。市场细分的结果就是出现了若干消费者群(买者群),每一个消费者群就是一个细分市场,又叫作子市场。每一个细分市场都是由具有类似需求倾向的消费者构成的群体。因此,分属不同细分市场的消费者对同一产品的需要和欲望存在着明显差异,而属于同一细分市场的消费者对同一产品的需要和欲望则极为相似。美国的摩托罗拉公司就曾对手机市场进行过细致的市场细分。据其调查,在手机市场上,有的消费者追求技术先进、功能齐全;有的消费者追求形象美观、价格适中;还有的消费者注重时间管理,比如商务人士。由此,手机的消费者就可以区分为三类消费者群,手机市场相应可以细分为三个子市场。如果再考虑到不同消费者群对手机款式、功能组合和价格等方面需求的不同,则手机市场还可以进一步细分。可见,市场细分是一种存大同求小异的市场分类方法,它不是对产品进行分类,而是对同种产品需求各异的消费者进行分类,是识别具有不同要求和需要的消费者或用户群的活动。

消费者需求的异质性是市场细分的内在依据,也是市场细分的客观基础。从需求状况角度考察,各种社会产品的市场可分为两类:同质市场和异质市场。同质市场是指消费者或用户对某一产品的需要、欲望、购买行为以及对企业的营销策略的反应等方面具有基本相同或极为相似的一致性的市场。只有极少数的产品(如食盐、初级生产原料等)的市场基本属于同质市场。显然,同质市场无须市场细分。绝大多数产品的市场都是异质市场。异质市场是指消费者或用户对某一产品的质量、特性、规格、档次、花色、款式、结构、价格、包装等方面的需要与欲望有差异,或者在购买行为、购买习惯等方面存在差异的市场。正是这些差异,使市场细分成为可能。一般来说,市场细分就是把一个异质市场划分为若干相对来说是同质市场的细分市场。

企业的资源限制和有效的市场竞争是市场细分的外在强制条件,也是市场细分的主观依据。现代企业规模再大,都不可能占有人力、财力、物力、信息等一切资源,不可能向市场提供所有的产品,满足市场所有购买或消费需求。同时,任何一个企业由于资源限制和其他约束,都不可能在市场营销全过程中占有绝对优势。在激烈的市场竞争中,为了求生存,谋发展,企业必须进行市场需求分析,组织市场细分,选择目标市场,确定市场定位,集中资源有效地服务市场,力争取得最大的竞争优势。

6.1.2 了解市场细分的作用

1. 市场细分有利于企业发现市场机会,形成新的目标市场

通过市场细分,企业可以有效地分析和了解每一个细分市场的消费者的需求和偏好,分析市场上各种品牌产品满足消费者需求的程度,寻找市场尚未被满足或尚未充分满足的消费需求。另外,市场细分有助于企业分析市场竞争,寻找那些竞争水平较低的市场部分。需求未满足、竞争相对较弱的细分市场就是企业的市场机会,可能形成新的目标市场。企业抓住这样的市场机会,结合自身的资源状况,从中形成并确立宜于自身发展的目标市场,并以此为出发点设计出相应的营销策略,就有可能迅速取得市场竞争优势地位,提高市场占有率。特别是对小企业来说,可以通过市场细分,寻找那些大企业没有顾及或不屑顾及的市场部分,拾遗补阙,从中找到能发挥自己优势的尚未满足需求的细分市场,并采取与目标市场相对应的营销策略为其服务,从而获得发展机会。

2. 市场细分有利于提高企业的竞争能力,取得较好的经济效益

这是因为,一方面,市场细分能够增强企业的适应能力和应变能力,在较小的细分市场及子市场上开展营销活动,增强了市场调研的针对性,市场信息反馈较快,企业易于掌握消费需求的特点及其变化,这就有利于及时、正确地规划和调整产品结构、产品价格、销售渠道和促销活动,使产品保持适销对路,并迅速送达目标市场,扩大销售;另一方面,建立在市场细分基础上的企业营销,避免了在整体市场上分散使用力量,企业有限的人力、财力、物力资源能够集中使用于一个或几个细分市场,扬长避短、有的放矢地开展针对性经营,不仅费用低,竞争能力也会因此而得到提高;再者,进行市场细分,易于看清楚每一个细分市场上各个竞争者的优势和劣势,有利于企业避实就虚地确立自己的目标市场,这也有利于提高企业的竞争能力,取得较好的经济效益。

3. 市场细分有利于更好地满足不断变化的社会消费的需要

众多的企业奉行市场细分策略,尚未满足的消费需求就会逐一成为不同企业的一个又一个的市场机会、目标市场,这样,新产品就会层出不穷,同类产品的花色品种就会丰富繁多,消费者或用户也就有可能在市场上购买到各自称心如意的商品。因而,市场细分有利于更好地满足不断变化的社会消费的需要。

6.1.3 选择市场细分的标准

企业用于市场细分的标准,是导致顾客需求出现差异性、多元化的因素,也是导致顾客的购买行为千差万别的因素。因此,选择适用的细分标准,是市场细分能否成功的关键。

1. 消费者市场细分的标准

影响消费者市场的因素很多,这些因素都可以成为细分消费者市场的标准。一般将这些因素分为地理因素、人口因素、心理因素、行为因素等四种。

（1）地理因素

地理因素主要包括国家、地区、气候、城乡、城市规模、人口密度、交通条件、资源条件等。一般来说，处在不同地理位置的消费者，会产生不同的需求偏好，对企业的同一种产品及其他市场营销手段也会产生不同反应。例如，在我国，北方地区气候寒冷干燥，南方地区气候温暖潮湿，因此，对御寒用品和加湿用品来说，北方与南方的消费者的需求就大相径庭。

按照地理因素细分市场，对于分析研究不同地区消费者的需求特点、需求总量及其发展变化趋势具有一定意义，有利于企业开拓区域市场。通过这种市场细分，企业应考虑将自己有限的资源尽可能投向力所能及的、最能发挥自身优势的地区市场中去。因此，地理因素易于辨别和分析，是细分市场应予首先考虑的重要依据。但是，地理因素是一种静态因素，而处于同一地理位置的消费者仍然会存在很大的需求差异。因此，在地理细分的基础上，还要选择其他因素来进一步细分市场。

（2）人口因素

人口因素主要包括年龄、性别、职业、收入、受教育程度、家庭规模、家庭生命周期、国籍、民族、宗教、社会阶层等。很明显，这些人口变量与需求差异性之间存在着密切的因果关系。不同年龄段、不同文化水平的消费者，会具有不同的生活情趣、消费方式、审美观和产品价值观，因而对同一产品，如服装或书籍，必定会产生不同的消费需求；而经济收入的不同，则会影响人们对某一产品在质量、档次等方面的需求差异，等等。因此，依据人口变量来细分市场，历来为企业所普遍重视。

人口因素是企业细分市场的重要而常用的依据，取得各种变量的资料也比较容易。但消费者对许多产品的购买并不单纯取决于人口因素，而是同其他因素特别是心理因素有着密切的关系。例如，以青年人为目标设计的款式新颖的羽绒服，一些中老年人也喜欢购买，因为他们希望自己显得年轻；价格昂贵的首饰的买主一般是高收入家庭，但在通货膨胀可能出现或初露端倪的时候，许多中等收入、中等偏低收入的家庭也会纷纷购买，此时起主导作用的就是顾客的货币保值心理。可见，心理因素也是市场细分必须考虑的因素。

（3）心理因素

心理因素主要包括消费者的生活方式、个性、消费习惯、购买动机、偏好等。当今世界，许多企业，尤其是服装、化妆品、家具、餐饮、娱乐等行业的企业，越来越重视按照人们的生活方式来细分市场。生活方式是指人们对工作、消费、娱乐的特定的习惯和倾向性。不同生活方式会产生不同的需求偏好。虽然不同生活方式的形成源于物质世界（环境与条件等），但直接的成因与人们的主张、个性、兴趣、人生价值取向等心理特性密切相关。把具有共同主张、个性、兴趣、价值取向的消费者集合成群，并联系他们的行为方式，就可以划分出不同生活方式的群体，诸如"传统型"、"节俭型"、"奢侈型"、"严肃型"、"活泼型"、"乐于社交型"、"爱好家庭生活型"等消费者群。显然，这种细分方法往往能够显示出不同群体对同种商品在心理需求方面的差异性。美国有的服装公司把妇女分为"朴素型妇女"、"时髦型妇女"、"男子气概型妇女"等三种类型，分别为她们设计制作不同款式、颜色和面料的服装，就是按照生活方式细分市场的典型例子。

个性也是企业对消费者市场进行细分的常用变量之一。个性是指一个人特有的心理特征,它会导致一个人对其所处的环境做出相对一致的和持续不断的反应。一个人的个性,会通过自信、支配、自主、顺从、交际、保守和适应等性格特征来表现。企业依据个性因素细分市场,可以为其产品更好地赋予品牌个性,以期与相对应的消费者个性相适应。一位美国学者发现,在购买汽车的顾客中,有活动车篷汽车的买主与无活动车篷汽车的买主之间,存在着一些个性差别,前者表现较为主动、激进和喜欢社交。

(4) 行为因素

细分消费者市场的行为因素主要包括消费者购买或使用某种产品的时机、追求利益、使用者情况、使用量、品牌忠诚度、购买阶段等。许多营销专家和企业认为,行为因素是细分市场至关重要的出发点。

① 时机。有些产品在不同时间的消费需求差异很大,如在春节、中秋节、圣诞节等节假日对一些产品的需求非常旺盛。在现代营销实践中,许多企业往往通过对时机的细分,扩大消费者使用本企业产品的范围。

② 追求利益。消费者往往因为各有不同的购买动机、追求不同的利益,所以购买不同品牌的产品。以购买牙膏为例,有些消费者购买高露洁牙膏,主要是为了防治龋齿;有些消费者购买白玉牙膏,主要是为了使牙齿美白。正因为这样,企业需要按照消费者购买商品时所追求的不同利益对消费者市场进行细分。企业可以根据自己的条件来权衡利弊,选择其中某一个追求某种利益的消费者群作为自己的目标市场,设计和生产出适合目标市场需要的产品,并且用适当的广告媒体和广告词,把这些产品的信息传达给目标消费者。

③ 使用者情况。许多市场可以根据使用者情况,细分为从未使用者、曾经使用者、潜在使用者、首次使用者及经常使用者等顾客群体。市场占有率较高的企业喜欢把潜在使用者转变为实际使用者,小企业则注重稳定经常使用者,吸引竞争对手的曾经使用者和首次使用者。不同的使用者情况,需要不同的市场营销策略与方法。

④ 使用量。许多商品的市场还可以按照消费者对某种商品的使用量(如少量使用者、中量使用者、大量使用者)来细分。大量使用者往往在实际和潜在购买者总数中所占的比例不大,但他们所消费的商品数量在商品消费总量中所占的比重却很大。因此,许多企业自然想以大量使用者作为自己的目标市场。

⑤ 品牌忠诚度。品牌忠诚度是消费者对某一品牌的偏好。提高品牌忠诚度,对一个企业的生存和发展、扩大市场占有率极为重要。按照消费者对品牌的忠诚度不同,可以把所有的消费者分为四类:铁杆品牌忠诚者、有限品牌忠诚者、游移品牌忠诚者、非忠诚者。

假设某种产品在市场上同时存在 A、B、C、D、E 等五种品牌,则可以依据消费者购买产品时所选品牌情况来对其品牌忠诚度进行分类,如表 6-1 所示。

表 6-1 不同品牌忠诚度顾客的比较

品牌忠诚度	铁杆品牌忠诚者	有限品牌忠诚者	游移品牌忠诚者	非忠诚者
所选品牌	A、A、A、A、A	A、A、B、B、A	A、A、B、B、C、C	A、B、C、D、E、A

每个市场都包括不同程度的上述四种类型的消费者群。品牌忠诚者人数多、比重大的市场叫作忠诚市场。显然,其他企业要想进入这种市场是困难的。即使已经进入,要想提高市场占有率也不容易。企业要通过分析研究上述四种类型消费者群,发现问题,以便采取适

当措施,改进市场营销工作。例如,企业在分析研究时发现有游移品牌忠诚者,他们从前购买本企业的品牌,现在转而忠诚于其他品牌,这说明本企业的市场营销工作有缺点,需要立即采取适当措施,改进市场营销工作。

⑥ 待购阶段。在任何时候,人们都处在某种产品的不同购买阶段。在某些产品的潜在市场上,有些消费者根本不知道有这种产品存在,有些知道有这种产品,有些已得到信息,有些已发生兴趣,有些考虑购买,有些已决定购买。企业对于处在不同购买阶段的消费者,必须采取不同的市场营销措施,才能促进销售,提高经济效益。

2. 产业市场细分的标准

细分产业市场的变量,有一些与消费者市场细分的变量相同,如追求利益、使用者情况、使用量、品牌忠诚度、购买阶段等。但是,产业市场有其自身的特点,产业市场的购买是为了再生产,获取利润。因此,细分产业市场还有一些不同于细分消费者市场的因素。

(1) 最终用户

在产业市场上,不同的最终用户对同一产业用品的市场营销组合往往有不同的要求。例如,在橡胶轮胎市场,飞机制造商比农用拖拉机制造商在安全标准方面要严得多,而豪华汽车制造商比一般汽车制造商需要更优质的轮胎。因此,企业对不同的最终用户要相应地运用不同的市场营销策略,以投其所好,促进销售。

(2) 顾客规模

顾客规模也是细分产业市场的重要依据。在产业市场,大客户、中等客户、小客户的区别,要比消费者市场更为明显。大客户数量虽少,但采购额很大,他们的采购量可能会占到营销者销售额的50%以上;小客户则相反,数量虽多,采购量并不大。顾客规模不同,企业的营销组合方案也应不同。对于大客户,宜于直接联系,直接供应,销售经理亲自负责;对于众多的小客户,则宜于将产品流入商业渠道,由批发商甚至零售商去组织供应。

以上是消费者市场细分和产业市场细分的常用标准,值得注意的是,市场细分的标准是动态的,不同的企业、不同的产品、不同的市场以及不同的时间,选用的市场细分标准也不同。另外,企业一般不会单独使用某一种标准来对其整体市场进行细分,而是根据需要将多种细分变量组合在一起作为细分市场的依据。图6-1表明了一家木材公司细分市场的过程。

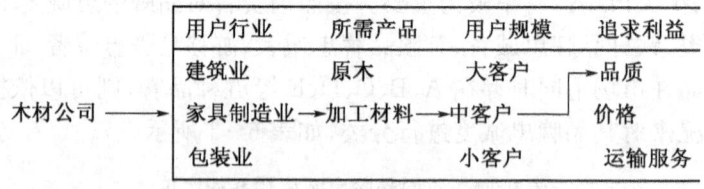

图6-1 木材公司进行细分市场的过程

从上图可以看出,这家木材公司依据用户行业、所需产品、用户规模、追求利益等四个变量分四步一层一层地细分了木材市场。最后,根据用户的需要、本公司的优势以及市场竞争状况,选定了家具制造业中注重木材品质、要求提供加工材料的一批中等规模客户作为自己的目标市场。

6.1.4 掌握市场细分的有效标志

企业可以用各种标准进行市场细分,但并不是所有划分出来的细分市场都是有效的或有用的。判定企业的市场细分是否有效,主要标志如下。

1. 可测量性

可测量性是指各子市场的购买力能够被测量,也就是说,细分出来的子市场不仅范围比较明晰,而且能大致判断该市场的大小。例如,对消费者市场进行细分,根据性别、年龄、收入、受教育程度等因素来细分,子市场的购买力都是可以测量的。但是,如果要测量有多少消费者属于"爱好家庭生活型"就相当困难了。凡是企业难以识别、难以测量的因素或特征都不能据以细分市场,否则,细分的市场将会因为无法界定和度量而难以描述,市场细分也就失去了意义。所以,恰当地选择细分变量十分重要。

2. 可进入性

可进入性是指企业有能力进入所选的子市场,亦即细分出来的子市场应是企业能够对顾客发生影响、产品能够展现在顾客面前的市场。这主要表现在三个方面:一是企业具有进入这些子市场的资源条件和竞争实力;二是企业能够通过一定的广告媒体把产品信息传递给该市场的众多消费者;三是产品能够经过一定的销售渠道抵达该市场。考虑细分市场的可进入性,实际上就是考虑企业营销活动的可行性。显然,对于不能进入或难以进入的市场进行细分是没有意义的。

3. 可营利性

可营利性是指企业进行市场细分后所选定的子市场的规模能保证企业获得足够的经济效益,能使企业实现它的利润目标。在进行市场细分时,企业必须考虑子市场上顾客的数量、他们的购买能力和产品的使用频率等。企业细分出来的子市场,应是那些拥有足够的潜在购买者的市场,并且他们又有充足的货币支付能力,使企业能够补偿生产和销售成本,并能获得利润的市场。因此,企业进行市场细分并不是将市场分得越细越好。因为市场分得太细,每个子市场的规模就太小,也就很难保证企业的经济利润。值得注意的是,规模大的细分市场也未必就是企业应该选择的市场,因为规模大的市场可能竞争激烈或是由数个大公司把持的市场,所以,对于中小企业来说就要避免这个陷阱。企业将要进入的细分市场一定是能给企业带来盈利机会的,企业在这个细分市场上营销一定要有竞争优势。有些细分市场虽然具备了企业所期望的规模和发展前景,但可能竞争者太强,企业缺乏盈利潜力。

6.1.5 掌握市场细分的方法和程序

1. 市场细分的方法

任何企业都可运用上述标准进行市场细分。但是,由于各个企业的经营方向、具体产品不同,因而在方法上有所不同。这种差别表现在选用标准的内容、选用标准的数量及选用标准的难易程度等三个方面。例如,科技书刊的市场细分,区别需求差异的因素主要是受教育程度、职业和追求利益等,不应该是性别、家庭规模等;而服装产品的市场细分,则应主要考虑年龄、生活方式、社会阶层、地理位置及收入等因素。因此,企业应根据产品的具体情况,灵活选用市场细分的方法。

(1) 单因素法

单因素法，即按影响消费者需求的某一个因素来细分市场。例如，美国亨氏公司按年龄这一因素把婴儿食品划分为0~3个月、4~8个月、9个月以上等不同的细分市场。

(2) 综合因素法

综合因素法，即选用两个或两个以上的因素，同时从多个角度进行市场细分。因为顾客的需求差别常常极为复杂，只有从多方面去分析、认识，才能更准确地把他们区别为不同特点的群体。例如，一家企业根据户主年龄（4个阶段）、家庭规模（3种类型）及收入水平（3种类型）等三个因素，将家具市场细分为36（=4×3×3）个明显的子市场。

(3) 系列因素法

这种方法也运用两个或两个以上的因素，但依据一定的顺序逐次细分市场。细分的过程，也就是一个比较、选择分市场的过程，下一阶段的细分是在上一阶段选定的子市场中进行的。例如，有一家服装企业进行市场细分，先按性别将整体市场细分为男装市场与女装市场，从中选择女装市场之后，再按照年龄的差异，将女装市场细分为16~25岁、25~35岁、35~45岁、45~55岁、55岁以上等五个阶段，从中选择25~35岁的年龄段之后，再考虑消费者兴趣的差异，进一步细分为运动装、休闲装、职业装等，企业从中选择休闲装后，还可以进一步地细分。

以上三种市场细分的方法都可能是有效的。企业具体选择哪一种方法，要结合企业、产品、市场的特点来进行。一般来说，由于消费者市场需求异常复杂，对消费者市场进行细分，选用单一因素法的企业很少，大多数企业只能选用综合因素法或系列因素法。

2. 市场细分的程序

美国营销学家麦卡锡提出了细分市场的下列七个步骤，它们对于正确有效地细分市场具有普遍的指导意义。

(1) 为产品选定市场范围

企业决定进入哪个行业之后，应考虑其产品可能的市场范围。市场范围依据市场需求而不是产品特性选择。比如，一家房地产公司，打算建造一幢简朴的小公寓。若从产品特性出发，如房间大小、简朴程度等，它可能会以为小公寓应以低收入家庭为顾客。若从市场需求的角度分析，它可以看到许多并非低收入的顾客也是潜在市场。比如，有的消费者在市区拥有宽敞舒适的居室，但也希望在静静的乡间能再拥有一套住房，用作周末度假的去处。所以，公司应把这幢普通的小公寓，看成整个住宅出租业的一部分，而不应该孤立地视其为只是低收入家庭居住的房子。

(2) 列举潜在顾客的基本需求

企业可从地理因素、心理因素和行为因素各个方面，通过对潜在顾客的要求做大致分析。这一步骤掌握的情况也许不够全面，但是可为以后各个步骤准备深入了解的资料。比如，这家房地产公司发现，顾客期望通过小公寓满足的需求，包括遮风避雨，停放车辆，安全，经济，设计良好，方便工作、学习和生活，不受外来干扰，足够的起居空间，满意的内部装修，公寓管理和维护等。

(3) 了解不同的潜在顾客的不同需求

企业可以依据人口因素进行抽样调查。询问不同的潜在顾客，上述基本要求中，顾客认为最重要的是哪些。这一步骤进行到至少有三个分市场出现为止。比如,那家房地产公司会发现:在校外租房住宿的大学生,认为最重要的是遮风避雨、停放车辆、经济、方便上课和学习;新婚夫妇希望遮风避雨、停放车辆、不受外来干扰、满意的公寓管理等;较大的家庭住户则要求遮风避雨、停放车辆、经济、有足够的儿童活动空间等。这样,不同的顾客群体,即若干分市场也就初步显现出来了。

(4) 移去潜在顾客的共同需求

能作为市场细分依据的是顾客需求的差异性,因此,进行市场细分要移去潜在顾客的共同需求。这些共同需求并不是不重要,但是只能作为市场营销组合决策的参考,不能作为市场细分的基础。比如遮风避雨、停放车辆和安全等项,几乎是每一类潜在顾客都要求的,在这里就必须移去。

(5) 为不同的分市场暂定一个称谓

比如,房地产公司对各个分市场剩下的不同要求进行分类,结合顾客群体的特点,暂时安排一个叫法,比如好动者、老成者、新婚者、度假者、家庭等。

(6) 确认各细分市场的特点

企业要对各个分市场的顾客,做更深入的考察。明确各顾客群体的特点已知哪些,还要了解哪些,以便决定各分市场是否需要再度细分,或加以合并。比如,房地产公司通过这一步骤发现,新婚者群体与老成者群体的需求差别很大,应当作为两个分市场。同样的公寓设计,也许能同时迎合这两类顾客,但对他们的促销手段,比如广告主题和人员推销方式,可能大不相同。企业要善于发现这些差别。假如他们原来归属于一个分市场,现在就应分别开来。

(7) 测量不同子市场的规模

经由以上步骤,分市场的类型基本确定。企业接着应把每个分市场与人口因素结合,测量各个分市场中潜在顾客的数量。企业进行市场细分,是为了分析盈利的机会,这又取决于各个分市场的销售潜力。不引入人口因素分析是危险的,有的分市场也许就没有顾客。比如,房地产公司把好动者与人口因素相联系,可以确定他们是18~25岁的年轻人。从有关部门可以找到详尽的年龄资料,计算出好动者的人口比例,便可推算出不同地区这一群体的顾客数量。

美国的达拉斯市一家公司在市场细分之后,成功地发展了一套市场营销组合,开发好动者公寓市场。针对这一顾客群体的特性,公司除了公寓厨房,还提供游泳池、俱乐部、池畔舞会、绿草地等设施和服务项目。为了维护产品形象,公寓管理者坚持新婚住户要尽早搬出,以收容新的未婚好动者。结果,公寓总是满客。其他未提供任何服务的公司,却经常为客源发愁。因为他们提供的公寓住房,除了是个遮风避雨的"小盒子"外,再也找不出吸引顾客的地方了。

【案例启示】

麦当劳瞄准细分市场需求

麦当劳作为一家国际餐饮巨头,创始于20世纪50年代中期的美国。由于当时创始人及时抓住高速发展的美国经济下的工薪阶层需要方便快捷的饮食良机,并且瞄准细分市场需求特征,对产品进行准确定位而一举成功。截至2015年年底,麦当劳遍布全球六大洲119个国家,拥有约32 000间分店,2015年营业额达254.13亿美元。

回顾麦当劳公司的发展历程后发现,麦当劳一直非常重视市场细分的重要性,而正是这一点让它取得令世人惊羡的巨大成功。它根据地理、人口和心理要素准确地进行了市场细分,并分别实施了相应的战略,从而达到了企业的营销目标。

1. 麦当劳根据地理要素细分市场

麦当劳有美国国内和国际市场,而不管是在国内还是国外,都有各自不同的饮食习惯和文化背景。麦当劳进行地理细分,主要是分析各区域的差异,如美国东西部的人喝的咖啡口味是不一样的。通过把市场细分为不同的地理单位进行经营活动,从而做到因地制宜。

每年,麦当劳都要花费大量的资金进行认真、严格的市场调研,研究各地的人群组合、文化习俗等,再拟订详细的细分报告,以使每个国家甚至每个地区都有一种适合当地生活方式的市场策略。

例如,麦当劳刚进入中国市场时大量传播美国文化和生活理念,并以美国式产品牛肉汉堡来征服中国人。但中国人爱吃鸡,与其他洋快餐相比,鸡肉产品也更符合中国人的口味,更加容易被中国人所接受。针对这一情况,麦当劳改变了原来的策略,推出了鸡肉产品。在全世界从来只卖牛肉产品的麦当劳也开始卖鸡了。这一改变正是针对地理要素所做的,也加快了麦当劳在中国市场的发展步伐。

2. 麦当劳根据人口要素细分市场

通常人口细分市场主要根据年龄、性别、家庭人口、生命周期、收入、职业、教育、宗教、种族、国籍等相关变量,把市场分割成若干整体。而麦当劳对人口要素细分主要是从年龄及生命周期阶段对人口市场进行细分,其中,将不到开车年龄的划定为少年市场,将20~40岁之间的年轻人界定为青年市场,还划定了老年市场。

人口市场划定以后,要分析不同市场的特征与定位。例如,麦当劳以孩子为中心,把孩子作为主要消费者,十分注重培养他们的消费忠诚度。在餐厅用餐的小朋友,经常会意外获得印有麦当劳标志的气球、折纸等小礼物。在中国,还有麦当劳叔叔俱乐部,参加者为3~12岁的小朋友,定期开展活动,让小朋友更加喜爱麦当劳。这便是相当成功的人口细分,抓住了该市场的特征与定位。

3. 麦当劳根据心理要素细分市场

根据人们生活方式划分,快餐业通常有两个潜在的细分市场:方便型和休闲型。在这两个方面,麦当劳都做得很好。

例如,针对方便型市场,麦当劳提出"59秒快速服务",即从顾客开始点餐到拿着食品离开柜台标准时间为59秒,不得超过一分钟。

针对休闲型市场,麦当劳对餐厅店堂布置非常讲究,尽量做到让顾客觉得舒适自由。麦当劳努力使顾客把麦当劳作为一个具有独特文化的休闲好去处,以吸引休闲型市场的消费者群。

6.2 选择目标市场

企业面对的市场庞大繁杂，并非所有的市场机会都具有同等的吸引力，也不是每一个子市场都是企业可以接受和能够进入的，企业只能利用自己有限资源和实力，在一定的市场范围内开展营销活动，满足一部分人的市场需求。因此，企业在开展营销活动之前，要在细分出来的市场当中，选出最适合企业发展的目标市场，作为自己经营的主要对象。

6.2.1 掌握目标市场的含义

1. 目标市场的概念

所谓目标市场，是指企业决定要进入的市场部分，也就是企业拟投其所好、准备为之服务的顾客群。一般来说，市场细分是企业选择和确定目标市场的前提和基础。企业在市场细分的基础上，通过评估分析，选定一个或几个细分市场作为自己的目标市场，并制定相应的营销策略。当然，对于同质市场，企业也可以不经过市场细分，将产品的整体市场作为自己的目标市场。但是，绝大多数市场的需求并非同质的，因此，对于绝大多数企业来说，还是需要先进行市场细分，然后再选择目标市场。

企业的目标市场应当具有持续、稳定、长远发展的特性，即企业所选择的目标市场要有一定程度的稳定性，当企业进入目标市场以后，可以在相当长的时期内开展生产经营活动，制定较长期的市场战略与策略，不至于遭受目标市场的突然变化而带来的风险。同时，目标市场的规模要能满足企业不断扩大发展的要求，不仅能保证企业的短期盈利，而且能使企业有一个长期稳定的收益，以利于企业的长期生存和发展。

2. 目标市场的条件

企业目标市场的选择是否恰当、准确，直接关系着企业的兴衰成败。例如，德国与美国的照相机，以高精尖为主攻方向，目标市场是专业人士和高收入的摄影爱好者，获得了很大的成功。而日本的照相机则以旅游者和不熟悉摄影者为目标市场，价格便宜，使用方便，老少皆宜，也占领了很大的市场。企业在选择目标市场时，必须认真分析研究形成目标市场的条件，正确评价目标市场的经营价值。

一般来说，企业选择的目标市场必须具备以下条件：

① 顾客的数量足够多并有购买能力，这是形成目标市场的首要条件。没有一定数量的顾客，产品缺少销路，就无法形成目标市场。同时顾客还必须具有购买本企业产品的经济能力，否则也难以形成目标市场。

② 顾客的需求还处在不满足状态，这里有两种情况：一是顾客在客观上存在着但尚未意识到的需要，这包括产品还未生产出来，或者已生产出来，因顾客缺乏了解，还没有意识到有需要；二是顾客已经意识到，但由于种种原因，未能实现购买，其影响原因有产品尚未生产出来、供不应求、产品需求不对路、缺乏购买力、相关产品不配套、使用条件不具备等。

③ 该细分市场未被竞争者完全控制，甚至没有竞争者，即大部分企业由于种种原因还没有在这一市场领域进行生产经营活动，市场竞争不激烈。

④ 本企业在这一市场领域具有明显的优势，即消费者或用户不仅需要购买这种产品或劳务，而且最好购买本企业的产品或劳务，才能更好满足自己的需求。

⑤ 社会、经济、政治、自然条件等方面的发展变化，能够给目标市场的不断扩展带来更多的有利条件，而不会造成障碍或突变。

总之，只有具备以上五个条件的细分市场，才能作为企业的目标市场。当然，在实际工作中，各企业还应当根据自己的实际需要，进行具体的分析和研究，才能在风云变幻的市场竞争中，找到自己的目标市场。

6.2.2 选择目标市场策略

企业选定了目标市场以后，还应该具体研究以何种市场营销策略去开拓市场，用什么样的手段才能最大限度地满足目标市场的需要，以实现企业预期的经营目标。一般来说，企业开拓目标市场的策略主要有三种：无差异市场营销、差异性市场营销、集中性市场营销。

1. 无差异市场营销

无差异市场营销是指企业在市场细分之后，不考虑各子市场的特性，而只注重市场的共性，决定只推出单一产品，运用单一的市场营销组合，力求在一定程度上满足尽可能多的顾客的需求，如图6-2所示。

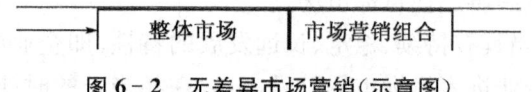

图6-2 无差异市场营销（示意图）

无差异市场营销的最大优点是成本低。大批量地生产和储运，必然会降低单位产品的成本；无差异的广告宣传等推销活动可以节省促销费用；不搞市场细分，也相应减少了市场调研、产品研制、制订多种市场营销组合方案等所要耗费的人力、物力与财力。这种策略的主要缺点是单一产品要以同样的方式广泛销售并受到所有购买者的欢迎，这几乎是不可能的。当同行业中如果有几家企业都实行无差异市场营销时，特别是在较大的子市场中竞争异常激烈时，往往是子市场越大，利润越小。另外，如果企业的竞争者采用差异性或集中性市场营销策略，由于竞争者考虑了消费者的不同需求，而本企业却没有，本企业就会丧失许多竞争力。

因此，这种市场营销策略对于绝大多数企业来说并不适用。一般来说，这种目标市场选择策略除适用于市场需求同质的产品外，主要适用于需求广泛、能够大量生产、大量销售的产品。采用这种策略的企业，一般具有大规模单一连续的生产线，拥有广泛的或大众化的销售渠道，并能开展强有力的促销活动，投放大量的广告和进行统一的宣传，因而往往能在消费者或用户心目中建立起"超级产品"的印象。美国可口可乐公司常被引作奉行这种目标市场策略的典型案例。这家世界著名的大公司，由于拥有世界性专利，在20世纪60年代前曾经以单一口味的品种、单一标准的瓶装和统一的广告宣传长期占领了世界软饮料市场。在我国旧的经济体制下，如果可以认为企业存在着目标市场策略的话，那么许多企业实际上也是奉行的这种策略。例如，第一汽车制造厂在20世纪80年代中期以前的长时间内，基本上只生产单一规格、单一车型、单一颜色、单一价格的"解放"牌卡车，行销全国。

对于一个企业来说,这种策略也不宜长期采用。一是因为消费者和用户的需求千差万别,并且不断变化,需求的差异性越来越大,一种产品长期被该产品的所有消费者或用户接受的情况极为罕见,除非这种产品是满足人们一般生理需要的产品,如食盐、酱油、醋等,或者是具有专利和长期供不应求的产品,如贵州的茅台酒、天津的"狗不理"包子等。二是因为采用这种市场营销策略获得成功后,容易引起众多企业争相仿效追逐同一目标市场。一旦许多企业都如法炮制,就会形成激烈竞争的市场局面,使本企业难以保持已有的低成本优势。例如美国的第一家汽车公司——福特汽车公司,最初它销售的就是一种型号、一种颜色、一种价格的汽车,获得了较好的利润,但在汽车厂商逐渐增多的情况下,福特汽车公司不得不改变这种策略。又如美国的"百事可乐"异军突起,打破了"可口可乐"独霸市场的局面,也迫使可口可乐公司不得不研制新的品种,改变其无差异的市场营销策略。三是因为这种策略的风险较大,如果这种产品的经营受挫,整个企业就有可能面临停产倒闭的危险。例如,20世纪70年代以前,美国各大汽车公司都认为美国消费者喜欢大轿车,并且都紧盯着大型豪华型轿车市场,互相追逐竞争,而轻便省油的小型汽车市场却拱手让给了日本人,当他们醒悟过来时为时已晚。因此,企业一定要根据自己的实际情况,决定是否采用这种营销策略。一旦采用这种营销策略以后,就应当特别警惕"乘虚而入"的竞争者,以便及时调整或改变市场营销策略。

2. 差异性市场营销

差异性市场营销是指企业决定同时为几个子市场服务,设计不同的产品,并制定不同的营销组合,多方位、有针对性地开展有差异的市场营销活动,满足各子市场的需要。例如,某皮鞋厂为不同性别、不同年龄、不同收入水平、不同偏好的消费者生产出不同质料、不同规格、不同款式、不同颜色、不同档次的皮鞋。再如,上海自行车三厂根据各类消费者需求的特点,设计生产出了运动车、变速车、轻型车、载重车、男女对车等二十多个新品种,深受广大顾客的喜爱。差异性市场营销策略,如图6-3所示。

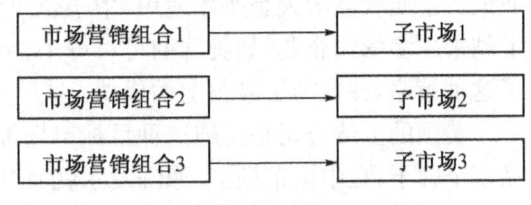

图6-3 差异性市场营销示意图

差异性市场营销具有很大的优越性。

第一,能够分别满足不同消费者群体的需要,有利于企业扩大产品销售,在市场上站稳脚跟。例如,1982年天津利民食品厂在全国糖果食品市场销量大幅度下降、本厂产品严重滞销的情况下,他们走访了全国许多大中小城市、农村、林区、矿区和上百个幼儿园,基本上摸清了市场需求和产品由畅销变滞销的原因,明确了每个具体的目标市场。然后,根据不同地区、不同生活水平、不同生活习惯、不同文化素养、不同时节、不同渠道的顾客,有针对性地推出了产妇巧克力、老人舒心朱古力、运动员强化巧克力和电解质饮料、儿童彩珠糖等多种产品,并且抓住了人们购买商品喜欢形式多变、爱好新颖的心理,搞了多种花色的小包装,做到包装玩具化、食品形象化、品种系列化,刺激了消费者的购买欲望,从而不仅满足了各类消费者的需求,而且扩大了销售,订单源源不断。

第二,可以使企业同时在几个细分市场上占有市场份额,有利于树立企业的良好形象。差异性市场营销策略使消费者心目中觉得该企业能够及时了解他们的需求,并能生产出他们称心如意的产品,从而提高消费者对企业产品的依赖程度和偏爱程度,购买频率也随之增大,企业的新产品就能够很容易地进入市场,吸引更多的新顾客。例如,瑞士雀巢公司是以生产和销售优质食品而闻名于世的企业,它生产的食品属于差异性大、市场中变化快的产品。咖啡是雀巢公司系列产品中的骄子,为了适应不同消费者的口味,它针对四种消费者市场制作了四种咖啡品种:① 专门为特殊口味的人士制作的金牌咖啡;② 为嗜好重口味的人制作的特浓咖啡;③ 为嫌弃咖啡因的消费者制作的不含咖啡因的特质咖啡;④ 为喝不惯苦涩咖啡的人生产了用玉米糖、植物油、乳脂等制作的咖啡伴侣,冲入咖啡中,让人感到甜润适口。此外,雀巢公司还生产奶类、谷类速溶营养饮品,烹调食品巧克力,婴儿改进系列食品等。公司紧紧跟随消费者需求的变化,不断改进和开发营养丰富、品质高级的食品,使企业不断发展,享誉国内外。

第三,可以减少企业经营的风险,在市场竞争中有更大的回旋余地,利润也比较有保证。例如,美国的爱默生公司,在激烈的市场竞争中,采取了这种营销策略,从而一举获得成功。它规定,公司生产的200多种产品中,每种产品的数量不得超过总销售额的10%,而且产品要销售给多用户,每一类用户占有的销售额不得超过总销售额的10%。这一策略使企业经营做到了"东方不亮西方亮",某一产品销路不佳,可以由其他产品市场来弥补,从而使企业在很大程度上减少了风险,在市场竞争中进退自如,稳步发展。

但是,这种目标市场策略的缺点也很明显,最重要的缺点就是会大大增加企业的总成本。因为企业实行多种营销组合,势必导致企业的生产成本和市场营销费用(如产品改进成本、生产成本、管理费用、存货成本、促销成本等)增加。因此,这种策略并非任何企业、任何时候都可以采用,它必然会受到企业资源力量的制约。只有那些财力雄厚、技术力量强、企业人员素质较高的大企业才适用,中小企业无力采用这种策略。20世纪70年代以来,世界上越来越多的大企业,如美国的可口可乐、宝洁公司及日本的松下电器、三洋电机等,都采用了这种策略,并取得了经营上的成功。

美国的宝洁公司是实施这种目标市场策略的成功范例。宝洁的许多产品大都是一种产品多个牌子,在中国市场上,像洗发水就有"飘柔"、"潘婷"、"海飞丝"、"沙宣"和"伊卡璐"等品牌。公司通过对消费者的独特需要进行深入的市场调查,对消费者进行了细致的市场细分,如图6-4所示。从基本的清洁功能型到中层的时尚型,以及最高境界的品牌精神,消费者对洗发水的种种需求,宝洁公司提供了全面满足。

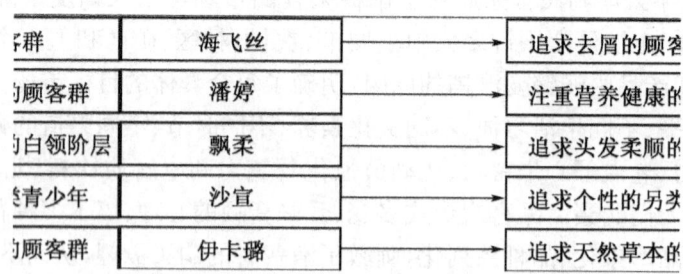

图6-4 宝洁公司的差异性市场营销示意图

3. 集中性市场营销

集中性市场营销，也叫作密集性市场营销，是指企业集中全部力量，以一个细分市场为目标市场，实行专业化生产和销售，使企业在一个较小的市场上得到较大的市场占有率。无差异性市场营销策略和差异性市场营销策略都是把整体市场作为自己的目标，而集中性市场营销策略则是集中力量进入一个细分市场，为该市场创造出一种理想的产品，实行专业化经营，进行密集性开发，服务于这一特定市场，如图6-5所示。

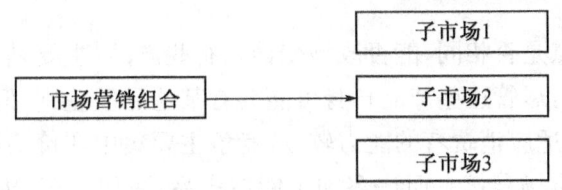

图6-5 集中性市场营销策略

联邦德国德福斯汽车公司，过去生产多种类型的汽车，市场占有率很低，后来放弃了其他汽车的生产，只生产一种名叫"小金龟"牌的小型轿车，以省油、无噪声、引擎质地优良而闻名，在世界小型汽车市场中占有率极高，这是采用集中性市场营销策略而成功的典型实例。再如，某服装厂专为中老年人生产服装，某拖拉机厂专门生产适宜山区使用的手扶拖拉机，某食品厂专门为糖尿病人生产食品等，都属于集中性市场营销策略。

集中性市场营销策略主要适用于资源力量有限的中小型企业。因为它们在整体市场上无力与大企业抗衡，而集中力量专门经营大企业忽视的某个细分市场，就可以使自己获得以下三个方面的好处：

① 由于目标比较集中，有利于企业集中使用自己有限的资源，在特定的细分市场中取得领先地位，发挥更大的作用，增加企业的盈利。

② 可以使企业避实就虚，扬长避短，发挥自己的优势，迅速占领市场，扩大市场，提高企业与产品的知名度，创造名优产品。

③ 采用这种市场营销策略的资金占用少，周转快，广告专一，成本低，能够取得较好的经济效益，因而这种策略常常成为小企业战胜大企业、新企业战胜老企业的有效策略。

但是也必须指出，采用集中性市场营销策略往往潜伏着极大的风险，因为它的目标市场比较单一和狭小，一旦市场情况发生某种突变，如消费者的需求爱好突变、价格突变，或者市场上出现强大的竞争对手，企业就会因没有回旋的余地而立即陷入困境。因此，采用这种策略的企业，必须对特定的目标市场十分熟悉和了解，产品的生产技术和经营措施必须是独创或处于领先地位的，同时还应当密切注意市场动向，制定适当的应急措施，以求进可攻、退可守，进退自如。

6.2.3 掌握选择目标市场策略应考虑的因素

上述三种开拓目标市场的营销策略，各有其优缺点和使用范围。一个企业究竟应采用哪一种营销策略去开拓目标市场，并不能单凭主观臆断，随心所欲，必须充分考虑以下几个方面的因素。

1. 企业实力

如果企业实力雄厚,管理水平较高,即在资金、人力、设备、技术、管理等方面都占有优势,根据产品的不同特性可考虑采用差异性市场营销策略,或者采用无差异性市场营销策略,以便充分发挥自己的优势;如果企业资源不足,无力顾及整体市场或多个细分市场,最好采用集中性市场营销策略,这样可以更有效地使用有限的力量,取得良好的经营成果。

2. 产品同质性

这是指产品的特点是否相同,能否改型变异。有些产品,主要是某些初级产品,诸如大米、小麦、钢坯、煤炭等,尽管这些产品自身可能会有某些品质差别,但顾客一般并不太重视或不加区别,亦即它们适应消费者的能力较强,竞争主要集中在价格和服务方面,因而这类产品适宜实行无差异市场营销。而许多加工制造产品,诸如汽车、机械设备、家用电器、服装、食品等,不仅本身可以开发出不同规格型号、不同花色品种的产品,这种不同还会带来品质、性能等方面的较大差别,消费者或用户对这类产品的需求也是多样化的,选择性很强,因此,经营这类产品的企业宜于采用差异性或集中性市场营销。

3. 市场同质性

这是指顾客的需求、购买行为是否同质。如果消费者的市场需求和爱好比较接近,购买行为对销售的要求没有大的差别,就可以采用无差异市场营销;如果市场需求差别很大,消费者挑选性又强,就宜于实行差异性市场营销策略或集中性市场营销策略。

4. 市场供求状况

如果市场上该商品供不应求,消费者只求数量满足,不讲究质量和花色品种,就可以采用无差异市场营销;如果市场上该商品供过于求,企业就必须采用差异性或集中性市场营销策略。

5. 产品生命周期

一般来说,处于投入期和成长期前期的新产品,竞争对手少,品种比较单一,宜于采用无差异市场营销策略,以便探测市场需求和潜在顾客。产品一旦进入成长后期或已处于成熟期,市场竞争加剧,就应该用差异性市场营销策略,以利于开拓新市场,尽可能扩大销售;或者实行集中性市场营销,以设法保持原有市场,延长产品生命周期。

6. 竞争对手的目标市场策略

假如竞争对手实力强大,并且已经实行了无差异市场营销策略,一般来说,可以反其道而行之,采用差异性市场营销策略,以提高产品的竞争能力。假如竞争对手已经采用差异性市场营销策略,企业就应进一步细分市场,实行更有效的差异性或集中性市场营销策略,去争夺更为有利的细分市场。当然,如果竞争对手力量较弱,也可考虑采用无差异市场营销策略。

一般来说,企业选择目标市场策略时应综合考虑上述诸因素,权衡利弊,方可做出抉择。目标市场策略应当相对稳定,但当市场形势或企业实力发生重大变化时也要及时发生转换。竞争对手之间没有完全相同的目标市场策略,任何企业都没有一成不变的目标市场策略。

6.3　确定市场定位

企业在选定开拓目标市场的营销策略之后,还需要制定一个切实可行的市场定位策略,它是占领市场、战胜竞争对手、取得立足点的重要环节。近年来,市场定位策略在西方国家企业中受到了高度重视和广泛应用。由于科技的迅猛发展,同类商品以及生产同类商品的企业的数目呈几何倍数增长,市场供过于求,生产者之间的竞争非常激烈,都在加强传播各自的产品或劳务信息,企图使消费者的购买行为有利于企业产品的销售。结果,消费者一方面面对庞大的产品和劳务信息,另一方面,消费者的记忆又是非常有限的,只会接纳为数很少的产品和劳务信息。所以,企业不仅要有好的产品和劳务,更重要的是企业一定要使有关自己产品和劳务的信息被消费者所接受,并占据一个好的位置。只有这样,才能使自己的产品和劳务进入消费者的"考虑集合",从而影响其购买行为,这就是市场定位。

6.3.1　掌握市场定位的含义

市场定位是指根据竞争者现有产品在细分市场上所处的地位和顾客对产品某些属性的重视程度,塑造出本企业产品与众不同的鲜明个性或形象,并传递给目标顾客,使其产品在细分市场上占有强有力的竞争位置。因此,市场定位是塑造一种产品在市场上的适当位置,这种位置取决于与竞争者产品相比,消费者或用户怎样认识这种产品。

这就表明市场定位是通过为自己的产品创立鲜明的特色或个性,从而塑造出独特的市场形象来实现的。产品的特色或个性,有的可以从产品实体上表现出来,如形状、成分、构造、性能等;有的可以从消费者心理上反映出来,如豪华、朴素、时尚、典雅等;有的表现为价格水平;有的表现为质量水准等。企业在进行市场定位时,一方面要了解竞争对手的产品具有何种特色,另一方面要研究顾客对该产品的各种属性的重视程度(包括对实物属性的要求和心理上的要求),然后根据这两方面进行分析,再选定本企业产品的特色和独特形象。至此,就可以塑造出一种消费者或用户将之与别的同类产品联系起来而按一定方式去看待的产品,从而完成产品的市场定位。

值得注意的是,市场定位必须从顾客心理出发,而不是从企业或产品出发。不能认为只要认识到自己的产品有特色,并将其传播给消费者就是市场定位。因为自己认定的特色,并不一定是顾客所看重或认同的。因此,市场定位又叫作"抓心"策略,即能够让产品或企业走进顾客心灵深处的方法。

【案例启示】

"万宝路"的市场定位

"万宝路"从1924年问世,一直至20世纪50年代,始终默默无闻。当时,"万宝路"就是一种女性香烟。"万宝路"(MARLBORO)其实是"Man Always Remember Lovely Because Of Romantic Only"的缩写,意为"男人们总是忘不了女人的爱"。其广告口号是"像五月的天气一样温和"，用意在于争当女性烟民的"红颜知己"。为了表示对女烟民的关怀，菲利普·莫里斯公司把"万宝路"香烟的烟嘴染成红色，以期广大爱靓女士为这种无微不至的关怀所感动，从而打开销路。然而几个星期过去，几个月过去，几年过去了，莫里斯心中期待的销售热潮始终没有出现。同时，其广告词显得过于文雅，而且是对妇女身上原有的脂粉气的附和，致使广大男性烟民对其望而却步，导致它的消费者范围难以扩大。

抱着心存不甘的心情，菲利普·莫里斯公司开始考虑重塑形象。公司派专人请利奥-伯内特广告公司为"万宝路"做广告策划，以期打开"万宝路"的销路。产品品质不变，将名称的标准字（MARLBORO）尖角化，使之更富有男性的刚强，并以红色作为外盒主要色彩。广告的重大变化是"万宝路的广告不再以妇女为主要对象，而是用硬铮铮的男子汉"。在广告中强调"万宝路"的男子气概，以吸引所有爱好追求这种气概的顾客。但这个理想中的男子汉最后还是集中到美国牛仔这个形象上：一个目光深沉，皮肤粗糙，浑身散发着粗犷、豪气的英雄男子汉，在广告中袖管高高卷起，露出多毛的手臂，手指总是夹着一支冉冉冒烟的"万宝路"香烟。这种洗尽女人脂粉味的广告于1954年问世，它给"万宝路"带来巨大的财富。仅1954—1955年，"万宝路"销售量提高了3倍，一跃成为全美第十大香烟品牌，1968年其市场占有率上升到全美同行第二位。现在，"万宝路"占据美国香烟市场份额的42.8%，比其他12个香烟总品牌的份额还要多。

6.3.2　掌握市场定位的步骤

市场定位的关键是企业要设法在自己的产品上找出比竞争者更具有竞争优势的特性。竞争优势一般有两种基本类型：一是价格竞争优势，即在同样的条件下，比竞争者定出更低的价格，这就要求企业具有低成本优势；二是偏好竞争优势，即能提供一定的特色来满足顾客的特定偏好，这就要求企业在产品特色上下功夫。企业市场定位的过程可以通过以下三大步骤来完成，即确认本企业潜在的竞争优势、准确地选择相对竞争优势和明确显示独特的竞争优势。

1. 确认本企业潜在的竞争优势

这一步骤的中心任务是要回答以下三个问题：① 竞争对手的产品定位如何；② 目标市场上足够数量的顾客欲望满足程度如何及确实还需要什么；③ 针对竞争者的市场定位和潜在的顾客的真正需要，本企业应该和能够做什么。要回答这三个问题，企业市场营销人员必须通过一切调研手段，系统地收集、分析并报告有关上述问题的资料和研究结果。通过回答上述三个问题，企业就可从中把握和确定自己的潜在竞争优势在何处。

2. 准确地选择相对竞争优势

相对竞争优势表明企业能够战胜竞争者的能力。这种能力既可以是现有的，也可以是潜在的，是一个完整的体系，准确地选择相对竞争优势的方法通常是分析、比较企业与竞争者在下列七个方面的强弱：① 经营管理方面，主要考察领导能力、决策水平、计划能力、组织能力以及个人应变的经验等指标；② 技术开发方面，主要分析技术资源（如专利、技术诀窍等）、技术手段、技术人员能力和资金来源是否充足等指标；③ 采购方面，主要分析采购方法、存储及运输系统、供应商合作以及采购人员能力等指标；④ 生产方面，主要分析生产能力、技术设备、生产过程控制以及职工素质等指标；⑤ 市场营销方面，主要分析销售能力、分销网络、市场研究、服务与销售战略、广告、资金来源是否充足以及市场营销人员的能力等指标；⑥ 财务方面，主要考察长期资金和短期资金来源及资金成本、支付能力、现金流量以及财务制度与人员素质等指标；⑦ 产品方面，主要考察可利用的特色、价格、质量、支付条件、包装、服务、市场占有率、信誉等指标。

通过对上述指标体系的分析与比较，选出最适合本企业的优势项目。

3. 明确显示独特的竞争优势

这一步骤的主要任务是企业要通过一系列的宣传促销活动，将其独特的竞争优势准确传播给潜在顾客，并在顾客心目中留下深刻的印象。为此，企业首先应使目标顾客了解、熟悉、认同、喜欢和偏爱本企业的市场定位，在顾客心目中建立与该定位相一致的形象。其次，企业通过一切努力稳定和强化目标顾客的态度，以巩固市场定位。最后，企业应注意目标顾客对其市场定位理解出现的偏差或因企业市场定位宣传上的失误而造成的模糊、混乱和误会，及时纠正与市场定位不一致的形象。

6.3.3 明确市场定位的依据

1. 根据产品属性和利益定位

产品本身的属性以及由此而获得的利益能使消费者体会到它的定位，如大众汽车的"豪华气派"、丰田车的"经济可靠"、沃尔沃车的"耐用"。有些情况下，新产品应强调一种属性，而这种属性往往是竞争对手所没有顾及的，这种定位方法比较容易奏效。

2. 根据产品价格和质量定位

对于那些消费者对质量和价格比较关心的产品来说，选择在质量和价格上的定位也是突出本企业形象的好方法。按照这种方法，企业可以采用"优质高价"定位和"优质低价"定位。在"彩电大战"、"空调大战"如火如荼的同时，海尔始终坚持不降价，保持较高的价位，这是"优质高价"的典型表现。

3. 根据产品用途定位

例如，"金嗓子喉宝"专门用来保护嗓子，"地奥心血康"专门用来治疗心脏疾病。为老产品找到一种新用途，也是为该产品创造定位的好方法。尼龙从军用到民用，便是一个最好的用途定位例证。

4. 根据使用者定位

企业常常试图把某些产品指引给适当的使用者或某个分市场，以便根据该分市场的特点创建其恰当的形象。例如，各种品牌的香水，是针对各个不同分市场的，有些香水定位于雅致的、富有的、时髦的妇女，也有某些香水定位于生活方式活跃的青年人。

5. 根据产品档次定位

产品档次包括低档、中档和高档，企业可根据自己的实际情况任选其一。例如，著名的丹东手表工业公司，在国内大多数企业角逐中低档手表市场的时候，通过对市场的调研分析发现了高档手表市场的潜在需求。于是，企业大胆地进行了技术攻关，果断地率先进入高档手表的生产领域，成功地将其拳头产品"孔雀"表推入市场，并以高档优质的独特形象赢得了国内消费者的青睐。

6. 根据竞争地位定位

产品可定位于与竞争直接有关的不同属性或利益。例如，无铅皮蛋，将其定为不含铅，间接地暗示普通腌制的皮蛋含有铅，对消费者健康不利。这种定位方式关键是要突出企业的优势，如技术可靠性程度高、售后服务方便、迅速，以及其他对目标顾客有吸引力的因素，从而千方百计地在竞争中突出自己的形象。

7. 多重因素定位

这种方式是将产品定位在几个层次上，或者依据多重因素对产品进行定位，使产品给消费者的感觉是产品的特征很多，具有多重作用或效能。例如，一些名牌饮品分别以天然原料（质量定位）、饮用、佐餐均相宜（用途定位）、适用于儿童、少年及成年人（使用者定位）等综合方法来进行产品定位。采用这种方式，要求产品本身一定要有充分的内容，其"全"恰好就是它的竞争优势，是其他竞争者一时无法达到的。否则，由于需要描述的产品特性过多，反而冲淡了产品的形象，使产品显得过于平常，对消费者吸引力不大，因而难以留下深刻印象。

6.3.4 选择市场定位的方式

以上分析表明，市场定位是一种竞争策略，它显示了一种产品或一家企业同类似的产品或企业之间的竞争关系。定位方式不同，竞争态势也不同。企业的市场定位方式主要有三种：避强定位、迎头定位、重新定位。

例如，某著名家电公司决定进入手机市场。通过市场调查了解到消费者对手机产品最为关心的是功能组合和外观设计，又了解到这一市场上已有 A、B、C、D 等四家公司提供同类产品，它们所处的市场位置各不相同。在这种情况下，该公司（假设为G）应如何为自己的手机产品定位呢，如图 6-6 所示。

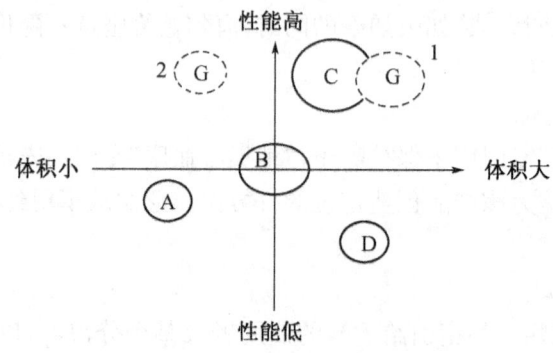

图 6-6 市场定位示意图

（注：图中每个圆圈代表一个企业，圆圈大小表示市场份额大小及竞争实力的强弱，虚线表示某企业可能的定位）

1. 避强定位

这是一种避开强有力的市场竞争对手的定位。这种策略是指企业力图避免与实力最强或较强的其他企业直接发生竞争，而将自己的产品定位于另一市场区域内，使自己的产品在某些特征或属性方面与最强或较强的对手有比较显著的区别。这种定位方式的优点：能够迅速地在市场上站稳脚跟，并能在消费者或用户心目中迅速树立形象。由于这种定位方式市场竞争风险较小,成功率较高,常常为多数后来者企业所采用。这种方式表现在定位图上就是定在图中的空白处。但空白的细分市场往往同时也是难度最大的细分市场,其市场位置可能不佳。采用这种定位方式的市场条件:市场竞争格局比较稳定,即产品比较成熟,技术更新不快;市场中强者实力强大,地位不可动摇;本企业为市场后入者,或实力不够,没有向强者挑战的可能。例如,"七喜"饮料宣传自己是"非可乐"饮料来强调自己不是可乐型饮料,避开与可口可乐和百事可乐的正面竞争。

在上例中,企业 G 就可以将自己的市场定位在图(6-6 中 2 的位置)。这是一个欢迎高性能,同时还要求外观足够小巧别致的细分市场,目前尚无公司提供这种产品。为此,要进入该象限的公司必须具备以下条件:① 公司具有生产较高性能手机的技术;② 在产品外观设计方面具有优势;③ 通过宣传,能有效地使潜在购买者相信本公司手机的性能远比 A 公司的高而与 C 公司的不相上下;④ 价格能为消费者接受,而预计的市场需求能保证达到企业利润目标。

2. 迎头定位

这是一种与在市场占据支配地位,亦即最强大的竞争对手"对着干"的定位方式。显然,这是一种危险的战术,但一旦成功,就会获得巨大的利益。因为在消费者的心目中,敢于向强者发起进攻的企业应该是很不错的企业,这样就能使企业产品短期内在消费者心目中占据一个有利的位置,从而获得定位的成功。另外,也有不少企业认为这是一种更能激励自己奋发上进的、可行的定位尝试。例如,百事可乐与可口可乐之间的竞争,是众人皆知的迎头定位的经典案例。实行迎头定位,必须知己知彼,尤其应清醒估计自己的实力,不应试图压垮对方,只要能够平分秋色就已是巨大的成功。

迎头定位的使用条件:居民购买力发生了突然的增长,需求总量明显增加,供给方面发生了结构性调整,或是有可能推出较为新型的产品,或是公司有实力与强者抗衡。迎头定位虽然能缩短企业成功定位的时间,但容易招致对手的反攻,双方为争夺顾客极易陷入互相攻击和竞相压价的误区,因此,亏损和低利的风险较高。

在上述案例中,如果 C 公司是手机市场上势力最大的厂家,那么企业 G 可以定位于 C 的附近,即图 6-6 中 1 的位置,这就是迎头定位。此时,G 与 C 争夺顾客,一比高低。不过,如此定位需要考虑以下条件:① 对高性能手机的市场需求足以吸收两家公司的产品;② 本公司能比 C 公司生产出更好的产品,如性能组合更全面,并具某种独特功能(如采用了蓝牙技术)等;③ 这一定位与本公司的资源、实力、特长、声望是相称的。

3. 重新定位

重新定位通常是指对销路少、市场反应差的产品进行二次定位。很明显,重新定位旨在摆脱困境,重新获得增长与活力。这种困境可能是与企业决策失误引起的,也可能是对手有力反击或出现新的强有力竞争对手造成的,不过,也有的重新定位并非因为已经陷入困境,相反,却是产品意外地扩大了销售范围引起的。例如,专为青年人设计的某种款式的服装在中老年消费者中也流行开来,该产品就会因此而重新定位。

对产品进行重新定位的过程实际上是再一次的市场定位的过程,但这一过程绝不是上一次定位的简单重复,而是在原来基础上的一次扬弃。在重新定位之后,所有的营销传播工具包括广告、渠道等营销因素必须重新整合,以配合定位诉求的改变。

实行市场定位应与产品差异化结合起来,正如上所述:定位实际上是心理上的,它产生的结果是潜在消费者或用户怎样认识一种产品,对一种产品抱什么态度;产品差异化是在类似产品之间造成区别的一种策略。因而,产品差异化是达到市场定位目标的一种手段。没有产品差异化,在同一目标市场上就不会有竞争的产品,不会有替代的产品,不会有互为补充的产品,如此,也就没有了市场定位。

当市场定位在细分的市场上进行时,要求同时运用市场细分化和产品差异化两种策略。市场细分化与产品差异化的不同点在于:前者的着眼点是市场需求,是要针对不同顾客群的需求特点开发出不同的产品,因而是一种市场导向性策略;后者的着眼点是已经存在的产品,使产品具有某种特征是为了与竞争者的同类产品相区别,因而是一种产品导向型策略。企业以市场细分为基础选择目标市场,这是运用细分化策略;而在作为目标市场的细分市场上实行市场定位,则需运用产品差异化策略。可见,细分化、差异化和市场定位都是市场营销战略的组成部分。把细分化与差异化对立起来的认识不符合现代营销的要求,付诸实践是有害的。

微信扫码查看

课后自测

案例分析

【实训操作】

一、实训内容

为某一产品或店铺指定目标市场战略,要按照 STP 战略的三步骤来进行,即市场细分—选择目标市场—市场定位。

要求:

1. 学生组建学习小组,学习小组自己确定产品或店铺;
2. 要把市场细分理论运用于营销实践,联系有关项目或资料;
3. 要求学生根据消费差异划分市场,设计"市场细分表",并分析企业能够选择一个或几个细分市场的决策依据;
4. 要根据本组市场细分的结果为企业选择目标市场策略,确定目标市场;
5. 要为产品在目标市场上确定一个独特的形象,进行市场定位。

二、实训步骤

1. 组建学习小组。
2. 组内讨论,在老师的指导下确定具体的产品或店铺。
3. 确定产品的整体市场。
4. 收集资料。
5. 小组讨论,根据消费者需求的差异性选择细分依据,组织市场细分,并画出市场细分图。

6. 小组共同确定企业的目标市场,并对目标市场的特点进行描述;说明选择目标市场的依据。

7. 小组共同确定产品的市场定位,并进行说明。

8. 对传递市场定位提出建议。

9. 将本次实训的结果形成文字报告。

三、实训考核

1. 课后准备充分,收集资料全面;(2分)
2. 积极参与活动,小组讨论热烈;(2分)
3. 市场细分有效,市场细分图规范;(3分)
4. 目标市场准确,市场定位有效。(3分)

附:案例

"爱丽丝"化妆笔市场细分表

地 区	年 龄	职 业	收 入	使用情况	品牌偏好
北京	16~23岁	女学生	依靠父母	用量一般	不明显
	20~40岁	服务业女职工	800~1 200元	大量	明显
		企业女职工	1 200~1 800元		
		高薪高职女性	1 800~2 500元		
	40岁以上	职业妇女	1 000~2 500元	少量	明显
		退休妇女	1 000元以下		
上海	16~23岁	女学生	依靠父母	用量一般	不明显
	20~40岁	服务业女职工	800~1 200元	大量	明显
		企业女职工	1 200~1 800元		
		高薪高职女性	1 800~2 500元		
	40岁以上	职业妇女	1 000~2 500元	少量	明显
		退休妇女	1 000元以下		
西安	16~23岁	女学生	依靠父母	少量	不明显
	20~40岁	服务业女职工	400~600元	大量	明显
		企业女职工	600~800元		
		高薪高职女性	800~1 200元		
	40岁以上	职业妇女	600~1 200元	少量	明显
		退休妇女	800元以下		

任务7 制定产品策略

【任务目标】

知识目标：

1. 理解产品整体概念与产品组合策略；
2. 理解生命周期及其策略；
3. 理解新产品开发的方法和策略；
4. 理解包装和品牌策略。

能力目标：

1. 能分析具体产品的生命周期并为其设计营销策略；
2. 能设计有效的品牌；
3. 能制定有效的品牌策略和包装策略。

【导入案例】

诺基亚的辉煌与没落

1995年，诺基亚开始了它的辉煌时期，它的整体手机销量和订单剧增，公司利润达到了公司前所未有的财富。从1996年开始，诺基亚手机连续15年占据手机市场份额第一的位置，并且推出了Symbian和MeeGo的智能手机。2003年，诺基亚1100在全球已累计销售2亿台。2009年诺基亚公司手机发货量约4.318亿部，2010年第二季度，诺基亚在移动终端市场的份额约为35.0%，领先当时其他手机市场占有率20.6%。

后PC时代诺基亚面对新系统的智能手机夹击，在塞班S60 V3基础上推出了S60 V5，并且在2010年分别发布了Meego和Symbian 3，然而未能打败iOS和Android，并且手机地位也被敌对厂商苹果和三星超过。诺基亚不得不寻求新的出路。2011年2月11日，诺基亚在英国伦敦宣布与微软达成战略合作关系，放弃Symbian和Meego。诺基亚手机将采用Windows Phone系统，并且将参与该系统的研发。不过令人遗憾的是，新的WP8系统和原来的WP7.5系统并不兼容。北京时间2012年9月5日晚10点，诺基亚联合微软在纽约举办发布会，正式推出两款采用微软WP8操作系统的智能手机，以求追回手机市场。

2013年9月3日，微软宣布，将以37.9亿欧元收购诺基亚的设备与服务部门，同时以16.5亿欧元购买其10年期专利许可证，共计54.4亿欧元，约折合71.7亿美元。该收购项目中包括诺基亚的手机部门和手机业务，以及诺基亚在全球的手机制造工厂和诺基亚的手机部门和工厂的所有员工,还有诺基亚的大量专利以及品牌的授权。作为手机业的巨头,诺基亚公司因为其技术的进步,以及产品的经久耐用,在21世纪初期五六年内近乎占据了手机业的半壁江山。

然而,自从苹果发布了iPhone之后一切都变了。作为后起之秀,苹果公司于2007年推出的iPhone产品以其独特的外观和操作系统,以及强大的营销宣传和售后服务,迅速成为手机业的龙头。在高端手机市场,诺基亚受到苹果、三星Galaxy系列及其他Android手机联盟的夹击,在中低端市场,三星的中低端手机在蚕食着它的份额,还有来自中国的手机品牌,它们的渗透力也令人惊叹。

【思考】
诺基亚成功的原因是什么?失败的原因又是什么?

【简要评析】
诺基亚成功的真正原因在于其强大的开发团队。首先,在大哥大时代,诺基亚公司就致力于手机的便携化与操作的人性化。而大哥大时代手机之所以巨大,是由于其电池体积过大,而小型的电池板的续航能力不足,不能满足手机的需求。而诺基亚公司最早开发出了便携式的小型电池板,并因此开发出世界上第一款直板机型,通过其轻巧便携的外形和不错的通话性能迅速占领了市场。而诺基亚并不满足于此,它针对当时三星、摩托罗拉公司等笨拙的操作系统,开发出了简单明了,功能强大,并极其人性化的塞班操作系统(塞班公司由诺基亚持股成立),集成了网络、无线文字、PIM、网页浏览、电子邮件等功能,支持JAVA,并能够运行小型第三方软件,以至于在2003年其系统占有中国手机市场的66.6%。而诺基亚手机最被人津津乐道的就是其经久耐用,甚至手机在掉进水里后拿出来仍可继续使用。而这也是诺基亚公司不断技术革新的结果。

我们可以看到,诺基亚公司正是通过不断的技术革新,推出更加先进、更加强大的新产品,将旧产品不断淘汰、贬值,并保持与竞争对手的技术领先优势,成为手机行业的引领者而占据大量市场。

诺基亚想要在智能手机领域扳回一局,它必须回归到创新的前沿,就如同它当年不断创新、欣欣向荣的全盛时代。不破不立,它必须拿出破釜沉舟的勇气,不要再纠缠于塞班系统之中,重视软件研发,拿出能与苹果IOS系统和谷歌安卓系统相抗衡的智能手机系统出来,才有可能重新回归智能手机的主流。

【理论指导】

产品是营销组合中最重要也是最基本的因素。企业制定营销组合策略,首先必须决定发展什么样的产品满足目标市场需求。产品策略还直接或间接影响到其他营销组合因素的管理。从这个意义上说,产品策略是整个营销组合策略的基石。通过本章的学习,应明白产品的整体概念,理解产品生命周期原理和策略,掌握新产品开发程序,弄清品牌、商标策略和包装策略。本章的难点问题主要是分析产品整体概念和产品分类、产品组合和产品线策略,以及根据产品生命周期阶段特点采用适当的营销策略,探讨新产品开发策略。

7.1 理解产品整体概念

7.1.1 掌握产品和产品整体概念

从市场营销的角度来看,产品是指能够提供给市场以满足需要和欲望的任何东西。产品在市场上包括有形物品、服务、经验、事件、人、组织、信息、观念或它们的组合。由此,产品的概念不仅仅是物质,还包括无形的服务及附加利益。产品整体概念典型地反映了以消费需求为核心的市场营销观念,其说明了企业和产品的竞争力主要取决于对于需求的满足程度。因此,企业要在市场竞争中保持自己的领先优势,就应当从以下五个层次去认识消费者对于产品的不同需求,从而完善产品的整体概念。产品整体概念是由五个有机结合的层次所组成,如图7-1所示。

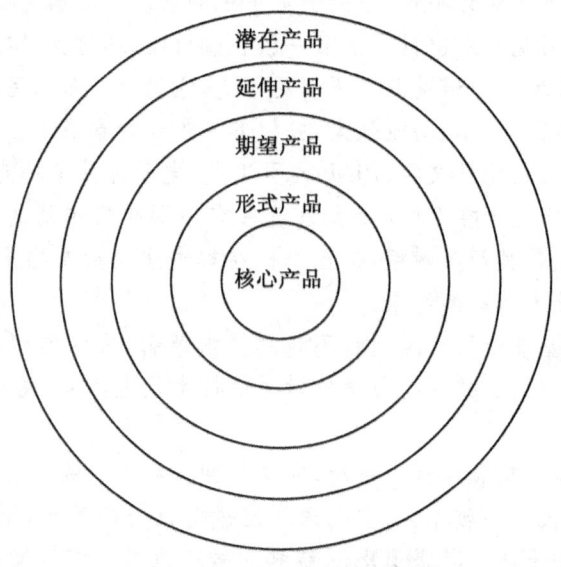

图7-1 产品整体概念示意图

1. 核心产品

核心产品是指向消费者提供的能够满足其需要的基本效用或利益。从这种意义上讲,消费者购买产品不是为获得产品实体,而是产品所带来的需求的满足和满意。例如,消费者购买电冰箱,并不是为了买到装有压缩机、冷藏室、开关按钮的大盒子,而是冰箱的制冷功能,使食品保鲜,更好地方便消费者的生活。产品实体只是产品功效和利益的载体,核心产品才是实质。产品能否被市场所接受,关键在于能否给消费者带来某种实际利益,使其需求得到满足。

2. 形式产品

形式产品是指向市场提供的能满足某种需要的产品实体或服务的外观,如产品的品质、外观设计、特色、品牌和包装。它是核心产品的表现形式,当这种形式与产品的实质内容协调一致时,将给消费者带来各种心理的满足。例如,消费者在购买冰箱时,会考虑产品的品质、颜色、造型、品牌等因素。由于同类产品的基本效用都是一样的,因此企业要获取竞争优势,吸引消费者购买自己的产品,就必须在产品的形态上动脑筋,满足人们对于产品除基本需要之外的延伸需要。例如,通过提高质量来满足经济性的需要,通过改良外观来满足审美观念的需要,通过创立名牌来满足炫耀性的需要,等等。产品形态确定了产品的差异性特征。

3. 期望产品

期望产品是指顾客购买某产品时通常希望和默认的一组属性和条件。例如,消费者在购买冰箱时期望冰箱有完美的质量、独特的款式、售后服务保证等。消费者的期望是否能得到满足,会影响消费者对产品的满意度、购后评价及重复购买。

4. 延伸产品

延伸产品是指顾客购买产品时所获得的全部附加利益与服务,包括安装、送货、保证、提供信贷、售后服务等。例如,消费者购买冰箱,企业提供免费送货上门、免费安装、维修服务等。在日益竞争激烈的市场环境中,扩大产品的延伸产品层已成为竞争的重要手段。当然延伸产品并非越多越好,而是必须以顾客需求为中心,合理增加延伸产品:第一,增加附加利益会增加公司成本,顾客是否愿意为增加的成本额外付费;第二,延伸产品给予顾客的将很快变成顾客的期望利益,企业应不停地改进延伸产品;第三,针对顾客的需求差异性,采取不同的延伸产品策略。对于低收入或追求实惠型顾客,应采取减少延伸产品策略,以降低产品附加值,使产品较为廉价。

【案例启示】

维珍大西洋航空公司寻求为顾客提供一种"一条龙"的旅行服务。它与小型巴士公司联合为那些企业层顾客提供免费机场接送服务,抵达机场后顾客检票就可以进入维珍的俱乐部休息室。在俱乐部里,顾客可以享受淋浴、游泳、免费修指甲、面部美容或剪发等服务,可以在酒吧餐厅、图书馆里休息。在有些飞机上,他们可以淋浴、玩游戏或是在暗舱里睡觉,甚至在互联网上冲浪。

5. 潜在产品

潜在产品是指最终可能实现的全部附加部分和新转换部分,或者与现有产品相关的未来可发展的潜在性产品。潜在产品指出了产品可能的演变趋势和前景,如彩色电视机可发展为录放影机、电脑终端机等。

【案例启示】

威讯在一个电信高速发展的时代没有做一个追随者,而是很快地开发新领域。首先,威讯生产大量光纤——希望在下一个10~15年里,在美国29个州将家庭和办公场所连接起来。从电话服务到高清电视,它将以光速传达任何信息。当有了无线技术后,公司变得更有竞争力。威讯用1 000多个无线接入点覆盖了曼哈顿,使得任何威讯的宽带用户能够在威讯投币电话附近通过手提电脑进行无线上网。2000年,公司开始部署3G,这是一种使顾客通过移动电话享受更快的无线上网服务的第三代无线服务。简而言之,在顾客也不知道他们想要什么时,公司投入了数十亿美元在客户服务方面,但是可以打赌,威讯将会建立整个行业的标准。

产品的整体概念体现了以顾客需求为中心的营销观念。没有产品的整体概念的充分认识，就不能真正贯彻现代市场营销观念。

7.1.2 了解产品的分类

在现代市场营销观念下，每一个产品类型都有与之相适应的市场营销组合策略。所以，要制定科学的市场营销策略，就必须对产品进行科学的分类。根据不同特征可以将产品划分为不同类别。

1. 按产品的耐用性和有形性划分为耐用品、非耐用品和服务

（1）耐用品

耐用品是指在正常情况下能够多次使用的物品，如住房、汽车等。耐用品一般需要采用较多的人员推销和服务的形式，应当获得较高的利润，需要提供较多的销售保证条件。

（2）非耐用品

非耐用品是指在正常情况下一次或几次使用即被消费掉的有形物品，如食品、化妆品等。由于这类产品消费快，购买频率高，要求网点设置方便顾客购买，坚持单个产品利润低，注重广告宣传，诱导顾客购买，并产生偏好。

（3）服务

服务是非物质实体产品，是为出售而提供的活动或利益，如修理、理发、教育等。服务具有无形性、不可分割性、可变性和易消失性，因此，服务要求更高的质量控制、经营者信誉、差异化服务。

2. 按产品的用途划分为消费品和工业品两大类

（1）消费品

根据消费者的购买习惯，可以将消费品分为下列四种：便利品、选购品、特殊品、非渴求品。

① 便利品，是指消费者通常频繁购买或需要随时购买，并且只花最少精力和最少时间去比较品牌、价格的消费品，如肥皂、报纸等。便利品可进一步分成常用品、冲动品以及急用品。常用品是顾客经常购买的产品，如牙膏。冲动品是顾客未经过计划或搜寻而顺便购买的产品。由于消费者一般不愿意专门去选购，因此这种商品应放置在到处可以买到的地方。例如，超市将口香糖放在收银台旁边，原因是消费者原来没有想到要购买。急用品是顾客的需求十分紧迫时购买的产品，如下大雨时购买雨伞。

② 选购品，是指消费者为了物色适当的物品，在购买前往往要去许多家零售商店了解和比较商品的花色、式样、质量、价格等的消费品。例如，儿童衣料、女装、家具等都是选购品。选购品挑选性强，消费者不知道哪家的最合适，所以消费者有必要并可能花较多的时间和精力去许多家商店物色合适的物品。选购品可划分为同质品和异质品。同质选购品质量相似，但价格却明显不同。异质品如服装、家具，产品特色比价格更重要。

③ 特殊品，是指具有能识别的独特特征或品牌产品，消费者习惯上愿意多花时间和精力去购买的消费品。例如，特殊品牌和造型的奢侈品、名牌服装、供收藏的特殊邮票和钱币等。消费者在购买前对要物色的特殊品的特点、品牌等均有充分认识，这一点同便利品相似；但是，

消费者只愿购买特定品牌的某种商品,而不愿购买其他品牌的某种特殊品,这又与便利品不同。

④ 非渴求品,是指顾客不知道的物品,或者虽然知道却没有兴趣购买的物品,如刚上市的新产品、墓地、人寿保险等。非渴求商品的性质,决定了企业必须加强广告、推销工作,同时切实做好售后服务和维修工作。

(2) 工业品

根据生产过程和相对成本这两点,工业品可分成三类:材料和部件,资本项目以及供应品和服务。

① 材料和部件,是指完全要转化为制造商所生产的成品的那类产品。它们可分成两类:原材料、半成品和部件。原材料本身又可以分成两个主类:农产品和天然产品。半成品和部件可以用构成材料(如铁、棉纱)与构成部件(如马达、车胎)来加以说明。构成材料和构成部件通常具有标准化的性质,这意味着价格与服务是影响购买的最重要因素。

② 资本项目,是指部分进入产成品中的商品,包括两个部分:装备和附属设备。装备包括建筑物(如厂房)与固定设备(如电梯)。附属设备包括轻型制造设备和工具(如手用工具),以及办公设备(如打字机、办公桌)。这种产品不会成为最终产品的组成部分,但在生产过程中起辅助作用。

③ 供应品和服务,是指根本不会形成最终产品的那类物品。供应品可以分为两类:操作用品(如润滑油、打字纸)和维修用品(如油漆、钉子)。供应品相当于工业领域内的方便品。商业服务包括维修或修理服务(如清洗窗户、修理打字机)和商业咨询服务(如法律咨询、广告设计)。

7.2 制定产品组合策略

7.2.1 理解产品组合的内涵

产品组合,是指一个企业生产或销售的全部产品线和产品项目的组合。例如,柯达公司产品组合由两条强大的产品线组成:信息和形象产品。

产品组合中包括两个因素:产品线和产品项目。产品线又称产品大类,是指一组密切相关的同类产品,一条产品线就是一个产品类别,产品线由若干产品项目组成。产品项目,是指某一产品或产品大类中各种不同品种、规格、质量、档次和价格的特定产品。例如,某企业经营家电、服装、鞋、帽等,这就是产品组合中,其中家电、服装、鞋、帽等产品大类就是产品线,即4条产品线,每条产品线中包含的具体品牌、品种就是产品项目。例如,家电品牌有海尔、长虹、伊莱克斯、格力、海信、春兰等;从品种来讲,有冰箱、空调、洗衣机、微波炉、电视机等。另外,各品牌或品种又有不同规格、型号、质量、档次等。

产品组合的分析指标一般有四个,即宽度、长度、深度和关联度。以宝洁·中国为例,表7-1列出了其产品线和产品组合。

表 7-1 宝洁·中国的产品线和产品组合

	产品组合的宽度(9)								
	洗发护发用品	个人清洁用品	护肤用品、化妆品	妇女保健用品	口腔护理用品	织物、家居护理产品	婴儿护理用品	食品、饮料	纸巾类用品
产品线的深度	飘柔	舒肤佳香皂	玉兰油护肤系列	护舒宝卫生巾	佳洁士牙膏	碧浪洗衣粉	帮宝适纸尿片	品客薯片	得宝纸巾
	潘婷	玉兰油香皂	SK-II	丹碧丝卫生棉条	佳洁士牙刷	汰渍洗衣粉			
	海飞丝	舒肤佳沐浴露				速易洁			
	沙宣	玉兰油沐浴乳				纺必适			
	润妍								

产品组合的宽度,是指产品组合中包含的产品线的多少,产品线越多,产品组合就越宽。表 7-1 表明,宝洁·中国公司有 9 条产品线,所以产品组合的宽度为 9。一般来说,拓宽产品组合的宽度,有利于扩展企业的经营领域,发挥企业的潜在优势,并可分散企业的投资风险。

产品组合的长度,是指一个企业的产品组合中所包含的产品项目的多少。在表 7-1 中,宝洁·中国产品项目总数为 22 个,所以产品组合的长度为 22。以产品项目总数除以产品线数目即可得出产品线的平均长度。表 7-1 中产品组合长度为 22,产品线为 9,故平均长度约为 2.44。一般来说,增加产品组合的长度,可以使产品线更丰满。

产品组合的深度,是指一条产品线中每一产品项目所包含的花色、规格、尺码、型号、功能、配方等的数目的多少。例如,佳洁士牙膏有三种规格和两种配方(普通味和薄荷味),所以佳洁士牙膏的深度为 6。一般来说,加深产品组合的深度,可以占领同类产品的更多细分市场,满足更广泛的市场需求。

产品组合的关联度,是指各产品线之间在最终用途、生产条件、销售渠道或其他方面相关联的程度。产品组合的相近程度大,其相关性也就大;相反,产品组合的相近程度小,其相关性也就小。例如,一电器公司有电冰箱、洗衣机、空调、微波炉等,均属电气产品,其相关性较大;另一公司,饮料、服装等,几乎没有(相关性)联系,其相关性小。一般来说,加强产品组合的相关性,则有利于发挥企业在相关专业上的经营能力,发挥连带优势,提高企业的声誉。

7.2.2 理解产品组合策略

1. 产品组合策略静态分析

产品组合策略静态分析是指企业根据市场需要及企业自身的实力,选择恰当的产品组合宽度、长度、深度及关联度来确定经营规模、范围的策略。

① 全线全面型产品组合策略,指企业着眼于向任何顾客提供其所需的一切物品。该策略要求企业尽可能地拓宽产品组合的宽度和深度,增加产品线和产品项目,取得最大的市场

覆盖面，要求企业经营能力较强，实力雄厚。

② 市场专业型策略，指企业着重于向某类专业市场（或顾客）提供所需的各种产品。该策略以满足同类顾客为出发点，重点拓宽企业产品的宽度和关联度，而组合深度较小。例如，以建筑业为主的工程机械公司，其产品组合由推土机、翻斗车、挖沟机、水泥搅拌机、压路机等产品线组成。

③ 产品线专业型策略，指企业只生产某一种类型的不同产品项目来满足市场需求。该策略产品线数目少，产品组合的深度大，且关联度大。

④ 有限产品线专业型策略，指企业只生产某一种产品线中一个或少数几个产品项目来满足市场需求，适用于中小企业。该策略产品组合宽度小，深度不大，关联性强。

⑤ 特殊产品专业型策略，指企业根据消费者的特殊需要而专门生产特殊产品的策略。该策略市场竞争威胁小，但难以拓展经营。

⑥ 特殊专业型策略，指企业凭借其特殊的生产条件而专门生产特殊产品的策略。该策略关联度大，深度大，但宽度小。

2. 产品组合策略动态分析

企业在调整和优化产品组合时，可依据不同情况采取以下策略：

① 扩大产品组合。包括拓展产品组合的宽度和加强产品组合的深度。前者指在原产品组合中增加产品线，扩大经营范围；后者指在原有产品线内增加新的产品项目。当企业预测现有产品线的销售额和盈利率在未来可能下降时，就须考虑在现有产品组合中增加新的产品线，或加强其中有发展潜力的产品线。

② 缩减产品组合。市场繁荣时期，较长较宽的产品组合会为企业带来更多的盈利机会。但是在市场不景气或原料、能源供应紧张时期，缩减产品线反而能使总利润上升，因为剔除那些获利小甚至亏损的产品线或产品项目，企业可集中力量发展获利多的产品线和产品项目。

③ 产品线延伸策略。总体来看，每一企业的产品线只占所属行业整体范围的一部分，每一产品都有特定的市场定位。例如，宝马汽车公司（BMW）所生产的汽车在整个汽车市场上属于中高档价格范围。当一个企业把自己的产品线长度延伸超过现有范围时，我们称之为产品线延伸。产品线延伸具体有向下延伸、向上延伸和双向延伸三种实现方式。

A. 向下延伸，是指在高档产品线中增加低档产品项目。实行这一决策需要具备以下市场条件之一：利用高档名牌产品的声誉，吸引购买力水平较低的顾客慕名购买此产品线中的廉价产品；高档产品销售增长缓慢，企业的资源设备没有得到充分利用，为赢得更多的顾客，将产品线向下伸展；企业最初进入高档产品市场的目的是建立厂牌信誉，然后再进入中低档市场，以扩大市场占有率和销售增长率；补充企业的产品线空白。实行这种策略也有一定的风险，如处理不慎，会影响企业原有产品特别是名牌产品的市场形象，而且有可能激发更激烈的竞争对抗。虽然新的低档产品项目可能会蚕食较高档的产品项目，但某些公司的重大失误之一就是始终不愿意填补市场上低档产品的空隙。哈利·戴维森公司的失败就在于忽视了轻型摩托车的市场。

B. 向上延伸，是指在原有的产品线内增加高档产品项目。实行这一策略的主要目的：高档产品市场具有较大的潜在成长率和较高的利润率；企业的技术设备和营销能力已具备加入高档产品市场的条件;企业要重新进行产品线定位。采用这一策略也要承担一定的风险,要改变产品在顾客心目中的地位是相当困难的,处理不慎,会影响原有产品的市场声誉。

C. 双向延伸,即原定位于中档产品市场的企业掌握了市场优势以后,向产品线的上下两个方向延伸。

【案例启示】

从六丁目108到今麦郎——华龙面产品组合策略分析

2003年,位于河北省邢台市隆尧县的华龙集团以超过60亿包的方便面产销量排在方便面行业的第二位,与"康师傅"、"统一"形成了三足鼎立的市场格局。由一个地方品牌转变成全国品牌,华龙的成功与市场定位、广告策略等不无关系,而产品策略的成功更是功不可没。

(1) 阶段产品策略。

华龙根据企业不同的发展阶段,适时地推出符合市场的产品。

① 在发展初期,目标市场定于河北省及周边省份的农村市场。由于农村市场本身受经济发展水平的制约,不可能接受高价位产品,华龙一开始就推出适合农村市场的"大众面"系列。由于超低价位,一下子为华龙打开了进入农村市场的大门,随后"大众面"系列红遍大江南北,抢占了大部分低端市场。

② 在企业发展几年后,华龙集团积聚了更多的资本和市场经验,先后推出了中档的"小康之家"、"大众三代",高档的"红红红"等产品,由此深入北方的农村市场。

③ 从2000年开始,华龙的发展更为迅速,逐渐丰富了自己的产品系列,面向全国不同市场又开发出了十几个品种、几十种规格。但在2001年,华龙抢占的仍然是中低端市场。

④ 2002年起,华龙开始走高端面路线,开发出第一个高档面品牌"今麦郎"。华龙大力开发城市市场中的中高价位市场的新策略,在北京、上海等大城市大获成功。

(2) 产品延伸策略。

① 产品延伸策略是华龙重要的产品策略。每个系列产品都有其跟进的"后代产品",如在推出六丁目之后,又推出六丁目108、六丁目120、超级六丁目;推出金华龙之后,又推出金华龙108、金华龙120;在推出东三福后,又推出东三福120、东三福130。

② 不仅对产品本身延伸,而且在统一市场注意对产品品牌进行延伸,如在东北三省推出"东三福"系列之后,又推出"可劲造"系列。

7.3 把握产品市场生命周期

7.3.1 掌握产品市场生命周期的概念及其阶段划分

产品市场生命周期是指产品从进入市场开始,直到最终退出市场为止所经历的全部时间。产品生命周期指的是产品的市场寿命,而不是使用寿命。产品只有经过研究开发、试销,然后进入市场,它的市场生命周期才算开始。产品退出市场,标志着其市场生命周期的结束。产品市场生命周期一般可分为四个阶段,即投入期(或引入期)、成长期、成熟期和衰退期(见图7-2)。

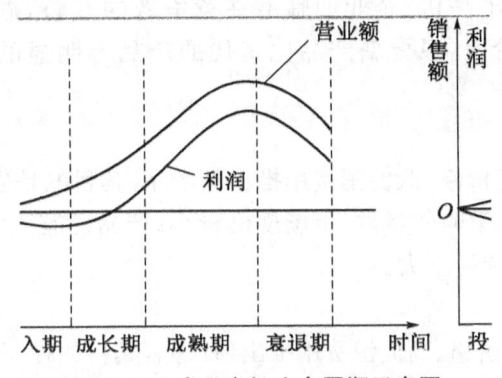

图7-2 产品市场生命周期示意图

① 投入期:产品引入市场时,销售量缓慢增长的时期。在此时期,因为产品导入市场需支付巨额费用,利润几乎不存在。

② 成长期:产品被市场迅速接受和利润大量增加的时期。

③ 成熟期:产品已被大多数的潜在顾客所接受而造成的销售增长减慢的时期。为了对抗竞争,维持产品的地位,营销费用日益增加,利润稳定或下降。

④ 衰退期:销售下降的趋势增强和利润不断下降的时期。

除了标准产品市场生命周期曲线,产品市场生命周期曲线还有其他的形态,比如,理想和最不理想产品市场生命周期曲线、"扇形"产品市场生命周期曲线、"循环—再循环"产品市场生命周期曲线等。

7.3.2 掌握产品生命周期各阶段的特点与营销策略

1. 投入期的市场营销策略

投入期的特征:生产不稳定,技术、性能需要进一步完善,生产的批量较小;产品销量少,促销费用高,制造成本高,销售利润很低甚至为负值;人们对该产品尚未接受,销售增长缓慢;市场竞争少;产品品种少;渠道还不通畅,尚未建立理想的营销渠道和高效率的分配模式。

根据这一阶段的特点,企业的着眼点应是建立新产品的知名度,广泛宣传,大力推销,吸引潜在顾客的注意和试用,争取打通分销渠道,占领市场。具体策略主要有:① 进行大规模广告宣传,扩大产品的知名度,建立产品信誉;② 利用现有产品辅助发展的办法,用名牌产品提携新产品;③ 利用促销手段,诱导试用的办法;④ 给经营产品的批发、零售或其他类型后续经销企业加大折扣,刺激中间商积极推销。

在产品的投入期,一般可以由产品、分销、价格、促销四个基本要素组合成各种不同的市场营销策略。仅将价格高低与促销费用高低结合起来考虑,就有下面四种策略。

(1) 快速撇脂策略

快速撇脂策略即以高价格、高促销费用推出新产品。实行高价策略可在每单位销售额中获取最大利润,尽快收回投资;高促销费用是为了引起目标市场的注意,能够快速建立知名度。实施这一策略,可以赚取较大的利润,尽快收回新产品开发的投资。实施这一策略须具备以下条件:产品有较大的需求潜力;目标顾客求新心理强,急于购买新产品并愿意为此付出高价;企业面临潜在竞争者的威胁,需要及早树立品牌形象。一般而言,在产品投入阶段,只要新产品比替代的产品有明显的优势,市场对其价格就不会那么计较。

(2) 缓慢撇脂策略

缓慢撇脂策略即以高价格、低促销费用推出新产品,其目的是以尽可能低的费用开支求得更多的利润。实施这一策略的条件:市场规模较小;产品已有一定的知名度;目标顾客愿意支付高价;潜在竞争的威胁不大。

(3) 快速渗透策略

快速渗透策略即以低价格、高促销费用推出新产品,其目的在于先发制人,以最快的速度打入市场,取得尽可能高的市场占有率。然后再随着销量和产量的扩大,使单位成本降低,取得规模效益。实施这一策略的条件:该产品市场容量相当大;潜在消费者对产品不了解,且对价格十分敏感;潜在竞争较为激烈;产品的单位制造成本可随生产规模和销售量的扩大迅速降低。

(4) 缓慢渗透策略

缓慢渗透策略即以低价格、低促销费用推出新产品。低价可扩大销售,低促销费用可降低营销成本,增加利润。这种策略的适用条件:市场容量很大;市场上该产品的知名度较高;市场对价格十分敏感;存在某些潜在的竞争者,但威胁不大。

2. 成长期的市场营销策略

新产品经过市场投入期以后,消费者对该产品已经熟悉,消费习惯已形成,销售量迅速增长,这种新产品就进入了成长期。

(1) 产品成长期的主要特点

① 销售量迅速上升。早期采用者形成消费习惯,多数中间消费者和用户也已接受。

② 竞争者受大规模生产和盈利吸引,数量增多。随着竞争的加剧,新的产品特性开始出现,产品市场开始细分,分销渠道增加。

③ 随着销售量的增大,企业生产规模也逐步扩大,质量日趋稳定,产品成本逐步降低,企业利润迅速增长。

④ 市场前景看好。虽然仍要维持甚至提高促销力度以对抗竞争,但是需求增长和销量扩大,价格可以保持在原有水平或略有降低,促销费用所占比例开始下降。促销成本由更大销量分摊,单位成本比价格下降得更快,利润增加。

(2) 成长期的营销策略

针对成长期的特点,企业为维持其市场增长率,延长获取最大利润的时间,可以采取下面几种策略:

① 改善产品品质。例如,增加新的功能,改变产品款式,发展新的型号,开发新的用途等。对产品进行改进,可以提高产品的竞争能力,满足顾客更广泛的需求,吸引更多的顾客。

② 寻找新的细分市场。通过市场细分,找到新的尚未满足的细分市场,根据其需要组织生产,迅速进入这一新的市场。

③ 改变广告宣传的重点。把广告宣传的重心从介绍产品转到建立产品形象上来,树立产品名牌,维系老顾客,吸引新顾客。

④ 适时降价。在适当的时机,可以采取降价策略,以激发那些对价格比较敏感的消费者产生购买动机并采取购买行动。

企业采用上述部分或全部市场扩张策略,会加强产品的竞争能力,但也会相应地加大营销成本。因此,在成长阶段,面临着"高市场占有率"或"高利润率"的选择。一般来说,实施市场扩张策略会减少眼前利润,但加强了企业的市场地位和竞争能力,有利于维持和扩大企业的市场占有率,从长期利润观点来看,更有利于企业发展。

3. 成熟期的市场营销策略

进入成熟期以后,产品的销售量增长缓慢,逐步达到最高峰,然后缓慢下降;产品的销售利润也从成长期的最高点开始下降;市场竞争非常激烈,各种品牌、各种款式的同类产品不断出现。

对成熟期的产品,宜采取主动出击的策略,使成熟期延长,或使产品生命周期出现再循环。为此,可以采取以下三种策略。

(1) 市场调整

这种策略不是要调整产品本身,而是发现产品的新用途,寻求新的用户或改变推销方式等,以使产品销售量得以扩大。

第一,争取更多顾客使用。

① 转化未使用者,使从未使用过的潜在顾客转变为该类产品的使用人。比如,航空公司要增加其航空服务,可以通过比较广告说明空运比陆地运输有什么优点。

② 进入新的细分市场。例如,强生企业将其婴儿洗发精或婴儿食品改换包装后,向成年人市场推出。

③ 争取对手顾客,吸引那些使用该产品,但未使用该品牌的潜在顾客改换品牌。

第二,增加现有顾客购买或使用。

① 提高使用率。例如,牙膏厂家说服顾客,由每天刷牙两次改为三次。

② 增加每次用量。例如,生产洗发香波的厂家,向顾客证明每次用其洗发两遍比一遍效果更佳。

③ 增加新的或更广的用途。例如,食品企业在包装上印有该食品多种烹制方法,使顾客了解这种产品的所有用法。

(2) 产品调整

这种策略是通过产品自身的调整来满足顾客的不同需要,吸引有不同需求的顾客。整体产品概念的任何一层次的调整都可视为产品再推出,包括改进产品质量、改进产品特性、改进产品款式、改进产品服务。

(3) 市场营销组合调整

市场营销组合调整即通过对产品、价格、渠道、促销四个市场营销组合因素加以综合调整,刺激销售量的回升。常用的方法包括降价、提高促销水平、扩展分销渠道和提高服务质量等。

4. 衰退期的市场营销策略

衰退期的主要特点：产品销售量急剧下降；企业从这种产品中获得的利润很低甚至为零；大量的竞争者退出市场；消费者的消费习惯已发生改变等。面对处于衰退期的产品，企业需要进行认真的研究分析，决定采取什么策略，在什么时间退出市场。通常有以下几种策略可供选择。

（1）维持策略

继续沿用过去的策略，仍按照原来的细分市场，使用相同的分销渠道、定价及促销方式，直到这种产品完全退出市场为止。

（2）集中策略

把企业能力和资源集中在最有利的细分市场和分销渠道上，从中获取利润。这样有利于缩短产品退出市场的时间，同时又能为企业创造更多的利润。

（3）收缩策略

抛弃无希望的顾客群体，大幅度降低促销水平，尽量减少促销费用，以增加目前的利润。这样可能导致产品在市场上的衰退加速，但也能从忠实于这种产品的顾客中得到利润。

（4）放弃策略

对于衰退比较迅速的产品，应该当机立断，放弃经营。可以采取完全放弃的形式，如把产品完全转移出去或立即停止生产；也可采取逐步放弃的方式，使其所占用的资源逐步转向其他产品。

产品市场生命周期各阶段特点与营销目标，如表7-2所示。

表7-2 产品市场生命周期各阶段特点与营销目标

	投入期	成长期	成熟期	衰退期
销售量	低	剧增	最大	衰退
销售速度	缓慢	快速	减慢	负增长
成本	高	一般	低	回升
价格	高	回落	稳定	回升
利润	亏损	提升	最大	减少
顾客	创新者	早期使用者	中间多数	落伍者
竞争	很少	增多	稳中有降	减少
营销目标	建立知名度，鼓励试用	最大限度地占有市场	保护市场，争取最大利润	压缩开支，榨取最后价值

【案例启示】

J牌小麦啤酒市场生命周期延长策略

国内某知名啤酒集团针对啤酒消费者对啤酒口味需求日益趋于柔和、淡爽的特点，积极利用公司的人才、市场、技术、品牌优势,进行小麦啤酒研究,2000年利用其专利科技成果开发出具有国内领先水平的J牌小麦啤。这种产品泡沫更加洁白细腻,口味更加淡爽柔和,更加迎合啤酒消费者的口味需求,一经上市在低迷的啤酒市场上掀起一场规模宏大的J牌小麦啤消费的概念消费热潮。

该集团把小麦啤定位于零售价2元/瓶的中档产品,包装为销往城市市场的500 mL专利异型瓶装和销往农村、乡镇市场的630 mL普通瓶装两种。合理的价位、精美的包装、全新的口味、高密度的宣传使J牌小麦啤酒2000年5月上市后,迅速风靡市场,当年销量超过10万吨,成为该集团一个新的经济增长点。由于上市初期准确的市场定位使J牌小麦啤迅速从诞生期过渡到高速成长期。

高涨的市场需求和可观的利润回报使竞争者也随之发现了这座金矿,一些中小啤酒企业纷纷上马生产小麦啤酒,而且基本上都是外包装抄袭J牌小麦啤,酒体仍然是普通啤酒,口感较差,但凭借1元左右的超低价格,在农村及乡镇市场迅速铺开。这很快造成小麦啤酒市场竞争秩序严重混乱,J牌小麦啤的形象遭到严重损害,市场份额也严重下滑,形势非常严峻。J牌小麦啤因此而从高速成长期,一部分市场迅速进入了成熟期,销量止步不前,而一部分市场由于杂牌小麦啤酒低劣质量的严重影响,消费者对小麦啤不再信任,J牌小麦啤销量也急剧下滑,产品提前进入了衰退期。

面对严峻的市场形势,决策者经过冷静的思考和深入的市场调查后认为:小麦啤酒是一个技术壁垒非常强的高新产品,竞争对手在短期内很难掌握此项技术,也就无法缩短与J牌小麦啤之间的质量差异;小麦啤酒的口味迎合了当今啤酒消费者的流行口味,整个市场有较强的成长性,市场前景是非常广阔的。所以选择维持与放弃策略都是一种退缩和逃避,失去的将是自己投入巨大的心血打下的市场,实在可惜,而且研发新产品、开发其他的目标市场,研发和市场投入成本很高,市场风险性很大,如果积极采取有效措施,调整营销策略,提升J牌小麦啤的品牌形象和活力,使其获得新生,重新退回到成长期或直接过渡到新一轮的生命周期,自己将重新成为小麦啤酒的市场引领者。

事实上,通过该集团准确的市场判断和快速有效的资源整合,使得J牌小麦啤化险为夷,重新夺回了失去的市场,J牌小麦啤重新焕发出强大的生命活力,重新进入高速成长期,开始了新一轮的生命周期循环。

7.4 制定品牌策略

7.4.1 理解品牌的内涵

1. 品牌的概念

品牌是整体产品的重要组成部分,具有较广泛的含义。根据美国市场营销学协会的定义:"品牌是一个名字、名词、符号和设计,或者是以上四种之组合,用以识别一个或一群出售者之产品或劳务,以之与其他竞争者相区别。"组成品牌的有关因素有以下三个方面。

(1) 品牌名称

品牌名称是指品牌中可以用语言称呼的部分,如"新飞"、"康佳"、"春都"等。

(2) 品牌标记

品牌标记是指品牌中可以识别,但难以用语言称呼的部分,如一种特殊的符号、设计、颜色或印字。

(3) 商标

商标是指在政府有关部门依法登记注册后,受到法律保护的整个品牌或品牌中的某一部分。

2. 品牌的作用

(1) 有利于识别产品

这是品牌最基本的作用,也是企业赋予产品品牌的出发点。市场上产品众多,顾客在购买产品时,往往是根据品牌加以区分的。同时,消费者需要对产品进行维修、保养、更换配件等,也是依据品牌而来的。对于企业而言,有利于产品信息的反馈,加强产品的管理和及时调整产品策略。

(2) 有利于广告宣传和树立企业及其产品形象

品牌是企业形象和信誉的表现形式,消费者一见到某种产品的品牌,便会迅速想到产品的生产者、质量与特色,刺激消费者产生购买欲望。

(3) 有利于产品组合的扩充

可以在品牌的产品线中增加新的产品项目,使新产品容易为消费者所接受。

(4) 有利于扩大市场占有率

品牌的建立可以吸引消费者重复购买,也可以防止假冒伪劣产品的侵害,扩大市场份额。

(5) 有利于监督、提高企业产品的质量

无论是创立名牌还是保住名牌,品牌都是公众监督产品质量的重要手段。

3. 品牌的内容

一个品牌能表达出以下六层意思。

(1) 属性

一个品牌首先给人带来特定的属性。例如,别克车表现出价格昂贵、制造优良、工艺精良、耐用、高声誉、快捷等属性。

(2) 利益

属性需要转化成功能和利益。顾客不是购买属性,而是购买利益。例如,属性"价格昂贵"可以转换成情感利益"这车帮助我体现了重要性和令人羡慕",属性"耐用"可以转化为功能利益"我可以几年不买车了"。

(3) 价值

品牌还体现了该制造商的某些价值感。例如,别克车体现了高性能、安全、威信等。

(4) 文化

品牌可能附加象征一定的文化。例如,别克意味着美国文化——汽车的高效率和高品质以及个人身份的象征。

(5) 个性

品牌代表了一定的个性,使它区别于其他竞争者的产品。

(6) 使用者

品牌还体现了购买或使用这种产品的是哪一种消费者。例如，别克车，我们希望看到的是一位高级经理坐在车上，而非一位 20 岁的妙龄女子。

7.4.2 设计品牌

1. 品牌命名的原则

(1) 易读、易记原则

在商品品牌的汪洋大海中，要想使品牌被消费者记住，首要的一点是品牌名称应让消费者易读、易记。品牌名称只有易读、易记，才能高效地发挥它的识别功能和传播功能。

(2) 暗示产品属性原则

品牌名称还可以暗示产品某种性能和用途。例如，"999 胃泰"，它暗示该产品在医治胃病上的专长，类似的还有"捷达"轿车、"洁银"牙膏、"美尔雅"服装等。

(3) 启发品牌联想原则

正如人的名字普遍带有某种寓意一样，品牌名称也应包含与产品或企业相关的寓意，让消费者能从中得到有关企业或产品的愉快联想，进而产生对品牌的认知或偏好。品牌名称应能让人引发积极的品牌联想，如"孔府家酒"：悠久的历史，灿烂的文化，中国的儒文化。相反，如果品牌命名不当，容易引起人们的反感，甚至引起法律纠纷。又如兔牌樟脑在澳大利亚滞销，就是由于在该国野兔被视为破坏草原的害兽，消费者在感情上难以接受。

(4) 与标识物相配原则

品牌标识物是指品牌中无法用语言表达但可被识别的部分，当品牌名称与标识物相得益彰、相映生辉时，品牌的整体效果会更加突出。如今，有些还在牙牙学语的幼儿只要看到麦当劳醒目的黄色"M"时，便会想到要吃汉堡包。

(5) 适应市场环境原则

不同国家或地区的消费者因民族文化、宗教信仰、风俗习惯、语言文字等的差异，使得消费者对同一品牌名称的认知和联想是截然不同的。因此，品牌名称要适应目标市场的文化价值观念。在品牌全球化的趋势下，品牌名称应具有世界性。企业应特别注意目标市场的文化、宗教、风俗习惯及语言文字等特征，以免因品牌名称在消费者中产生不利的联想。

(6) 要注意保持品牌的稳定性

企业在设计品牌时应有长远眼光，经常变动的品牌不可能享有卓著的声誉，而享有盛誉的品牌更是企业的无形财富，起到强有力的推销作用，因此品牌不可轻易变动。例如，"可口可乐"，该品牌自从问世以来从未改变，几乎已成为美国文化的一种象征。

(7) 受法律保护原则

品牌名称受到法律保护是品牌被保护的根本。产品在命名时就应遵循相关的法律条款。品牌名称的选定首先要考虑该品牌名称是否有侵权行为。

2. 品牌命名的策略

品牌命名的目的是让品牌名称尽可能直接地服务于营销，有以下几个基本的策略需要考虑。

(1) 目标市场策略

这项策略根据目标市场的特征(包括人口统计、心理和行为等)进行命名,在具体做法上是让品牌名称发挥暗示作用,暗示产品消费对象或迎合目标对象所处的特定文化背景和心理需要。

(2) 产品定位策略

产品定位策略是让品牌名称引发消费者对产品特征、利益、使用场合、档次(价格)和其所属类别的有利联想。

(3) 当地化与全球化的选择策略

随着全球经济一体化和跨国营销的发展,品牌命名必须考虑全球通用的策略。一个完善的品牌名称应当易于为世界上尽可能多的人发音、拼写、认知和记忆,在任何语言中都没有贬义,这样才利于品牌名称在国际市场上的传播。在品牌命名上,首先要考虑如何使品牌名称适合当地。一种办法是为当地营销的产品取个独立的品牌名,也可把原有的品牌名翻译成适应当地的做法。NIKE在中国翻译成"耐克"而不是"奈姬"、"娜基"之类,就在于它显示了一个清楚的含义:经久耐用、克敌制胜,与原意"胜利女神"不谋而合。另一种办法是从一开始就选择一个全球通用的名称。

3. 品牌标志设计

(1) 品牌标志设计的原则

品牌标志是指品牌中可以被识别,但不能用语言表达的部分,也可以说它是品牌图形记号,如可口可乐的红颜色圆柱曲线、麦当劳的黄色"M"以及迪士尼公园的富有冒险精神、正直诚实、充满童真的米老鼠等。

品牌标志与品牌名称都是构成完整的品牌概念的要素。品牌标志自身能够创造品牌认知、品牌联想和消费者的品牌偏好,进而影响品牌体现的质量与顾客的品牌忠诚度。

品牌标志是一种"视觉语言"。它通过一定的图案、颜色来向消费者传输某种信息,以达到识别品牌、促进销售的目的。因此,在品牌标志设计中,除了最基本的平面设计和创意要求外,还必须考虑营销因素和消费者的认知、情感心理。这些方面构成了品牌设计的五大原则。

(2) 品牌标志的设计方法

品牌标志设计是在一定的原则前提下,选择特定的表现元素,结合创意手法和设计风格而成。典型的设计方法有两种:文字和名称的转化、图案的象征寓意。它们产生三类设计标志:文字型、图案型以及文图结合型。

① 文字和名称的转化。文字(包括西方文字和中国汉字)和名称的转化方法是直接运用一些文字符号或单纯的图形作为标志的组成元素。所采用的字体符号可以是品牌名称,也可以是品牌名称的缩写或代号。这种方法的优点是识别力强,便于口碑传播,容易为消费者理解。在创意上,为了增强其美感和可接受性,往往借助象征、装饰点缀和色彩的力量。这方面成功的设计有红旗轿车的"红旗"标志、冰川牌羽绒服的"冰川"图案、李宁体育用品的"L"标志、麦当劳的"M"标志、施乐的"X"标志等。

② 图案的象征寓意。以图形或图案作为标志设计的元素,都是采用象征寓意的手

法,进行高度艺术化的概括提炼,形成具有象征性的形象。图形标志因为其视觉意念较易被人理解接受,故也得到普遍运用。例如,美国雷诺兹公司推出的世界名牌"骆驼"香烟,其标志采用一只傲视俗世的骆驼驻足沙海;苹果电脑公司采用彩色苹果图案;雀巢公司使用"两只小鸟依偎在巢旁"的图案,形象鲜明生动;我国的"太阳神"牌保健品以简练、强烈的圆形(象征太阳)与三角形("人"字形)组合而成,寓意公司健康向上、以人为本的经营理念。

【知识扩展】

《商标法》的有关规定

第十条 下列标志不得作为商标使用:

(一)同中华人民共和国的国家名称、国旗、国徽、国歌、军旗、军徽、军歌、勋章等相同或者近似的,以及同中央国家机关的名称、标志、所在地特定地点的名称或者标志性建筑物的名称、图形相同的;

(二)同外国的国家名称、国旗、国徽、军旗等相同或者近似的,但经该国政府同意的除外;

(三)同政府间国际组织的名称、旗帜、徽记等相同或者近似的,但经该组织同意或者不易误导公众的除外;

(四)与表明实施控制、予以保证的官方标志、检验印记相同或者近似的,但经授权的除外;

(五)同"红十字"、"红新月"的名称、标志相同或者近似的;

(六)带有民族歧视性的;

(七)带有欺骗性,容易使公众对商品的质量等特点或者产地产生误认的;

(八)有害于社会主义道德风尚或者有其他不良影响的。

县级以上行政区划的地名或者公众知晓的外国地名,不得作为商标。但是,地名具有其他含义或者作为集体商标、证明商标组成部分的除外;已经注册的使用地名的商标继续有效。

第十一条 下列标志不得作为商标注册:

(一)仅有本商品的通用名称、图形、型号的;

(二)仅直接表示商品的质量、主要原料、功能、用途、重量、数量及其他特点的;

(三)其他缺乏显著特征的。

前款所列标志经过使用取得显著特征,并便于识别的,可以作为商标注册。

7.4.3 决定品牌策略

品牌决策是企业经营者对其生产或经销的商品品牌有关事项所做的选择和决定,如图7-3所示。

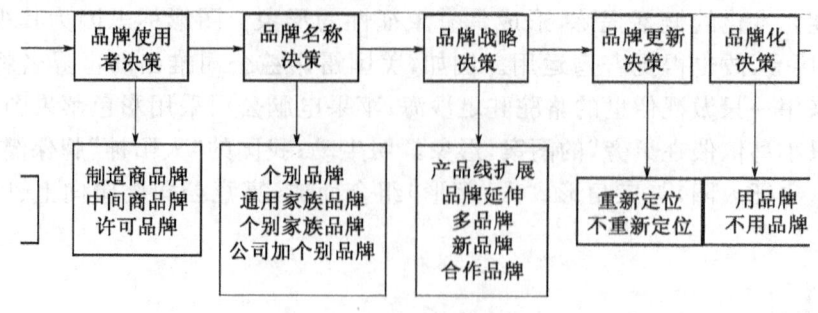

图7-3 品牌决策一览表

1. **品牌化决策**

所谓品牌化,就是企业的营销部门是否给其销售的产品确定相应的品牌。现代市场绝大部分产品都使用品牌,包括越来越多传统不用品牌的产品(如食盐)也出现了品牌化倾向。当然,为了节约成本费用,有些产品仍不使用品牌。近年,超市也出现了不用品牌的现象,这主要是为了降低价格,扩大销量。

2. **品牌使用者决策**

制造商如果决定给一个产品加上品牌,通常会面临三种品牌使用者选择。由于消费者对所要购买的产品并不具备充分的选购知识,所以消费者在购买产品时除了以产品的制造商的品牌作为选择依据外,还根据中间商的品牌,即在什么商店购买。当然消费者是希望购买具有良好信誉的商家出售的产品,因此产品制造商就需衡量品牌在市场上的声誉,在采用谁的品牌上做出选择。一般来说,如果企业在一个新的市场上销售产品,或者市场上本企业的信誉不及其中间商的信誉,则适宜采用中间商的品牌;等到这种产品已为市场接受后,取得消费者的信任,也可以转而使用制造商的品牌,或者同时使用中间商品牌和制造商品牌。

① 制造商可以决定使用自己的品牌,这种品牌叫作制造商品牌、生产者品牌、全国性品牌。

② 制造商还可以决定将其产品大批量地卖给中间商,中间商再用自己的品牌将货物转卖出去,这种品牌叫作中间商品牌、私人品牌。

③ 制造商还可以决定有些产品用自己的品牌,有些用中间商品牌。大多数制造商都创立自己的品牌。

④ 有些享有盛誉的制造商将其著名商标租借给别人使用,收取一定的特许使用费(因为注册商标也是一种工业产权)。例如,美国清教徒时装公司在20世纪70年代初生产40多种低价服装,但其销售不畅。后来,这家公司决定其生产的牛仔裤类使用卡尔温·克雷因设计师的商标,按其销售额付给卡尔温·克雷因15%的特许权使用费。结果,其销量迅速上升,牛仔裤类的税前利润率高达13%。这种品牌叫作许可品牌。

3. **品牌名称决策**

产品使用品牌的制造商和中间商必须选择产品的品牌名称。

(1) 个别品牌

企业决定其各种不同的产品分别使用不同的品牌名称。企业采取个别品牌名称决策的主要好处:企业的整个声誉不致受其某种商品的声誉的影响。例如,如果某企业的某种产品失败了,不会影响其他品牌;某企业原来一向生产某种高档产品,后来推出较低档的产品,如果这种新产品使用自己的品牌名称,这样也不会影响企业的其他产品的声誉。当企业的产品品种较多,生产条件、技术专长等在各种产品上又有较大差别时,采用这一策略较为有利。这种策略的缺点主要是品牌业务的工作量较大,相关的费用比较高,创立名牌需要付出较多的努力和较长的时间。

(2) 通用家族品牌

通用家族品牌,又称统一品牌,即企业决定其所有的产品都统一使用一个品牌名称。例如,通用电器公司的所有产品都统一使用"GE"这个品牌名称。这种策略可以节省品牌设计费用,提高广告效果,树立企业形象,有利于商品的销售,有利于利用名牌产品的良好信誉消除消费者对新产品的不信任感,在推出新产品的时候比较容易为消费者所接受,可迅速将新产品推向市场,这样企业宣传介绍新产品的费用开支较低。如果企业的整体形象比较好,则其各种产品均可从中得益。统一品牌,由于只有一个品牌,可以避免耗费大量财力去设计和运营多品牌,因而节省了经费。但其存在一定的缺点:如果同一品牌下的某一种产品发生了问题,导致其在消费者心目中的地位下降,则可能会累及其他类型的产品。此外,在各类产品之间差异性较大的时候,容易使消费者感到无所适从。例如,三九胃泰(胃药)和 999 啤酒,一般人会对此产生疑惑,三九胃泰是健胃的,而啤酒喝多了则会伤胃。两种产品出自同一厂家,往往会产生某种误会,不利于品牌形象的建立。

利用这种策略,企业必须具备以下两个条件:这种品牌必须在市场上已经获得一定信誉;采用统一品牌的各种产品要具有相同的水平,否则会因某产品质量不佳而影响整个企业形象。

(3) 个别家族品牌

个别家族品牌是指各大类产品单独使用不同的品牌名称。这主要是因为:一是企业生产或销售许多不同类型的产品,如果都统一使用一个品牌名称,这些不同类型的产品就容易互相混淆。例如,斯威夫特公司同时生产火腿和化肥,这是两种截然不同的产品,需要使用不同的品牌名称,以免互相混淆。二是有些企业虽然生产或销售同一类型的产品,但是,为了区别不同质量水平的产品,往往也分别使用不同的品牌名称。例如,大西洋和太平洋茶叶公司所经营的各种食品,一等品的品牌名称为"安·帕格(Ailn Page)",二等品的品牌名称为"苏坦娜(Sultana)",三等品的品牌名称为"伊欧娜(Iona)"。

(4) 公司与个别品牌名称并用

公司与个别品牌名称并用,即企业决定其各种不同的产品分别使用不同的品牌名称,而且各种产品的品牌名称前面还冠以企业名称。例如,美国凯洛格公司就采取这种决策,推出"凯洛格米饼"、"凯洛格葡萄干"。企业采取这种决策的主要好处:在各种不同新产品的品牌名称前冠以企业名称,可以使新产品合法化,能够享受企业的信誉,而各种不同的新产品分别使用不同的品牌名称,又可以使各种不同的新产品具有不同的特色。

4. 品牌战略决策

(1) 产品线扩展

产品线扩展是指公司在同样的品牌名称下面,在相同的产品种类中引进增加的项目内容。

(2) 品牌延伸

品牌延伸是指企业利用其成功品牌名称的声誉来推出改良产品或新产品,包括推出新的包装规格、香味和式样等。还有一种品牌扩展,即企业在其耐用品类的低档产品中增加一种式样过于简单的产品,以宣传其品牌中各种产品的基价很低。

(3) 多品牌

所谓多品牌,是指企业决定同时经营两种或两种以上互相竞争的品牌。这种决策是宝洁公司首创的。在第二次世界大战以前,该公司的潮水牌洗涤剂畅销;1950 年公司又推出快乐牌洗涤剂。快乐牌虽然抢了潮水牌的一些生意,但是两种品牌的销售总额却大于只经营潮水一个品牌的销售额。现在,宝洁公司生产 8 种不同品牌的洗涤剂。由于宝洁公司这种决策很成功,因此许多制造商步宝洁的后尘,也采取多品牌决策。

制造商采取多品牌决策的主要原因:一是多种不同的品牌只要被零售商店接受,就可占用更大的货架面积,而竞争者所占用的货架面积当然会相应减小。二是多种不同的品牌可吸引更多顾客,提高市场占有率。这是因为一贯忠诚于某一品牌而不去考虑其他品牌的消费者是很少的,大多数消费者都是品牌转换者。发展多种不同的品牌,才能赢得这些品牌转换者。三是发展多种不同的品牌有助于在企业内部各个产品部门、产品经理之间开展竞争,提高效率。四是发展多种不同的品牌可使企业深入到各个不同的细分市场,占领更大的市场。

在决定是否引进其他品牌时,制造商必须考虑下列问题:是否能为该品牌建立独特的历史;该独特历史是否可信;该新品牌会夺走本企业其他品牌及竞争者多少销售量;产品开发与促销费用能否从新品牌的销售额中收回来。

需要特别注意的是,在推出多种品牌时,可能每种品牌都只有很小的市场占有率,而没有一个特别获利的。这样,企业的资源就会浪费于许多片面成功的品牌,而不是集中精力用于少数品牌。在这种情况下,企业必须放弃较弱的品牌,并严格选择可资推出的新品牌。一个企业的品牌应该能击败竞争者的品牌,而不是内部品牌互相竞争。

(4) 新品牌

当企业在产品目录上推出一种产品,它可能发现原有的品牌名不适合它,从而对新产品使用新名称。

(5) 合作品牌

合作品牌,也称双重品牌,是指两个或更多的品牌在一个产品上联合起来。

5. 品牌更新决策

当出现下列情况时,公司需要进行重新定位决策:

① 竞争者或许已经推出与公司的品牌十分接近的品牌,从而侵占了公司的市场占有率;

② 消费者的偏好已经改变,以致对于公司原有品牌的需求降低。

在引入新品牌之前,营销人员首先应该考虑是否只需要将既有的品牌重新定位。重新定位决策意味着可以继续利用过去的营销努力以及所建立起来的品牌认知率和消费者的忠诚性。

品牌重新定位往往要求重新对市场进行细分,按照一般市场定位的要求,确定公司品牌的最佳定位。在做出品牌重新定位决策的选择时,高层管理人员必须考虑以下因素的影响:① 将品牌转移到另一细分市场所需的费用。具体的费用项目包括产品品质改变费、包装费、广告费等。一般而言,重新定位与原有定位偏离越大,所需的投资越多。② 定位于新位置的品牌能获得多少收益。重新定位后品牌的收益大小取决于偏好细分市场上的消费者人数、消费者的平均购买率、在同一细分市场内竞争者的数量和实力,以及在该细分市场中为品牌所付出的代价。

【案例启示】

联合利华公司的品牌优化策略

1999年,联合利华拥有1 600多个独立品牌。联合利华的一些知名品牌包括立顿红茶、Snuggle 衣服柔软剂、Ragu 番茄酱、Bird-Eye 冷冻食品、豪清牙膏、CK 香水和多芬个人护理产品,但超过90%的利润来自400个品牌。2003年,公司宣布开展"成长通路"计划,通过削减四分之三的品牌,从品牌划分中获得了大量利润。公司计划保留全球品牌(如立顿)和区域性品牌(如在英国的主要洗涤剂品牌 Persil)。联合利华的联合主席尼尔·菲茨杰拉德采用削减品牌的方法来创造利润,他说:"吸引了光和空气的花将长得更好。"

并不只是联合利华这样做。全世界的多品牌公司正试图优化其品牌划分。在这个时候,这样做能使企业更关心它们的核心品牌的成长,在最独到和最精心打造的品牌上集中精力和资源。孩之宝(Hasbro)设计了一系列核心玩具品牌,包括 GLJOE、变形金刚和小马宝莉(MY LITTLE PONY),来强化它的市场营销。宝洁的"回归根本战略"集中了它价值10亿美元的12个品牌,如汰渍、佳洁士、帮宝适和品客。

同时,公司应该小心,以避免过分依赖现有品牌而失去新品牌。卡夫在2000年前半年在已有产品线基础上又引进一条产品线来延伸品牌,结果一些延伸品牌以失败告终。趣多多(Chips Ahoy)的品牌延伸,一些新产品吃起来怪怪的,又太贵。因此,延伸发展意味着公司在市场上错失向健康趋势发展获益的机会。

7.5 制定包装策略

7.5.1 理解包装的概念与作用

1. 包装的概念

包装是指产品的容器或外部的包扎物。绝大多数产品都需要包装,包装反映了产品的外在质量。现代市场营销过程中的包装已经远远超出作为容器保护产品的作用,而成为促进和扩大产品销售的重要因素之一。产品包装一般分为三个层次。

(1) 内包装

内包装又称销售包装。它是产品的直接容器或包装物,随同产品一起卖给顾客,如香烟的小纸盒、啤酒瓶、墨水瓶等。

（2）中层包装

中层包装用来保护内包装和促进销售，如酒瓶外的纸盒。

（3）外包装

外包装也称运输包装或储运包装，它是为了便于储存、搬运和辨认产品的包装，如装运酒的纸板箱。

此外，附在产品包装上的标签也是包装的组成部分，用来说明产品名称、成分、用法、质量标准、生产厂家、使用有效期、生产日期等与买方利益有关的信息。

2. 包装的作用

在现代市场营销中，包装的功能与作用越来越大，主要有以下几种。

（1）保护商品

保护商品的安全是包装最基本的作用。保护功能是指保护内容物，使其不受外来冲击，防止因光照、潮湿等造成内容物的损伤或变质。

（2）方便使用

运输包装有利于产品的合理堆码、装卸、存贮；销售包装便于消费者使用。

（3）促进销售功能

消费者购买产品的方式与产品的陈列方式发生了巨大的变化，消费者根据包装来对产品购买产生第一印象，产品包装的好坏直接影响着产品的销售。因此，我们说包装是产品的"无声的推销员"。销售包装促进销售主要是通过以下三个方面实现的：通过包装给消费者以信息指示，包装应以图案、文字显示包装物内所装商品的种类、规模、型号、式样以及商品的性能、特点、使用方法等内容；通过包装美化商品，包装作为商品的外观，应能起到美化商品，改进商品外观形象，促进消费者购买的作用；通过包装使消费者产生联想，包装能间接地反映商品的潜在效果，引发消费者的种种联想，激发其购买兴趣。

7.5.2　设计包装

进行包装设计时，应坚持以下原则：

① 要执行有关法规。我国政府制定颁布的《消费品使用说明总则》、《工业产品质量条例》、《产品质量法》等法规，对产品包装设计都有明确的要求。包装的设计不能与有关法律相冲突。

② 包装应与商品的价值或质量相适应。包装与商品的价值应该是一致的，在现实生活中，切忌过度包装和低廉包装。过度包装增加了消费者的负担，而过于低廉的包装不能激发消费者的购买欲望。

③ 包装应能显示商品的特点或独特风格。包装设计应与商品的工艺特点相符，注意消费者追求新颖、美观、高贵的心理。

④ 包装应方便消费者购买、携带和使用。

⑤ 包装上的文字说明应实事求是，使消费者在购买商品时能做出正确的选择，而不至于盲目购买。

⑥ 包装装潢应给人以美感。
⑦ 包装装潢上的文字、图案、色彩等不能和目标市场的风俗习惯、宗教信仰发生抵触。

7.5.3 包装的策略

1. 类似包装策略

企业对其生产的产品采用相同的图案、近似的色彩、相同的包装材料和相同的造型进行包装,便于顾客识别出本企业产品。对于忠实于本企业的顾客,类似包装无疑具有促销的作用,企业还可因此而节省包装的设计、制作费用。但类似包装策略只能适宜于质量相同的产品,品种差异大、质量水平悬殊的产品则不宜采用。

2. 配套包装策略

配套包装策略又称相关包装策略,是指按各国消费者的消费习惯,将数种有关联的产品配套包装在一起成套供应,便于消费者购买、使用和携带,还可扩大产品的销售。同时,有利于新产品的推广,在配套产品中加进某种新产品,可使消费者不知不觉地习惯使用新产品,有利于新产品上市和普及。

3. 再使用包装策略

再使用包装是指包装内的产品使用完后,包装物还有其他的用途。例如,各种形状的香水瓶可作装饰物,精美的食品盒也可被再利用等。这种包装策略通过给消费者额外利益而扩大产品销售,而且包装物的重复使用也起到了对产品的广告宣传作用。但应谨慎使用该策略,避免因成本加大引起产品价格过高而影响产品的销售。

4. 附赠品包装策略

在商品包装物内附赠奖券或实物,或包装本身可以换取礼品,吸引顾客的惠顾效应,促进重复购买。我国出口的"芭蕾珍珠膏",每个包装盒内附赠珍珠别针一枚,顾客购满50盒产品,就可以串成一条美丽的珍珠项链,这使珍珠膏在国际市场十分畅销。

5. 多种包装策略

当企业经营的各种产品质量存在较大差别时,企业对不同档次、不同质量、不同等级的产品分别采用不同的包装,而对质量水平相近的产品采用一种包装。采用不同包装方便消费者选购,也能够减小由于某一种产品销售失败而对其他产品信誉产生的影响。但是,多种包装策略会增加包装设计费用和新产品的促销费。

6. 等级包装策略

等级包装策略即对一种商品根据不同层次的消费者需要而采用不同等级的包装。这种策略主要以消费者的购买水平和满足不同消费者的购买心理而定。在消费市场中,各消费者购买动机都不尽相同,有些消费者只是将购来的物品作为自己消费,对于商品包装看得并不十分重要,因此这类包装尽可能简化一些,一般可采用中低档包装形式;有些消费者购物的目的则是作为礼品馈赠亲朋好友,十分注重商品的包装,因此这类的包装就应该突显出高档华贵。针对不同的消费者对商品包装要求不同而采用等级包装更能促进商品的销售。

7. 情趣包装策略

情趣包装是利用消费者购买商品时一种好奇求知的心理，在包装上采用别出心裁的设计，充分利用包装这一独特的功能特点，进一步在包装上做文章，扩大包装设计思路，使包装在完成上述功能的同时为消费者提供多功能的服务，深受消费者欢迎。这就是情趣包装所具有的特点，其表现形式则是多方面的。例如，利用消费者常用的日用商品包装设计一种娱乐用玩具，使消费者在使用完商品后，充分利用留下的包装作为娱乐之用。

8. 个性包装策略

个性包装策略即有些特殊的商品具有个性特征，应分别采取各种有针对性的包装，其一方面突显出产品档次和价值，另一方面起着较好的保护作用，所使用的包装材料应根据商品而定，包装不能过于简化。这类商品一般是有较高价值的工艺品、首饰品、高档礼品等。

9. 改变包装策略

改变包装策略即改变和放弃原有的产品包装，改用新的包装。由于包装技术、包装材料的不断更新，消费者的偏好不断变化，所以需要采用新的包装以弥补原包装的不足。企业在改变包装的同时必须配合好宣传工作，以消除消费者以为产品质量下降或其他误解。

从上述包装策略来看，在包装决策过程中，包装不仅仅局限于保护商品的唯一作用，而是通过各种包装策略的实施，充分发挥包装的多功能作用，宣传商品，美化商品，给消费者带来附加利益，提高商品价值，保护环境，增强消费者的购买商品兴趣，从而最终达到促销的目的。因此，好的商品促进包装发展，而好的包装又推动商品销售，这两者是紧密联系在一起的。

【案例启示】

亚利桑那冰茶

亚利桑那冰茶的营销者通过直接推出灌装在精心设计的与众不同的瓶中的茶饮料而获得巨大成功。这种宽口、长颈的饮料瓶被认为是新时代饮料种类中的潮流领导者，并且消费者很多时候购买饮料仅仅是为了那个瓶子。因为消费者收藏那些空瓶或者把它们做成灯和其他家具物品，使得公司用独特的瓶子形状作为其产品线的补充。公司为亚利桑那 Rx Elixirs 设计了握式外形，为亚利桑那冰咖啡设计微型罐装，并为蓝月亮拿铁咖啡设计了一品脱装的深蓝色的饮料壶。

7.6 制定新产品开发策略

由产品生命周期理论可知，世界上没有一种产品是能永久畅销的，迟早要被市场所淘汰。作为产品的生产经营者——企业也就不能单纯依靠现有产品求得发展,而必须顺应市场的变化,开发出适销对路的新产品。新产品开发是满足新的需求、改善消费结构、提高人民生活素质的物质基础,也是企业具有活力和竞争力的表现。

7.6.1 理解新产品的概念及种类

从市场营销学角度来看,凡是企业向市场提供的过去没有生产过的产品都叫新产品。具体地说,只要是产品整体概念中的任何一部分的变革或创新,并且给消费者带来新的利益、新的满足的产品,都可以认为是一种新产品。

新产品根据其创新程度可分为以下四类。

1. 全新产品

全新产品是指应用新的技术、新的材料研制出来具有全新功能的产品,这种产品无论对企业或市场来讲都属全新产品,如汽车、飞机等第一次出现时都属于全新产品。全新产品的创新程度最高,具有其他类型新产品所不具备的经济、技术上的优势;可取得专利权,享有独占权利;能通过其明显的新特征与新用途改变传统的生产、生活方式,取得全新的市场机会,创造需求。全新产品开发通常需要大量的资金、先进的技术水平,并需要有一定的需求潜力,故企业承担的市场风险较大。全新产品在创新产品中只占很小的比例。

2. 换代产品

换代产品是指在原有产品的基础上,采用或部分采用新技术、新材料、新工艺研制出来的新产品。例如,计算机由第一代的电子管主要元件发展到现在的第四代的大规模集成电路元件及正在研制的具有人工智能的第五代。换代产品与原有产品相比,性能有了改进,质量也有了相应提高。它适应了时代发展的步伐,也有利于满足消费者日益增长的物质需要。因此,换代产品是企业进行新产品开发、提高竞争能力的重要创新方式。

3. 改进产品

改进产品是指在原有产品的基础上,对其做部分改进或稍加改良,使其性能、结构、功能用途有所变化,如电熨斗加上蒸汽喷雾、电风扇按钮开关改成遥控开关。与换代产品相比,改进产品受技术限制较小,且成本相对较低,便于市场推广和消费者接受,但容易被竞争者模仿。

4. 仿制产品

仿制产品又叫企业新产品,是指对市场上已经出现的产品,而企业没有生产过的,进行引进或模仿、研制生产出的产品。开发这种产品不需要太多的资金和尖端的技术,因此比研制全新产品要容易得多。但企业应注意对原产品的某些缺陷和不足加以改造,而不应全盘照抄。

除此之外,企业将现行产品投向新的市场,对产品进行市场再定位,或通过降低成本,生产出同样性能的产品,则对市场或企业而言,也可以称之为新产品。企业开发新产品一般是推出上述产品的某种组合,而不是进行单一的产品变型。

7.6.2 选择新产品开发的方式

在现代市场上,企业要得到新产品,并不意味着必须由企业独立完成新产品的创意到生产的全过程。除了自己开发外,企业还可以通过技术引进、经营特许、联合经营、外包生产,甚至直接购买现成的新产品来取得新产品。

1. 获取现成的新产品

这种方式又可以分为以下几种。

(1) 联合经营

如果某小企业开发出一种有吸引力的新产品,另一家大企业就可以通过联合的方式共同经营该产品。这样一来,小企业可以借助大企业雄厚的资金和销售力量扩大该产品的影响,提高自己的知名度,同时也能快速收回其开发费用并获得满意的利润;大企业则可以节省开发新产品的一切费用。也有的大企业直接收购小企业,取得该企业的新产品经营权。

(2) 技术引进

企业从企业外的有关科研部门、开发公司或别的企业引进先进技术或购买某种新产品的专利权来开发新产品。这种方式可以缩短开发时间,节约研制费用,风险较小,而且可以促进企业科研能力、技术水平、产品质量的提高,在企业科研能力、技术能力有限的情况下是一种行之有效的方法。

(3) 经营特许

经营特许是指某企业向别的企业购买某种新产品的特许经营权。例如,世界各地的不少公司都争相购买美国可口可乐公司的特许经营权。

(4) 外包生产

一般地,当企业的销售能力超过其生产能力,或没有能力自己生产该产品,或自己生产不合算时,就会把新产品的生产外包给别的企业。这种方式可以分为全部外包和部分外包、部分自制两种。前者如汽车公司把零部件的生产全部包给小企业,自己只进行加工组装;后者在服装行业中较常见。

2. 自己开发

自己开发可以划分为两种基本的形式。

(1) 独立研制开发

独立研制开发是指企业完全通过自己的研究开发力量来完成新产品的构思、设计和生产工作,这是新产品开发的基本形式。这种方式紧密结合企业自身优势和特点,容易形成企业自身的产品系列,使企业处于领先地位。但相应的企业需要投入大量的人力、物力和财力,承担较大的风险,只有具有独立研制能力的企业才能采用这种策略。

(2) 协作开发

协作开发是指企业之间、企业与科研机构之间、企业与教学单位之间通过协议进行协作开发新产品。这种方式有利于充分利用社会的科研能力,弥补企业力量的不足,把科研成果转化为生产力。

7.6.3 掌握新产品开发的程序

不同行业的生产条件和产品项目不同,新产品开发具体过程也有所差异,但企业开发新产品的过程一般由八个阶段构成,即寻求创意、甄别创意、产品概念形成与测试、制定市场营销策略、商业分析、产品研制、市场试销、正式上市,如图7-4所示。

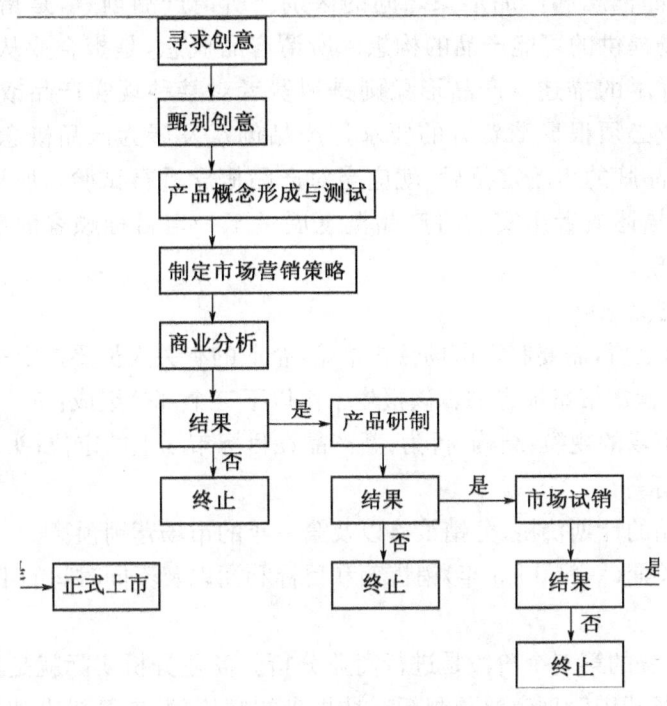

图7-4 新产品开发程序

1. 寻求创意

新产品开发过程是从寻求创意开始的。所谓创意,就是开发新产品的设想。虽然并不是所有的设想或创意都可变成产品,但寻求尽可能多的创意却可为开发新产品提供较多的机会。所以,现代企业都非常重视创意的开发。

新产品创意的主要来源有顾客、竞争者、企业内部人员、科学家、中间商等。

除了以上几种来源外,企业还可以从大学、咨询公司、同行业的团体协会以及有关的媒体那里寻求有用的新产品创意。

一般来说,企业应当主要靠激发内部人员的热情来寻求创意。这就要求建立各种激励制度,对提出创意的职工给予奖励,而且高层主管人员应当对这种活动表现出充分的重视和关心。

2. 甄别创意

取得足够创意之后,要对这些创意加以评估,研究其可行性,并挑选出可行性较强的创意,这就是甄别创意。甄别创意的目的就是淘汰那些不可行或可行性较低的创意,使公司有限的资源集中于成功机会较大的创意上。甄别创意时,一般要考虑两个因素:一是该创意是否与企业的策略目标相适应,表现为利润目标、销售目标、销售增长目标、形象目标等几个方面;二是企业有无足够的能力开发这种创意,这些能力表现为资金能力、技术能力、人力资源、销售能力等。

3. 产品概念形成与测试

经过甄别后保留下来的产品创意还要进一步发展成为产品概念。在这里，首先应当明确产品创意、产品概念和产品形象之间的区别。所谓产品创意，是指企业从自己的角度考虑能够向市场提供的可能产品的构想。所谓产品概念，是指企业从消费者的角度对这种创意所做的详尽的描述。产品形象则是消费者对某种现实产品或潜在产品所形成的特定形象。企业必须根据消费者的要求把产品创意发展为产品概念。确定最佳产品概念，进行产品和品牌的市场定位后，就应当对产品概念进行试验。所谓产品概念测试，就是用文字、图案描述或者用实物将产品概念展示于一定目标顾客面前，观察他们的反应，了解他们的愿望。

4. 制定市场营销策略

形成产品概念之后，需要制定市场营销策略，企业的有关人员要拟定一个将新产品投放市场的初步的市场营销策略报告书。该报告书由以下三个部分组成：

① 描述目标市场的规模、结构、行为；新产品在目标市场上的定位；头几年的销售额、市场占有率、利润目标等。

② 简述新产品的计划价格、分销策略以及第一年的市场营销预算。

③ 阐述计划长期（一般 3~5 年）销售额和目标利润以及不同时间的市场营销组合等。

5. 商业分析

新产品开发过程的第五个阶段是进行商业分析。商业分析实际就是经济效益分析，在这一阶段，企业市场营销管理者要预测新产品将来的销售额、推算成本和估计利润，看看它们是否符合企业的目标。如果符合，就可以进行新产品开发。估计销售额时要特别注意三个购买量：首次购买量、更新购买量、重购购买量。

6. 产品研制

如果产品概念通过了商业分析，研究与开发部门及工程技术部门就可以把这种产品概念转变成为产品，进入试制阶段。这一阶段应当搞清楚的问题是，产品概念能否变为技术上和商业上可行的产品。如果不能，除在全过程中取得一些有用副产品即信息情报外，所耗费的资金则全部付诸东流。产品原型准备好以后，还必须通过一系列严格的功能测试和消费者测试。

7. 市场试销

如果企业的高层管理者对某种新产品开发试验结果感到满意，就着手用品牌名称、包装和初步市场营销方案把这种新产品装扮起来，把产品推上市场进行试销。这是新产品开发的第七阶段。其目的在于了解消费者和经销商对于经营、使用和再购买这种新产品的实际情况以及市场大小，然后再酌情采取适当对策。市场试销的规模决定于两个方面：一是投资费用和风险大小；二是市场试销费用和时间。投资费用和风险越高的新产品，试销的规模应越大一些；投资费用和风险较低的新产品，试销规模就可小一些。从市场试销费用和时间来讲，所需市场试销费用越多、时间越长的新产品，市场试销规模应越小一些；反之，则可大一些。不过，总的来说，市场试销费用不宜在新产品开发投资总额中占太大比例。

8. 正式上市

在这一阶段,企业要动用大量资金,支付大量费用,而新产品投放市场初期利润微小,甚至亏损,因此,企业要慎重考虑:何时推出新产品;何地推出新产品;向谁推出新产品;如何推出新产品。只有这几方面的问题得到解决,企业才能真正实现其批量上市的目的。

(1) 推出时机

新产品上市要选择最佳时机。如果新产品取代公司的老产品,它应该推迟到老产品存货销完后再上市。如果产品季节性很强,新产品就应等到季节合适时再推出。

(2) 推出地点

公司需要决定新产品是推向一个地区、某些地区还是全国乃至国际市场。有实力把新产品推向全国或全球分销市场的公司很少,一般的做法是有步骤地推行、有计划地扩展市场。在进行市场扩展时,应当找出最有吸引力的市场首先投放。在选择这一市场时要考察这样几个方面:市场潜力;企业在该地区的声誉;投放成本;对其他地区的影响力;该地区研究数据的质量。另外,竞争因素是非常重要的,公司必须慎重考虑竞争对手在市场上的表现。

(3) 目标顾客

企业在推出新产品时要针对最有希望的购买群体。新消费品的目标顾客应具备下列特性:他们将成为早期采用者;是大量使用者;是舆论领袖并对该产品赞不绝口;和他们接触的成本不高。

(4) 营销策略

公司必须制订一个把新产品引入扩展市场的实施计划,首先要对各项市场营销活动分配预算,然后规定各种活动的先后顺序,从而有计划地开展各种市场营销活动。

【案例启示】

汰渍洗衣粉的出生——先有概念后有产品

1837年10月31日,两位来自欧洲大陆的移民——威廉·普罗克特和詹姆斯·甘布尔在美国辛辛那提市正式签订合作契约并成立了宝洁公司,生产销售肥皂与蜡烛。2004年,宝洁公司的全球销售额超过了514亿美元,全球雇员超过10万,在160多个国家和地区经营300多个品牌的产品,而汰渍是众多品牌中颇具传奇色彩的一个。

汰渍(Tide)被称作"洗衣奇迹",自从1946年推出以来,汰渍经历了60多次技术革新和市场开拓。由于采用了新的配方,洗涤效果比当时市场上所有产品都好,再加上合理的价格,汰渍现已成为全球最大的洗衣粉品牌之一。

1993年底,宝洁在中国的汰渍品牌领导小组成立,小组从消费者需求与习惯研究中得到的数据显示,消费者关心的洗衣粉前三个基本功能是日常清洁、去油、衣领与袖口清洁,再通过概念开发座谈会和消费者深度访问后,宝洁确定了两个待选概念:一个是油迹去无痕,一个是领干净,袖无渍。在随后的概念测评阶段,由产品研发部开发配方,进行匿名产品测试,通过将品牌总体评价、功能评价、购买意向的测试分数与白猫和活力28比较,得出两个概念皆有上市成功可能的结论。最终，品牌小组选择了"去油污概念"。

然而，汰渍在"去油污"概念下销售了一段时间后，发现品牌生长并不理想，概念未能明显胜过竞争对手，真正打动消费者。于是汰渍品牌小组决定，全国推广暂缓，重新选择概念。汰渍再次进行了大量调查研究发现，领子、袖口是消费者对他人形成印象的一个信号，而当时并没有别的厂家想到这个概念。因此，这次他们选择了"领干净，袖无渍"。这一概念获得了很大成功，宝洁随后推出了柠檬汰渍来推动销量。在宝洁，永远是先有概念后有产品。宝洁推出的不是一个产品，而是一个概念、一个说法。产品只是概念的载体，如果研究发现消费者确实需要这个产品，宝洁就去开发这个产品。

7.6.4 制定新产品开发策略

新产品开发要以满足市场需求为前提，以企业获利为目标，遵循"根据市场需要，开发适销对路的产品；根据企业的资源、技术等能力确定开发方向；量力而行，选择切实可行的开发方式"的原则进行。

采用何种策略则要根据企业自身的实力、市场情况和竞争对手的情况来确定。当然，这与企业决策者的个人素质也有很大关系，开拓型与稳定型的经营者会采用不同的策略。常用的策略有以下几种。

1. 先发制人策略

先发制人策略是指企业率先推出新产品，利用新产品的独特优点，占据市场上的有利地位。采用先发制人策略的企业应具备强烈的占据市场"第一"的意识。因为对于广大消费者来说，对企业和产品形象的认知都是先入为主的，他们认为只有第一个上市的产品才是正宗的产品，其他产品都要以"第一"为参照标准。因此，采取先发制人策略，就能够在市场上捷足先登，利用先入为主的优势，最先建立品牌偏好，从而取得丰厚的利润。而且，从市场竞争的角度来看，如果你能抢先一步，竞争对手就只能跟在后面追，而你不满足占领已有的市场，连续不断地更新换代，开发以前没有的新产品、新市场，竞争对手就会疲于奔命。一个不断变化的目标要比一个固定的靶子更让人难以击中，这样就会取得竞争优势。采用先发制人的策略，企业必须具备以下条件：企业实力雄厚，科研实力、经济实力兼备，并具备对市场需求及其变动趋势的超前预判能力。

2. 模仿策略

模仿策略即等别的企业推出新产品后，立即加以仿制和改进，然后推出自己的产品。这种策略是不把投资用在抢先研究新产品上，而是绕过新产品开发这个环节，专门模仿市场上刚刚推出并畅销的新产品，进行追随性竞争，以此分享市场收益，所以，该策略又称为竞争性模仿，既有竞争，又有模仿。竞争性模仿不是刻意追求市场上的领先，但它绝不是纯粹的模仿，而是在模仿中创新。企业采取竞争性模仿策略，既可以避免市场风险，又可以节约研究开发费用，还可以借助竞争者领先开发新产品的声誉，顺利进入市场。更重要的是，它通过对市场领先者的创新产品做出许多建设性的改进，有可能后来居上。

3. 系列式产品开发策略

系列式产品开发策略即围绕产品向上下左右前后延伸，开发出一系列类似的，但又各不相同的产品,形成不同类型、不同规格、不同档次的产品系列。采用该策略开发新产品,企业可以尽量利用已有的资源,设计开发更多的相关产品。例如,海尔围绕客户需求开发的洗衣机系列产品,适应了城市与农村、高收入与低收入、多人口家庭与少人口家庭等不同消费者群的需要。

微信扫码查看

课后自测

案例分析

【实训操作】

项目一　品牌名称和标志设计

一、实训内容

1. 要求学生把品牌理论运用于营销实践,联系有关项目或资料,为某一产品或店铺进行品牌名称和标志的设计,并对此设计进行分析。

2. 要求每个学生根据品牌设计思路和方法的要求,从消费者认知心理和消费模式角度出发,设计某一品牌的名称和标志,使设计的品牌具有创意性,新颖而有吸引力。

3. 要求通过"品牌名称与标志设计"课业的实践操作,更深入地了解品牌对企业营销的重要性,掌握品牌设计的基本技能。

二、实训要求

1. 教师对"品牌名称和标志设计"的实践应用价值给予说明,调动学生课业操作的积极性。

2. 要求学生根据市场开发项目资料及品牌设计要求,完成品牌名称和标志的设计任务。

3. 要求教师对品牌设计的基本原则、设计思路、设计方法进行具体指导。

4. 教师提供"品牌名称和标志设计"课业范例,供学生操作参考。

三、实训操作

1. 品牌名称设计

(1) 设计要求

① 易懂好记,易于传播沟通;

② 鲜明、独特,富有个性;

③ 揭示产品功能、利益;

④ 突出情感诉求,富蕴内涵。

(2) 设计思路

① 核心价值的定位;

② 要有清晰的概念;

③ 要有鲜明的描述。
2. 品牌标志设计
（1）设计要求
以符号、图案为标志内容。
① 人们的思想基于印象、认知，都是具体的、活生生的，需要以图文并茂来表示品牌。
② 人们更容易识别符号、图案，品牌需要标志，以便于消费者识别、记住。
③ 任何图像都能传递某种信息，一张简单的图片能表达很多意义，可以引发消费者联想。
④ 运用符号、图案来表达品牌，可以强化品牌定位，使消费者印象深刻，留下深深的烙印，一有提示马上联想起品牌。
（2）设计思路
① 简洁、凝练；
② 独特、新颖。
（3）基本形式
① 设计"名称标志"；
② 设计"符号标志"；
③ 设计"图案标志"。

四、实训考核
1. 课后准备充分，态度认真；(2分)
2. 品牌符合设计要求；(3分)
3. 品牌说明清晰明了；(3分)
4. 品牌美观，有一定艺术感。(2分)

项目二　调查分析具体产品的整体概念及其生命周期

一、实训内容
由小组组织市场调研，针对样本产品的整体概念、市场生命周期等问题收集市场信息，确定所研究产品的整体概念和市场生命周期阶段。根据研究结论，针对该产品的竞争和营销现状提出改进方案。
要求：
1. 某产品的产品整体概念可以怎样表达。
2. 该产品处于生命周期的什么阶段。
3. 该产品在不同的生命周期阶段，采取了什么策略，是否有进一步开发的机会。

二、实训步骤
1. 分组；
2. 教师给定若干具体产品，各小组抽签选择产品；
3. 调查分析，收集资料；
4. 小组讨论产品的整体概念，确定其生命周期阶段；

5. 分析产品在生命周期各阶段已经或正在采用的营销策略;
6. 提出本组的营销建议;
7. 每组形成文字报告。

三、实训考核

1. 课后准备充分,收集资料全面;(2分)
2. 积极参与活动,按时完成任务;(2分)
3. 小组讨论认真,理论运用正确;(3分)
4. 完成报告及时,内容真实可靠。(3分)

任务8 制定价格策略

【任务目标】

知识目标：
1. 理解影响产品价格的因素；
2. 了解价格制定的步骤；
3. 理解产品定价的方法；
4. 理解产品定价的策略。

能力目标：
1. 能够分析影响产品价格的因素；
2. 能根据产品的实际情况给产品定价；
3. 能根据产品的实际情况制定价格策略。

【导入案例】

苹果公司的定价策略

苹果公司的产品一直实行的是高价格策略。每代新产品一问世前，就先通过各种途径在广大消费者心里激起无限的好奇与期待，而当新产品一出现在市场，其价格也是相当的高。每一款iPhone的新型手机上市，在中国都要卖到5 000元以上，以至于让很多消费者望而却步。然而，尽管其价格相对较高，但并没有因此而降低其销售，反而更加坚固了"苹果"在消费者心中的高端形象，迅速在市场上畅销，同时也吸引来了越来越多的"苹果粉丝"、"苹果迷"，给苹果带来了更多的忠实顾客。然而，就在其销路甚好，市场并未处于饱和的状态时，苹果又开始研发出最新一代的产品，之前的产品随之而迅速降价，让利于消费者，在最新产品尚未上市之前，当前的产品已成了市场的热销产品，市场覆盖已达到了一个相当的高度，为新产品的问世更是开辟了一条更为宽广的销路。而在最新产品出来的时候，其产品的价格比上一代产品还要高，其销售仍然很好。

【思考】
1. 是不是所有消费者都会追求物美价廉？
2. 苹果公司的高价格策略为什么能够成功？

【简要评析】

第一,苹果的品牌效应做强力支撑。试想如果没有一个强有力的品牌优势做支撑,一个新产品是不可能以一个高姿态的架势赢得一定的生存空间的,就更不用说能有一个好的发展前景。第二,市场上存在一批购买力很强并且对价格不敏感的消费者,这样的一批消费者的数量足够多,企业就有厚利可图。"苹果粉丝"、"苹果迷"给苹果带来的不仅仅是品牌的强大效应,更为苹果的产品带来了强有力的购买力,为其发展开辟了宽广的空间。第三,暂时没有竞争对手推出同样的产品,本企业的产品具有明显的差别化优势。苹果的每一款产品,都是通过精心设计而成,既时尚又有个性,任何一款都是独一无二的,这在同行业中是其他企业无法比拟的,明显的差异化优势,为苹果塑造了显著的竞争优势。第四,超速的产品更新换代,为其奠定了良好的保障。

【理论指导】

为了有效地开展市场营销,增加销售收入和提高利润,企业不仅要给产品制定基本价格,而且需对制定的基本价格进行调整。价格是市场营销组合中十分敏感而又难以控制的因素,直接关系到市场对产品的接受程度,影响着市场需求与企业的利润,涉及生产者、经营者和消费者等多方利益。定价策略是市场营销组合策略中极其重要的部分。通过本章的学习,应认识定价决策在营销组合中的地位和作用;了解影响价格决策的主要因素以及产品定价的一般过程;理解和比较各种定价策略和方法;认识价格调整的必要性;能结合实际理解并制定有效的价格策略。

8.1 分析影响产品定价的因素

价格的决定是一个非常复杂的工作,受到多种因素的影响,具体影响因素如图 8-1 所示。

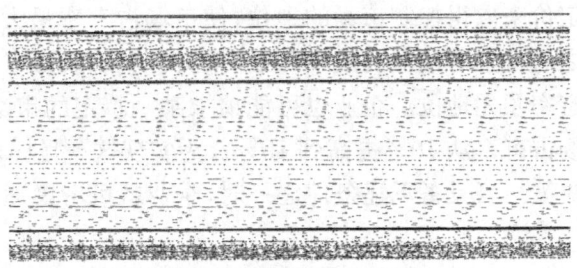

图 8-1 影响定价的因素

8.1.1 定价目标

任何企业都不能孤立地确定价格,而必须按照企业选定的目标市场及市场定位的要求来进行。假如企业管理人员经过慎重考虑,决定为收入水平高的消费者设计、生产一种高质量的豪华家具,这样选择目标市场和市场定位就决定了该产品的价格要高。此外,企业管理人员还要制定一些具体的经营目标,如利润额、销售额、市场占有率等,这些都对企业定价具有重要影响。企业制定的每一个价格对其利润、收入、市场占有率也均有不同的含义。例如,假如企业要求税前利润最大化,则价格应定为 97 美元;假如企业希望销售收入最大化,则价格应定为 86 美元;假如企业希望市场占有率最大化,则应定更低的价格。企业定价目标主要有以下几种。

1. 维持企业生存

当企业遇到生产力过剩、产品积压、面临激烈竞争或者要改变消费者需求时,往往把维持企业生存作为其定价的主要目标。为了确保工厂继续开工和使存货出手,企业必须制定较低的价格,并希望市场是价格敏感型的。利润比起生存来次要得多。许多企业通过大规模的价格折扣,来保持企业活力。只要其价格能弥补可变成本和一些固定成本,企业的生存便可得以维持。不过,求生存只能是短期目标,从长期来说,企业必须能够使其资本在市场上增值,否则就有被淘汰的危险。

2. 当期利润最大化

许多企业希望制定一个能达到当期最大利润的价格。但企业定价追求当期利润最大化,并不等于制定最高售价。它们要估计需求和成本,并据此选择一种价格,使之能产生最大的当期利润、现金流量或投资报酬率。假定企业对其产品的需求函数和成本函数有充分的了解,则借助需求函数和成本函数便可制定确保当期利润最大化的价格。

3. 当期收入最大化

有些企业的定价是为了实现当期收入最大化。收入最大化只需要估计需求函数即可。许多管理人员认为收入最大化能导致长期利润最大化和市场份额的增长。这里所指的收入是指销售收入,即销售额。销售额的大小取决于两个因素:单价和销售量。而产品的价格与销售量一般呈反比例关系,即价格上涨,销售量下降;价格下跌,销售量上升。因此,要使得销售收入最大化,就必须找到价格与销售量的最佳结合点。

4. 市场占有率最大化

有些企业想通过定价来取得控制市场的地位,使市场占有率最大化。因为企业确信赢得最高的市场占有率之后将享有最低的成本和最高的长期利润,所以企业应制定尽可能低的价格来追求市场占有率领先地位。企业也可能追求某一特定的市场占有率。例如,企业计划在一年内将其市场占有率从 10% 提高到 15%。为实现这一目标,企业就要制定相应的市场营销计划和价格决策。当具备下述条件之一时,企业就可考虑通过低价来实现市场占有率的提高:

① 市场对价格非常敏感,因此低价能刺激需求的迅速增长;
② 生产与分销的单位成本会随着生产经验的积累而下降;
③ 低价能吓退现有的和潜在的竞争者。

但在采用这一定价目标时也必须慎重考虑,量力而行。因为运用低价策略扩大市场占有率,必然会使需求量急剧增加。为此,企业必须有充足的商品供应,否则,由于供不应求而造成潜在的竞争者乘虚而入,这反而会损害企业的利益。

5. 产品质量最优化

企业也可以考虑产品质量领先这样的定价目标,并在生产和市场营销过程中始终贯彻产品质量最优化的指导思想。这就要求用高价格来弥补高质量和研究开发的高成本。与产品策略等相配合,适当的定价也可以起到确立强化企业形象特征的作用。为优质高档商品制定高价,有助于确立高档产品形象,吸引特定目标市场的顾客;适当运用低价或折扣价则能帮助企业树立"平民企业"、以普通大众作为其服务目标对象的企业形象。产品优质优价的同时,还应辅以相应的优质服务。海尔集团就是这方面的典范。它建立了海尔冰箱高质量的形象并提供了优质的服务,与此相应的结果是海尔冰箱的定价可以有高于一般冰箱的溢价,产品仍然供不应求。

6. 抑制或应付竞争

有些企业为了阻止竞争者进入自己的目标市场,故意将产品价格定得很低。这种定价目标一般适用于实力雄厚的大企业。还有些中小企业在市场竞争激烈的情况下,以市场主导企业的价格为基础,随行就市定价,从而也可以缓和竞争,稳定市场。

根据企业的不同条件,一般有下面四种情况:力量较弱的企业,可采用与竞争者的价格相同或略低于竞争者价格出售产品的方法;力量较强的企业,又要扩大市场占有率时,可采用低于竞争者价格出售产品的方法;资金雄厚,并拥有特殊技术、产品品质优良或能为消费者提供较多服务的企业,可采用高于竞争者价格出售产品的方法;为了防止别人加入同类产品竞争行列的企业,在一定条件下,往往采用一开始就把价格定得很低的方法,从而迫使弱小企业退出市场或阻止对手进入市场美国八家著名大公司定价目标比较,如表 8-1 所示。

表 8-1 美国八家著名大公司定价目标比较

公司名称	定价主要目标	定价附属目标
通用汽车公司(General Motor)	20%投资收益率(缴税后)	保持市场占有率
固特异公司(Good Year)	对付竞争者	保持市场地位和价格稳定
美国罐头公司(American Can)	维持市场占有率	应付市场竞争
通用电器公司(General Electric)	20%投资收益率(缴税后) 增加7%销售额	推销新产品 保持价格稳定
西尔斯·罗巴克公司(Sears Rocbuck)	增加市场占有率 (8%~10%为满意市场占有率)	10%~15%投资收益率 一般地方促进销售
标准石油公司(Standard Oil)	保持市场占有率	保持价格稳定 一般投资收益率
国际收割机公司(Interna Harrester)	10%投资收益率	保持市场第二位的位置
国民钢铁公司(National Steel)	适应市场竞争	增加市场占有率

8.1.2 产品成本

产品成本是影响定价的一个重要因素。一般情况下,产品价格必须能够补偿产品生产及销售过程中的各项费用支出,补偿产品的经营者为其所承担的风险,并有一定的盈利。因此,通常产品成本是定价的最低限度。在市场竞争中,产品成本低的企业,对价格的制定拥有较大的灵活性,在竞争中处于有利的市场地位,能取得良好的经济效益;反之,在市场竞争中就会处于被动地位。因此,企业必须加强管理,降低成本,以取得市场的竞争优势。

对成本可以从不同的角度做以下分类。

1. 固定成本

固定成本(Fixed Cost,FC)是指短期内不随企业产量和销售量的变化而变化的费用支出,如设备折旧费、房地租、利息、办公费用、行政管理人员的薪酬等。

2. 变动成本

变动成本(Variable Cost,VC)是指随企业产量的变动而变动的费用支出,如原材料费、工人工资等。当企业停工时,变动成本为零。

3. 总成本

总成本(Total Cost,TC)是指在一定生产水平下的全部成本,即固定成本与变动成本之和。用公式表示就是:

$$TC=FC+VC$$

以上三种成本与产量的关系,如图 8-2 所示。

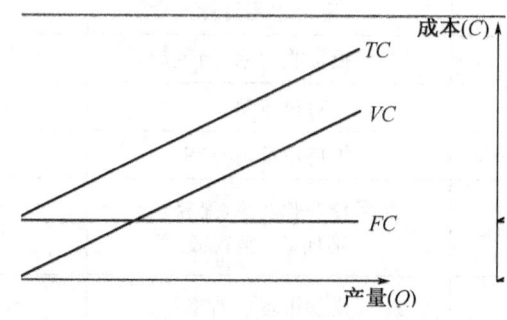

图 8-2 成本与产量的关系

4. 平均成本

平均成本(ATC)是指单位产品所分摊的总成本。因此确切地说,作为产品价格的最低限度的成本应该是平均成本。其计算公式为:

$$平均成本(ATC)=\frac{总成本(TC)}{总产量(Q)}$$

8.1.3 市场需求

在产品的最高价格和最低价格的范围内,企业能把产品价格定多高,取决于竞争者同种产品的价格水平。可见,市场需求、成本费用、竞争产品价格对企业定价有着重要影响,而需求又受价格和收入变动的影响。因价格与收入等因素而引起的需求的相应的变动率,就叫作需求弹性。需求的价格弹性(Price Elasticity)反映需求量对价格的敏感程度,以需求变动的百分比与价格变动的百分比之比值来计算,亦即价格变动百分之一会使需求变动百分之几。在以下条件下,需求可能缺乏弹性:市场上没有替代品或者没有竞争者;购买者对较高价格不在意;购买者改变购买习惯较慢,也不积极寻找较便宜的东西;购买者认为产品质量有所提高或者存在通货膨胀等,价格较高是应该的。

8.1.4 竞争者的产品质量和价格

企业必须采取适当方式,了解竞争者所提供的产品质量和价格。企业获得这方面的信息后,就可以与竞争产品比质量、比价格,更准确地制定本企业产品价格。如果二者质量大体一致,则二者价格也应大体一样,否则本企业产品可能卖不出去;如果本企业产品质量较高,则产品价格也可以定得较高;如果本企业产品质量较低,那么,产品价格就应定得低一些。还应看到,竞争者也可能随机应变,针对企业的产品价格而调整其价格;也可能不调整价格,而调整市场营销组合的其他变量,与企业争夺顾客。当然,对竞争者价格的变动,企业也要及时掌握有关信息,并做出明智的反应。

8.1.5 其他市场营销组合策略

1. 定价与产品策略

产品是制定价格的基础,产品策略直接影响其价格的决定。因此,决定价格时必须对产品策略加以分析和研究。

① 产品的类型,即产品属于便利品、选购品、特殊品还是寻购品;同一产品的高、中、低档之分。

② 产品的质量、科技含量;是否为专利产品。

③ 产品生命周期,即是新产品还是老产品,处于生命周期的哪个阶段。

④ 品牌的知名度和美誉度以及市场定位;产品的单一化或多样化。

2. 定价与渠道策略

制定价格同样要受到渠道策略的制约,所以定价时必须考虑:一是渠道的长短与宽窄;二是产品的流通速度和市场营销费用;三是中间商的强弱及要求。不同的流通环节,不同的市场营销对象,不同的中间商要求,应采取不同的定价策略,制定不同的价格。

3. 定价与促销策略

为促进产品的推广和销售,往往要开展诸如广告、人员推销、营业推广和公共关系等促销活动,而促销所花费用的多少也与制定价格关系密切。

8.1.6 顾客意识

企业决定价格时,还必须考虑目标顾客对价格的反应。价格的数字表示非常明了,然而,顾客对其会有各种各样的理解。另外,顾客对价格的反应也会因产品的种类而异。例如,对很难看到品质差别的汽油,消费者的价格反应较敏感;相反,消费者对于品质和款式差异较大的服装,首先重视的是其产品是否符合自己的兴趣爱好,而不是价格。即使同样种类的产品,其评价往往也会因品牌而异,常以一流产品和三流产品、知名品牌和非知名品牌等来加以评价。评价的差异会表现为价格的差异。大致说来,一流产品和三流产品在价格上约有30%以上的差异。要是企业的产品市场定位为一流产品的话,其定价就可以高于三流产品30%以上。市场营销管理者有必要在制定价格时充分了解和掌握消费者对自己的产品所知觉的价格和能接受的价格。

8.1.7 市场结构

市场结构决定着定价的客观环境,影响着企业定价的自由程度。市场结构按竞争程度可以分为四种类型:完全竞争、垄断竞争、寡头竞争、完全垄断。一般来说,市场上竞争程度越高,价格水平越低。因此,一般情况下,完全竞争市场价格水平最低,其次是垄断竞争市场,再者是寡头竞争市场,价格最高的是完全垄断市场。

8.1.8 其他环境因素

企业定价时还必须考虑其他环境因素,如国家的政策法令、国内外的经济形势、货币流通状况等。通货膨胀、经济繁荣或萧条、利润的高低等,都会影响产品成本和顾客对产品价格与价值的理解,从而影响企业定价方法和策略的选择。当国家的政策法令对某些产品价格有所限制时,企业必须严格遵守执行。

【案例启示】

雅马哈公司如何制定新产品价格

雅马哈美国生产经理丹尼斯·斯德凡尼说:"通常情况下,消费者有他们自己的意愿价格,而这种意愿价格通常比实际成本低25%。对于企业来说,一方面要寻求降低成本,另一方面要使产品有特色,令其更加吸引人,这样就有人愿意为这种产品支付额外的钱。"这段话也正是世界第二大摩托车制造商——雅马哈的营销策略。雅马哈公司在1982年到1984年的摩托车市场衰退中遭受了数十亿美元的损失。在此紧要关头,雅马哈公司准备推出名为V-MAX的新产品,新产品营销的成败直接关系到企业的成败。

新产品V-MAX在当时被认为是世界上最快、最令人激动的摩托车。它的外观设计看起来很有气势。V-MAX有135到140马力的发动机,这是世界上最大的发动机,马力强劲。可以说,新产品的性能还是有相当优势的。营销者们将定价策略的制定提上了日程,他们首先考虑了消费者的预期心理。消费者希望得到速度最快、性能最佳的摩托车,并且愿意为此付出高价,他们认为5 000~5 500美元的价格对于V-MAX来说是合理的。营销者们考虑了市场上同类产品的情况,充分分析了科达、铃木、BMW的产品的性能、价格等因素,将企业自身的实力与之相比较,得出客观的结论。营销者们还估计了新产品的价格构成,包括制造成本、运输费用、经营费用、经销广告费用等。经过多方的分析比较,最后,营销者们将新产品V-MAX的价格定为5 299美元,接近当时市场最高价。可以看出，营销者们在价格数字上采用了尾数定价方法，即定价为 5 299 美元而不是 5 300 美元。此外，配合新产品上市，雅马哈公司进行了大规模的宣传促销活动，广泛宣传了新产品 V-MAX 独一无二的外观设计及其举世赞叹的高超性能。

雅马哈公司周密的新产品定价策略，使得新产品一上市就获得巨大成功，公司迎来了勃勃生机。到 1988 年，雅马哈公司随着市场情况的变化而进行了价格策略调整，将产品有限供给和高价相结合。这样在市场上进一步树立了 V-MAX 的良好形象，赢得了巨大的声誉。

可以认为，雅马哈公司重现生机的转折就是公司推出的新产品 V-MAX 的定价。这也成为世界定价策略的典例。由此案例可以看出，企业制定产品或服务的价格应综合考虑多方面的因素。

8.2 掌握制定价格策略的步骤

企业定价工作有六个步骤组成：选择定价目标，确定需求，估算成本，分析竞争者的产品成本和价格，确定投放价格，进入市场控制。

8.2.1 选择定价目标

一个公司要决定其产品或服务的价格，首先必须明确其制定价格的目标是什么。如前所述，企业定价目标不一样，其制定的价格水平就不一样。

8.2.2 确定需求

每一种价格将导致一个不同水平的需求，并且由此对它的营销目标产生不同的效果。在正常情况下，价格变动与需求水平之间的关系是负相关。也就是说，价格越高，需求越低；而价格越低，需求越高。对于一些贵重商品和奢侈品来说，价格越高，需求越多。消费者认为较高的价格意味着较好的质量，而愿意购买更多的商品。

我们可以用需求价格弹性来分析消费者对价格的敏感程度，不同商品的需求价格弹性不同。需求价格弹性大于 1 的，降价可以增加销售收入；需求价格弹性小于 1 的，提价可以增加销售收入。

8.2.3 估算成本

为了合理地制定商品价格，管理者必须了解不同的生产水平下，其成本是如何变化的。管理者制定的价格应包括这一生产水平所需的全部成本。需求为公司制定其产品价格提供了一个最高限度，而成本是底数。公司想要制定的价格应包括生产、分销和推销该产品的成本，还应包括对公司所做的努力和承担的风险的一个公平的回报。

从长远来看，任何产品的销售价格都必须高于成本费用，这样才能以销售收入抵偿生产成本和经营费用。

8.2.4 分析竞争者的产品成本和价格

在由市场需求和成本所决定的可能价格的范围内,竞争企业的成本、价格和可能的价格反应也在帮助公司制定它的价格。公司应该首先考虑最相近的竞争企业的价格。对于改进产品或模仿产品来说,企业必须清楚地评估其他竞争企业可能做出的反应,以避免新产品的价格损害企业和整个行业的价值。过低的投放价格很可能激起一场毁灭性的价格战。很少有竞争企业能够立即推出新产品来匹配对手提供的利益,因此他们捍卫市场的唯一选择就是降价。特别是对于改进产品,如果新产品的定价相对于增加的利益较低,很可能被视作激进的争夺市场份额的行为,而且经常会引发竞争对手强烈的反击。将产品价格保持在等价值线的中性区域里,只会引起市场份额一两个百分点的变化,这种变动被看成一种威胁的可能性就小得多。如果中性区域很大,这样就留给新产品较大的定位选择空间。当企业推出创新产品或改进程度较大的产品时,它必须估计其他竞争企业会以多快的速度进入市场,自己的定价策略是否给竞争企业的攻击留下太多空间。

若公司提供的产品不如竞争者,顾客就会认识到,竞争者的加价是合理的。如果竞争者提供的产品和服务不能满足消费者的需求,顾客就会选择另一家公司。公司在制定价格时,要充分考虑竞争者可能的产品成本和可能的价格策略,从而决定其价格水平。此外,对竞争者对于价格做出的变化和反应,公司也要采取相应的措施。

8.2.5 确定投放价格

产品的定价界限确定以后,企业便可以开始建立具体的投放价格了。简单地说,产品的投放价格是企业希望市场能够接受的价格。从本质上来说,这个价格描述的是希望消费者感觉到的价格,特别是与竞争产品相比时感觉到的价格。在建立投放价格时,企业应该尽量发现产品能够创造的所有利益。但是,投放价格可能仍会低于在确定价格界限时所得到的最高价格。在推出产品时,企业必须进行内部评估,确定如何在企业本身和消费者之间划分新创造出来的价值。这里没有固定的公式,在不同的情况下,供应商可能收获90%的价值,也可能只收获10%的价值。企业还必须协调投放价格与其他目标的平衡,同时,也要充分考虑产品价格对本企业其他产品和品牌声誉的影响。

8.2.6 进入市场控制

企业在推出新产品时,向市场介绍价格需要巧妙的沟通和良好的耐心,尤其是创新产品,但是无论新产品面临着什么样的定位,企业必须注意不要因为错误地执行定价政策而破坏其向市场发出的价值信号。新产品上市最初的6~12个月是其建立价值定位的关键阶段。特别是在这段时期,企业必须保证从上到下在每一个交易中对定价操作的牢固的控制。

然而如果管理者认为有必要将产品迅速推向市场,他可以选择许多不牺牲投放价格或市场价值感知的做法。最常见的三种方法:将产品首先推销给那些特征明显或对市场有显著影响的消费者,派发免费试用品以及提供一段免费试用期。标准的折扣或回扣通常是错误的信号,因为它们事实上降低了投放价格,使消费者对企业宣称的产品会提供的利益产生疑问。

8.3 确定产品定价的方法

8.3.1 成本导向定价法

成本是企业生产经营过程中所发生的实际耗费,客观上要求通过商品的销售而得到补偿,并且要获得大于其支出的收入,超出的部分表现为企业利润。以产品单位成本为基本依据,再加上预期利润来确定价格的成本导向定价法,是中外企业最常用、最基本的定价方法。成本导向定价法又衍生出了总成本加成定价法、目标收益定价法、盈亏平衡定价法、边际成本定价法等几种具体的定价方法。

1. 总成本加成定价法

在这种定价方法下,把所有为生产某种产品而发生的耗费均计入成本的范围,计算单位产品的变动成本,合理分摊相应的固定成本,再按一定的目标利润率来决定价格。其计算公式为:

$$单位产品价格 = 单位产品成本 \times (1 + 目标利润率)$$

采用总成本加成定价法,确定合理的成本利润率是一个关键问题,而成本利润率的确定,必须考虑市场环境、行业特点等多种因素。在用成本加成方法计算价格时,对成本的确定是在假设销售量达到某一水平的基础上进行的。因此,若产品销售出现困难,则预期利润很难实现,甚至成本补偿也变得不现实。但是,这种方法也有一些优点:首先,这种方法简化了定价工作,便于企业开展经济核算;其次,若某个行业的所有企业都使用这种定价方法,它们的价格就会趋于相似,因而价格竞争就会减到最少;再者,在成本加成的基础上制定出来的价格对买方和卖方来说都比较公平,卖方能得到正常的利润,买方也不会觉得受到了额外的剥削。成本加成定价法一般在租赁业、建筑业、服务业、科研项目投资以及批发零售企业中得到广泛的应用。即使不用这种方法定价,许多企业也多把用此法制定的价格作为参考价格。

【案例启示】

某电视机厂生产 2 000 台彩色电视机,总固定成本 600 万元,每台彩电的变动成本为 1 000 元,确定目标利润率为 25%。则采用总成本加成定价法确定价格的过程如下:

单位产品固定成本 = 6 000 000 ÷ 2 000 = 3 000(元)
单位产品变动成本 = 1 000(元)
单位产品总成本 = 4 000(元)
单位产品价格 = 4 000 × (1 + 25%) = 5 000(元)

2. 目标收益定价法

目标收益定价法又称投资收益率定价法,是根据企业的投资总额、预期销量和投资回收期等因素来确定价格。假设上面一例中建设电视机厂的总投资额为 800 万元,投资回收期为5年,则采用目标收益定价法确定价格的基本步骤如下。

(1) 确定目标收益率

$$目标收益率 = \frac{1}{投资回收期} \times 100\% = \frac{1}{5} \times 100\% = 20\%$$

单位产品目标利润额＝总投资额×目标收益率÷预期销量
$$= 8\,000\,000 \times 20\% \div 2\,000 = 800(元)$$

(2) 计算单位产品价格

单位产品价格＝企业固定成本÷预期销量＋单位变动成本＋单位产品目标利润额
$$= 8\,000\,000 \div 2\,000 + 1\,000 + 800 = 5\,800(元)$$

与成本加成定价法相类似,目标收益定价法也是一种生产者导向的产物,它很少考虑到市场竞争和需求的实际情况,只是从保证生产者的利益出发制定价格。另外,先确定产品销量,再计算产品价格的做法完全颠倒了价格与销量的因果关系,把销量看成价格的决定因素,实际上很难行得通。尤其是对于那些需求价格弹性较大的产品,用这种方法制定出来的价格,无法保证销量的必然实现,那么,预期的投资回收期、目标收益等也就只能成为一句空话。不过,对于需求比较稳定的大型制造业、供不应求且价格弹性小的商品、市场占有率高且具有垄断性的商品,以及大型的公用事业、劳务工程和服务项目等,在科学预测价格、销量、成本和利润四要素的基础上,目标收益法仍不失为一种有效的定价方法。

3. 盈亏平衡定价法

这种定价法就是运用盈亏平衡分析原理来确定产品价格的方法。

盈亏平衡分析的关键是确定盈亏平衡点(见图8-3中的Q_0),即企业收支相抵、利润为零时的状态。

盈亏平衡定价就是根据盈亏平衡点来确定价格水平,即根据预期的产量(或销量),确定产品的价格须达到什么水平才能做到以收抵支、盈亏平衡。

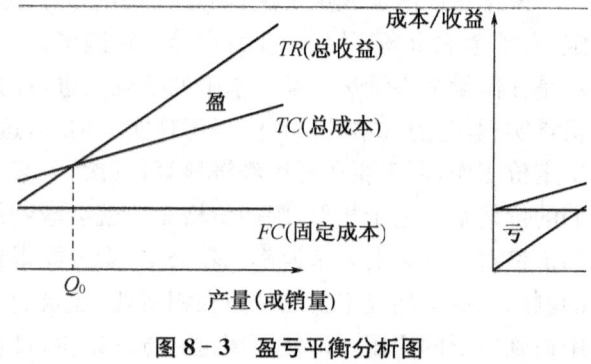

图8-3 盈亏平衡分析图

假设某产品的总固定成本为FC,单位产品的变动成本为AVC,产量(或销量)为Q,产品单价为P。

根据盈亏平衡式:

$$总收益 = 总支出$$
$$总收益 = 产量(或销量) \times 单价 = Q \times P$$
$$总支出 = 固定成本 + 变动成本 = FC + AVC \times Q$$

从而可以推导出:

$$保本价格(P_0) = \frac{总固定成本(FC)}{销量(Q)} + 单位变动成本(AVC)$$

$$保本产量(Q_0) = \frac{总固定成本}{销售价格 - 单位变动成本}$$

总之,运用盈亏平衡分析法可以计算出预期销量下的保本价格以及一定市场售价下的保本销量。当市场价格高于企业的保本价格时,企业的销售就有利可图。当市场不景气时,以保本价格销售也是企业可以接受的,因为保本经营总比停业的损失要小得多,而且企业可以有回旋的余地。

4. 边际成本定价法

边际成本是指每增加或减少单位产品所引起的总成本的变化量。由于边际成本与变动成本比较接近,而变动成本的计算更容易一些,所以在定价实务中多用变动成本代替边际成本,而将边际成本定价法称为变动成本定价法。

采用边际成本定价法时是以单位产品变动成本作为定价依据和可接受价格的最低界限。在价格高于变动成本的情况下,企业出售产品的收入除完全补偿变动成本外,尚可用来补偿一部分固定成本,甚至可能提供利润。

边际成本定价法改变了售价低于总成本便拒绝交易的传统做法,在竞争激烈的市场条件下具有极大的定价灵活性,对于有效地对付竞争者、开拓新市场、调节需求的季节差异、形成最优产品组合可以发挥巨大的作用。但是,过低的成本有可能被指控为从事不正当竞争,并招致竞争者的报复,在国际市场则易被进口国认定为"倾销",产品价格会因"反倾销税"的征收而畸形上升,失去其最初的意义。

从本质上说,成本导向定价法是一种卖方定价导向。它忽视了市场需求、竞争和价格水平的变化,在有些时候与定价目标相脱节,不能与之很好地配合。此外,运用这一方法制定的价格均是建立在对销量主观预测的基础上,从而降低了价格制定的科学性。因此,在采用成本导向定价法时,还需要充分考虑需求和竞争状况,来确定最终的市场价格水平。

【案例启示】

某制鞋厂在一定时期内固定成本 80 000 元,单位变动成本 0.7 元,预计销量为 100 000 双。在当时市场条件下,同类产品的价格为 1 元/双。那么,企业是否应该继续生产呢?其决策过程应该是这样的:

固定成本=80 000(元)

变动成本=0.7×100 000=70 000(元)

销售收入=1×100 000=100 000(元)

企业盈亏=100 000−70 000−80 000=−50 000(元)

按照变动成本定价,企业出现了 50 000 元的亏损,但是作为已经发生的固定成本,在不生产的情况下,已支出了 80 000 元,这说明按变动成本定价时可减少 30 000 元固定成本的损失,并补偿了全部变动成本 70 000 元。若低于变动成本定价,如市场价格降为 0.7 元/双以下,则企业应该停产,因为此时的销售收入不仅不能补偿固定成本,连变动成本也不能补偿,生产得越多,亏损便越多,企业的生产活动便变得毫无意义。

8.3.2 需求导向定价法

需求导向定价法是以消费需求为基本依据,确定和调整企业营销价格的定价方法。引起消费需求变化的因素很多,如消费者价格心理、收入水平、需求价格弹性等,这些因素在很大程度上影响着消费者对价格的反应。因此,判断价格是否合理,最终并不是取决于生产者和经销商,而是取决于消费者。价格是企业为消费者提供的一种选择,只有这种选择与消费者的价格承受力、价格理解力以及心理满足感相适应时,才能促成购买,实现交易,这种价格才是合理的价格。以需求为导向的价格制定方法主要有以下几种。

1. 可销价格倒推法

产品的可销价格就是消费者或进货企业能够接受的价格。可销价格倒推法是指根据消费者可以接受的价格水平或下一个环节和买主愿意接受的利润水平来倒推产品销售价格的定价方式。

【案例启示】

消费者对某种牌号电视机的可接受价格为 5 000 元,电视机零售商的经营毛利为 20%,电视机批发商的批发毛利为 5%。电视机的出厂价格计算方法如下:

$$
\begin{aligned}
零售商可接受价格 &= 消费者可接受价格 \times (1-20\%) \\
&= 5\,000 \times (1-20\%) = 4\,000(元) \\
批发商可接受价格 &= 零售商可接受价格 \times (1-5\%) \\
&= 4\,000 \times (1-5\%) = 3\,800(元)
\end{aligned}
$$

由计算得出,该牌号的电视机的出厂价格应定为 3 800 元。

2. 理解价值定价法

理解价值定价法较多地考虑了需求情况。它根据顾客所理解的产品价值,也就是买主对产品值多少价钱的感受,而不是卖主的成本定价。它强调把买方的价值判断与卖方的成本费用相比较,定价时更应侧重考虑前者。因为消费者购买产品时总会在同类产品之间进行比较,选购那些既能满足其消费需求,又符合其支付标准的产品。消费者对产品价值的理解不同,会形成不同的价格限度,这个限度就是消费者宁愿付出货款而不愿失去这次购买机会的价格。如果价格刚好定在这一限度内,消费者就会顺利购买。例如,"星巴克"咖啡在亚洲的运营成功,毫无疑问首先是包含了本身"口味独特"的因素。在这里,人们不仅可以享受到 15 种以上享誉全球的高原咖啡及综合咖啡,还可品尝各式各样新鲜烤制的糕点,并可买到与咖啡制作有关的器具及相关的小商品。这在一般的咖啡店是难得见到的。此外,"星巴克"这一享誉全球的咖啡名牌所具有的品牌效应也为其打开亚洲市场发挥了巨大作用。在许多亚洲消费者心目中,"星巴克"是"健康、成功和地位"的象征。因此,在亚洲经济逐渐摆脱金融危机的影响而日益复苏,以及许多亚洲消费者对其消费层次的关注程度日趋加深的时候,越来越多的亚洲中产阶层人士为了提升饮食方面的消费档次,或者为了追求时尚,甚至愿意以两倍或三倍、四倍于茶饮料的价格去品尝一杯他们认为具有"成功"意味的"星巴克"咖啡。

理解价值定价法的关键在于,企业要对顾客承认的产品价值有一个正确的估计和判断。企业要进行市场调研,以找到准确的顾客认知价值。

采用这种定价法,企业必须做好以下几点:

① 拉开本企业产品与市场上同类产品的差异,突出产品特色,如产品质量、包装、式样、品牌、服务等。

② 运用各种促销手段影响消费者对产品的价值观,加强消费者对产品价值的理解程度,使消费者感到购买该产品能获得更多的相对利益,从而提高其愿意支付的价格限度。

③ 企业要对顾客承认的产品价值有一个正确的估计和判断。企业要进行市场调研,通过调查研究,估计消费者对产品的价值观,以找到准确的顾客理解价值,确定消费者能接受的价格。

【案例启示】

美国的卡特彼勒工程机械公司就是应用理解价值定价法为其产品定价的。该公司所产的拖拉机定价10万美元,虽然竞争者的同类产品定价只有9万美元,但卡特彼勒公司的拖拉机却比竞争者具有更大的销量。为什么顾客愿意多付1万美元来购买该公司的产品呢?因为根据市场调查,该公司发现所产拖拉机的市场理解价值如下:

90 000 美元	所产拖拉机与竞争产品质量相同所值的金额
7 000 美元	更长的使用寿命所值的金额
6 000 美元	更佳的可靠性所值的金额
5 000 美元	提供更优良的服务所值的金额
2 000 美元	更长的零件保用期所值的金额
110 000 美元	该公司所产拖拉机的市场理解价值

因此,该公司所产拖拉机售价10万美元对买主来说不是比竞争产品贵1万美元,而是比应有价值便宜1万美元。这就是销量反而增大的原因。

3. 需求差别定价法

需求差别定价,是指以销售对象、销售地点、销售时间等条件变化所产生的需求差异,尤其是需求强度差异作为定价的基本依据来制定价格,而不是以成本差异为基本依据。在实际生活中,不仅不同的消费者对同一产品的需求有差异,对同一产品的不同款式各有所好,即使同一消费者在不同的时间、不同的地点对同一产品的需求强度往往也是不同的,甚至有很大的差异。因此,即使产品的成本相同,企业也可以区分不同的顾客制定不同的价格,区分不同的款式制定不同的价格,区分不同的销售地点制定不同的价格,区分不同的销售时间制定不同的价格。当然,采用这种定价方法,其前提条件是市场能够根据需求强度的不同进行细分;细分后的市场在一定时期内相对独立,互不干扰;价格差异适度,不会引起消费者的反感。需求差别定价法的主要形式有以下几种。

(1) 以顾客为基础的差别价格

企业对同一产品,根据顾客的需求强度不同和内行程度的不同而定出不同的价格。例如,公园、旅游景点、博物馆将顾客分为学生、年长者和一般顾客,对学生和年长者制定较优惠的价格;铁路公司对学生、军人售票的价格往往低于一般乘客;自来水公司根据需要把用水分为生活用水、生产用水,并收取不同的费用;电力公司将电分为居民用电、商业用电、工业用电,对不同的用电收取不同的电费。

(2) 以产品改进为基础的差别价格

这种定价法是对一项产品的不同型号确定不同的价格,但是价格上的差别并不和成本成比例。例如,某洗衣机厂生产三种型号的洗衣机:A型是普及型的单缸洗衣机,成本为

150元，售价为180元；B型是带有甩干装置的双缸洗衣机，成本为200元，售价为400元；C型是带有甩干桶的全自动洗衣机，成本为400元，售价为850元。这三种型号的洗衣机，因为成本不同，当然售价要有所不同，但是后面两种型号，较高的售价不仅反映了更多的生产成本，而且反映了更大的顾客需求强度。但是有时候，这种差别价格也可以反过来，成本高的高档型号的产品毛利率较低，而简易型产品的毛利率却较高。

（3）以地域为基础的差别价格

如果同一种产品在不同地理位置的市场上存在不同的需求强度，那么就应该定出不同的价格，但定价的差别并不和运费成比例。例如，我国的传统出口产品茶叶、生丝、桐油、猪鬃在国际市场上需求十分强烈，我们的定价就应该比国内高得多。再如，旅游点和名胜古迹地区的旅馆、餐饮的定价通常也高于一般地区。

（4）以时间为基础的差别价格

当产品的需求随着时间的变化而变化时，对同一种产品在不同的时间应该定出不同的价格。

需求随时间的变化而出现显著变化的情况是很多的。在西方市场范围最大，涉及面最广，随时间而变化的需求就是周期性经济危机。不景气时需求量猛烈下降，价格下跌；景气的时候，需求量上升，价格上涨。一般情况下，需求随时间的变化常常是季节性的。有的以天（如节假日）甚至以一天中某个时间的不同而变化需求强度。

例如，不同季节（春、夏、秋、冬）的应季商品的需求量有很大的变化。夏季对电扇、冷饮、夏装、凉鞋的需求量增大，在冬季需求量就大减。至于以天来改变需求量，如节假日对礼品的需求量和平时的市场需求量就会有明显的不同。以一天中的某个时间来改变需求强度的，通常在公共运输、电话、电视广播方面最为明显。例如，电视广告在晚餐前后所谓黄金时段播出收费最高，其余时间收费较低。

8.3.3 竞争导向定价法

竞争导向定价法就是以市场上竞争者的同类产品的价格为主要依据，充分考虑本企业产品的竞争能力，选择有利于在市场竞争中获胜的定价方法。这些方法主要有随行就市定价法、密封投标定价法和拍卖定价法。

1. 随行就市定价法

这是根据本行业平均定价水平作为本企业定价标准的一种定价方法。这种方法适用于以下情况：

① 难以估算成本；
② 企业打算与同行和平共处；
③ 如另行定价，企业难以对顾客和竞争者的反应做出准确的估计。

随行就市定价是依照现有本行业的平均定价水平定价，这样既可以获得合理的收益，又少担风险。在竞争十分激烈的同一产品市场上，消费者对行情很清楚，企业彼此间也十分了解，价格稍有出入，顾客就会拥向价廉的企业。一家跌价，别家会跟着跌价，需求却不增加；一家提价，别家不一定提，销量则下降。所以，随行就市定价是一种很流行的方法。

2. 密封投标定价法

密封投标定价法也称为投标定价法,是指由招标者(买方)在报刊上登广告或发出函件,邀请供应商在规定的期限内投标,然后在规定的日期内开标,选择报价最低的、最有利的供应商成交,签订采购合同。投标者(卖方)如果想做这笔生意,就要在规定的期限内填写标单,密封送给招标人,这叫作投标。投标定价法比较适合于以下几种情况:

① 集团购买者大批量采购;
② 大型机械设备或成套设备的购买;
③ 建筑工程、矿产资源开发等的承包。

投标定价法中的价格是供货企业根据对竞争者的报价的估计制定的,而不是按照供货企业自己的成本费用或市场需求来制定的。供货企业的目的在于赢得合同,所以它的报价应低于竞争对手的报价。然而,企业不能将其报价定得低于某种水平。确切地讲,它不能将报价定得低于边际成本,以免使其经营状况恶化。

该方法的具体应用标准可以用某一特定投标的期望利润加以描述(见表 8-2)。假设出价 9 500 美元的投标额能产生很有可能得到某合同的机会,譬如说中标率为 0.81,但只能产生低利润,如 100 美元,因而这个投标的期望利润是 81 美元。如果这个企业出价为 11 000 美元,它的利润将是 1 600 美元,但它得到这个合同的机会可能降低,譬如说中标率降低为 0.01,期望利润将仅仅是 16 美元。一个符合逻辑的出价标准是定出一个能获取最大期望利润的递价。根据表 8-2,最好的出价将是 10 000 美元,因为这个出价的期望利润是 216 美元。

表 8-2 不同递价对期望利润的影响

公司递价(美元)	公司利润(美元)	递价中标率(假定)	期望利润(美元)
9 500	100	0.81	81
10 000	600	0.36	216
10 500	1 100	0.09	99
11 000	1 600	0.01	16

对经常参加投标的大企业来讲,利用期望利润作为一种出价标准来制定价格是有意义的。在竞争中给对方一些让步,从长远看,企业将取得最大的利润。只是偶然出价的企业或者需要某一具体合同的企业就不会发现利用期望利润标准对它是有利的。例如,这个出价标准不能分辨以 0.10 中标率获得 1 000 美元的利润和以 0.80 中标率获得 125 美元利润之间有什么不同。然而,那些想保持继续生产的企业将宁可要第二个合同而不愿接受第一个合同。

3. 拍卖定价法

拍卖定价法是指在规定的时间,采用公开拍卖的方式,由顾客投标出价竞争,卖者则以最有利的价格即参与投标的顾客愿支付的最高价格拍板成交的一种定价方法。

投标定价法与拍卖定价法的形式有所不同,其区别在于前者是卖方密封递价,后者是买方公开竞价。

8.4 制定产品定价的策略

定价不仅是一门科学,而且是一门艺术。定价方法是侧重于从量的方面对产品的基础价格做出科学的计算,而定价策略则是运用定价艺术和技巧,根据市场的具体情况制定出灵活机动的价格。

8.4.1 新产品定价策略

1. 新产品定价策略的类型

新产品定价有两种方式及其中间方式可供选择。

(1) 撇脂价格策略

这是一种高价投放新产品的策略。采用这种策略,企业一开始以偏高价格推出新产品,利用消费者求新的心理,及时获取高额利润。由于产品刚上市,这样可以抬高身价,吸引顾客注意,同时可较快回收研究和开发新产品的成本费用。一旦遇到竞争,还可及时削减价格,保持优势,占领市场。但该价格策略的缺点是高价会抑制产品销售,厚利容易吸引竞争者。因此,撇脂价格策略一般只作为一种短期的价格策略。它适用于具有独特技术、不易仿制、受专利保护、生产能力难以迅速扩大等特点的新产品。

【案例启示】

1990年SONY公司在日本市场首先引入高清晰度彩电(HDTV)时,这个高科技产品价值43 000美元。这种电视机是为那些可以为高科技负担高价格的顾客准备的。其后的三年,SONY不断降低价格以吸引更多的顾客,到1993年,日本顾客只要花费6 000美元就可以购得一台28英寸的高清晰度彩电。2001年,日本顾客仅需2 000美元就可以买到40英寸的高清晰度彩电,而这个价格是大多数人都可以接受的。SONY以此种方式从不同的顾客层中获得了最大限度的利润。

(2) 渗透价格策略

与撇脂价格相反,渗透价格是低价投放新产品的策略。新产品上市后,定价偏低,给人以物美价廉的感觉,吸引尽可能多的顾客,从而最大限度地开拓市场;同时,也使竞争者感到油水不大,不积极仿制,减少竞争压力。企业还可以根据今后的发展趋势,稳定价格或逐步提价。这种策略的着眼点在于扩大市场份额,其缺点是投资回收周期较长且价格变动余地小。因此,它适宜作为一种长期价格策略,适用于能尽快大批量生产、工艺技术简单的新产品。

(3) 满意价格策略

满意价格策略是一种折中价格策略,它吸取上述两种定价策略的长处,采用两种价格之间的适中水平来定价。在新产品投放市场时,企业采用生产者和消费者都满意的合理价格,既能减少激烈竞争和被消费者拒绝的风险,又能较快地回收投资。这种策略的优点是风险较小,在一般情况下盈利目标可如期实现;其缺点是比较保守,容易失去高额利润或高市场份额的机会。

2. 新产品定价策略的影响因素

新产品在具体决定使用何种价格策略时,要综合考虑以下因素:

① 需求强度。撇脂价格策略适用于强度较大的需求,渗透价格策略多用于需求强度一般的市场。

② 产品差别。与竞争者品牌的差别明显,可用撇脂价格策略;新产品若无独特之处,与竞争者品牌较为相似,宜用渗透价格策略。

③ 价格弹性。顾客对价格较为敏感的新产品,应考虑渗透价格策略;反之,可用撇脂价格策略。

④ 仿制的难易程度。容易仿制的新产品,多以渗透价格推向市场;新产品有专利保护,拥有独特的技术窍门,或由于其他原因生产难度大,可用撇脂价格策略。

⑤ 投资回收速度。希望快速回收新产品投资的企业,可考虑撇脂价格策略;不急于收回投资,或以逐步回收投资为目标的企业,可用渗透价格策略。

【案例启示】

英特尔公司对"486 微处理器"计算机芯片和后来的"奔腾"芯片的定价方式,向我们展示了新产品的价格在市场上获得成功方面所起的重要作用。由于对手在开发有竞争力的芯片方面还比较落后,所以英特尔公司就给"486"芯片定了一个很高的价格。当速度比"486"快了两倍多的"奔腾"芯片投放市场时,英特尔公司得知摩托罗拉公司正和 IBM 以及苹果公司合作开发类似的芯片。于是,公司就实施了较低的定价,以便在短时间内销售出更多的产品,从而打击摩托罗拉公司进入市场的最初努力。这一战略在英特尔公司获得了成功。

8.4.2 折扣定价策略

价格有样本价格和成交价格之分。样本价格是指价目表中标明的价格;成交价格则是根据不同的交易方式、数量、时间、条件等,在样本价格的基础上适当加以调整而形成的实际售价。企业为了鼓励买主及早付清货款、大量购买、淡季购买以及配合促销,给予一定的价格折扣与折让,这就叫作折扣定价。

1. 价格折扣的主要类型

(1) 现金折扣

现金折扣也称付款期折扣,这是企业给那些提前付清货款的顾客或零售商的一种减价。例如,顾客在 30 天内必须付清货款,但如果 10 天内付清货款,则给予 2% 的折扣。西方国家许多行业都习惯采取这种做法,以加速资金周转,减少收账费用和坏账。

(2) 数量折扣

这种价格折扣是企业给那些大量购买某种产品的顾客的一种减价,以鼓励顾客购买更多的产品,因为大量购买能使企业降低生产、销售、储运、记账等环节的成本费用。例如,顾客购买某种产品 100 单位以下,每单位 10 元;购买 100 单位以上,每单位 9 元。数量折扣可分为累计数量折扣和非累计数量折扣两种形式。

① 累计数量折扣,即对一定时期内累计购买量超过规定数量或金额标准的客户给予价格优惠。其目的是与客户保持长期稳定的业务关系。

② 非累计数量折扣，即对一次购买量达到规定数量或金额标准的客户给予价格优惠。其目的是鼓励买方增大每份订单的购买量，便于卖方组织大批量经销。

(3) 功能折扣

这种价格折扣又叫贸易折扣。功能折扣是制造商给某些批发商或零售商的一种额外折扣，促使他们执行某种市场营销功能（如推销、储存、服务）。

(4) 季节折扣

这种价格折扣是企业给那些购买过季商品或服务的顾客的一种减价，使企业的生产和销售在一年四季保持相对稳定。例如，滑雪橇制造商在春夏季给零售商以季节折扣，鼓励零售商提前订货；旅馆、航空公司等在营业额下降时给旅客以季节折扣。

(5) 价格折让

这是另一种类型的价目表价格的减价。例如，一辆小汽车标价为 40 000 元，顾客以旧车折价 5 000 元购买，只需付给 35 000 元，这叫作以旧换新折让。如果经销商同意参加制造商的促销活动，则制造商卖给经销商的产品可以打折扣，这叫作促销折让。

2. 影响折扣定价策略的主要因素

价格折扣被具体应用在战术上和策略上会表现出不同特点，其原因主要有以下三个。

(1) 竞争对手以及联合竞争的实力

市场中同业竞争对手的实力强弱会影响到折扣的成效，一旦竞相折价，要么两败俱伤，要么被迫退出竞争市场。

(2) 折扣的成本均衡性

销售中的折扣并不是简单地遵循单位价格随订购数量的上升而下降这一规律。对生产厂家来说有两种情况是例外的：一种是订单量大，很难看出连续订购的必然性，企业扩大再生产后，一旦下季度或来年订单陡减，投资难以收回；另一种是订单达不到企业的开机指标，开工运转与分批送货的总成本有可能无法用增加的订单补偿。

(3) 市场总体价格水平下降

由于折扣定价策略有较稳定的长期性，当消费者利用折扣超需购买后，再转手将超需的部分商品以低于折扣价卖给第三者，这样就会扰乱市场，导致市场总体价格水平下降，给折扣定价的企业带来损失。

企业实行折扣定价策略时，除考虑以上因素外，还应考虑企业流动资金的成本、金融市场汇率变化、消费者对折扣的疑虑等因素。目前在我国商界，总代理、总经销方式愈来愈普遍，折扣在经销方式中的运用也非常普遍。一种现象极为突出，即厂家和大的经销商注意在地区影响范围内消除折扣的差异性，因为市场内同一厂商的同种商品折扣标准混乱，会使消费者或用户难以确定应该选择哪一种价格，结果折扣差异性在自己市场内形成了冲抵，影响了经销总目标的实现。

8.4.3 地区定价策略

一般来说，一个企业的产品，不仅卖给当地顾客，而且同时卖给外地顾客。而卖给外地顾客，把产品从产地运往顾客所在地，需要花一些装运费。所谓地区定价策略，就是企业要决定：对于卖给不同地区（包括当地和外地）顾客的某种产品，是分别制定不同的价格还是制定相同的价格。也就是说，企业要决定是否制定地区差价。地区定价的形式有以下几种。

1. 原产地定价

原产地定价是指顾客（买方）按照厂价购买某种产品，企业（卖方）只负责将这种产品运到产地某种运输工具（如卡车、火车、船舶、飞机等）上交货，并承担交货前的一切风险和费用。交货后，从产地到目的地的一切风险和费用（包括运费）概由买方承担。如果按产地某种运输工具上交货定价，那么每一个顾客都各自负担从产地到目的地的运费，这是很合理的。但是这样定价对企业也有不利之处，即远距离的顾客有可能不愿购买这个企业的产品，而购买其附近企业的产品。

2. 统一交货定价

统一交货定价也叫邮资定价，就是企业对于卖给不同地区顾客的某种产品，不分买方路途远近，一律收取同样的价格，也就是运杂费、保险费等均由卖方承担的一种定价策略。这种策略适用于重量轻、运杂费低廉、其所占变动成本的比重较小的产品。它能使买方认为运送商品是一项免费的附加服务，从而乐意购买，以扩大产品辐射力和市场占有率。

3. 分区定价

这种形式介于前两者之间，是企业把全国（或某些地区）分为若干价格区，对于卖给不同价格区顾客的某种产品，分别制定不同的地区价格。距离企业远的价格区，价格定得较高；距离企业近的价格区，价格定得较低。在各个价格区范围内实行一个价。企业采用分区定价存在以下两个问题：

① 在同一价格区内，有些顾客距离企业较近，有些顾客距离企业较远，前者就不合算；

② 处在两个相邻价格区界两边的顾客，他们相距不远，但是要按高低不同的价格购买同一种产品。

4. 基点定价

企业选定某些城市作为基点，然后按一定的厂价加上从基点城市到顾客所在地的运费来定价，而不管货物实际上是从哪个城市起运的。美国的水泥、钢铁、汽车等行业多年来一直采取基点定价。有些企业为了提高灵活性，选定许多个基点城市，按照顾客最近的基点计算运费。

5. 减免运费定价

有些企业因为急于和某些地区的顾客做生意，因而负担全部或部分实际运费。这些卖主认为，如果生意扩大，其平均成本就会降低，因此足以抵偿这些费用开支。采取减免运费定价，可以使企业加深市场渗透，并且能在竞争日益激烈的市场上站住脚。

8.4.4 心理定价策略

心理定价是根据消费者的购买心理来修改价格，以引导和刺激购买的价格策略。心理定价策略主要有以下几种。

1. 声望定价

声望定价是指针对消费者"一分钱一分货"的心理，对在消费者心目中享有声望、具有信誉的产品制定较高的价格。声望定价最适合下列产品：① 名厂、名店、名牌产品；② 高档高价产品；③ 古董或艺术品；④ 不易鉴别其质量和价值的产品。例如，一般认为，价格贵的宝石质量就好,而价格便宜的宝石质量就差。因为消费者有崇尚名牌的心理,往往以价格判断质量,认为高价代表高质量。不过还是要把握好高价的度,不能高得离谱,使消费者无法接受。有报道称,在美国市场上,手工做的布鞋很受欢迎,但价廉物美的中国货却竞争不过质差价高的韩国货,其原因是在美国人眼里低价就意味着低档次。

2. 尾数定价

尾数定价是利用消费者数字认知的某种心理,保留价格尾数、采用零头标价,将价格定在整数水平以下,使价格保留在较低一级档次上。尾数定价使消费者产生价格低廉和卖主经过认真的成本核算才定价的感觉,从而使消费者对企业产品及其定价产生信任感。对于需求弹性较大的商品(如食品、日常用品等),尾数定价往往带来需求量大幅度的增加。例如,一件产品定价49.8元,给消费者的感觉就是不到50元钱,比较便宜,从而乐意购买。日本和美国的零售商品多采用这种定价策略。例如,在日本超市,墨鱼丝397日元/包,鸡蛋138日元/盒或198日元/盒等;美国商品价格几乎无整数,总是差个1美分或2美分的,如2.99、3.99、5.98、7.99等。

3. 整数定价

由于消费者往往根据价格来辨别产品的质量,对于价格较高的产品,如耐用品、礼品或服装等消费者不太容易把握质量的产品,实行整数定价反而会抬高产品的身价,从而达到扩大销售的目的。

4. 习惯定价

习惯定价是指根据消费者的习惯性标准来定价。许多日常消费品都采用习惯定价,因为这类商品一般易于在消费者心目中形成一种习惯性标准,符合其标准的价格容易被顾客接受,否则易引起顾客的怀疑,高于习惯价格常被认为是变相涨价,低于习惯价格又会被怀疑产品质量是否有问题。因此,这类产品价格力求稳定,在不得不涨价时,应采取改换包装或品牌等措施,减少消费者的抵触心理,并引导消费者逐步形成新的习惯价格。

5. 招徕定价

招徕定价是指零售商利用部分顾客求廉的心理,特意将某几种产品的价格调整到低于价目表价格,甚至低于成本费用,以招徕顾客并促进其他产品的销售。例如,有的超级市场和百货商店大力降低少数几种商品的价格,特别设置几种低价畅销商品,有的则把一些商品用处理价、大减价来销售,以招徕顾客。顾客多了,不仅卖出了廉价产品,也带动和扩大了其他正常价格的产品销售。

6. 谐音定价

如果产品的价格中出现一些特殊的数字,能满足顾客追求吉利的心理,则对商品的促销能起到神奇的效果,如88(发发)、518(我要发)、89(发够)、66(大顺)等。相反,如价格中出现4、13等不吉利的数字,则会拒消费者于千里之外。

8.4.5 差别价格策略

差别价格策略是指根据销售地区、销售季节和产品质量的差别,将同样的产品以不同价格出售的定价策略。

1. 差别定价的主要形式

(1) 地区差价策略

地区差价策略即企业以不同的价格策略在不同地区营销同一种产品,以形成同一产品在不同空间的横向价格策略组合。地区差价形成的原因不仅是因为商品运输和中转费用的差别,而且在于各地的市场具有不同的消费水平、文化传统,从而表现为不同的需求弹性。明显的例子就是沿海与内地的价格差别、国内市场与国际市场的价格差别。

(2) 季节差价策略

季节差价策略即对相同产品,按销售时间上的差别而制定不同的价格。这种策略适用于销售淡旺季明显的节令性商品,如应季时装、空调、取暖炉等。对过季商品的降价出售,可减少企业的仓储费用并加速资金周转。同时,这种策略还适用于生产淡旺季明显的农副产品。例如,供应量受季节影响但消费量相对稳定的蔬菜、水果、鸡蛋等食品,对这类商品实施供应旺季降价、淡季提价的策略,有利于调节供求矛盾,维持市场的供求平衡。

(3) 质量差价策略

质量差价策略即根据产品质量的不同,在价格上体现出一定的差异。高品质产品一般包含着更多的劳动,理应实行较高的价格。但是在市场上,产品质量的高低由消费者说了算。一件优质产品须经消费者认可成为名牌,才能形成质量差价。因而,质量差价策略应与其他营销策略相配合才能实现。

2. 差别定价的适用条件

企业采取差别定价策略必须具备以下条件:

① 市场必须是可以细分的,而且各个市场细分须表现出不同的需求程度;

② 以较低价格购买某种产品的顾客没有可能以较高价格把这种产品倒卖给别人;

③ 竞争者没有可能在企业以较高价格销售产品的市场上以低价竞销;

④ 细分市场和控制市场成本费用不得超过因实行价格歧视而得到的额外收入,这就是说,不能得不偿失;

⑤ 价格歧视不会引起顾客反感而放弃购买,影响销售;

⑥ 采取的价格歧视形式不能违法。

8.4.6 产品组合定价策略

当产品只是某一产品组合的一部分时,企业必须对定价方法进行调整。这时,企业要研究出一系列价格,使整个产品组合的利润实现最大化。因为各种产品之间存在需求和成本的相互联系,而且会带来不同程度的竞争,所以定价十分困难。

1. 产品大类定价

通常企业开发出来的是产品大类,而不是单一产品,当企业生产的系列产品存在需求和成本的内在关联性时,为了充分发挥这种内在关联性的积极效应,需要采用产品大类定价策略。在定价时,首先,确定某种产品的最低价格,它在产品大类中充当领袖价格,以吸引消费者购买产品大类中的其他产品;其次,确定产品大类中某种商品的最高价格,它在产品大类中充当品牌质量和收回投资的角色;再者,产品大类中的其他产品也分别依据其在产品大类中的角色不同而制定不同的价格。例如,松下公司设计出五种不同的彩色立体声摄像机,简单型的只有4.6磅,复杂型的有12.3磅,包括自动聚焦、明暗控制、双速移动目标镜头等。

产品大类上的摄像机依次增加新功能,来获取高价。管理部门要确定各种摄像机之间的价格差距。制定价格差距时要考虑摄像机之间的成本差额、顾客对不同特征的评价以及竞争对手的价格。如果价格相差很大,顾客就会购买价格低的摄像机。在许多行业,营销者都为产品大类中的某一种产品事先确定好价格点。例如,男式服装店可能经营三种价格档次的男士服装:150元、250元和350元。顾客会从三个价格点上联系到高、中、低三种质量水平的服装。即使这三种价格同时提高,男士们仍然会按照自己偏爱的价格点来购买服装。营销者的任务就是确立认知质量差别,来使价格差别合理化。

2. 选择品定价

许多企业在提供主要产品的同时,还会附带一些可供选择的产品或特征。例如,汽车用户可以订购电子开窗控制器、扫雾器和减光器等,但是对选择品定价却是一件棘手的事。汽车公司必须确定价格中应包括哪些产品,又有哪些产品可作为选择对象。汽车制造商只希望对简便型汽车做广告,来吸引人们到汽车展示厅参观,而将展示厅的大部分空间用于展示昂贵的特征齐全的汽车。饭店也面临同样的定价问题,其顾客除了订购饭菜外也买酒水,许多饭店的酒水价格很高,而饭菜的价格相对较低。饭菜收入可以弥补饭菜的成本和饭店其他的成本,而酒水则可以带来利润,这就是为什么服务人员极力推荐顾客买酒水的原因。也有的饭店会将酒水价格定得较低,而对饭菜制定高价,来吸引爱饮酒水的顾客。

3. 补充品定价

有些产品需要附属或补充产品,如剃须刀片和胶卷。制造商经常为主要产品(如剃须刀、照相机)制定较低的价格,而为附属产品制定较高的加成。例如,柯达照相机的价格很低,原因是它从销售胶卷上盈利,而那些不生产胶卷的照相机生产商为了获取同样的总利润,不得不对照相机制定高价。但如果补充产品的定价过高,就会出现危机。

【案例启示】

在20世纪末期的几十年中,美国有关安全剃须刀方面的专利起码有几十个,吉列只不过是其中之一。使用安全剃须刀不像先前的折叠式剃须刀那样易刮伤脸,又可免去光顾理发店的时间和金钱,但是这种看似很有市场的商品却卖不出去,原因是它太贵了。去理发店只花10美分,而最便宜的安全剃须刀却要花5美元。这在当时可不是一个小数目,因为它相当于一个高级技工一星期的薪水。

吉列的安全剃须刀并不比其他剃须刀好,而且生产成本也更高,但别人的剃须刀卖不出去,吉列的剃须刀却是供不应求,原因就在于他实际上贴本把剃须刀的零售价定为55美分,批发价25美分,这不到其生产成本的1/5。同时,他以5美分一个的价格出售刀片,而每个刀片的制造成本不到1美分,这实际上是以刀片的赢利来补贴剃须刀的亏损。当然吉列剃须刀只能使用其专利刀片。由于每个刀片可以使用6~7次,每刮一次脸所花的钱不足1美分,只相当于去理发店花费的1/10,因而有越来越多的消费者选择使用吉列剃须刀。

4. 分部定价

服务性企业经常收取一笔固定费用,再加上可变的使用费。例如,电话用户每月都要支付一笔最少的使用费,如果使用次数超过规定,还要再交费。游乐园一般先收门票费,如果游玩的地方超过规定,就再交费。在新加坡,新车的价格包括两个部分:第一部分是包括进口税在内的汽车成本;第二部分是获取驾驶执照的价格——拥有新车的权利。后者在拍卖行可以购得,那儿每月都提供一定数量的用于不同车辆的驾驶执照。成功的驾驶执照投标人要为享有买车的权利支付费用。服务性企业面临着和补充产品定价同样的问题,即应收多少基本服务费和可变使用费。固定成本应较低,以推动人们购买服务,利润可以从使用费中获取。

5. 副产品定价

在生产加工肉类、石油产品和其他化工产品的过程中,经常有副产品。如果副产品价值很低,处理费用昂贵,就会影响到主产品的定价。企业确定的价格必须能够弥补副产品的处理费用。如果副产品对某一顾客群有价值,就应该按其价值定价。副产品如果能带来收入,将促使企业在迫于竞争压力时制定较低的价格。

6. 产品群定价

企业经常以某一价格出售一群产品,如化妆品、计算机、假期旅游公司为顾客提供的一系列活动方案,这一群产品的价格低于单独购买其中每一产品的费用总和,顾客可能并不打算购买其中所有的产品,所以这一组合的价格必须有较大的降幅来吸引顾客购买。但是,有些顾客并不需要整个产品群。假设一家医疗设备企业免费提供送货上门和培训服务,某一顾客可能要求免去送货和培训服务,以获取较低的价格。有时,顾客要求将产品群拆开。在这种情况下,如果企业节约的成本大于向顾客提供其所需商品的价格损失,则企业的利润会上升。例如,供应商不提供送货上门可节省 100 元,这时向顾客提供的价格的减少额为 80 元,则它的利润就增加了 20 元。

8.4.7 价格调整策略

企业处于一个动态的市场环境中,产品价格的制定和修改都不是一劳永逸的。在企业的营销活动过程中,会因外部条件的变化而主动降低或提高价格。但何时降低价格,何时提高价格,需要考虑多方面因素的影响。

1. 企业降价和提价

(1) 企业降价

企业降价的主要原因有以下几个:

① 企业的生产能力过剩,因而要扩大销售,但是企业又不能通过产品改进和加强销售工作等来扩大销售。在这种情况下,为了摆脱困境,保持生产正常进行,企业就需考虑降价。

② 由于在激烈的竞争中,企业的市场占有率逐渐降低,为了夺回失去的市场和占有更大的市场,也可采用降价策略。

③ 企业的成本费用比竞争者低,企图通过降价来掌握市场或提高市场占有率,从而扩大生产和销售量,降低成本费用。在这种情况下,企业也往往发动降价攻势。

【案例启示】

在国际市场上,由于日本竞争者的产品质量较高,价格较低,使美国的汽车、消费电子产品、照相机、钟表等行业,已经丧失了一些市场阵地。在这种情况下,美国一些公司不得不降价竞销。在我国国内市场上,1996 年彩电行业的降价风潮也说明类似问题。当时,长虹的降价幅度高达 30%,TCL 曾试图以保持原有价格、提高产品质量、加大宣传力度、扩大与竞争者的差异来应对,但因产品的价格弹性较强,未能奏效。为保持其市场占有率,TCL也被迫采取了降价策略。

(2) 企业提价

虽然提价会引起消费者、经销商和企业推销人员的不满,但是一个成功的提价可以使企业的利润大大增加。企业提价的主要原因如下:

① 由于通货膨胀,物价上涨,企业的成本费用提高,因此许多企业不得不提高价格。在现代市场经济条件下,在通货膨胀条件下,许多企业往往采取种种方法来调整价格,对付通货膨胀。例如,采取推迟报价定价的策略;在合同上规定调整条款;采取不包括某些商品和服务定价策略;降低价格折扣;取消低利产品;降低产品质量,减少产品特色和服务。企业采取这种策略可保持一定的利润,但会影响其声誉和形象,失去忠诚的顾客。

② 企业的产品供不应求,不能满足其所有顾客的需要。在这种情况下,企业就必须提价。提价方式包括取消价格折扣、在产品大类中增加价格较高的项目或者开始提价。为了减少顾客不满,企业提价时应向顾客说明提价的原因,并帮助顾客寻找节约的途径。

2. 顾客对价格变动的反应

企业无论提价或降价,都必然影响到购买者、竞争者、中间商和供应商的利益,而且政府对企业变价也不能不关心。购买者对于企业的某种产品的降价可能会这样理解:这种产品的式样过时了,将被新型产品所代替;这种产品有某些缺点,销售不畅;企业财务困难,难以继续经营下去;价格还要进一步下跌;这种产品的质量下降了。

企业提价通常会影响销售,但是购买者对企业的某种产品提价也可能会这样理解:这种产品很畅销,不赶快买就买不到了;这种产品很有价值;卖主想尽量取得更多利润。

一般来说,购买者对于价值不同的产品价格的反应有所不同。购买者对于那些价值高、经常购买的产品的价格的变动较敏感,而对于那些价值低、不经常购买的小商品,即使单位价格较高,购买者也不大注意。

3. 竞争者对价格变动的反应

企业在考虑改变价格时,不仅要考虑到购买者的反应,而且必须考虑竞争对手对企业的产品价格的反应。当某一行业中企业数目很少且提供同质产品、购买者颇具辨别力与相关知识时,竞争者的反应就愈显重要。

有两种方法可以了解竞争者的价格反应政策:通过内部情报和借助统计分析。内部情报的取得方法有几种,有些是可以接受的,有些则近乎刺探。有一种方法是从竞争者那里挖来经理,以获得竞争者考虑程序及反应形式等重要情报。此外,还可以雇用竞争者以前的职员专门设立一个机构,其工作任务就是模仿竞争者的立场、观点、方法来思考问题。关于竞争者的想法的情报,也可以通过其他渠道(如顾客、金融机构、供应商、代理商等)获得。

4. 企业对竞争者变价的反应

(1) 不同市场结构下的企业反应

在同质产品市场上,如果竞争者降价,企业必须随之降价,否则顾客就会购买竞争者的产品,而不购买企业的产品;如果某一个企业提价,且提价会使整个行业有利,其他企业也会随之提价。但是如果有一个企业不随之提价,那么最先发动提价的企业和其他企业不得不取消提价。

在异质产品市场上,企业对竞争者变价的反应有更多的选择余地。因为在这种市场上,顾客选择卖主时不仅考虑产品价格因素,而且考虑产品的质量、服务、性能、外观、可靠性等多方面的因素。因而在这种产品的市场上,顾客对于较小的价格差异并不在意。

面对竞争者的变价,企业必须认真调查研究如下问题:① 为什么竞争者变价? ② 竞争者打算暂时变价还是永久变价? ③ 如果对竞争者变价置之不理,将对企业的市场占有率和利润有何影响? ④ 其他企业是否会做出反应? ⑤ 竞争者和其他企业对于本企业的每一个可能的反应又会有什么反应?

(2) 企业应对变价需考虑的因素

受到竞争对手进攻的企业必须考虑:① 产品在其生命周期中所处的阶段及其在企业产品投资组合中的重要程度;② 竞争者的意图和资源;③ 市场对价格和价值的敏感性;④ 成本费用随着销量和产量而变化的情况。

在激烈的市场竞争中,对知名度较高的、优质的高档产品,生产者担心中间商和零售商削价竞销,损害企业的形象或产品形象,所以在供货时就明确规定,中间商和零售商必须按商品目录规定的价格浮动范围出售该商品,同时向中间商和零售商提供价格变动的承诺,一旦厂家降价,那么对经销商造成的降价损失由厂家承担。这一定价策略,既维护了企业形象和产品形象,又创造了一种相对公平的竞争环境,保护了中小零售商的利益。

面对竞争者的变价,企业不可能花很多时间来分析应采取的对策。事实上,竞争者很有可能花了大量的时间来准备变价,而企业又必须在数小时或几天内明确、果断地做出明智反应。缩短价格反应决策所需时间的唯一途径:预测竞争者可能的价格变动,并预先准备好适当的对策。

微信扫码查看

课后自测

案例分析

【实训操作】

一、实训内容

调查与分析某品牌服装的价格策略。通过对服装市场价格的调查和评析,加深学生对各种定价方法及策略的理解,进一步了解价格制定及调整的原因及其策略。

要求:

1. 分组完成;
2. 每组要选择某一实际品牌服装进行调查分析;
3. 要结合实地考察和文献查阅两种调查方法;
4. 要调查企业的产品组合及其价格构成,分析其价格策略;
5. 对企业的价格策略进行分析评价;
6. 对企业的价格策略提出建议;

7. 撰写分析报告。

二、实训步骤

1. 分组；
2. 教师指定几个服装品牌供各小组选择；
3. 组内分工，走访调查；
4. 小组讨论，分析整理调查结果；
5. 对企业的价格策略进行评价，提出本组建议；
6. 撰写分析报告。

三、实训考核

1. 课后准备充分，组内分工协作；(2分)
2. 小组讨论积极，思路正确；(2分)
3. 实地调查积极，分析评价客观；(3分)
4. 完成报告及时，营销建议可行。(3分)

任务 9　制定分销渠道策略

【任务目标】

知识目标：
1. 理解分销渠道的含义及特点；
2. 理解消费品市场和生产资料市场分销渠道的一般模式；
3. 了解中间商的类型；
4. 了解商品实体分销的基本内容。

能力目标：
1. 能为企业选择合适的分销渠道策略；
2. 能正确处理与渠道成员的关系。

【导入案例】

宝洁和沃尔玛：对手变盟友

宝洁是消费型产品的全球领导者，零售巨擘沃尔玛是它最大的客户之一。在 20 世纪 80 年代中期，这两家巨型企业之间的关系变得剑拔弩张。宝洁的促销力度很大，给零售商很大的折扣优惠。沃尔玛趁机以超出常规的购买量大量吃进并囤积宝洁的产品。这就给宝洁造成了很多麻烦，它生产太多，伤害了现金流。为了提高现金流，宝洁于是提供更多的推广优惠，而沃尔玛的反应是买得更多，于是这两家公司之间的恶性循环就这样持续下去。

凯梅尼(Jennifer M. Kemeny)和亚诺威茨(Joel Yanowitz)在《反省》(*Reflections*)一书中对此的描述是："两家公司所采取的应对措施都在尽力破坏对方成功的可能性。"

但是，两大巨头很快认识到这种两败俱伤的做法的危害性。于是，宝洁下决心要化敌为友，向沃尔玛抛出了成立战略联盟的橄榄枝。

"第一个难题是如何组建一支由双方的管理人员所组成的运作团队，"凯梅尼和亚诺威茨说："他们举行了数天的研讨会，通过运用系统思维工具，在共同的商业活动将会给双方带来的结果方面达成了共识。来自宝洁和沃尔玛的管理者们发现，彼此的举措原来可以是合理的，而不是自利的行为。"

充分理解对方的需要之后，这两家公司在双赢战略的基础上开始合作，而宝洁也无须再向沃尔玛提供折扣。"这个战略实施得非常成功，于是被推而广之。宝洁甚至几乎停止了所有的降价推广活动，为此它几乎得罪了整个零售业。但是这样做的结果却是，宝洁的盈利大幅攀升。"

为了使合作可以运转，这两家公司把软件系统连接到一起，很多信息都实现了共享。据报道，现在，当沃尔玛的分销中心里宝洁的产品存货量低时，它们的整合信息系统会自动提醒宝洁要补货了。该系统还允许宝洁通过人造卫星和网络技术远程监控沃尔玛每个分店的宝洁产品专区的销售情况，而网络会把这些信息实时反映给宝洁的工厂。宝洁的产品无论何时在收银台扫描，这些工厂都可以知道。这些实时信息使宝洁能够更准确地安排生产、运输，以及为沃尔玛制定产品推广计划。

【思考】
宝洁和沃尔玛的关系模式给中国企业带来哪些启示？

【简要评析】
今天的中国流通领域，制造商和连锁零售企业在合作中存在着激烈的对抗。从表象上来看，主要是源于在产品价格和营销政策上的分歧，但实际上却是源于对渠道控制权的争夺，以及由此而带来的对产品资源、营销资源和人力资源的抢夺和攫取。连锁零售企业以压低进价、迟付货款以及收取进场费、节日促销费等方式企图尽量占有厂家资源，并将成本转嫁给制造商。而制造商为了避免失去主动，不得不继续保持原有的效率不高的自有渠道，以最大限度地维持对产品价格和货物走向的控制，以期对连锁零售企业进行战略制衡。这样你来我往，双方的成本自然居高不下，盈利能力和成长性均受到严重制约。

而"宝洁—沃尔玛模式"告诉我们，要改变这一现状，制造商和零售商必须摒弃"冷战思维"，应在建立充分信任关系的基础上，把对渠道资源的抢夺和攫取转移到对供应链的再造和价值的增值上来。

【理论指导】

产品或服务只有经过交换，从生产者到达消费者或用户手中之后，才能实现惊人的一跃，即完成从产品到商品的转变，实现其作为商品的价值和使用价值。所以，如何才能使消费者在适当的时间、适当的地点，以适当的价格购买到适当的产品，就需要研究分销渠道。分销渠道是连接企业与消费者的桥梁，是沟通产品与顾客的纽带。企业产品要想顺利进入市场，使产品被广大消费者接受，合理选择分销渠道则是企业进行市场营销活动必须要做的又一个重要决策。

9.1 了解分销渠道的内涵与类型

9.1.1 理解分销渠道的内涵

1. 分销渠道的概念

分销渠道（Place），也叫营销渠道、产品通路，是指产品（服务）从生产者向消费者（用户）转移的过程中所经过的路线。渠道是一种形象的说法，是指产品像水一样通过一条水渠从生产者流向需要该产品的消费者手中。

在市场经济活动中，产品必须通过交换实现价值。这一交换过程至少需要有一个购销环节。产品在其中要发生两种形式的运动：一种是作为买卖结果的价值形式的运动，是产品所有权的一次或多次转让，使产品从一个所有者转移到另一个所有者，直至消费者手中，形成了商品的流通,即商流;另一种是伴随商品流通而发生的产品实体的空间移动,这就又同时形成了物品的流通,即物流。由于商流和物流通常都围绕产品价值的最终实现,这就形成了一条从生产者流到消费者的路线。这条路线从企业营销的角度来看,就是分销渠道。分销渠道可用图9-1来描述。

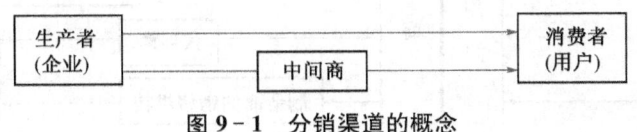

图9-1 分销渠道的概念

美国著名的市场营销学家菲利普·科特勒认为,分销渠道是指"某种产品或服务从生产者转移到消费者过程中,取得这种产品或服务所有权或协助所有权转移的所有组织与个人"。因此,分销渠道所经过的这些路线是由一系列的中间环节构成的,这些中间环节主要包括生产者自设的销售机构、批发商、零售商、代理商以及银行等辅助性机构。

2. 分销渠道的特点

分销渠道具有下列特征:

① 分销渠道反映某一特定产品价值实现的全过程所经由的通道。营销渠道的起点是生产者,终点是消费者或用户。

② 中间商是营销渠道的主要参与者。在现代市场经济条件下,大部分生产企业不直接把产品销售给消费者或用户,而需要借助于一系列中间商的活动来完成。

③ 在商品流通过程中,包括了商品所有权的转移和由储存、运输等完成的商品实体转移以及资金的流动。

④ 由于批发商、零售商、代理商和经纪人等中间商的存在,各种商品或同一种商品的销售渠道可以大不相同。不过,只要是从生产者到最终用户或消费者之间,任何一种与商品交易活动有关并相互依存、相互关联的营销中介机构都可以称作一条营销渠道。

因此,分销渠道本质上是商品从生产者经过中间商转移至消费者或用户的整个市场营销机构。

9.1.2 掌握分销渠道的类型

1. 按渠道的长度分类

渠道长度,是指产品分销所经中间环节的多少。所经中间环节越多,渠道越长;反之,渠道越短。最短的渠道是不经过中间环节的。

分销渠道可以按其长度的不同分为四种基本类型(见图9-2、图9-3)。

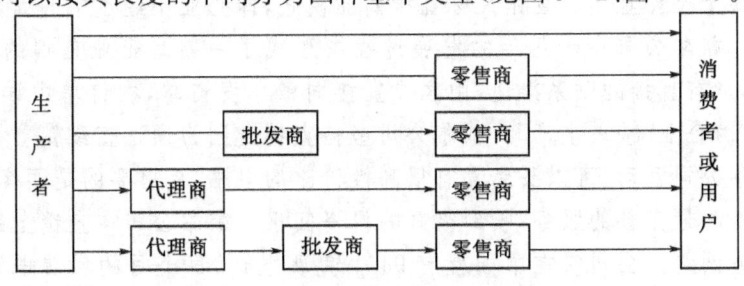

图9-2 消费品市场的分销渠道模式

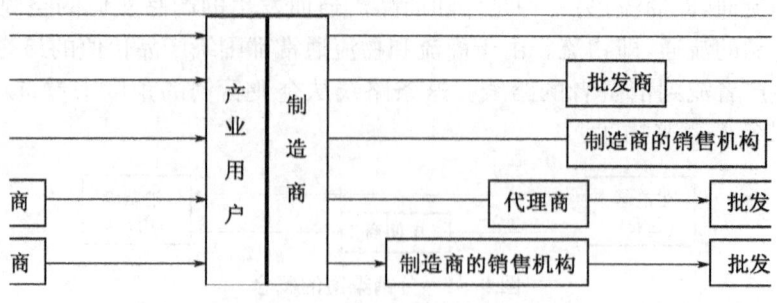

图 9-3　产业市场的分销渠道模式

(1) 零层渠道

零层渠道,通常叫直接渠道或直销。直接渠道是指产品从制造商转移到消费者或用户的过程中不经过任何中间商转手的分销渠道。直接分销的主要形式有上门推销、邮寄销售、家庭展示会、电子通信销售、网络营销、电视直销、制造商自设商店或专柜等。产业市场普遍采用直销方式。其主要优点:能缩短产品的流通时间,使其迅速转移到消费者或用户手中;减少中间环节,降低产品损耗;制造商拥有控制产品价格的主动权,有利于稳定价格;产需直接见面,便于了解市场,掌握市场信息。直接销售的缺点:① 在产品和目标顾客方面,对于大多数生活资料商品,其购买呈小型化、多样化和重复性,生产者如果凭自己的力量去广设销售网点,往往力不从心,甚至事与愿违,很难使产品在短期内广泛分销,很难迅速占领或巩固市场,企业目标顾客的需要得不到及时满足,这就意味着企业失去了目标顾客和市场占有率。② 在商业协作伙伴方面,商业企业在销售方面比生产企业的经验丰富,这些中间商最了解顾客的需求和购买习性,在商业流程中起着不可缺少的桥梁作用。而生产企业自销产品,就等于拆除了这一桥梁,使得自己去进行生产调查,包揽了中间商所承担的责任和费用。这样,就会加重生产者的工作负荷。③ 在生产者与生产者之间,当生产者仅以直接分销渠道销售商品,致使目标顾客的需求得不到及时满足时,同行生产者就可能趁势进入目标市场,夺走目标顾客和商业协作伙伴。

【案例启示】

戴尔的直销

IT 企业中的戴尔公司以其高成长业绩为世人所称道。戴尔企业发展成功的最大奥秘就是在产品销售上坚持直销。直销又称直接商业模式,即企业不经过中间商,而是将产品直接销售给用户。戴尔公司在十几年的发展过程中形成了一整套企业直销的销售制度与做法,即戴尔与客户有直接的联系渠道,由客户直接向戴尔发订单,在订单中详细列出产品所需的配置,然后由企业"按单生产"。戴尔公司坚持直销是因为通过直线销售模式,顾客不仅可以直接与戴尔公司互动,可以买到具有很高性价比的电脑,更重要的是顾客可以得到戴尔公司最新的技术和最完善的服务,收到很好的投资回报。戴尔公司在直销上的另一特点,就是建立电话服务网络。公司仅在中国就有 94 个免费电话,每个月的付费电话费用就有 10 万美元。在厦门,戴尔有一个 CTI 系统(电脑电话集成系统),它可以对打入的电话进行整理,并检查等候时间,以确保尽可能快地给顾客回复,而且公司要确保有足够的工程师来接听顾客服务电话。一般技术上的问题,公司可以在30分钟内通过电话解决;如果是顾客硬件上的问题,一周之内保证解决;对销售的笔记本电脑,公司有国际服务承诺,顾客只要在当地拨打免费电话,就会有当地的工程师解决问题。现在,戴尔实现了这一目标的90%。

(2) 一层渠道

一层渠道,是指生产者和消费者(或用户)之间介入一层中间环节的分销渠道。在消费者市场,其中间环节通常是零售商;在生产者市场,大多是代理商或经纪人。

(3) 二层渠道

二层渠道,是指生产者和消费者(或用户)之间介入二层中间环节的分销渠道。在消费者市场,通常是批发商和零售商;在生产者市场,通常是代理商和批发商。

(4) 三层渠道

三层渠道,是指在生产者和消费者(或用户)之间介入三层中间环节的分销渠道。

一般来说,三层渠道多见于消费者市场,通常包括两种情况:一是在批发商和零售商之间设有专业批发商,三者的关系为一级批发→二级批发(专业批发)→零售商;二是在批发商之前有一总经销商或总代理商,其关系是总代理(总经销)→批发商→零售商。

一层渠道至三层渠道与直接渠道相对应,可统称为间接渠道。间接渠道的优点:① 有助于产品广泛分销。② 缓解生产者人、财、物等力量的不足。③ 有利于企业之间的专业化协作。其缺点:① 可能形成"需求滞后差",即需求在时间上或空间上滞后于供给。中间商购走了产品,并不意味着产品从中间商手中销售出去了,有可能销售受阻。对于某一生产者而言,一旦其多数中间商的销售受阻,就形成了"需求滞后差"。但生产规模既定,人员、机器、资金等照常运转,生产难以剧减。当需求继续减少,就会导致产品的供给更加大于需求。若多数商品出现类似情况,便造成所谓的市场疲软现象。② 可能加重消费者的负担,导致抵触情绪。③ 不便于直接沟通信息。

2. 按渠道的宽度分类

分销渠道的宽度,是指分销渠道中的不同层次使用中间商数目的多少。这主要取决于企业希望产品在目标市场上扩散范围的大小。对此,有三种可供选择的策略。

(1) 广泛分销策略

广泛分销策略,也叫密集分销,是指制造商广泛利用大量的中间商经销自己的产品。这种策略的基本点就是充分利用场地,占领尽可能多的市场供应点,以使产品有充分发展的机会。该策略通常用于日用消费品和工业品中标准化、通用化程度较高的产品(如小件工具、标准件等)的分销。这类产品的消费者在购买使用时注重的是迅速而又方便,而不太重视产品厂牌、商标等,其制造商则希望自己的产品能尽量扩大销路,使广大消费者能及时、方便地买到。这种策略的优点是产品与顾客接触机会多,广告的效果好,但制造商基本上无法控制这类渠道,与中间商的关系也较松散。

采用这种策略时,制造商要与众多中间商发生业务关系,而中间商往往同时经销众多厂家的产品,就难以为某个制造商承担广告费用或采取专门的推销措施。这样必然导致工商企业间的合作困难,也使制造商难以控制分销渠道。一般来讲,制造商要负担较高的促销费用,设法鼓励和刺激中间商积极推销本企业的产品。

(2) 选择性分销策略

选择性分销策略是指制造商从愿意合作的中间商中选择一些条件较好的中间商去销售本企业的产品。这种策略的特点是制造商只是在一定的市场上选用少数几个有支付能力、有销售经验、有产品知识及推销知识、信誉较好的中间商推销本企业的产品。这种策略用于顾客需要在价格、质量、花色、款式等方面精心比较和挑选后才能决定购买的产品。这种策略的优点是减少了制造商与中间商的接触，每个中间商可获得较大的销售量，有利于加深工商企业之间的合作关系，提高渠道的运转效率，而且有利于保护产品在用户中的声誉，有利于制造商对渠道进行适度控制。

(3) 独家分销策略

独家分销策略是指制造商在一定的市场区域内仅选用一家经验丰富、信誉卓著的中间商销售本企业的产品。在这种情况下，双方一般都签订合同，规定双方的销售权限、利润分配比例、销售费用和广告宣传费用的分担比率等；规定在特定的区域内不准许制造商再找其他中间商经销其产品，也不准许所选定的中间商再经销其他企业生产的同类竞争性产品。这种策略主要用于顾客挑选水平很高、十分重视品牌商标的特殊品，以及需要现场操作表演和介绍使用方法的机械产品。

独家分销策略的优点：易于控制市场的营销规格；只有一家专营中间商与生产者签订协议，所以可以提高中间商的积极性和销售效率，更好地服务于市场；有利于产销双方较好地相互支持和合作。其缺点主要是风险太大，具体表现在：在该地区生产者过于依赖中间商，容易受其支配；在一个地区选择一个理想的中间商是十分困难的，如果选择不当或客观条件发生变化，可能会完全失去市场；一个特定地区只有一家中间商，可能因为推销力量不足而失去许多潜在顾客。

9.1.3 了解分销渠道模式的发展趋势

分销渠道并非一成不变，也随市场变化而不断改变自己，以期更好地满足市场需求，适应激烈的市场竞争，提高分销的效率。改革分销渠道的焦点就是在分销渠道成员之间形成利益共同体，走共同发展之路，实行统一组织，统一管理，统一设定渠道策略，调整市场营销战略，改变传统的分销渠道系统中制造商、批发商、零售商等各自为政的局面。

1. 垂直分销渠道模式

垂直分销渠道模式是指制造商、批发商和零售商等形成一个统一体，每个成员把自己视为分销系统中的一分子，关注整个分销系统的成功。它们服从于一个领导者，或是制造商，或是批发商，或是零售商，取决于其能量和实力的大小。垂直分销渠道模式有以下三种主要类型。

(1) 公司式垂直分销渠道模式

公司式垂直分销渠道模式是指制造商、批发商、零售商归属同一所有者并受其统一管理和控制的系统。其实，这种垂直一体化既能向前一体化，也能向后一体化。例如，日本松下电器公司不仅制造家用电器，在大量生产、大量销售的时代，还以合并、共同出资等形式将众多的批发商和零售商收入自己名下，使其成为系列批发商和系列零售商，最多时前者达 224 家，后者高达 27 000 家。西尔斯百货公司从其部分拥有或全部拥有的公司里销售产品的比例超过 50%。

(2) 管理式垂直分销渠道模式

管理式垂直分销渠道模式是指由某一家规模大、实力强的企业出面将制造商和处于不同层次的中间商组织起来并实行统一管理的系统。

(3) 合同式垂直分销渠道模式

合同式垂直分销渠道模式也称契约式垂直分销渠道模式，是指以合同的形式将各自独立的制造商和不同层次的中间商联合起来形成的系统。合同式垂直分销渠道模式有三种形式：① 批发商倡办的自愿连锁组织，即批发商组织独立的零售商成立自愿连锁组织，帮助它们和大型连锁组织抗衡；② 零售商合作组织，即零售商组织一个新的企业实体来开展批发业务和可能的生产活动；③ 特许经营组织，包括特许批发商和特许零售商等。

2. 水平分销渠道模式

水平分销渠道模式是指在分销过程中履行同一渠道职能的两个或两个以上企业联合起来共同开发和利用市场机会的系统。这种模式的特点是两家或两家以上的公司横向联合共同形成新的机构，发挥各自优势，实现分销系统有效、快速的运作，组建新的公司。例如，某零售店可以通过同其他零售店合并或增加店铺来实行水平一体化。水平一体化能在采购、市场调研、广告、人事等多方面获得规模效益，但并不是改善渠道的最佳方法。

3. 多渠道分销渠道模式

多渠道分销渠道模式是指一个公司建立两条或两条以上的分销渠道向一个或更多的顾客细分市场分销其产品的系统。例如，某制造商一方面通过中间商分销产品，另一方面又利用因特网销售产品。采用多渠道分销系统，公司可以获得三个方面的好处：一是扩大市场覆盖面；二是降低渠道成本；三是增加销售特征，使其更适合顾客的要求。

【案例启示】

娃哈哈"联销体"路线

跟其他一些大型企业相比，娃哈哈在全国各地的营销员少得让人难以想象，只有200人，而且宗庆后还表示，他不会让这个人数有太大的突破。娃哈哈的营销队伍走的是一条"联销体"路线。娃哈哈的营销组织结构是这样的：总部—各省区分公司—特约一级批发商—特约二级批发商—二级批发商—三级批发商—零售终端。

其运作模式是：每年年初，特约一级批发商根据各自经销额的大小打一笔预付款给娃哈哈，娃哈哈支付比银行更高的利息，然后，每次提货前，结清上一次的货款。一批商在自己的势力区域内发展特约二批商与三批商，两者的差别是，前者将打一笔预付款给一批商以争取到更优惠的政策。娃哈哈保证在一定区域内只发展一家一级批发商。同时，公司还常年派出一到若干位销售经理和理货员帮助经销商开展各种铺货、理货和促销工作。在某些县区，甚至出现这样的情况：当地的一批商仅仅提供了资金、仓库和一些搬运工，其余的所有营销工作都由娃哈哈派出的人员具体完成。

这是一种十分独特的协作框架。从表面上看，批发商帮娃哈哈卖产品却还要先付一笔不菲的预付款给娃哈哈——对某些大户来说，这笔资金达数百万元。而娃哈哈方面则"无偿"地出人、出力、出广告费，帮助批发商赚钱。

对经销商而言，他们无疑是十分喜欢娃哈哈这样的厂家的：一则，企业大，品牌响，有强有力的广告造势配合；二则，系列产品多，综合经营的空间大，可以把经营成本摊薄；三则，有销售公司委派理货人员"无偿"地全力配合，总部的各项优惠政策可以不打折扣地到位。当然他们也有压力：首先要有一定的资本金垫底，其次必须全力投入，把本区域市场做大，否则第二年联销权就可能旁落。

9.2 设计分销渠道

9.2.1 理解分销渠道设计的选择类型

1. 直接渠道与间接渠道的选择

这个问题实质上就是是否采用中间商的决策。

直接销售和间接销售各有利弊，各有其适用条件和范围。企业在选择时，必须对产品、市场、企业营销能力、控制渠道的要求、财务状况等方面进行综合分析。一般情况是：大多数生产资料产品技术复杂，价格高，需要安装和经常的维修服务，用户对产品规格、配套、技术性能有严格要求，交易谈判需较长的时间，宜采用直接销售；有的大宗原材料用户购买量很大，购买次数少，用户数量有限，也适宜采用直接销售。除此之外，大多数生活资料以及一部分应用面广、购买量小的生产资料，宜采用间接销售。另外，在进行此类选择时，营销能力、财务、控制渠道的要求也必须考虑在内。例如，有的企业产品从产品与市场分析，应该采用直接销售，然而，因为销售力量太弱或财务困难，也不得不选用间接销售渠道。

2. 长渠道与短渠道的选择

当企业决定采用间接分销时，应对渠道的长短做出决定。

越短的分销渠道，制造商承担的销售任务就越多，信息传递越快，销售越及时，也就越能有效地控制渠道。越长的分销渠道，中间商就越要承担大部分销售渠道职能，信息传递就越慢，流通时间长，制造商对渠道的控制就越弱。制造商在决定分销渠道长短时，应综合分析制造商的特点、产品的特点、中间商的特点以及竞争者的特点加以确定。

3. 宽渠道和窄渠道的选择

按照渠道中每个层次的同类中间商数目的多少，可分为宽渠道和窄渠道。

宽渠道是指制造商同时选择两个以上的同类中间商销售产品。窄渠道是指制造商在某一地区或某一产品门类中只选择一个中间商为自己销售产品，实行独家经销。

宽、窄渠道各有优缺点，制造商往往根据其产品特点进行选择。一般来说，生产资料和少部分专业性较强或较贵重的消费品适合于窄渠道销售，而一般的日用消费品则常常选择较宽的渠道销售。

9.2.2 掌握影响分销渠道设计的因素

要选择有效的分销渠道，必须要了解渠道选择中的种种限制因素。影响营销渠道选择的因素很多，但主要可以归纳为以下几种。

1. 顾客特性

顾客特性包括顾客人数、地理分布、购买频率、一次性购买数量、购买习惯等方面。这些特性对渠道选择有着重要的影响。比如,当顾客的数量多且分散、一次性购买量少、购买频率高时,利用直接营销渠道把产品销售给所有顾客就比较困难,这时应选择层次比较多的长渠道,利用众多的中间商来完成产品的销售任务比较适宜;反之,则选择渠道层次少的短渠道较为适宜。购买习惯对渠道选择也有重要影响。不同的产品,顾客购买习惯不同,同一产品不同顾客的购买习惯也不尽相同。例如,对日常用品,顾客一般要求在使用时即可买到,所以应采用大量的零售商,渠道要长些、深些;对于选购品和特殊品,如家具、高档家电等产品,顾客往往要通过比较选择后才可能购买,这时营销渠道的长度就不宜太长,深度不宜太深。

2. 产品特性

产品特性也影响渠道选择,易腐烂的、保质期短的产品(如鲜活农副产品等),为了避免在渠道中因拖延及重复处理而造成损失,一般采用直接营销渠道。另外,一些体积较大的产品(如建筑材料等)需要采用搬运距离最短、搬运次数最少的渠道来销售;非标准化的产品,如技术性较强或做专门用途的产品,企业往往要根据顾客的要求进行生产,所以必须采取产销见面的直接营销渠道;需要安装维修的产品经常由企业自己或授权独家专售特许商来负责销售及保养;单位价值高的商品则应由企业推销人员推销而不通过中间商。

3. 中间商特性

渠道选择时,还受到执行各种营销职能的营销中介机构特性的影响。能否找到合适的中间商,这是营销渠道选择时首先面临的问题。中间商的合适与否,包括两方面的含义:一是中间商能否满足企业的要求,能否以较低的成本承担企业所要求承担的职能,如销量的大小、运输、经销、储存、广告、信用等;二是企业所选的中间商是否愿意经营企业的产品,一些新产品也往往面临这个问题。企业如果能找到合适的中间商,则利用中间商营销渠道;如果找不到合适的中间商,则必须利用直接营销渠道。

4. 竞争因素

营销渠道的选择还受到竞争者所使用的渠道的影响,因为某些行业的生产者希望利用竞争者已经成功使用的营销渠道,在同一种营销渠道与之竞争。许多食品生产者就采用这种策略,其产品和竞争品牌产品摆在一起销售。有时,竞争者所使用的营销渠道反倒成为生产者所避免使用的渠道,应开辟新的营销渠道。例如,美国雅芳化妆品公司在营销渠道选择时,选用了上门推销的直接分销渠道,避开了渠道竞争,获得了成功。

5. 企业特性

企业在选择渠道时,应考虑的企业特性有规模、管理能力、声誉、财力、经营策略、目标、产品组合等。这些企业本身的特性在渠道选择时,也扮演着十分重要的角色。企业的总体规模决定其市场范围、客户规模及强制中间商合作的能力;企业的财务能力决定了哪些市场营销只可能由自己执行,哪些应交给中间商执行。财力薄弱的企业,一般都尽量利用中间商。企业产品组合的广度越大,则与顾客直接交易的能力越大;产品组合的深度越深,则使用独家专售或选择性代理商就越有利;产品组合的关联性越强,则越应使用性质相同或相似的市场营销渠道。企业过去的渠道经验和现行的市场营销政策也会影响渠道选择。例如,以前曾通过某种特定类型的中间商销售产品的企业，会逐渐形成渠道偏好。声誉好的企业，其产品在市场的信誉就好，希望为其推销产品的中间商就多，就容易找到理想的中间商进行合作；相反，企业声誉较低，则宜采用不同结构的中间商，采取多渠道策略。

6. 环境因素

企业市场营销渠道的选择还要受到政治、法律、技术等环境因素的直接制约。例如，我国对食盐、烟草等产品实行专卖制度，这就使得生产食盐、烟草等产品的企业必须按专卖程序选择营销渠道。又如，在经济萧条时，生产者都希望选择使用较短的营销渠道，减少一些不必要的服务，降低成本。另外，科学技术的发展也有可能为某些产品创造新的营销渠道，如保鲜技术的发展使得水果、蔬菜等食品的营销渠道由过去的直接渠道变为长渠道。

9.2.3 掌握分销渠道设计的原则

设计一个销售渠道好坏的标准在于它是否能以最快的速度、最好的服务质量、最经济的流通费用，把商品送到消费者手中，实现经营者的利益。要设计好达到这一基本要求的营销渠道，必须遵照以下原则。

1. 高效畅通的原则

企业选择渠道模式，应该能够使企业的产品在合适的时间、合适的地点、以合适的价位保证产品快速、顺利地到达消费者手中。

2. 顾客导向的原则

企业应将顾客要求放在第一位，建立顾客导向的经营思想。通过周密细致的市场调查研究，提供符合消费者需求的产品，使渠道为目标顾客的购买能提供方便，满足消费者在购买时间、地点以及售后服务上的要求。

3. 适度覆盖的原则

企业在选择营销渠道模式时，仅仅考虑加快速度、降低费用是不够的，还应考虑及时准确地送达的商品能不能销售出去，是否有较高的市场占有率，是否足以覆盖目标市场。在营销渠道模式的选择中，也应避免扩张过度，分布过宽过广，以免造成沟通和服务的困难，导致无法控制管理目标市场。

4. 稳定可控的原则

企业的营销渠道模式一经确定，便需要花费相当大的人力、物力、财力去建立和巩固，整个过程往往是复杂而缓慢的。所以，企业一般轻易不会更换渠道成员，更不会随意转换渠道模式。只有保持渠道的相对稳定，才能进一步提高渠道的效益。

5. 协调平衡的原则

企业在选择、管理营销渠道时，不能只追求自身的效益最大化而忽略其他渠道成员的局部利益，应合理分配各个成员间的利益。渠道成员之间存在合作、冲突、竞争的关系，要求企业有一定的渠道控制能力，能统一、协调、有效地引导渠道成员良好合作，鼓励渠道成员之间有益的竞争，减少冲突发生的可能性，解决矛盾，确保总体目标的实现。

6. 发挥优势的原则

企业在选择营销渠道时，要注意发挥自己的特长，确保市场竞争中的优势地位。现代市场营销的竞争已经不再是单纯的渠道、价格、促销上的竞争，而是整个营销规划的综合性网络的整体竞争。企业应依据自己的特长,选择合适的渠道网络模式使企业通过发挥自身的优势来保证渠道成员的合作,贯彻企业的战略方针与政策。

9.2.4 理解分销渠道设计的程序

企业在设计销售渠道时,必须在理想的渠道和实际可能得到的渠道之间做出选择。这一策划过程通常要经过以下几个阶段。

1. 分析顾客对渠道服务提出的要求

这些要求通常表现在批量小、交货时间短、购买方便、花色品种多以及提供服务能力与费用几个方面。

2. 建立渠道目标

建立渠道目标,即达成的服务产出目标。企业可以根据用户需求的不同服务和产出要求,划分出若干细分市场,然后决定服务于哪些细分市场,并为之选择和使用最佳渠道。

3. 确定可提供选择的渠道方案

渠道选择方案由中间商类型、中间商数目以及每一渠道参与者条件和相互责任等三因素组成。其具体内容是选择中间商类型、确定中间商数目、规定渠道成员的条件和责任。

4. 评估渠道方案

评估方案可以从经济性、可控性和适应性等方面进行。经济性标准评估主要是比较每一方案可能达到的销售额水平及费用水平。可控性标准评估即可控程度较低,渠道越长,控制问题就越突出,对此需要进行多方面的利弊比较和综合分析。适应性标准评估主要是考察企业在每一种渠道承担的义务与经营灵活性之间的关系,包括承担义务的程度期限。

尽管对于大多数公司来讲,渠道设计的流程基本相似,但由此得到的渠道结构千差万别。即使对于相同行业的公司而言也是如此。就拿同属感光业的柯达和富士两大公司来讲,尽管它们有着几乎类似的产品线和品牌知名度,旗鼓相当,但由于在中国市场的渠道策略不同,导致其渠道结构有很大差别。

9.3 管理分销渠道

9.3.1 选择渠道成员

生产企业建立分销渠道,要选择合适的渠道成员作为自己的合作伙伴,维持长期的经济行为。任何经济行为要想长期良好地维持下去,除了相互友好支持外,更重要的是相互约束、监督、控制。因此,企业选择渠道成员就必须要考虑以下因素。

1. 市场覆盖范围

市场是选择分销商最关键的因素。首先,要考虑所选分销商的经营范围所包括的地区与企业产品的预期销售地区是否一致。例如,产品在华北地区,分销商的经营范围就必须包括这个地区。其次,分销商的销售对象是否是企业所希望的潜在顾客。这是最基本的条件,因为生产企业都希望所选的分销商能打入自己选定的目标市场,并最终说服消费者购买自己的产品。

2. 信誉

在目前市场游戏规则不甚完善的情况下,分销商的信誉显得尤其重要。它不仅直接影响汇款情况,还直接关系到市场的网络支持。一旦分销商中途有变,企业就会欲进无力、欲退不能,不得不放弃已经开发起来的市场,而重新开发往往需要付出双倍的代价。

3. 分销商的历史经验

许多企业在决定某分销商是否可以承担分销商品的重任时,往往会考察分销商的一贯表现和盈利记录。若分销商以往经营状况不佳,则将其纳入营销渠道的风险较大。而且,经营某种商品的历史和成功经验,是分销商自身优势的另一个来源。首先,长期从事某种商品的经营,通常会积累比较丰富的专业知识和经验,因而在行情变动中,能够掌握经营主动权,保持销售稳定或乘机扩大销售量。此外,经营历史较长的分销商,早已为周围的顾客或消费者熟悉,拥有一定的市场影响和一批忠实的顾客,大多成为周围顾客或消费者光顾购物的首选。

4. 合作意愿

分销商与企业合作得好,会积极主动地推销企业的产品,这对双方都有利。有些分销商希望生产企业也参与促销,以扩大市场需求,他们认为这样会获得更高的利润。因此,生产企业应根据产品销售的需要,确定与分销商合作的具体方式,考察被选分销商对企业产品销售的重视程度和合作态度,然后再选择最理想的分销商进行合作。

5. 产品组合情况

在经销产品组合的关系中,一般认为如果分销商经销的产品与自己的产品是竞争产品,应避免选用;而实际情况是,如果其产品组合有空档(如缺中档),或者自己的产品竞争优势非常明显,也应选取。这需要区域市场经理及部下进行细致、翔实的市场考察。

6. 分销商的财务状况

生产企业倾向于选择资金雄厚、财务状况良好的分销商,因为这样的分销商能保证及时付款,还可能在财务上向生产企业提供一些帮助。例如,分担一些销售费用、提供部分预付款或者直接向顾客提供某些资金融通如允许顾客分期付款等,从而有助于扩大产品销路和生产发展;反之,若分销商财务状况不佳,则往往会拖欠货款。

7. 分销商的区位优势

区位优势即位置优势。理想的分销商的位置应该是顾客流量较大的地点。批发分销商的选择则要考虑它所处的位置是否有利于产品的批量储存与运输,通常以交通枢纽为宜。

8. 分销商的促销能力

分销商推销商品的方式及运用促销手段的能力,直接影响其销售规模。有些产品采用广告促销比较合适,有些产品则适合通过销售人员推销;有些产品需要有效的储存,而有些产品则要求快速的运输。要考虑到分销商是否愿意承担一定的促销费用,有没有必要的物质、技术基础及相应的人才。选择分销商之前,必须对其所能完成某种产品销售的市场营销政策和技术的现实可能程度做全面的评价。

9.3.2 激励渠道成员

美国哈佛大学的心理学家威廉·詹姆士在《行为管理学》一书中认为,合同关系仅仅能使人的潜力发挥20%~30%,而如果受到激励,其潜力发挥至80%~90%,这是因为激励活动可以大大调动人的积极性。所以,在分销渠道管理活动中,激励渠道成员是分销渠道管理最基本、最重要的内容。

1. 了解分销商

制造商和分销商以某种契约为纽带,以"风险共担、利益共享"为原则,结成产品产供销一体化经营的产业系统,共同分享来自生产、加工和销售环节的增值利益。但是,与制造商相比,分销商的需求和面临的问题是完全不一样的。理论研究表明,分销商和制造商虽然同属一条供应链,却存在着显著的不同。

① 分销商具有相对独立性,他们并不认为自己是制造商雇用的一条供应链中的一员。并且,经过一些实践后,他们安于某种经营方式,执行实现自己目标所必需的职能,在自己可以自由决定的范围内制定自己的政策。

② 对分销商而言,最重要的是客户,而不是制造商。他感兴趣的是顾客要从他那儿购买什么,而不是生产商要向他提供什么。

③ 分销商往往会把其销售的所有商品当作一个整体来看。他关心的是整个产品组合的销量,而不是单个商品种类的销量。

④ 如果没有一定的激励,分销商不会记录其出售的各种品牌的销售情况。制造商无法从分销商的非标准化记录中获得有关产品开发、定价、包装或者促销计划的信息。有时候,分销商还会故意隐瞒实际情况。

经过上述分析,我们可以发现分销商和制造商是各自独立的经济实体,有各自的利益;他们之间是合作的关系,而不是上下级之间的命令关系。所以,制造商要想管理好中间商,不能靠行政命令,应该采取"胡萝卜加大棒"的政策。但是,"胡萝卜"要多一些,"大棒"只能在不得已的情况下使用。

产品从制造商到用户的整个过程需要催化剂,这个催化剂就是有效地调动中间商积极性的一系列激励手段。

2. 激励分销商

激励分销商的方式很多,从本质上来说,通常分为两种:直接激励和间接激励。

(1) 直接激励

直接激励,指的是制造商通过给予物质或金钱奖励来肯定分销商在销售量和市场规范操作方面的成绩。其主要方式是给分销商提供物质、现金的奖励或更优惠的价格让步,来肯定分销商的销量和市场规范管理方面的业绩,以激发分销商的积极性,更好地实现制造商的销售目标。制造商为提高销量和盈利,刺激分销商进货和付款力度,使不同市场区域的分销商展开竞争而设立专门的奖项,目前比较普遍的有返利和等级奖励两种。但是这种直接奖励实质上等同于变相降价,类似于一种短期销售行为,虽然可以提高分销商的经营利润,刺激其销售积极性,但在实施过程中也存在许多负面影响,可能造成分销商之间的无序竞争,产品市场价格一片混乱,甚至形成恶性循环,最终损害制造商和分销商的长期共同利益。

在实践中,根据返利的目的不同,分为过程返利和销量返利两种。前者是一种直接对管理销售过程进行激励的方式,通过考察市场运作的规范性来激励,使用的衡量指标包括铺货率、售点气氛、开户率、安全库存、制定区域销售、规范价格、专销、积极配送以及守约付款等。而销量返利主要是为了提高销量和利润,直接刺激分销商的进货力度而设立的一种奖励,主要有销售竞赛、等级进货奖励和定额返利三种形式。

(2) 间接激励

间接激励的主要目的是为了提高分销商的经营效率,使制造商与分销商建立长期稳定的合作伙伴关系,甚至是建立利益共享的企业战略联盟,不断地帮助分销商加强促销和销售管理,来激发其销售积极性。在不同的市场区域,不同的厂商会采取不同的间接激励方法,其方法和形式也多种多样。常用的间接激励方法有给分销商提供广告费用补贴,厂商随销售商品发送赠券以促进销售,帮助分销商建立自动记录的数据库系统来加强库存与销售管理,培训分销商的销售人员和管理人员,免费送货上门减轻分销商的运输成本,特定时期给分销商提供资金支持或多种保护措施,等等。所有这些激励方法在适当的条件下,都能够起到很好的激励分销商经营积极性的作用。

3. 评估渠道成员

对现有销售渠道进行评估和改进是销售渠道管理的重要内容。销售网络架构完毕以后,并没有万事大吉。制造商必须经常问这样几个问题:"渠道运行效率是否已经达到了预定的目标?""渠道成员是否符合要求?""是否可以通过改进而使渠道绩效进一步提高?"这样做有如下好处:首先,企业的渠道管理人员能够精确地了解销售渠道的各个方面及其运行状况,并在此基础上对销售渠道的结构和政策进行必要的调整和修改,提高销售渠道的绩效,增进渠道的活力;其次,有利于引导和激励渠道成员认同组织目标;最后,有利于约束和监督渠道成员的行为以确保组织目标得以实现。

(1) 分销渠道评估标准

如果制造商已存在几条营销渠道,就要选择能满足制造商长期发展目标的渠道。那么,制造商是依据什么标准来评估渠道的呢?一般会依据经济性标准、控制性标准以及适应性标准来评估渠道的性能。

① 经济性标准。经济性标准是渠道评估的最重要的标准。每一营销渠道都将产生不同水平的销售额及成本,制造商首先要考虑的就是自组销售队伍或者利用销售代理商哪一个的销售额较大?大部分的营销经理相信前者的销售额大,理由是公司业务代表会全力倾注于公司的产品上。就销售公司的产品而言,他们受过较好的训练。同时,由于其前途维系于公司的发展,他们表现比较积极。还有,许多顾客喜欢和公司直接打交道,故比较容易成功。但从另一方面而言,销售代理商的销售量有可能会更多:第一,销售代理商拥有较多的业务代表;第二,代理商的销售队伍也可能有同样的积极性,这要视本产品和他们所代理的其他产品哪一个佣金更多;第三,有些顾客喜欢和销售代理商交易,因为他们总是代理许多家制造商的产品,品种并不单一;第四,代理商与顾客已有广泛的接触,拥有广泛顾客群,而公司的销售人员却往往要从头做起。

其次,应估计每一营销渠道在不同销售量下的成本。采用销售代理商的固定成本较低,但是当销售额逐渐上升时,其成本上升速度较本公司销售人员快,因为销售代理商的佣金比本公司销售人员的佣金大得多。通常,规模较小的公司或者大公司在范围较窄的地区会选择销售代理商作为营销渠道,因为他们的销售额尚未达到足以自行设立销售组织的地步。

② 控制性标准。现在,评估的范围应加以扩大,对于营销渠道的控制问题也应给予考虑。使用销售代理商所面对的控制问题将会很多,因为销售代理商是一个独立企业,他们更关心自己利润的极大化。因此,他们可能会仅注意其商品组合中购买最多的顾客,而忽略了一些特定的顾客群。更进一步说,销售代理商的业务可能由于不太熟悉公司产品技术上的细节,故而不能有效使用促销活动的材料,造成对顾客群选择的偏向性。

③ 适应性标准。每一种渠道都有经销时期的约定,因而失去某些弹性。公司一旦决定使用销售代理商,就可能签订一份有期限的合约。在这一段时期内,其他的销售方式,如本公司自组的销售人员可能变得更为有效,但公司因受合约限制,却不能舍弃销售代理商。所以,如果营销渠道受签有合约的代理商的限制,那么它的经济性和控制性就必须优于其他销售渠道才行。

(2) 分销渠道评估的指标

分销渠道选定之后,就可以按照企业设定的分销模式进行实施了。但这并不意味着企业对分销渠道管理的约束,相反,这只是分销渠道管理的开始。这时候管理工作的重点放在分销商的监测与评估上。所谓分销商监测与评估,是指企业营销部门对其分销渠道成员日常工作的监控管理,考察其经营表现、经营业绩和对各种冲突现象的了解。这些工作需要企业制定一定的标准,企业应遵循这些标准对分销商进行定期或不定期的考察,并定期写出监测与评估报告。

制造商可以从以下七个方面对分销商的绩效进行评估:

① 销售绩效。在过去一年中,分销商是否十分成功地为制造商创造很多的收入(或销售量)?假设其所在区域的竞争程度和经济增长已定,与这个区域的竞争对手相比,该分销商是否为制造商提供了很高的市场渗透水平?过去的一年中,该分销商从制造商处获得的收入是否高于同一地区或邻近地域内的其他竞争者的收入?

② 财务绩效。假设分销商为制造商创造的销售额既定,制造商为分销商提高的收入是否是十分合理的?分销商是否要求获得制造商的支持而导致制造商利润不足?在过去一年中,制造商从分销商手中获得的利润是否不足?

③ 分销商的忠诚。过去,制造商是否经常遇到这样的麻烦,不能顺利地使分销商参与到那些对制造商而言很重要的工作计划中;分销商是否要经常对制造商已接受的程序表示赞同;分销商是否经常违反他与制造商之间签订的契约中的条款。

④ 分销商的增长。分销商是否继续或是将很快成为制造商的收入来源;在下一年,制造商是否能够期望其从分销商处获得的收益的增加要快于同一地区或邻近地域的其他竞争分销商向其制造商所提供的收益的增长;过去,制造商同分销商做的生意或通过分销商获得的市场份额,是否已经稳定地增长了。

⑤ 分销商的创新。分销商是否洞察到市场的长期趋势并经常调整其销售措施;分销商是否在其所在的地区(或邻近地域)中营销制造商的产品与服务,并在营销过程中进行大胆的创新;分销商是否付出努力去迎接其所在地区(或邻近地域)的竞争变化。

⑥ 分销商的竞争。分销商是否具备能够成功经营生意的技能(而且其经营的生意与制

造商的生意在经营与性质方面要相似);分销商是否已经积累或正在显示大量关于制造商的产品与服务的特点与属性的知识;分销商与其工作人员是否对竞争对手的产品与服务知之甚少。

⑦ 顾客满意度。制造商是否经常接到消费者对其商品的抱怨;分销商是否为获得其顾客欢心而独辟蹊径;在解决与制造商的产品和服务有关的问题时,分销商是否为顾客提供良好的帮助。

9.3.3 管理渠道冲突

分销体系是由企业与中间商的合作来维持的,由于渠道成员之间目标的不一致或渠道成员对经济前景的知觉差异以及存在利益的冲突而可能会产生渠道冲突。渠道冲突可能会推动企业与渠道成员关系的发展,但如果这种冲突没有得到很好的控制,很可能会破坏企业与渠道成员的合作,损害渠道利益和企业形象,甚至会导致企业整体分销系统的瓦解。

1. 渠道冲突的类型

一般来讲,渠道冲突可分为垂直渠道冲突、水平渠道冲突和多渠道冲突三种类型。

① 垂直渠道冲突,是指同一渠道中不同层次之间的利害冲突,如企业在服务、价格、广告等方面的政策可能导致与经销商的矛盾,批发商和零售商之间的矛盾等。

② 水平渠道冲突,是指在同一层次渠道成员之间的冲突,如一些经销商在价格、广告等方面的政策可能导致与其他经销商的冲突,同一区域内不同零售商之间的冲突等。

③ 多渠道冲突,是指多个渠道的成员之间的冲突,如一个渠道的成员降低价格或毛利时可能会引起其他多个渠道成员的抱怨等。

2. 渠道冲突的原因

① 在买卖交易上,卖方总想以高价出售并希望得到现金支持,而买方总想以低价购进并希望有一定的信用条件;

② 在经营目标上,生产者总是希望市场占有率、销售量和利润不断增长,而零售商在销售和利润达到一定程度后却往往不愿再努力;

③ 在产品销售上,生产者希望中间商销售自己的品牌,中间商则对产品不问品牌,只看销路;

④ 在利益分配上,生产者希望中间商将厂家提供的折扣提供给消费者,而中间商却喜欢把这种折扣据为己有;

⑤ 生产者和经销商都希望对方负担广告费,承担运输、仓储任务等。

由此可见,销售渠道发生冲突是客观存在的,引起冲突的原因也是多方面的,需要企业具体问题具体分析,采取有针对性的策略来解决。

3. 解决渠道冲突的方法

解决渠道冲突的办法多种多样,大多数渠道中解决问题的方法或多或少地依赖于权力或领导权。常用的方法有以下五种。

(1) 目标管理

当企业面临对手竞争时,树立超级目标是团结渠道各成员的根本。超级目标是指渠道成员共同努力,以达到单个成员所不能实现的目标,其内容包括渠道生存、市场份额、高品质和顾客满意。从根本上讲,超级目标是单个公司不能承担、只能通过合作实现的目标。一般只有当渠道一直受到威胁时,共同实现超级目标才会有助于冲突的解决,才有建立超级目标的必要。

对于垂直性冲突,一种有效的处理方法是在两个或两个以上的渠道层次上实行人员互换。比如,让制造商的一些销售主管去部分经销商处工作一段时间,有些经销商负责人可以在制造商制定有关经销商政策的领域内工作。经过互换人员,可以提供一个设身处地为对方考虑问题的位置,便于在确定共同目标的基础上处理一些垂直性冲突。

(2) 沟通

通过劝说来解决冲突其实就是在利用领导力。从本质上说,劝说是为存在冲突的渠道成员提供沟通机会,强调通过劝说来影响其行为而非信息共享,也是为了减少有关职能分工引起的冲突。既然大家已通过超级目标结成利益共同体,劝说可帮助成员解决有关各自的领域、功能和对顾客的不同理解的问题。劝说的重要性在于使各成员履行自己曾经做出的关于超级目标的承诺。

(3) 协商谈判

谈判的目的在于停止成员间的冲突。妥协也许会避免冲突爆发,但不能解决导致冲突的根本原因。只要压力继续存在,终究会导致冲突再次产生。其实,谈判是渠道成员讨价还价的一个方法。在谈判过程中,每个成员会放弃一些东西,从而避免冲突发生,但利用谈判或劝说要看成员的沟通能力。事实上,用上述方法解决冲突时,需要每一位成员形成一个独立的战略方法以确保解决问题。

(4) 诉讼

冲突有时要通过政府来解决,诉诸法律也是借助外力来解决问题的方法。对于这种方法的采用也意味着渠道中的领导力不起作用,即通过谈判、劝说等途径已没有效果。

(5) 退出

解决冲突的最后一种方法就是退出该营销渠道。事实上,退出某一营销渠道是解决冲突的普遍方法。一个企图退出渠道的企业应该要么为自己留条后路,要么愿意改变其根本不能实现的业务目标。

若一个公司想继续从事原行业,必须有其他可供选择的渠道。对于该公司而言,可供选择的渠道成本至少不应比现在大,或者它愿意花更大的成本避免现有矛盾。

当水平性或垂直性冲突处在不可调和的情况下时,退出是一种可取的办法。从现有渠道中退出可能意味着中断与某个或某些渠道成员的合同关系。

【案例启示】

宝洁公司的垂直渠道管理

从垂直渠道关系来看,导致宝洁公司垂直渠道冲突的主要原因是宝洁公司与分销商的目标差异。宝洁公司希望通过销售终端来拉动市场,通过广告攻势建立强大的品牌力,实现消费者的高度认同,再配以营销渠道的协助,以提升产品的市场销量。但经销商却更倾向于经营毛利率更高的短期盈利产品,特别是一些区域分销商大多采用多品牌经营,他们通过代理其他品牌的产品来增加其盈利的途径。面对这种目标冲突和经营行为冲突的现实,宝洁公司采用了以渠道合作为核心的经营思路和恰当使用渠道权力的策略来解决其营销渠道冲突,他采取的具体方法如下:

① 坚持经销商必须专一经营。这项措施是基于宝洁公司强大的渠道权力优势,要求经销商必须独立经营宝洁公司的产品、独立设置账户、独立进行资金运作、业务员独立办公、宝洁公司的产品拥有独立仓库等硬性规定,使经销商只能够专一经营,以此确保宝洁公司要求经销商经营其产品的财力、人力、物力等不能随意地被组合和占用,更不能经营与宝洁公司存在竞争的品牌产品。

② 精心选择经销商。宝洁公司在全国各地精选具有一定规模、财务能力、商誉、销售额、仓储能力、运输能力和客户关系的经销商,特别强调经销商的客户关系的深度和广度及其对区域市场的覆盖能力。对于新的经销商,宝洁公司要求其拥有不低于500万元的资产抵押及不低于400万元的流动资金,并采用公开招标的形式选择经销商。这种对经销商的严格挑选标准,可以促进市场渠道结构的合理分工,以避免因经营职能重复而造成的资源浪费,最大限度地降低渠道成本。

③ 实施端到端的直接合作。这是指不经过任何中间经销商,把宝洁公司的产品直接进入到销售终端的一种渠道安排。这也是宝洁公司在成熟市场中运用娴熟的传统"战法",使宝洁公司直接与最终零售商直接对接,比如宝洁与沃尔玛的"端到端"的直接合作。

④ 推行协助式的渠道管理。宝洁公司不仅注重精选有实力的经销商以形成合理的渠道结构和市场布局,还向分销商派驻公司代表以协助销售,并帮助培训分销商销售人员,招聘专职的区域市场代表,负责其工资奖金的发放,为分销商提供覆盖市场的一定费用。宝洁公司确立了14天回款返利3%的回款激励制度,协助分销商提高物流管理水平并推行数字化管理。

【知识扩展】

窜 货

窜货,又称为倒货、冲货,也就是产品跨区销售,是渠道冲突的典型表现形式。

一、窜货的种类

① 自然性窜货,是指经销商在获取正常利润的同时,无意中向自己辖区以外的市场倾销产品的行为。这种窜货在市场上是不可避免的,同种产品只要存在市场分割,就会导致价格存在地区差异,或者只要在不同市场的畅销程度不同,就必然产生地区间流动。它主要表现为相邻地区的边界附近互相窜货,或是在流通型市场上,产品随物流走向而倾销到其他地区。

② 良性窜货,是指企业在市场开发初期,有意或无意地选择了市场中的流通性较强的经销商,使其产品流向非重要经营区域或空白市场的现象。在市场开发初期,良性窜货是有好处的:一方面,在空白市场上企业无须投入,就提高了知名度;另一方面,企业不但可以增加销售量,还可以节省运输成本。

③ 恶性窜货,是指为获取非正常利润,经销商蓄意向自己辖区以外的市场倾销产品的

行为。经销商向辖区以外倾销产品通常是以价格为手段,主要是以低于厂家规定的价格向非辖区销货以加大自己的出货量,从而拿到厂家所规定的销售奖励或达到其他目的。恶性窜货给企业造成的危害是沉重的,它扰乱企业整个营销网络的价格体系,引发经销商之间的价格战,降低产品的渠道利润;使得经销商对产品失去信心,丧失经营产品的积极性,从而最终放弃经销此种产品;混乱的价格将导致企业的产品、品牌、信誉失去消费者的信任和支持,从而导致企业的衰败和破产。

二、窜货现象的原因分析

① 经销(代理)商选择不当;

② 销量任务设计不妥;

③ 管理制度有漏洞;

④ 管理监控不力;

⑤ 抛售滞销品和处理品;

⑥ 竞争对手恶意造成的窜货。

三、治理窜货现象的对策

① 加强自身销售队伍和外部中间商队伍的建设与管理。企业自身销售队伍建设一方面要严格招聘、培训制度;另一方面还要设计合理的考核、激励制度。经销商或代理商队伍的建设也要在选择上下功夫,决不让不合格的经销商或代理商滥竽充数。

② 堵住制度上的漏洞。既要防止制度缺陷,更要防止制度不合理。例如,要严格窜货的处罚规定,销售目标要在调查的基础上做到切实可行,建立合理的差价体系,等等。

③ 签订不窜货乱价协议。协议是一种合同,一旦签订就等于双方达成契约,如有违反就可以追究责任,为加大处罚力度提供法律依据。例如,奥普浴霸为防止窜货,与经销商签订了"防窜货市场保护协议"和"控价协议",明确双方的责权利,较好地维护了市场秩序。

④ 归口管理,权责分明。企业分销渠道管理应该由一个部门负责。多头管理、令出多门容易导致市场混乱。

⑤ 加强销售通路监控与管理。第一,要时刻观察销售终端,及时发现问题;第二,信息渠道要畅通,充分利用受窜货危害的中间商的反馈信息;第三,出了问题,及时严肃处理。

⑥ 包装区域差异化。即厂家对销往不同地区的相同的产品采取不同的包装,可以在一定程度上控制窜货。其主要措施有给予不同的编码、外包装印刷条形码、文字识别,以及采用不同颜色的商标或不同颜色的外包装等。

9.4 认识中间商

企业在确定了分销渠道策略之后,还必须正确选择中间商。因此,需要掌握各类中间商(主要是批发商和零售商)的特点与作用,了解现代商业形式的新发展。

9.4.1 认识批发商

批发是指包括一切将商品或服务销售给为了转卖或者商业用途购买的人的活动。批发商是指以批发经营活动为主业的企业和个人。批发商处于商品流通起点和中间阶段,交易对象是生产企业和零售商,它一方面向生产企业收购商品,另一方面又向零售企业批售商品。批发商一般不直接服务于最终消费者。

批发商与零售商之间存在着以下差异:① 批发商一般不太注重促销、环境和地点,因为他们只有商业顾客而不是与最终消费者打交道;② 批发业务比零售业务大,批发商所覆盖的贸易地区一般比零售商大;③ 政府对批发商和零售商分别采取不同的法律条令和税收政策。

1. 批发商的功能

批发商的顾客主要是零售商,以零售商的需求为导向,是批发营销活动的出发点和归宿点。批发商又是生产企业的直接供应对象,生产企业的营销活动通过批发商、零售商才能到达最终消费者。因此,批发商在营销渠道中起着联结生产者和零售商的作用,在企业的营销渠道中具有十分重要的地位。

2. 批发商的类型

批发商主要有三种类型:商人批发商、代理批发商和经纪人、生产者和零售商的分支机构和办事处。

(1) 商人批发商

商人批发商,也称经销批发商或独立批发商(它是有独立投资的专门从事批发经营活动的企业)。他们买下所经销商品的所有权,然后出售,他们是批发商中最重要的类型。商人批发商可根据承担的职能和提供服务是否完全进一步细分,如执行完全职能的完全服务批发商和执行部分职能的有限服务批发商。

① 完全服务批发商。这类批发商执行批发商的全部职能,即不仅从事购销业务,还提供储存、运输、送货、融资等服务。完全服务批发商根据顾客的对象不同,还可分为批发商人和工业分销商两种。批发商人主要向零售商销售产品。工业分销商主要向工业用户销售产品。

② 有限服务批发商。这类批发商为了降低成本费用和批发价格,只执行一部分服务。他们又可分为现金交易批发商、承运批发商、卡车批发商、零售商合作批发商、生产者合作批发商和邮寄批发商。

现金交易批发商,是指批发商与零售商以现金交易的方式达成交易,但批发商不负责产品的运送等服务。批发经营商品多为食品、杂货,其主要顾客是小食品杂货零售商等。

承运批发商,是指批发商先从零售商或工业用户处得到订单,然后从生产者那里进货,并通知生产者将货物直接运给顾客,所以承运批发商不需要有仓库和商品库存,只要有一间办公室或营业所就行了,这种批发商经营的通常是一些大宗产品。

卡车批发商,是指行使销售和送货服务职能的批发商。这类批发商从生产者那里把货物装上卡车后立即运送给各零售商店、饭店、旅馆等顾客。这种批发商不需要仓库和商品库存,其经营的商品一般为易腐烂或易损坏的商品。卡车批发商主要执行推销员和送货员的职能。

零售商合作批发商,是指由一些零售商共同组织起来从事批发业务,并共同进行产品的仓储,然后向这些零售商再销售产品的批发商。

生产者合作批发商,是指由生产者合作,将产品统一组织起来,然后再向零售商销售的批发商。这种批发商经营的产品主要是农产品,生产者为农场主,所以又称为农场主合作社。

邮寄批发商,是指将产品目录寄给零售商、社会团体或工业用户,根据他们返回的订单邮寄或送货的批发商。邮寄批发商一般都用于小商品及地区分布较分散的零售商及用户。

(2) 代理批发商和经纪人

代理批发商和经纪人与商业批发商最主要的区别在于他们对商品没有所有权,他们不是经营商品,而是代表卖方寻找买方或代表需方寻找供方,或只是在买卖双方之间牵线搭桥(如经纪人)。代理商和经纪人所提供的服务比有限服务批发商还少,他们赚取的是佣金而非商业利润。与商人批发商相似的是,他们通常专注于某些产品种类或某些顾客群。代理商的经营范围一般较窄,根据与买方和卖方关系的紧密程度,又可分为制造商代理商、销售代理商、采购代理商、佣金商和经纪商。

① 制造商代理商,也称生产者代理商,是指代表制造商销售产品的代理商。这种代理商一般对产品定价没有决策权,但对销售的区域、提供的服务等有明确的划分,制造代理商一般不能同时代理两家相互竞争的企业的产品。

② 销售代理商,是指在生产者授权的范围内销售生产者产品的代理商。这种代理商在签订合同的基础上,代理销售制造商的特定商品或全部商品,他们对价格、条款及其他交易条件可全权处理。这种代理在纺织、木材、某些金属产品、某些食品、服装等行业中常见。

③ 采购代理商,是指代表用户采购产品的代理商。这种代理商一般应承担收货、验货、储运等方面的服务,同时也向用户提供有关市场信息,为被代理方提供质优价廉的产品。

④ 佣金商,又称佣金行,是指实际拥有产品并参与谈判的代理商。大多数佣金商从事农产品的代销业务,农场主将其生产的农产品委托佣金商代销,付给一定佣金。委托人和佣金商的业务一般只包括一个收获和销售季节。

⑤ 经纪商,是指为买卖双方牵线搭桥,协助双方进行谈判,并向雇用他们的一方收取费用的代理批发商。经纪商不持有存货,也不参与融资或风险。

(3) 生产者和零售商的分支机构和办事处

批发的第三种形式是由卖方或买方自行经营批发业务,而不通过独立的批发商进行。这种批发业务主要有两种类型:销售分支机构和办事处、采购办事处。

① 销售分支机构和办事处。它是指由生产者自己设立的,负责一定区域的部分营销活动的批发机构。这种机构一般承担销售、促销、分销、存货及信息的收集、反馈等职能。销售分支机构和办事处既是企业的一个职能部门,又是企业了解市场的一个窗口。

② 采购办事处。它是指由零售商建立的一种机构。许多零售商在大城市设立采购办事处,这些办事处的作用与经纪人代理商相似,但却是买方组织的一个组成部分。

9.4.2 认识零售商

1. 零售商的含义与功能

零售包括所有向最终消费者直接销售商品和服务的活动。零售商是指把商品直接销售给最终消费者个人或家庭而谋取利润的中间商。

零售商处在商业流通的最终环节,直接为广大消费者服务。零售商的交易对象是最终消费者,交易结束后,商品脱离流通领域进入消费领域。零售活动的特点:销售频率高,但一次性销售产品的数量比较少;零售商数量多,分布广;零售交易多为当面挑选的现货交易;购买者具有较强的随机性;零售活动范围地方性强,零售品种繁多。

零售商的主要功能:分类、组合、配货职能;服务职能;储存商品及承担风险职能;融资功能;信息传递职能;娱乐职能。

2. 零售商的类型

零售机构繁复多变,新形式不断涌现。对零售机构分类也诸多不一。根据有无店铺可将零售商分为有店铺零售商、无店铺零售商。一般来说,零售商主要有以下形式:

(1) 专业商店

专业商店是专门经营某一类商品,或专门经营具有连带性的几类商品,或专门为特殊消费对象经营特殊需要商品的商店,如钟表店、眼镜店、妇女用品店、体育用品店、文化用品店等。专业商店的经营要求具有较高的专业知识和操作技能,销售与服务密切结合,能提供周到的服务。

(2) 百货公司(或商场)

百货公司是指大型零售商店,分门别类地销售品种繁多的商品。其特点是:经营范围广,商品类别多,花色品种齐全,能满足消费者多方面的购买需要。

(3) 超级市场

超级市场也叫自选商场,其特点是由顾客自取自选,自我服务,定量包装,预先标价,顾客出门时一次性付款,因而可以节省售货时间,节约商店人力和费用,避免或减少顾客与售货员的矛盾。

(4) 购物中心

购物中心是指由多家商店组合而成的大型商品服务中心,一般设在公共建筑物内,以一家或数家百货商场、超级市场为骨干,由各类专业商店、书店、餐饮、旅馆、银行、影院等组合而成,融购物、服务和娱乐休闲于一体。

(5) 连锁店

连锁店是指由多家出售同类商品的零售商组成的一种规模较大的联合经营组织。其特点是:由中心组织统一向生产者进货(选购商品),以较大的订购批量,获得最大的价格优待;采取薄利多销的方针,争取顾客;商品价格经常浮动,有竞争对手时便减价争取顾客,无竞争对手时则提价争取多盈利。

(6) 邮购商店

邮购商店主要是通过向消费者寄送商品目录来吸引顾客邮购商品。

此外,还有很多形式的零售商,诸如方便商店、折扣商店、自动售货机、街头摊贩、外汇商店等。

9.4.3 了解连锁经营与特许经营

1. 连锁经营

目前,零售业的一个主要发展趋势是连锁经营。连锁商店少则两三家,多则数千家,可以是超级市场的连锁、专卖店的连锁、百货公司的连锁,也可以是旅店连锁、快餐店连锁等。

根据各成员商店之间所有权和管理集中程度的不同,连锁店又可分为直营连锁、自愿连锁和零售商合作社。直营连锁一般是同一所有者,统一店名,统一管理。自愿连锁则是独立商店通过契约形成的连锁关系,通常由一家批发商牵头,统一管理,统一采购。零售商合作社是由一群独立的零售商组成的一个集中采购组织。

连锁店的特点可以用八个"统一"来归纳,即统一商店名称、标识,统一采购和物流配送,统一经营战略和策略,统一财务管理,统一质量标准,统一服务规范,统一广告宣传,统一商业信息自动化、电脑化。

连锁经营的出现改变了过去购销一体化、柜台服务、单店核算,主要依赖经营者经验和技巧的小商业经营模式。连锁商店各分店统一、大量地进货,降低了进货成本;总部有能力招募公司级的专家处理定价、促销、存货控制和销售预测等方面的工作,有利于提高各分店经营水平;统一进行物流配送,降低了经营费用;统一进行广告宣传,广告成本可以分摊到众多的商店和巨大的销售量上;商业信息自动化、电脑化,有利于提高效率和扩大销售。总之,连锁经营能使各分店共享规模效益。

根据国家统计局发布的《中国统计年鉴 2014》,2013 年中国连锁零售企业数量已达 2 649 家,门店数 204 090 个。2013 年限额以上零售业企业销售额为 98 487.30 亿元,其中,连锁零售企业销售额为 38 006.90 亿元,连锁零售企业销售额占比为 38.59%。

2. 特许经营

近年来,在零售业发展较快的还有一种连锁形式就是特许经营。

特许经营是指特许授予人与特许被授予人之间通过协议授予受许人使用特许人已经开发出的品牌、商号、经营技术、经营规模的权利。为此,受许人必须先支付一笔首期特许费,此后每年按销售收入的一定比例支付特许费,换得在一定区域内出售商品或服务的权利,并必须遵守合同中关于经营活动的其他规定。

特许经营被誉为当今零售和服务行业最有潜力和效率的经营组织形式,特别适合那些规模小而且分散的零售和服务业。与其他经营方式相比,它具有以下特点:

① 一个特许经营系统通常由一个特许人和若干受许人组成,二者之间关系的核心是特许权的转让,通过特许人和受许人一对一地签订合同形成。各受许人(或分店)之间没有横向联系。

② 在特许经营中,各受许人对自己的店铺拥有自主权,即自己仍是老板,人事和财务均是独立的,特许人无权干涉。这一点不同于直营连锁店。

③ 特许人根据契约规定,在特许期间提供受许人开展经营活动所必要的信息、技术、知识和训练,同时授予受许人在一定区域内独家使用其商号、商标或服务项目等的权利。

④ 受许人在特定期间、特定区域内享有使用特许人商号、商标、产品或经营技术的权利,同时必须按契约规定从事经营活动。

⑤ 特许关系人中明确规定的一点是受许人不是特许人的代理人或伙伴,没有权力代表特许人行事,受许人要明确自己的身份,以便在同消费者打交道时不至于发生混淆。在这一点上特许经营关系与代理有本质的不同。

⑥ 在特许经营中,契约规定:特许人按照受许人的营业额的一定百分比收取特许费,分

享了受许人的部分利润,同时也要分担部分费用。例如,麦当劳收取的特许费用约为受许人营业额的12%,同时承担培训员工、管理咨询、广告宣传、公共关系和财务咨询等责任。

【案例启示】

麦当劳的特许加盟连锁

麦当劳公司成立于1955年,它的前身是麦当劳兄弟1937年在美国加利福尼亚州开设的一家汽车餐厅,后来公司所有权转让给雷·克罗克,后者大刀阔斧地改进了特许加盟和连锁经营制度,使麦当劳得到迅速发展。麦当劳的特许加盟和连锁经营制度具有以下特点。

1. 严格挑选加盟商

一个商家要加盟麦当劳,首先必须向麦当劳总部提出申请,总部对其资信状况、经营管理能力、资金能力审查合格后,双方协商一致,才能签订加盟合同。麦当劳的加盟条件非常苛刻。1999年,麦当劳在台湾上万个申请人中,只选择了3人加盟。

2. 统一加盟条件

麦当劳规定,加盟商至少要拥有自有资金10万~17.5万美元,一旦与公司签订合同,必须先付首期特许费4.5万美元,此后每月交一笔特许权使用费和房产租金,前者约为月销售额的4%,后者约为8.5%。麦当劳每开一家分店,总部都要派员选择地址,组织建筑和内外装潢。麦当劳公司通常拥有加盟店房产的所有权或使用权,然后转租给加盟商,收取房产租金,房租在麦当劳的收入中占有很大比例。麦当劳要求加盟店必须严格遵守公司制定的管理制度,接受公司的指导和监督。

3. 统一企业名称、标识

所有的加盟店都以"麦当劳"命名,企业的标志是"金色拱门",它是一个弧形的"M"字母,以黄色为标准色。每一家快餐店的门口都有一个象征性的人物偶像——"麦当劳叔叔",它是传统马戏小丑的打扮,是风趣、友谊、祥和的象征。麦当劳统一、独特的企业标志,不但增强了产品的吸引力,而且节省了促销费用,提升了企业形象。

4. 统一的广告宣传

1967年,麦当劳的加盟商设立了全国广告基金,作为全国性广告宣传费用。1968年,这个基金收到了300万美元并用于电视广告,1985年则收到了1.8亿美元。现在麦当劳的年度广告支出达到10亿美元,但分摊到28 000多家分店和400多亿美元的销售额上,广告费用的负担并不重。

5. 统一产品质量

麦当劳对食品质量要求极高,并且要求做到标准化。面包不圆或切口不平都不能销售;奶浆接货温度要在4℃以下,高一度就退货;用机器切的牛肉饼每个重47.32克,直径98.5毫米,厚度为5.65毫米,肉中不能掺进任何一点心、肺等下水料,脂肪不能超过11%,并要经过40多项质量控制检查;任何原料都有保存期,生菜从冷藏库拿到配料台上只有2个小时的保鲜期,过时就报废。生产过程采用电脑控制和标准操作,制作好的成品和时间牌一起放到成品保温槽中;炸薯条超过7分钟、汉堡包超过10分钟就扔掉。用这些硬性的操作规范来保证产品的质量,正因为如此,麦当劳才赢得了众多的消费者和回头客。

6. 统一服务规范

顾客走进任何一家麦当劳餐厅,都会感到这里的建筑外观、内部陈设、食品规格、服务员的言谈举止和衣着服饰等诸多方面惊人的相似,都能给顾客以同样标准的享受。

麦当劳的员工不允许与顾客发生口角,否则不论情节轻重和是非曲直,一律辞退。后堂和前店的职工在穿着打扮上有严格要求,男的不允许留长发,女的要戴发网,不准浓妆艳抹。为了保证店堂清洁,公司总裁甚至身体力行,亲自去餐厅做清洁。

7. 统一作业程序

麦当劳的员工"小到洗手有程序,大到管理有手册"。员工上岗操作前必须严格用杀菌洗手液消毒,规定两手揉搓至少20秒钟再冲洗,然后用烘干机将手烘干;如果接触了头发、衣服等东西,就要重新洗手消毒。

8. 统一员工培训

麦当劳总部开办了"汉堡包大学",专门培训各分店经理和专业技术人员。学习内容包括食品烹调、机械维修、原料配备、质量管理、存货控制、会计、广告、公共关系、人事管理等各个方面。汉堡包大学目前已培养出几万名毕业生,他们已成为麦当劳各加盟店的管理人员或业务骨干。另外在实际工作中,高一级的经理还要对下一级的经理或员工实行"一对一"的训练,训练合格后,才有可能获得晋升。

9.5 了解产品实体分配过程

9.5.1 了解产品实体分配的含义与职能

1. 产品实体分配的含义

产品实体分配,即物流,是指产品从供应地向接受地的实体流动过程,包括运输、仓储存、装卸搬运、包装、流通加工、配送、信息服务等一系列基本功能的有机结合。

由于生产者和消费者的分离,造成了生产与消费在时间和空间上的背离,导致了社会生产与社会的矛盾。物流的任务在满足市场供需矛盾方面发挥了重要作用。

2. 产品实体分配的职能

关于物流对满足市场需求的重要作用,伟大的革命先行者孙中山先生早在1924年就曾有过精辟论述。他在做民生主义演讲时指出:"运输迅速,交通灵便,然后各处的原料才是很容易运到工厂内去用。工厂内制定的出品,才是很容易运到市场去卖,便不至多费时间,令原料与出品在中道停滞,受极大的损失。"彼得·德鲁克在1962年4月号的《幸福》杂志上撰文指出:物流是当时美国"降低成本的最后边疆",也正是市场营销"最后的黑暗大陆"。这句话表明,20世纪60年代以来,美国开始关注物流问题。上述事例说明物流在企业市场营销竞争中的重要性。

物流的职能,主要体现在运输、仓储、装卸搬运、包装、流通加工、配送、信息服务等。物流的整体功能是通过物流各个要素活动的有机结合来实现的。虽然各个功能活动的最优化并不等于物流整体的最优化,但是,物流整体的最优化离不开各个功能活动的合理化。

(1) 运输功能

运输是物流的核心业务之一，也是物流系统的一个重要功能。选择何种运输手段对于物流效率具有十分重要的意义。在决定运输手段时，必须权衡运输系统要求的运输服务和运输成本，可以以运输机具的服务特性作为判断的基准：运费、运输时间、频度、运输能力、货物的安全性、时间的准确性、适用性、伸缩性、网络性和信息等。

(2) 仓储功能

在物流系统中，仓储和运输是同样重要的构成因素。仓储功能包括了对进入物流系统的货物进行堆存、管理、保管、保养、维护等一系列活动。仓储的作用主要表现在两个方面：一是完好地保证货物的使用价值和价值；二是为将货物配送给用户，在物流中心进行必要的加工活动而进行的保存。随着经济的发展，物流由少品种、大批量物流进入到多品种、小批量或多批次、小批次物流时代，仓储功能从重视保管效率逐渐变为重视如何才能顺利地进行发货和配送作业。

(3) 包装功能

为使物流过程中的货物完好地运送到用户手中，并满足用户和服务对象的要求，需要对大多数商品进行不同方式、不同程度的包装。包装分工业包装和商品包装两种。工业包装的作用是按单位分开产品，便于运输，并保护在途货物。商品包装的目的是便于最后的销售。因此，包装的功能体现在保护商品、单位化、便利化和商品广告等几个方面。前三项属物流功能，最后一项属营销功能。

(4) 装卸搬运功能

装卸搬运是随运输和仓储而产生的必要物流活动，是对运输、仓储、包装、流通加工等物流活动进行衔接的中间环节，以及在仓储等活动中为进行检验、维护、保养所进行的装卸活动，如货物的装上卸下、移送、拣选、分类等。装卸作业的代表形式是集装箱化和托盘化，使用的装卸机械设备有吊车、叉车、传送带和各种台车等。在物流活动的全过程中，装卸搬运活动是频繁发生的，因而是产品损坏的重要原因之一。因此，企业应尽可能减少装卸搬运次数，以节约物流费用，获得较好的经济效益。

(5) 流通加工功能

流通加工功能是在物品从生产领域向消费领域流动的过程中，为了促进产品销售、维护产品质量和实现物流效率化，对物品进行加工处理，使物品发生物理或化学性变化的功能。这种在流通过程中对商品进一步的辅助性加工，可以弥补企业、物资部门、商业部门生产过程中加工程度的不足，更有效地满足用户的需求，更好地衔接生产和需求环节，使流通过程更加合理化，是物流活动中的一项重要增值服务，也是现代物流发展的一个重要趋势。流通加工的内容有装袋、定量化小包装、拴牌子、贴标签、配货、挑选、混装、刷标记等。流通加工功能的主要作用表现在：进行初级加工，方便用户；提高原材料利用率；提高加工效率及设备利用率；充分发挥各种运输手段的最高效率；改变品质，提高收益。

(6) 配送功能

配送功能的设置，可采取物流中心集中库存、共同配货的形式，使用户或服务对象实现"零库存"，依靠物流中心的准时配送，而无须保持自己的库存或只需保持少量的保险储备，减少物流成本的投入。配送是现代物流的一个最重要的特征。

(7) 信息服务功能

现代物流是需要依靠信息技术来保证物流体系正常运作的。物流系统的信息服务功能,包括进行与上述各项功能有关的计划、预测、动态(运量、收、发、存数)的情报及有关的费用情报、生产情报、市场情报活动。物流系统的信息服务功能必须建立在计算机网络技术和国际通用的 EDI 信息技术基础之上,才能高效地实现物流活动一系列环节的准确对接,真正创造"场所效用"及"时间效用"。可以说,信息服务是物流活动的中枢神经,该功能在物流系统中处于不可或缺的重要地位。

信息服务功能的主要作用表现为:缩短从接受订货到发货的时间;库存适量化;提高搬运作业效率;提高运输效率;使接受订货和发出订货更为省力;提高订单处理的精度;防止发货、配送出现差错;调整需求和供给;提供信息咨询等。

9.5.2 理解产品实体分配决策的主要内容

1. 运输决策

运输决策主要涉及运输方式和运输路线两个方面。

(1) 运输方式选择

运输方式主要有铁路运输、公路运输、水路运输、航空运输和管道运输等五种。

① 铁路运输货运量大,速度较快,一般不受气候和季节的影响,连续性强,成本较低。铁路运输适用于运距离、批量大、单位价值低的笨重货物,特别是在幅员辽阔的国家承担着主要的货运任务。

② 公路运输比较灵活、迅速,能将产品直接运到指定地点,在短距离及某些货物的中距离运输中有明显优势,但运量小,运费高。现在高速公路网的发展,为公路运输的发展创造了更多更好的机会。

③ 水路运输载运量大,耗能少,运费低,但速度较慢,并且受地理位置的影响。水运适合于笨重的非易腐商品,如煤、铁矿石、谷物、杂货、机械等。

④ 航空运输速度最快,运量小,成本最高。一般来说,只有高价值、易腐产品或精密产品才采用航空运输。

⑤ 管道运输连续性强,损耗小,成本低,安全可靠,但限制性强,只能适用于液体、气体等产品的运输。例如,天然气和石油一般采用管道运输。

选择运输方式时,主要根据用户对运输成本、时间、可靠性、可用性和运输能力等几方面的需要加以确定。

(2) 运输路线选择

运输决策的另一重要内容是运输路线选择。企业选择运输路线应注意:

① 坚持所选择的运输路线应保证把商品运送给顾客的时间最短。

② 坚持所选定的路线应能减少总的运输里程。

③ 坚持所选定的运输路线能保证广大的购买者得到较好的服务。

④ 坚持所选定的商品调运路线呈圆状时,按照作业法的基本规则,采用最合理的商品调运方案。

2. 仓储决策

仓储决策首要解决仓库设置的地点和数量。仓库地点与数量的设置要以对顾客交货服务与分销成本的平衡为原则,即一要有利于增加企业利润,二要有利于减少向顾客发货、运输的费用,三要有利于为顾客提供满意的服务。

企业既可以自行设置仓库(称为"自用仓库"),也可以租用"公共仓库"。运用自用仓库,能有效地实施控制,但缺点是占用资金较多,同时在需要更换仓库地点时缺乏弹性。相反,企业使用公共仓库,只用按使用空间大小支付费用,且公共仓库能为企业提供其他额外服务,如货物检查、包装、代运、提供办公地点及设备等。企业如决定租用公共仓库,需要对仓库地点和类型加以选择,特别要根据储存商品的需要选择专业性仓库,如冷藏仓库、散装仓库等。

企业使用的仓库类型很多,如储存仓库、分销仓库、采购供应仓库、商业批发仓库、商业零售仓库、商业中转仓库、战略储备仓库、商业加工仓库等。企业要根据营销和产品实体分销需要,选择仓库的类型。

3. 存货决策

企业的存货水平是实现顾客满意的另一类重要决策。企业存货的多少,既关系到能否及时向顾客供货,又关系到企业利润水平的高低。因此,企业应了解销量及利润的增加是否足以抵消存货增加的成本。

存货的决策,包括决定应于何时进货以补充存货和进货数量,如何确定最佳进货批量是存货决策的关键问题。在任何情况下,进货企业的进货批量都会遇到两个互相矛盾的成本因素,即进货费用与存货费用。进货批量与进货费用和存货费用有着密切的关系。

进货批量与进货费用成反比例关系,因为每进一批商品,就要花费一次费用。在一定时间内,商品的进货总量不变,则每次进货批量大,进货次数就少;反过来,在进货总量不变的前提下,进货批量小,进货次数就多,进货费用也就多。因此,为了减少进货费用也就要求进货批量大一些。

进货批量与存货费用成正比例关系。因为在一定时期内,商品的进货总量不变,则每次进货批量大,平均库存量也大,存货费用就多;反之,则进货批量小,平均库存量小,存货费用也少。

当进货批量较少时,仓储费用较低,但进货费用较高;反之,仓储费用高,但进货费用低。因此,我们就要确定最佳经济批量。确定合理的订购批量的计算方式为:

$$Q = \sqrt{\frac{2RL}{H}}$$

式中:Q——某种物资的经济订购批量;

R——每次订货费用;

L——物资年周转量;

H——某种物资的单位库存年保管费用。

例如,某企业全年共购进某种物资8 000吨,每次订货费用24元,每吨物资的年保管费

用为0.6元,则其物资经济订购批量为:

$$Q = \sqrt{\frac{2 \times 24 \times 8\,000}{0.6}} = 800(吨)$$

9.5.3 了解物流现代化

现代物流作为一种先进的组织方式和管理技术,被广泛认为是企业在降低物资消耗、提高劳动生产率以外的重要利润源泉,同时也是企业提高市场竞争能力的重要手段,而物流效率的高低很大一部分取决于物流现代化的水平。物流现代化的内容主要包括物流技术现代化和物流管理现代化两个方面。

1. 物流技术现代化

物流技术现代化主要体现在运输系统的现代化、包装技术的现代化、仓储技术的现代化等三个方面。

(1) 运输系统的现代化

交通运输是实现物流合理化、现代化的关键,因此,必须重视运输技术的发展。物流运输系统现代化主要表现在以下几个方面:

① 加快运输线路的发展。我国运输体系虽然有了很大的发展,但是运输结构仍然不合理,各种运输方式间缺乏合理组织,主要是水路、公路的优势没有充分发挥,而铁路负担过重。铁路运输在我国占有重要地位,在加快铁路建设中,除铺设必要的新干线外,近期主要以提高通过能力为中心,对主要干线进行技术改造。为适应重载、高速、大密度行车的要求,铁路线路应采用重轨、长轨、高质量岔道、整体道床,合理配置区段站、编组站和机车车辆段,在站场和站内采用先进设备,实现铁路运输作业的自动化;要提高公路路面的质量和等级,适当地建设高速公路以适应短途运输的发展需要;港口、码头要根据需要建设不同泊位的专用码头,设置先进的装卸机具;同时要注意内河运输、管道运输等输送技术的研究和发展。

② 注重运载工具的发展。在铁路方面,加快牵引动力的改革,尽快实现内燃和电力牵引,并积极研究新型的牵引力大、节省能源、使用寿命长的机车,车辆结构采用轻型、耐腐蚀、高强度材料,向大型化和专用化方向发展;在水路方面,要提高专用远洋船的比重,积极研究吃水浅的大型沿海运输船舶,内河船型要向标准化、内燃化方向发展;在民航方面,要积极发展适用于国内运输的各种专用机、直升机和短途飞机以及适用于国际运输的大型飞机。

③ 运输生产管理的自动化。在运输行业管理方面积极采用电子计算机、光导纤维、无线电通讯等先进技术,使运输生产朝着高度自动化管理系统发展。

④ 大力发展集装箱运输。集装箱运输的发展程度,被认为是一个国家运输现代化的重要标志。集装箱运输具有安全、迅速、简便、节约的特点。开发集装箱运输,对促进装卸机械化、提高运输设备装卸效率和工作效率、减少运输损耗、保证货物安全、简化理货手续等起着重要作用。而实现集装箱运输的必要条件:货流稳定,商品运输量大集中,运输工具比较先进,在运输过程中各个环节要更新相关运输、装卸设备,创造水路、铁路、公路的联运条件,以

实现从发货人到收货人的"门对门"的运输。

（2）包装技术的现代化

包装技术的现代化，就是要大力发展集合包装。集合包装是开发集装单元运输的前提条件，是运输业高度发展的必然结果。

由于集装单元运输的基础是载货托盘，因此，必须实现托盘的标准化，而托盘标准化的关键又在于实现包装尺寸的标准化。

我国托盘数量较少，但规格却比较繁杂。托盘标准和包装尺寸系列的制定，为我国物流托盘化的发展奠定了基础。

（3）仓储技术的现代化

当前仓储技术是整个物流技术中的薄弱环节，因此加强仓储技术的改造与更新，是仓储现代化的重要内容。仓储现代化首先要解决信息现代化，包括信息的自动识别、自动交换和自动处理。我国当前大致应从以下几个方面抓起：

① 实现物资出入库和储存保管的机械化和自动化。从中国的国情出发，重点发展物资存储过程中所需要的各种装卸搬运机械、机具等。例如，研制并推广作业效率高、性能好、耗能低的装卸搬运机械；发展自动检测和计量机具；提高分货、加工、配送等作业手段和方法等。

② 存储设备的多样化，使存储设备朝着省地、省力、多功能方向发展，推行集装化、托盘化，发展各类集合包装以及结构先进实用的货架，实现包装标准化、一体化。

③ 适当发展自动化仓库，加强老库的技术改造。根据中国的经济和劳动力状况，有重点地建设一批自动化仓库；同时，注重对老库的技术改造，尽快提高老库的技术和管理水平，充分发挥老库的规模效益。

2. 物流管理现代化

物流管理的现代化就是应用现代经营管理思想、理论和方法，有效地管理物流，在管理人才、管理思想、管理组织、管理方法、管理手段等方面实现现代化，并把这几方面的现代化内容同各项管理职能有机地结合起来，形成现代化物流管理体系。物流管理现代化的目标是实现物流系统的整体优化。

物流管理现代化中最重要的部分是物流信息化。物流的信息化是电子商务物流的基本要求，是企业信息化的重要组成部分，表现为物流信息的商品化、物流信息收集的数据化和代码化、物流信息处理的电子化和计算机化、物流信息传递的标准化和实时化、物流信息储存的数字化等。物流信息化能更好地协调生产与销售、运输、储存等环节的联系，对优化供货程序、缩短物流时间以及降低库存都具有十分重要的意义。

微信扫码查看

课后自测

案例分析

【实训操作】

一、实训内容

调查某一具体企业或产品的分销渠道策略,了解其分销渠道模式的构成,分析其分销渠道策略的优缺点,并提出自己的建议,最后形成分销渠道调研报告。

要求:

1. 分组完成;
2. 由教师指定企业或产品,最好是学生比较熟悉的企业或产品;
3. 搜集资料,最好能到市场上实地考察;
4. 要调查清楚产品的分销渠道的构成,并分析其优缺点;
5. 最好能对其中间商进行问卷调查;
6. 对企业的分销渠道提出自己的建议,鼓励学生敢想敢说;
7. 将本组的调研结果形成报告;
8. 各组派代表用 PPT 当众展示,全班讨论,教师评价。

二、实训步骤

1. 学生分组;
2. 教师指定企业或产品;
3. 小组讨论,明确任务,组内分工;
4. 搜集资料;
5. 小组集合,集中资料,讨论分析;
6. 形成报告;
7. PPT 展示讲解。

三、实训考核

1. 课后准备充分,收集资料全面;(2分)
2. 积极参与活动,小组讨论热烈;(2分)
3. 搜集资料全面,分析深入;(3分)
4. 报告规范,讲解精彩。(3分)

任务10 制定促销组合策略

【任务目标】

知识目标:

1. 理解促销和促销组合概念,掌握影响促销组合的因素;
2. 了解人员推销的步骤,懂得推销人员的选拔和培训;
3. 明晰如何选择广告媒体,掌握广告效果的测定;
4. 掌握公共关系和营业推广的运用。

能力目标:

1. 能进行简单的促销组合策略的制定;
2. 能灵活运用各种促销方式。

【导入案例】

秦池——从辉煌到衰败

1. 秦池集团简史

秦池酒厂的前身是1940年成立的山东临朐县酒厂,地处沂蒙山区。1992年,秦池酒厂亏损额已达几百万元,濒临倒闭。该年年底,王卓胜临危受命,入主秦池,担任秦池酒厂厂长。

1993年,秦池酒厂采取避实击虚战略,在白酒品牌竞争尚存空隙的东北,运用广告战成功地打开沈阳市场。1994年,进入东北市场。1995年,进入西安、兰州、长沙等重点市场,销售额连续3年翻番。该年年底,组建以秦池酒厂为核心的秦池集团,注册资金1.4亿元,员工增至5 600人。

2. 首夺"标王"

1995年,白酒行业一场空前惨烈的品牌大战即将来临。为了生存和发展,秦池必须在大战来临前,找到一条迅速提高品牌知名度、扩大企业规模的途径。在反复权衡之后,秦池人选择了一条令人望而生畏却充满希望的险道:夺1996年CCTV广告"标王"!

根据测算,1996年标王额在6 500万元左右,相当于秦池集团1995年全部利税的两倍。这意味着秦池如果达不到预期目的,将遭灭顶之灾。

1995年11月8日,秦池以6 666万元的天价击败众多竞争对手,以黑马的惊人之举夺取CCTV"标王"。

勇夺"标王",是秦池酒厂迈出的决定性一步,给秦池带来难以估量的影响,使秦池的产品知名度、企业知名度大大增强,使秦池在白酒如林的中国市场上成为当时的名牌。在原有市场基础之上,秦池迅速形成了全国市场的宏大格局。秦池人很形象地将广告支出与销售收入比喻为:"每天开出一辆桑塔纳,赚回一辆奥迪。"1996年,秦池销售额增长500%,利税增长600%。秦池从一个默默无闻的小酒厂一跃成为全国闻名的大企业。

3. 二夺"标王"

首夺"标王"带来的巨大的品牌效应与经济效益,使秦池人放松了对经营风险的防范心理,出于对市场形势过于乐观的估计,以及对不夺"标王"市场萎缩的担心,秦池人终于决定再夺"标王"。王卓胜带领着秦池人走上了一条不成功便成仁的"壮士断腕"之路。

1996年11月8日,秦池集团以3.2亿元的"天价"卫冕"标王"。秦池人将此举解释为:"秦池每天给中央电视台送去一辆奔驰,秦池则每天开进一辆加长林肯。"但很快秦池人就发现,"奔驰"开是开出去了,"林肯"就是没有开进来,别说"林肯",甚至连"奥迪"也鲜有开进来的时候!

二夺"标王"后,舆论界对秦池更多的是质疑:秦池准备如何消化巨额广告成本?秦池到底有多大的生产能力?巨额广告费会不会转嫁到消费者身上?

"敢上九天揽月"的秦池人显然轻视了新闻媒体的作用,而这恰恰是秦池兵败1997的主要原因之一。

1997年年初,某报编发了一组3篇通讯,披露了秦池的实际生产能力以及收购川酒进行勾兑的事实。这组报道被广为转载,引起了舆论界与消费者的极大关注。由于秦池没有采取及时的公关措施,过分依赖于广告效应,因此,在新闻媒体的一片批评声中,消费者迅速表示出对秦池的不信任。秦池的市场形势开始全面恶化。1997年,尽管秦池的广告仍旧铺天盖地,但销售收入比上年锐减了3亿元,实现利税下降了6 000万元。1998年1月至4月,秦池酒厂的销售收入比去年同期减少了5 000万元。全厂20多条生产线也只开了四五条,全年亏损已成定局,效益指标迅速下降,曾经辉煌一时的"秦池模式"转瞬成为即逝的泡沫。

【思考】

1. 秦池为什么开始会成功?
2. 秦池最后为什么又失败了?

【简要评析】

随着市场竞争的加剧,人们的消费观念随着越来越多的产品和服务从卖方市场向买方市场过渡,"酒香不怕巷子深"的市场经验需要重新思量。在这种环境下,谁能掌握市场、引导消费,谁就能成为市场的王者。而怎么去引导消费,就要取决于每个企业的促销策略组合。其中,广告就是一种重要的促销方式,能在很短的时间内扩大企业和产品知名度。秦池成功的关键正是如此。但由"标王"而形成的"名牌",只能是一种"被更多人知道"的"名牌",而不是更多人喜欢的"名牌"。要想达到"既知道又喜爱"的名牌境界,还需要其他促销策略的配合,使品牌提高到能脱离广告或不是只能依赖广告才能生存发展的轨道上来。而秦池没有实现,只是片面地强调广告,这就是其失败的根源。

【理论指导】

擅长经营的企业,在开展市场营销活动中,不仅要满足目标顾客不断变化的需要,推出适销对路的商品,制定符合企业竞争战略要求和具有竞争力的价格,还必须及时有效地将产品或劳务信息传递给目标顾客,促使其了解、熟悉、信赖并购买商品,从而达到促进商品销售的目的。因此,企业根据实际情况,制定促销策略是市场营销组合的重要组成部分。

10.1 认识促销组合

10.1.1 理解促销的含义与作用

1. 促销的含义

市场交换活动是由买方和卖方共同实现的。这种商品交换活动的顺利进行,要求买卖双方相互沟通信息。卖方如果不了解买方的需求,就不可能生产和经营适销对路的产品;买方如果不了解卖方的供应信息,就不会采取购买行动。企业通过一定的方式,将产品或劳务的信息发送给目标顾客,从而引起兴趣,促进购买,实质是传播与沟通信息(见图10-1)。因此,促销是指企业为了扩大商品销售,通过恰当的方式和手段将相关信息传递给目标顾客,使其了解、熟悉、信赖企业的商品和服务,从而达到激发目标顾客的欲望,产生购买行为的一系列活动。

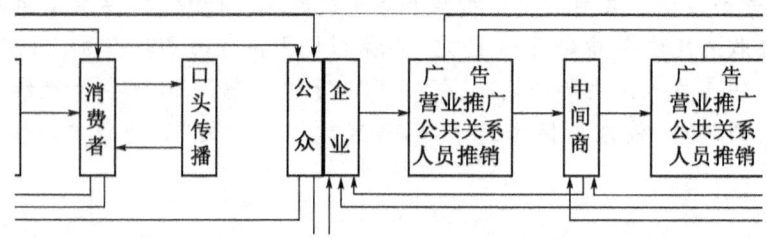

图10-1 营销信息沟通系统

2. 促销的作用

作为信息传播与沟通手段的促销活动,在企业的生存和发展中,是至关重要的一环,绝非可有可无的环节。促销投入也不能简单地理解为费用,而应视为一种投资,它对实施企业战略、树立企业和商品的形象、增加企业销售收入、提高市场占有率、强化竞争优势具有重要作用和意义。

促销的作用可归纳为以下几点。

(1) 提供信息

通过促销宣传,可以使目标顾客知道企业生产经营哪些商品、有何特点、可以在哪里购买等信息,从而引起顾客注意,激发其购买欲望,为实现销售和扩大销售做好舆论准备。

(2) 突出特点

在激烈的市场竞争中,企业通过促销活动,宣传商品,努力在同类商品中,突出自己与众不同的特点,从而促使目标顾客对企业商品甚至企业本身产生好感,从而培育和提高品牌知名度和美誉度,扩大市场份额。

(3) 树立形象

随着促销活动的开展,消费者不仅可以了解商品,而且能了解企业。消费者通过长期购买某个企业生产的商品,渐渐会形成对企业的信赖,当该企业推出新产品时,会踊跃购买,从而增强企业竞争力。促销活动对企业品牌份额的影响,如图10-2所示。

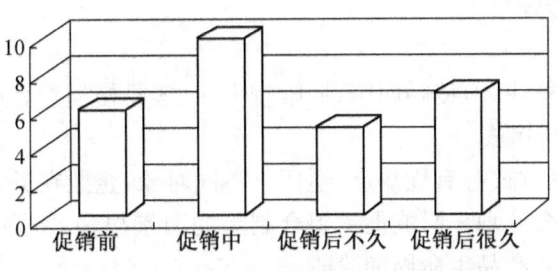

图10-2 促销活动对品牌份额的影响

(4) 扩大销售

企业通过促销活动,可以了解消费者变动的需求,生产满足消费者需要的商品。同时新产品上市后,通过促销活动,消费者可以了解新产品的性能、特点、用途和作用,从而为新产品打开市场。

10.1.2 理解促销组合

1. 促销组合概念

促销的方式,可分为人员推销和非人员推销两类。非人员推销又包括广告、营业推广、公共关系等形式。这四种方式在具体促销活动中各有利弊(见表10-1)。促销组合就是有目的、有计划地把人员推销、广告、公共关系和营业推广等促销方式组合起来,综合运用并形成一个完整的销售促进系统。因此,企业要想获得良好的销售结果,必须针对不同类别的产品合理运用多种促销方式,使之成为一个有机整体,发挥其整体功能。

表10-1 促销方式的优缺点

促销方式	优 点	缺 点
人员推销	直接沟通信息,反馈及时,迅速促成交易,易建立与顾客的长期关系	成本高昂,接触面窄,占用人员多
广告	传播面广,表现力丰富,渗透性强	单向沟通,无法立即促成交易,成本较高
公共关系	可信度高,传达力强,有利于树立产品和企业形象	见效慢,结果不易测量
营业推广	吸引顾客,激发购买欲望,短期效果明显	有时会降低商品地位,不利于建立长期品牌偏好,有局限性

(1) 人员推销

可直接接触消费者,便于互相沟通信息,容易激发消费者兴趣,促成即时交易,但费用较大,且人员培训不容易,尤其是优秀推销员难以选拔。

(2) 广告

宣传面广,能多次运用,且可将信息艺术化,形象生动,但不能因人而异,说服力不强,实际成交效果不甚理想。

(3) 公共关系

公共关系是一种新型的促销手段,其影响面广,较令人信服,但组织工作量大,且企业难以把握机会和控制宣传效果。

(4) 营业推广

吸引力强,激发需求快,但接触面窄,局限较大,且容易使消费者产生不信任感。

2. 影响促销组合的因素

鉴于以上四种促销方式各有优缺点,适用于不同对象,企业在进行促销活动时就要根据具体情况,制定促销组合计划。影响促销组合制定的因素很多,主要有产品或市场类型、促销策略、购买准备阶段和产品生命周期阶段。

(1) 产品或市场类型

消费品企业常把大部分资金用于广告,其次是销售促进,再次是人员推销,最后是公共关系。工业品企业常把绝大部分资金用于人员推销,接下来是销售促进、广告和公共关系。一般来说,人员推销常用于价值高、风险大的产品以及买主少而集中的工业品市场。广告常用于价格较低、技术性弱、买主多而分散的消费品市场。公共关系和营业推广是相对次要的促销方式,无论是在工业品市场还是在消费品市场,差异不大。

(2) 促销策略

促销策略有"推"和"拉"两种(见图 10-3)。"推"策略要求使用销售人员和贸易渠道,通过销售渠道"推"出产品。制造商将产品推销给批发商,批发商将产品推销给零售商,零售商将产品推销给消费者。实行"推"策略的企业,主要是运用人员推销和营业推广的促销方式把商品推向市场。"拉"策略要求加大广告和营业推广力度,引起消费者需求,通过渠道将产品给"拉"出来。如果此战略是有效的,消费者将向零售商购买产品,零售商向批发商购买产品,批发商再向制造商购买产品。企业在促进产品销售过程中,究竟是实行"推"策略,还是"拉"策略,要根据具体情况而定。一般来说,应当两者兼顾,各有侧重。

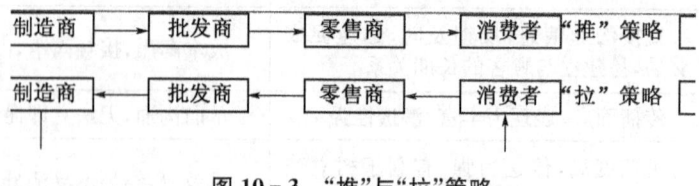

图 10-3 "推"与"拉"策略

(3) 购买准备阶段

顾客的购买准备过程一般分为六个阶段,即知晓、认识、喜欢、偏好、确信和购买。促销工具在不同的购买准备阶段,效果大不一样(见图 10-4)。广告以及公共关系在知晓和认识阶段比人员推销效果好;在喜欢、偏好、确信阶段,人员推销比广告效果好;营业推广在购买阶段作用较大。

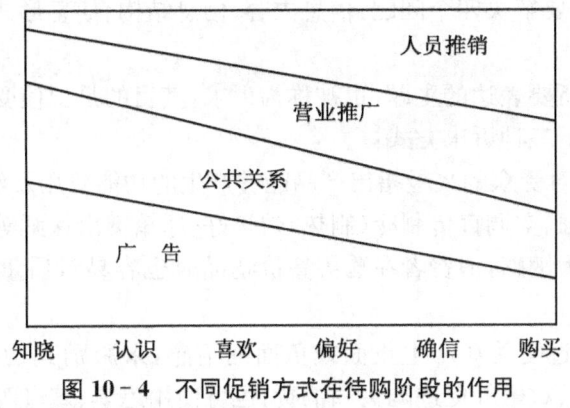

图 10-4　不同促销方式在待购阶段的作用

(4) 产品生命周期阶段

促销方式在产品生命周期的不同阶段,效果也大不一样。在介绍期,广告和公共关系有利于提高产品的知名度,营业推广对鼓动早期试用也很有用,人员推销应用于促使中间商购买。在成长期,广告和公共关系仍有强大作用,营业推广的作用下降。在成熟期,销售促进比广告重要,广告此时只起提示作用。在衰退期,广告仍起提示作用,公共关系的作用下降,营业推广仍起强有力的作用。

10.1.3　理解促销的步骤

为了成功地把企业及产品的有关信息传递给目标受众,企业需要有步骤、分阶段地进行促销活动。

1. 确定目标受众

企业在促销开始时就要明确目标受众是谁,是潜在购买者还是正在使用者,是老人还是儿童,是男性还是女性,是高收入者还是低收入者。确定目标受众是促销的基础,它决定了企业传播信息应该说什么(信息内容)、怎么说(信息结构和形式)、什么时间说(信息发布时间)、通过什么说(传播媒体)和由谁说(信息来源)。

2. 确定沟通目标

确定沟通目标就是确定沟通所希望得到的反应。沟通者应明确目标受众处于购买过程的哪个阶段,并将促使消费者进入下一个阶段作为沟通的目标。

① 知晓阶段:当目标受众还不了解产品时,促销的首要任务是引起注意并使其知晓;② 认识阶段:当目标受众对企业和产品已经知晓但所知不多时,企业应将建立目标受众对企业或产品的清晰认识作为沟通目标;③ 喜欢阶段:当目标受众对企业或产品的感觉不深刻或印象不佳时,促销的目标是着重宣传企业或产品的特色和优势,使之产生好感;④ 偏好阶段:当目标受众已喜欢企业或产品,但没有特殊的偏好时,促销的目标是建立受众对本企业或产品的偏好,这是形成顾客忠诚的前提;⑤ 确信阶段:如果目标受众对企业或产品已经形成偏好,但还没有发展到购买它的信念,这时促销的目标就是促使他们做出或强化购买决

策,并确信这种决策是最佳决策;⑥ 购买阶段:如果目标受众已决定购买但还没有立即购买时,促销的目标是促进购买行为的实现。

3. 设计促销信息

设计促销信息,需要解决四个问题:信息内容、信息结构、信息形式和信息来源。

(1) 信息内容

信息内容是信息所要表达的主题,也被称为诉求,其目的是促使受众做出有利于企业的良好反应。一般有以下三种诉求方式:

① 理性诉求。针对受众的兴趣指出产品能够产生的功能效用及给购买者带来的利益,如洗衣粉宣传去污力强、空调宣传制冷(制热)效果好、冰箱突出保鲜等。一般工业品购买者对理性诉求的反应最为敏感,消费者在购买高价物品时也容易对质量、价格、性能等的诉求做出反应。

② 情感诉求。通过使受众产生正面或负面的情感,来激励其购买行为的一种诉求方式。如使用幽默、喜爱、欢乐等促进购买和消费,也可使用恐惧、羞耻等促使人们去做应该做的事(如刷牙、健康检查等)或停止做不该做的事(如吸烟、酗酒)等。

③ 道德诉求。诉求于人们心目中的道德规范,促使人们分清是非,弃恶从善,如遵守交通规则、保护环境、尊老爱幼等。这种诉求方式特别用在企业的形象宣传中。

(2) 信息结构

信息结构也就是信息的逻辑安排,主要解决三个问题:一是是否做出结论,即是提出明确结论还是由受众自己做出结论;二是单面论证还是双面论证,即是只宣传商品的优点还是既说优点也说不足;三是表达顺序,即沟通信息中把重要的论点放在开头还是结尾的问题。

(3) 信息形式

信息形式的选择对信息的传播效果具有至关重要的作用。例如,在印刷广告中,传播者必须决定标题、文案、插图和色彩以及信息的版面位置;通过广播媒体传达的信息,传播者要充分考虑音质、音色和语调;通过电视媒体传达的信息,传播者除要考虑广播媒体的因素外,还必须考虑仪表、服装、手势、发型等体语因素;若信息经过产品及包装传达,则特别要注意包装的质地、气味、色彩和大小等因素。

(4) 信息来源

由谁来传播信息对信息的传播效果具有重要影响。如果信息传播者本身是接受者信赖甚至崇拜的对象,受众就容易对信息产生注意和信赖。比如,玩具公司请儿童教育专家推荐玩具、高露洁公司请牙科医生推荐牙膏、长岭冰箱厂请中科院院士推荐冰箱等,都是比较好的选择。

4. 选择信息沟通渠道

信息沟通渠道通常分为两类:人员沟通与非人员沟通。

(1) 人员沟通渠道

人员沟通渠道是指涉及两个或更多的人的相互间的直接沟通。人员沟通可以是当面交流,也可以通过电话、信件甚至网络聊天工具等方式进行。这是一种双向沟通,能立即得到对方的反馈,并能够与对象进行情感渗透,因此效率较高。在产品昂贵、风险较大或不常购买以及产品具有显著的社会地位标志时,人员的影响尤为重要。

(2) 非人员沟通渠道

非人员沟通渠道指不经人员接触和交流而进行的一种信息沟通方式,是一种单向沟通方式,包括大众传播媒体、气氛和事件等。大众传播媒体面对广大的受众,传播范围广。气氛指设计良好的环境因素制造氛围,如商品陈列、POP 广告、营业场所的布置等,促使消费者产生购买欲望并导致购买行动。事件指为了吸引受众注意而制造或利用的具有一定新闻价值的活动,如新闻发布会、展销会等。

5. 制定促销预算

促销预算是企业面临的最难做的营销决策之一。行业之间、企业之间的促销预算差别相当大。在化妆品行业,促销费用可能达到销售额的 20%～30%,甚至 30%～50%,而在机械制造行业中仅为 10%～20%。

企业制定促销预算的方法有许多,常用的主要有以下几种。

(1) 量力支出法

这是一种量力而行的预算方法,即企业以本身的支付能力为基础确定促销活动的费用。这种方法简单易行,但忽略了促销与销售量的因果关系,而且企业每年财力不一,从而促销预算也经常波动。

(2) 销售额百分比法

即依照销售额的一定百分比来制定促销预算。例如,企业今年实现销售额 100 万元,如果将今年销售额的 10% 作为明年的促销费用,则明年的促销费用就为 10 万元。

(3) 竞争对等法

主要根据竞争者的促销费用来确定企业自身的促销预算。

(4) 目标任务法

企业首先确定促销目标,然后确定达到目标所要完成的任务,最后估算完成这些任务所需的费用,这种预算方法即为目标任务法。

6. 确定促销组合

企业在确定了促销总费用后,面临的重要问题就是如何将促销费用合理地分配于四种促销方式的促销活动。上述四种促销方式各有优势和不足,既可以相互替代,又可以相互促进、相互补充。所以,许多企业都综合运用四种方式达到既定目标。这使企业的促销活动更具有生动性和艺术性,当然也增加了企业设计营销组合的难度。企业在四种方式的选择上各有侧重。例如,同是消费品企业,可口可乐主要依靠广告促销,而安利则主要通过人员推销。

10.2 认识人员推销

人员推销是一门古老的艺术,也是企业最基本的一项营销活动和最主要的促销方式。在美国,人员推销所花的费用几乎是广告的两倍;在我国,人员推销所花的费用比广告则高得更多。所以,人员推销往往是企业成败的关键因素。

10.2.1 理解人员推销的概念及特点

1. 人员推销的概念

人员推销是指企业派出推销人员,向目标顾客推介商品或服务以促进销售的一种方式。它是一种人与人沟通的方式,在此过程中,推销员做潜在购买者的工作,试图影响消费者购买需要,使之购买推销人员所在企业的产品或服务。人员推销在洽谈磋商、完成交易手续等方面,是其他促销手段所不能代替的。

2. 人员推销的特点

(1) 发现并接近顾客

人员推销是人与人沟通的过程,因而,能够将目标顾客从消费者中分离出来,把推销的努力集中在目标顾客身上,可省去许多无效的工作。

(2) 针对性强

销售人员可以通过解说,提供能满足目标顾客需要的产品性能、质量、使用和保管信息,指出机会,提出建议,还可以进行示范表演,消除消费者对产品不够理解而产生的各种疑虑,诱发购买欲望,促成购买。

(3) 建立关系

推销人员在推销产品的过程中与顾客直接接触,通过彼此之间的交往,能增进了解,产生信赖,建立良好的买卖双方关系,有利于买卖双方的沟通、信任和理解。

(4) 提供情报交流

销售人员不仅能够准确及时地将企业或产品的信息传递给顾客,而且能够将顾客反馈的信息及时传递给企业,而作为企业各种活动的依据。例如,海尔公司针对顾客反映的意见,开发出大地瓜洗衣机,不仅占领了市场,取得了收益,而且获得了消费者的一致称赞。

正是由于人员推销具有这些特点,其在工业品和技术性较强、使用较为复杂的耐用消费品中,尤为适用。

人员推销的促销方式也存在一些问题,其中最突出的一点是销售费用高。因为推销人员每天只能用一半时间同顾客接触,而其余时间都用于联系工作和路途上,这其中也花费一定的开支。同时培养一支高水平的推销队伍,花费也很大,而且推销人才难得,甚至需高薪聘用。再有对推销人员的控制管理很困难。所以企业必须认真分析人员推销的方式的合理性,既要善于利用此法的优点,又要防止和克服上述缺点,使人员推销能够有效地实现企业的经营目标。

10.2.2 明确推销人员的职责

推销人员的职责是指推销人员必须做到的工作和承担的责任。推销人员的职责绝不仅仅是把商品卖出去,还有其他更多的职能。具体说来,推销人员的职责主要包括以下几个方面。

1. 寻找与发现市场

寻找与发现企业产品的目标市场是推销人员的首要职责和任务。为此推销人员应该做的工作如下:

① 做好市场调查研究工作，预测供求发展趋势。推销人员应随时掌握有关市场行情，不仅要对自己所在的企业及所生产的产品了如指掌，而且对竞争对手的有关情况也应尽量了解，洞悉竞争者的战略战术。

② 对需求总量进行分析，预测市场容量和企业可以达到的销售额。

③ 通过具体的推销活动，寻找、发现对推销品有需求的最终目标顾客群，并分析其需求特征。

2. 开拓与进入市场

推销人员的第二个职责是开拓与进入预定目标市场。只有开拓与进入目标市场，才可以把潜在市场变为现实市场，把市场机会变为企业盈利机会，把潜在利润变为真正利润。大企业一般是在销售经理的指导下进行市场开拓，而小企业的市场开拓则主要由推销人员自己进行。开拓与进入目标市场，企业必须分析市场机会与风险，制定企业产品的销售网络计划；企业应把开发的新产品、新增的服务项目等消息传播给顾客，引导顾客的购买，使之与生产同步协调发展。总之，企业应对市场营销组合的各种因素进行综合协调，在目标市场范围内开展产品推销的全部活动。

3. 促进产品的销售

完成产品的推销，是衡量推销人员工作成绩的一个主要的量化指标。为此，推销人员应积极运用各种推销技术，以满足顾客需求为出发点，促进产品的销售。

4. 积极做好产品的销售服务工作

推销人员积极做好销售过程中的各种服务工作，也是推销人员的一个重要职责。推销人员可向顾客提供各种优质的服务，超越顾客的服务期望，实现顾客满意。推销人员提供的服务赢得顾客的信赖，不仅可以提高企业的信誉，更有利于进一步巩固市场，为开拓新产品打下基础。

【知识扩展】

在推销过程中，推销人员应提供如下服务：

① 售前服务。它是指在销售前为顾客提供信息咨询或培训的服务。

② 售中服务。它是指在销售过程中为顾客提供热情接待、介绍商品、包装商品、送货上门、代办运输等服务。

③ 售后服务。它是指为顾客提供售后的安装、维修、包退、包换、提供零配件、处理顾客异议等服务。

5. 树立良好的企业形象

推销人员在推销活动过程中完全代表企业的行为，顾客是通过推销员来了解、认识企业的。可见，能否为企业树立一个良好的形象，也是推销人员的职责之一。

10.2.3 了解人员推销的形式与基本模式

1. 人员推销的形式

按推销人员接触顾客的环境不同，人员推销又可分为如下五种类型：

① 单对单的推销。即一个推销人员与一个顾客或潜在顾客进行面对面（或电话）交谈。

② 单对组的推销。即一个推销人员向一组顾客（成一个采购小组）介绍一种或几种产品。

③ 组对组的推销。即一个推销小组（如由企业负责人、技术人员和销售人员组成）向一组顾客介绍产品。

④ 推销会议。由推销人员会同企业其他部门员工，与一个或几个买方讨论交易问题，通过召集会议方式向顾客进行推销。

⑤ 推销讲座。由卖方企业组织专门技术讲座，向买方介绍情况、传达信息，目的是培养顾客对本企业的认识和信心，开拓知识视野，而不在于立刻完成交易。

2. 人员推销的基本模式

人员推销活动是传播信息，说服、帮助顾客，激发顾客购买欲望，最终达成交易的过程。在实际工作中，由于推销环境、推销对象的不同，推销过程中所采用的推销策略也灵活多样。国际上一些有名的推销大师根据自己的成功经验、推销活动的特点以及对顾客接受推销过程各阶段的心理演变应采取的策略，归纳出一些程序化的标准推销形式，也称为推销模式。其中"爱达"模式最为常用。

1980年，国际推销协会名誉会长、著名的推销专家海因兹·姆·戈德曼根据消费心理学的研究，把成功的推销活动概括为四个步骤：引起潜在顾客的注意（Attention）—唤起潜在顾客的兴趣（Interest）—激起潜在顾客的购买欲望（Desire）—促成潜在顾客的购买行为（Action）。注意、兴趣、欲望和行动四个单词的英文缩写为AIDA，中文音译为"爱达"，所以戈德曼的推销步骤又称为"爱达"模式，被认为是推销成功的四大法则。这种模式就是由推销人员把潜在顾客的注意力吸引到推销产品上，使潜在顾客对产品产生兴趣。这样，潜在顾客的购买欲望随之产生，从而促使潜在顾客做出购买决策。这种推销模式的适应性很强，它不仅可以指导推销人员的推销过程，而且适用于上门推销（如办公用品和生活用品），也适用于店堂推销，如柜台推销、展销推销。

【案例启示】

小王是一位保险销售员，他要拜访两位潜在顾客。这两位顾客都是商人，家庭情况良好，生活美满，最近都有了孩子。小王首先拜访张先生，下面是他们的谈话：

小王：张先生，您听说过利用免税的银行储蓄金办理保险的事情吗？您可以用这种方式为您的小孩办理保险。

张先生：我听说过这种储蓄计划，但我不太了解详情。

小王：我向您介绍一下吧！每年您把一定金额的钱储蓄起来，作为备用，这样……

张先生：储蓄一定金额的钱？我可没有钱储蓄。

小王：别忙嘛，我的话还没说完呢！您储蓄一些钱……

张先生：对不起，王先生。办理保险是一件大事，我需要好好考虑一下。另外，我现在很忙，可以说一点空也没有。我想，你还是改天再来吧，或把你的名片留给我……

小王从张先生家里出来后，立刻到了马先生家。

小王：马先生，恭喜您添了个儿子。不过您的家庭负担也增加了一半。您还要为他的将来着想呀！

马先生：是呀。

小王：您希望您的孩子尽可能受到良好的教育，对不对？

马先生：那当然。

小王：所以，不管发生什么情况，只要有足够资金支付他的教育经费，并能保证您的夫人在经济上不会遇到什么困难，您就感到宽心了，对不对？

马先生：对，我们应该尽到做家长的责任。但是，有的时候，我们是心有余而力不足，很多事情是不可能都如愿以偿的。您提出的问题是一个实际问题，只要有钱，这个问题是可以解决的。

小王：我可以告诉您怎么做吗？

马先生：好。

小王：马先生，您需要做的第一件事情就是稍微增加一点您的人寿保险金额，这样，您的夫人就会得到更多的保险金，她和孩子的生活就会有保障。而如果您的保险金额不再增加的话，您的孩子就没有足够的钱来支付其教育费和学杂费。为了使您有足够的资金来支付这一切必不可少的费用，您可以每月为他支付一定金额的保险费。另外，您肯定希望通过购买保险为您的孩子储蓄一笔可观的资金，等他到21岁时交给他。只有这样，您才尽到了一家之长的责任，尽到了您对尊夫人和孩子的义务，对吗？

马先生：是。

于是，小王向马先生详细地介绍了购买保险的计划并拿到了订单。

10.2.4 掌握人员推销的基本步骤

要发挥人员推销的特点，完成推销任务，企业推销人员必须掌握一定的推销技术，把握好推销的进程。人员推销的进程有各种不同的划分方法，但一般地说，一个有效的人员推销过程至少应包括三个程序：寻找顾客、进行推销、售后追踪。

1. 寻找顾客

人员推销的首要程序就是寻找潜在的顾客，只有有了特定的推销对象，推销人员才能开始实际的推销工作。推销人员可以通过以下一些途径来寻找潜在的顾客。

（1）市场调查

推销人员可以利用市场调查的结果，从中寻找可能的顾客。市场调查可以由企业自己进行，也可以委托有关的市场咨询公司进行。

（2）资料查寻

推销人员可以通过查阅现有的信息资料来寻找顾客，如工商企业名录、统计资料、各种年鉴、黄页、有关的报刊等。

（3）广告开发

推销人员可以利用各种广告媒介来寻找潜在的顾客，如报纸、杂志、电视、广播、直接邮寄等。

（4）客户介绍

推销人员可以请现有的客户推荐、介绍潜在的顾客。这种方法的关键在于推销人员首先要取得现有顾客的信任，然后利用现有顾客的社会联系，寻找更多的新顾客。

寻找到潜在的顾客后，还需要对他们进行评估，以确认是否真正值得开发。通过对潜在顾客的需求、支付能力等的审查,推销人员可以剔除那些没有成功希望的顾客,优先把时间和精力放在那些最有潜力的顾客身上,以减少不必要的支出和浪费,提高推销的成本效益。

2. 进行推销

潜在的顾客目标被确定后,推销人员就要马上着手与顾客接触,进行推销。通常有两大方面的活动:一是要做好推销前的准备工作;二是与顾客见面。

(1) 推销前的准备工作

推销前的准备工作是指推销人员在与潜在顾客接近之前所做的准备工作。其中包括:了解潜在顾客的个人情况及其所在企业的情况;掌握该产品知识和竞争者知识;了解本企业产品的情况;事先准备好必要的样品、说明书、证明材料以及要介绍的内容,做到知己知彼。

(2) 与顾客约见

首先要能见到顾客,然后才有机会面谈、推销。约见主要是约定推销访问的对象、时间地点、目的,应方便顾客,有利推销。要合理地安排访问路线,特别是在一天里访问多个顾客或连续访问时,合理的访问路线可以减少推销人员的旅途、等候时间,避免无谓的浪费。当推销人员与顾客见面后,就进入了关键性的面谈阶段。推销人员需要详细说明产品的特性,提示顾客,刺激顾客的需求,观察顾客的反应,然后针对顾客的反应进行宣传、说明,在说服、诱导的同时,要灵活地、恰到好处地应用策略,以激发顾客的购买行为。

3. 售后追踪

产品售出后,推销活动并未就此结束,推销人员还应该与顾客继续保持联系,以了解他们的满意程度,及时处理顾客的意见,消除他们的不满。良好的售后服务,可以提高顾客的满意度,增加产品再销售的可能性。推销人员也可以通过售后的追踪和评价,了解顾客的信用度,从中挑选出关键顾客,即购买额在企业全部销售额中占相当大的百分比,或者是将来有可能成为最大顾客的那部分顾客,对他们进行重点的管理。

【案例启示】

乔·吉拉德的推销秘诀

乔·吉拉德,因售出13 000多辆汽车创造了商品销售最高纪录而被载入吉尼斯大全。他曾经连续15年成为世界上售出新汽车最多的人,其中6年平均每年售出汽车1 300辆。销售是需要智慧和策略的事业。乔的秘诀是什么呢?

① 250定律:不得罪一个顾客;

② 名片满天飞:向每一个人推销;

③ 建立顾客档案:更多地了解顾客;

④ 猎犬计划:让顾客帮助你寻找顾客;

⑤ 推销产品的味道:让产品吸引顾客;

⑥ 诚实:推销的最佳策略;

⑦ 每月一卡:真正的销售始于售后。

10.3 认识广告促销

消费者日常生活中获得大量产品和企业本身的信息,绝大多数是来自广告。在市场经济的浪潮中,企业可以通过广告来有效地开创和稳固其目标市场。随着商品经济的发展,广告将受到人们高度的重视。广告必将对促进商品经济发展、方便人们的生活发挥巨大的作用。

10.3.1 理解广告的概念与作用

1. 广告的概念

广告是指商品经营者或服务提供者承担费用,通过一定的媒介和形式直接或者间接地介绍自己所推销的商品或者所提供的服务的商业活动。它包含以下四层含义:

① 广告是一种付费的信息传播活动,传播内容既可以是商品、服务信息,也可以是观念信息、企业信息。

② 广告的传播对象是分布广泛的目标顾客,而不是个人。

③ 广告活动是通过大众传播媒介来进行的,而不是面对面的传播,如推销员的推销。

④ 广告的目的是有效地影响公众,形成整合营销传播,从而促进商品或劳务的销售,并使广告主从中获取利益。

2. 广告的作用

由于科学技术日益进步,产品种类繁多,新产品日新月异,消费者已难于在购买商品时进行比较选择,而是习惯于凭印象和消费习惯认牌购买。由于现代市场的这些特点,要加速商品的社会化大生产的全过程,就必须充分地利用有效的广告宣传,迅速、准确地把商品信息及时传播到广大消费者当中,使大量的商品能够快捷地从生产流通转入消费。因此,现代广告业是密切联系生产和消费的桥梁,是市场营销的重要组成部分,也是社会化分工中必不可少的行业。实践证明,广告在社会经济生活中所发挥的作用是不可替代的。

(1) 广告能改变消费观念和消费心理

现代企业理论提倡企业应参与消费生活的设计,即企业不应跟在消费者后面去简单地适应需求,而应主动去引导消费、创造消费。消费过程实际是一个心理斗争的过程,广告应告诉消费者一个消费的理由。通过广告的示范,能改变消费观念,唤起顾客对新需求的认识和接受,从而引起消费结构与行为的变化。

(2) 广告能帮助企业增加销售,获得利润

广告不仅是企业促进销售、获得丰厚利润的利器,同时,对于企业降低成本、增加利润也有着积极的作用。企业通过广告,可以增加商品的销量,扩大商品的生产量,从而达到规模经济,降低单位产品成本。

【案例启示】

哈药集团的营销活动通过两个方面来展开:一是"包装老产品";二是"大范围、高密度、

地毯式"的广告策略。1997年前,哈药集团开始大量投放广告,广告投入每年大概以3倍的速度增长,有的产品已经做到客户预付款,企业从中尝到了很多甜头。2000年,哈药集团展开了全国范围的广告攻势,在全国众多电视台的"垃圾时间段"和"黄金时间段"播出广告,广告覆盖面之广、播出频率之高、投资之大,远胜于当年的广告"标王"。只要打开电视,就可以看到哈药的"科普广告"和"明星广告"、产品广告。

巨额的广告投入带来了巨额的销售收入,"严迪"、"盖中盖"、"泻痢停"、"朴雪"等一批产品脱颖而出。1999年哈药集团的广告投入约为6.19亿元,同年主营业务收入为44.9亿元,同比增长53.8%;2000年广告费用投入约为11亿元,同比增长78%,销售额高达64亿,远远超过华北制药和上海药业,成为名副其实的医药上市公司的龙头老大。2000年是哈药集团最辉煌的一年,这一年哈药集团工业总产值和营业收入跃居全行业之首。

(3) 广告能促进和支援人员促销

广告可以弥补人员推销由于个人信誉与威信有限产生的弊病。广告可以借助媒体的威信来提高自身的威信,媒体的威信对广告的内容和效果有着极其重要的影响。在威信高的媒体上进行广告,广告内容的真实性和可靠性也会相应提高,人员促销可以充分借助这一特点,将广告作为说明和说服材料之一,来增强说服力。

(4) 广告能促进产品质量的提高

广告宣传可以收集到用户和消费者的意见,从而要求企业生产出适销对路、品质优良的产品,创造出各种优质名牌产品,以提高市场占有率。因此,产品的质量就成了企业今后在产品市场争夺中决定其胜负存亡的关键。商品生产的发展,必然会引起竞争。在新产品日益增多,特别是同类产品增多的情况下,市场竞争已达到白热化的程度,这就迫使企业在产品质量提高以及新的功能产品开发上做文章。

(5) 广告有助于企业创立名牌

在当今世界,不打广告的商品是绝不可能成长为名牌的。名牌是广告投入或者说是钱堆出来的说法虽然不全面,但是有一定道理。据美国学者统计,在美国,投资一亿美元广告费,成为名牌的可能性只有2%。可见,经济越发达,创一个名牌需要投入的广告费用越多。

10.3.2 明确广告的原则

1. 真实性原则

广告的真实性包括以下几个内容:首先,广告必须以事实为依据,以确实为基础;其次,广告要以信为本,讲求信誉;最后,广告内容要完整,既介绍产品的优点,又可根据具体情况向社会公众提出必要的忠告。

例如,有两家酒店同时在门口贴出广告,一家的广告词为"本店信誉担保,出售的完全是陈年佳酿,绝不掺水",另一家的广告词为"敝店崇尚诚实,出售的是掺水一成的陈年老酒,如有不愿掺水者,请预先声明,但饮后醉倒与本店无关"。顾客在看完两家广告词后,纷纷涌向第二家酒店,因为后者既客观地承认掺水,让广大消费者感到可信,同时,又向大家表明也可不掺水,以此来诱发消费者对陈年老酒的购买欲望,比前者吹嘘自己经营的"完全是陈年佳酿,绝不掺水",更加具有真实感。

2. 思想性原则

广告表现要有确切的思想内容,不能言之无物、空泛肤浅,同时广告所体现的思想必须适应社会发展,遵从社会价值观。现实生活中,有些企业为达到引起轰动效应、迅速传播信息的目的,不顾作品给社会可能带来的负面影响,向公众传递一些违背社会道德观念,不尊重公众、低级庸俗的思想和信息,必遭公众谴责,为公众所不齿。例如,太太口服液的广告语"每天给你一个新太太",因为与中国一向崇尚的"糟糠之妻不下堂"的传统家庭观念相违背,受到了公众的声讨。

3. 艺术性原则

广告的艺术性是指广告必须通过运用美术、摄影、歌曲、音乐、诗词、戏剧、舞蹈、书法、绘画、文艺等丰富多彩的艺术形式,生动活泼地表现出它的主题。广告的艺术性给真实性和思想性附加以价值,赋予生命力。广告的艺术形象越鲜明,越具有创造力,就越会感染社会公众,产生更大的广告效益。

4. 经济性原则

企业做任何类型的广告都应考虑效益的因素,广告也是如此。当然发布广告讲求经济性,不仅仅是考虑企业付出多少广告费以及获得多少收益的问题,还应从全局的角度考虑如何通过持续的广告逐渐在社会上建立知名度和美誉度,提升企业在公众心目中的地位和形象,提高企业品牌认知度。

5. 大众性原则

首先,广告要简单明了,通俗易懂;其次,一切围绕公众,为公众着想,站在公众立场上去思考和行动;最后,广告必须向公众普及知识。广告的大众性是广告产生社会效应的要求,广告不仅仅是广告制作人员或主创人员创意灵感的表现,还必须置于公众的评价系统氛围中,以社会上大多数或目标市场的大多数的接受度来评价广告的优劣。

6. 民俗文化性原则

广告之所以要遵循民俗文化性,是指在广告活动中以民俗文化为确定广告目标市场的基准之一,充分尊重社会大众中不同民族、种族的传统特点,充分利用不同大众所喜闻乐见的文化形式、艺术形式,传播广告信息。

7. 科学性原则

广告是随着社会、经济和传播技术的发展而产生和发展的,基于市场经济的规律和传播的科学规律而存在。广告工作者必须遵照科学的原理、手段、技术与方法对广告活动进行经营与管理,同时还必须充分运用现代的科学技术与手段,对广告从宏观和微观上进行定性与定量的科学研究,才会使广告事业产生应有的社会效益与经济效益。

【案例启示】

世界经典广告语

1. 雀巢咖啡:味道好极了

这是人们最熟悉的一句广告语,也是人们最喜欢的广告语之一。简单而又意味深远,朗朗上口。

2. M&M巧克力:只溶在口,不溶在手

这是著名广告大师伯恩巴克的灵感之作，堪称经典，流传至今。它既反映了 M&M 巧克力糖衣包装的独特的销售主张(USP)，又暗示 M&M 巧克力口味好，以至于我们不愿意使巧克力在手上停留片刻。

3. 百事可乐：新一代的选择

在与可口可乐的竞争中，百事可乐终于找到突破口，它们从年轻人身上发现市场，把自己定位为新生代的可乐，邀请新生代喜欢的超级歌星作为自己的品牌代言人，终于赢得青年人的青睐。

4. 大众甲壳虫汽车：想想还是小的好

20世纪60年代的美国汽车市场是大型车的天下。伯恩巴克以"Think Small"的主张拯救了大众的甲壳虫，运用广告的力量改变了美国人的观念，使美国人认识到小型车的优点。

5. 耐克：Just Do It

耐克通过以"Just Do It"为主题的系列广告和篮球明星乔丹的明星效应，迅速成为体育用品的第一品牌。

10.3.3　选择广告媒体

广告媒体种类繁多，包括报纸、杂志、电视、广播、直接邮寄、户外广告等。它们各自的性能、传播信息的效果千差万别(见表10-2)。广告媒体决策就是在这众多的媒体中做出选择，以最经济的广告支出实现最佳的广告传播效果。

表10-2　主要广告媒体优缺点

媒体	优点	缺点
报纸	灵活，及时，本地市场覆盖面大，能广泛地被接受，可信性强，信息量大	保存性差，复制质量低，传阅者少，感染力差，传播速度不够快
杂志	传播信息全面、详细、有深度和力度，易于检索，保存期长，传阅者多	时效性差，感染力较差
电视	感染力强，覆盖面广，影响力大，传播速度快	制作成本高，干扰多
广播	传播速度快，不受地域和文化水平的限制，投入费用低	信息稍纵即逝，不便保存，受时间限制，只有声音，缺乏直观性
直接邮寄	人情味较重，接受者有选择性，灵活	可能导致公众厌恶，留下不好印象
户外广告	广告展露时间长，费用低，竞争少	缺乏创新，没有动感

1. 影响媒体选择的主要因素

(1) 产品特性

不同的产品特性对媒体有不同的要求。技术性能高的，可采用报纸、杂志做详细的文字说明，也可以用电视短片做详细介绍。对于特别需要表现外观和质感的商品，如服装、化妆品，就需要借助具有强烈色彩性的宣传媒介，那么广播、报纸等媒介就不宜采用，而电视、杂志则能更好地表现其视觉效果。

(2) 信息类型

比如，宣布明日的销售活动，必须在电视、报纸等时效性强的媒体上做广告。若信息的传播对象仅仅局限于某一地区，则在地方性媒体上做广告即可，不需动用全国性媒体。以文字为主的信息，选择报纸、杂志等印刷媒体就较适宜；而以画面及动作为主的信息，以电视广告为宜。

(3) 沟通对象的媒体习惯

有针对性地选择为广告沟通对象所易于接受并随手可得、到处可见的媒体，是增强广告促销交易的有效措施。例如，生产玩具的企业若将学龄前儿童作为目标沟通对象，绝不能在杂志上做广告，而最好在电视上做广告。若广告信息的传播对象是青年，那么《中国青年报》、《读者》等当然是理想的媒体。

(4) 竞争态势

广告商品竞争对手的有无及其选择媒体的情况和所花费的广告支出的多少，对企业的媒体选择有着显著的影响。如果企业尚无竞争对手，那么它就可以从容地选择自己的媒体和安排广告费用；如果企业竞争对手尚少，还不足以对它产生重大影响，只需在交叉的广告媒体上予以重视；如果企业竞争对手多而且强大，在企业财力雄厚的情况下，就可以采取正面交锋，以更大的广告开支在竞争媒体上以及非竞争媒体上均压倒对方；在该企业财力有限，无法支付庞大、持久的广告开支的情况下，可以采取迂回战术，或采用其他媒体，或在同样的媒体上避免正面交锋而将刊播的日期提前或移后。

(5) 媒体成本

不同媒体所需成本不同。电视广告是最昂贵的媒体，而报纸则较便宜。不过，最重要的不是绝对的成本数字的差异，而是目标对象的人数与成本之间的相对关系。如果用每千人成本来计算，可能会出现电视广告比报纸广告更便宜的情形。

2. 评价广告媒体的指标

企业选择广告媒体，依据是各种广告媒体的评价指标，主要包括以下内容。

(1) 每千人媒体接触者费用

每千人媒体接触者费用是指将信息送到1 000个广告媒体的沟通对象所需花费的广告费用。若甲杂志拥有10万读者，其大16开整页广告的费用为3万元，乙杂志拥有20万读者，其相同规格的广告费为5万元，则甲杂志每千人媒体接触者费用为300元，乙杂志为250元。这样一比较，可以测知在乙杂志上刊登广告更合算。

在实际工作中，情况并非如此简单，运用每千人媒体接触者费用还需做进一步分析。

① 媒体接触者是否均是广告的目标对象。例如，对婴儿润肤霜所做的广告，虽然两种媒体的每千人媒体接触者费用相同，但一个媒体的所有读者都是年轻的母亲，另一个媒体的所有读者都是青少年，则前者肯定更有利于做广告。

② 所有媒体接触者是否都已看到商品广告。并非每一个媒体接触者都注意到该商品的广告，对此应做具体分析。

③ 不同媒体之间的影响力是否存在差别。即使两个媒体拥有同等数量的目标受众，但甲媒体却比乙媒体更让人信服，在甲媒体上做广告即使贵些可能还更符合经济原则。

(2) 观(听)众率

观(听)众率是指在一个时期内(如1个月),信息通过媒体传送到家庭或个人的数目占计划传送的家庭或个人的比例。若某广告公司计划通过选定的媒体,将产品信息传递给目标市场的500万顾客,而实际上只有450万人看了这则广告,则观众率就是90%。

掌握媒体信息传播的观(听)众率,有助于帮助企业认识到单靠某一种媒体做广告是很难达到预期效果的。在为企业进行媒体选择时,可以同时选用几种能接近消费者的媒体发布广告,使观(听)众率达到预定的要求。

(3) 信息传播平均频率

信息传播平均频率指每一家庭或个人在一定时期内(如1个月)平均收到同一广告信息的次数。假定某广告在1个月内共发播4次信息,共有15万人收到,其中5万人看到1次、4万人看到2次、2万人看到3次、4万人看到4次,则信息传播平均频率的计算式为:

$(5\times1+4\times2+2\times3+4\times4)\div15=2.33(次)$

掌握信息传播平均频率有助于在拟订媒体计划时,确定在不同时期利用媒体传播信息的次数,也就是在一定时期内,使广告在消费者眼前重复出现的次数。这样做的目的在于增强媒体传播信息时的诉求认知能力,扩大信息传播的覆盖面。

观(听)众率 R、频率 F 和总收视(听)率 GRP 之间的关系为:

$$GRP = R \times F$$

10.3.4 进行广告预算

广告预算是企业广告计划对广告活动费用的匡算,是企业投入广告活动的资金费用使用计划。它规定在广告计划期内从事广告活动所需的经费总额、使用范围和使用方法,是企业广告活动得以顺利进行的保证。对一个企业而言,广告费既不是越少越好,也不是多多益善。广告活动的规模和广告费用的大小,应与企业的生产和流通规模相适应,在发展中求节约。

1. 销售额百分比法

这种预算方法是以一定期限内的销售额的一定比率计算出广告费总额。例如,历史同期销售额为100万元,企业决定将上年销售额的10%作为今年的广告费用比率;预计今年的销售额为200万元,则今年的广告费用是20万元。由于执行标准不一,又可细分为计划销售额百分比法、上年销售额百分比法和两者的综合折中——平均折中销售额百分比法,以及计划销售增加额百分比法四种。

2. 利润百分率法

利润额根据计算方法不同,可分为实现利润和纯利润两种百分率计算法。这种方法的优点在于计算上较简便,同时,使广告费和利润直接挂钩,适合于不同产品间的广告费分配。其缺点在于对新上市产品不适用。新产品上市要大量做广告,掀起广告攻势,广告开支比例自然就大。

3. 目标达成法

这种方法是根据企业的市场战略和销售目标,具体确立广告的目标,再根据广告目标要求所需要采取的广告战略,制定出广告计划,再进行广告预算。这一方法比较科学,尤其对新上市产品发动强力推销是很有益处的,可以灵活地适应市场营销的变化。广告阶段不同,广告攻势强弱不同,费用可自由调整。目标达成法是以广告计划来决定广告预算。广告目标明确也有利于检查广告效果,其公式为:

$$广告费 = 目标人数 \times 平均每人每次广告到达费用 \times 广告次数$$

4. 竞争对抗法

竞争对抗法是指企业比照竞争者的广告开支,决定本企业广告预算为多少,以保持竞争上的优势,即整个行业的广告费数额越大,本企业的广告费也越大;反之,则越少。这种方法把广告作为商业竞争的武器,实行针锋相对的宣传策略,采取这种方法的一般都是实力雄厚的大企业。竞争对抗法有以下两种具体方法。

(1) 市场占有率法

这是先计算竞争对手的市场占有率和广告费用,求得单位市场占有率的广告费,再乘以预计的本企业市场占有率,便得到本企业广告预算。例如,竞争对手的市场占有率为25%,它的广告费总额为500万元,则其每1%的市场占有率花费广告费20万元。本企业下年度预计的市场占有率为30%,则广告费应为600万元。

(2) 增减百分比法

即将竞争企业本年广告费比上年广告费增减的百分比,作为本企业广告费增减的百分比参考数。

5. 量力而行法

尽管这种方法在市场营销学上没有正式定义,但不少企业确实一直采用,即企业确定广告预算的依据是他们所能拿出的资金数额。也就是说,在其他市场营销活动都优先分配给经费之后,尚有剩余时再供广告之用。企业根据其财力情况来决定广告开支多少并没有错,但应看到,广告是企业的一种重要促销手段,企业做广告的根本目的在于促进销售。因此,企业做广告预算时要考虑需要花多少广告费才能完成销售指标。所以,严格说来,量力而行法在某种程度上存在着片面性。

10.3.5 测定广告效果

企业在实施广告促销决策之后,会产生一定的广告效果。一次完整广告投放应该对广告进行基本评价,广告效果主要表现在三个方面:一是广告的销售效果;二是广告的诉求认知效果;三是广告的综合效果。

1. 广告销售效果的测定

(1) 销售额衡量法

这种方法就是实际调查广告活动前后的销售情况,以事前与事后的销售额之差作为衡量广告效果的指数。

① 销售量增加比率。

$$R = \frac{S_2 - S_1}{P} \times 100\%$$

式中：R——销售增加比率；
　　S_2——本期广告实施后的平均销量；
　　S_1——本期广告实施前的平均销量；
　　P——广告费。

R 越大，广告效果越好；R 越小，广告效果越差。

这种方法比较简单易行，但是如何除去广告效果以外的其他因素致使销售额增加的部分却相当困难。

为了弥补此法的缺陷，在实际销售效果测定中往往参照广告费比率和广告效果比率进行综合测定。

② 广告费比率。

$$AC = \frac{P}{S} \times 100\%$$

式中：AC——广告费比率；
　　P——广告费；
　　S——销量。

每单位产品所支出的广告费用，广告费比率越小，广告的经济效果越好；广告费比率越大，广告的经济效果越差。

③ 广告效果比率。

$$AE = \frac{\Delta S}{\Delta P} \times 100\%$$

式中：AE 为广告效果比率；
　　ΔS——广告产品销量增加量；
　　ΔP——广告费用增加量。

广告效果比率越大，广告效果就越大。

(2) 小组比较法

小组比较法是将同性质的被检测者分为三组，其中两组各看两种不同的广告，一组未看广告，然后比较看过广告的两组效果之差，并与未看过广告的一组加以比较。通常将检测的数字结果用频数分配技术来计算广告效果指数。

2. 广告诉求认知效果的测定

广告诉求认知效果测定的目的在于分析广告活动是否达到预期的信息沟通效果。测定广告诉求认知效果，主要有如下指标：

① 接触率。即在广告媒体的受众之中，有多少百分比的人已接触到该广告。假设某杂志共有读者 50 万人，其中只有 30 万人看到了封底的商品广告，则其接触率为 60%。

② 注目率。即在看过该广告的人之中，有多少百分比的人能够辨认出先前已看过这一广告。

③ 阅读率。即在充分看过广告的人之中，有多少百分比的人不仅知道该商品和该企业，而且能够借由广告中企业的名称或商标而认得该广告的标题或插图。

④ 好感率。即在看过广告的人之中,有多少百分比的人对企业及其商品产生了好感。

⑤ 知名率。即在看过广告的人之中,有多少百分比的人了解企业及其产品。知名率的考察往往是通过广告前后的对比而进行的。若广告后企业的知名率大为提高,说明企业的广告效果十分理想。

⑥ 综合评分。即由目标消费者的一组固定样本或广告专家来评价广告,并填写评分卷。评分卷中依广告的注意强度、阅毕强度、认知强度、情绪强度等内容分别给出一定分数,所有分数汇总便得到综合评分。通常综合评分以百分制计,分数越高,则表明广告的诉求认知效果越好。

3. 广告综合效果的测定

(1) 广告的综合经济效益

影响广告的因素有很多,单纯考虑一两个基本因素,只能近似描述分析广告的效益,所以还应对广告进行综合经济分析。主要是根据同类广告的大致情况,用百分法确定影响广告各个因素的满意值和最不满意值,然后给广告打分,最后进行加权平均而获得。

(2) 广告的社会效果

广告的社会效果主要是对广告活动所引起的对社会文化、教育等多方面的作用进行综合测定。

10.4 认识公共关系

公共关系是企业促销组合中的重要组成部分,目前,许多企业设有公共关系部专司公共关系事务。在宏观层面上,公共关系优化人类生存环境,推进社会文明进程;在中观层面上,公共关系优化组织行为,塑造良好形象;在微观层面上,公共关系优化个人行为,提高国民素质。可以说没有公共关系的组织不可能赢得社会公众的了解、信任和支持,因而难以树立良好的组织形象。

10.4.1 理解公共关系的概念与作用

1. 公共关系的概念

公共关系,就是利益主体充分运用传播手段,沟通与相关公众的信息交流,使自身与公众相互了解、相互信任、相互适应和相互合作,从而使双方共同获得自身利益需要的一种管理活动。

公共关系不限于企业与顾客之间的关系,更不限于买卖关系,而是要搞好企业与整个社会公众的关系,是一种以长期目标为主的间接的促销手段。

2. 公共关系的特征

作为一种促销手段,公共关系与前述其他手段相比,具有自己的特点:

① 注重长期效应。公共关系是企业通过公关活动树立良好的社会形象,从而创造良好的社会环境,这是一个长期的过程。良好的企业形象也能为企业的经营和发展带来长期的促进效应。

② 注重双向沟通。在公关活动中，企业一方面要把本身的信息向公众进行传播和解释，同时也要把公众的信息向企业进行传播和解释，使企业和公众在双向传播中形成和谐的关系。

③ 可信度较高。相对而言，大多数人认为公共报道比较客观，比企业的广告更加可信。

④ 具有戏剧性。经过特别策划的公关事件，容易成为公众关注的焦点，可使企业和产品戏剧化，引人入胜。

3. 公共关系的作用

对现代企业而言，企业与消费公众、政府公众、社区公众、媒介公众等外界公众的关系会直接影响到企业的生存与发展。因此，树立良好的企业形象和建立良好的关系网络具有重要意义。公共关系对企业的作用正是表现在它帮助企业与相关公众之间建立一种适应的关系。具体来说，它通过以下几个方面来实现这一积极作用。

(1) 收集企业相关信息

企业环境是由公众以及其他影响企业生存与发展的社会政治、经济、文化等因素组成的。随着社会由农业社会进入工业社会，进而进入信息社会，外部客观环境对企业的影响也就越来越大。企业要达到一定的经营目标，必须充分考虑外部环境的变化并不失时机地做出及时反应。公共关系正是担负着这一任务，它向企业提供环境信息，并对企业所处的环境进行分析和研究，在此基础上对环境变化做出科学的评价与预测，帮助企业合理地制定或调整本企业的目标。

具体来说，公共关系所搜集的信息涉及下列方面：

① 企业形象信息。企业的机构设置、管理状况、服务质量、人员素质等方面通过各种渠道传播到公众中去，公众根据自己的所见所闻，对企业产生一定印象并给予一定评价。这种认识上的或褒或贬，行为上的或近或疏，会对企业的生存与发展产生很大影响。因此，企业需要了解关于组织形象的信息。

② 产品服务信息。公众对企业产品的质量、性能、用途、价格、优缺点及售后服务等方面都会做出一定的评价。从某种意义上说，产品形象是企业形象的形成基础。

③ 公众信息。不同的企业有不同的公众，和企业相关的公众的人数、构成、需求、心理状态等都是需要了解的方面，是公关调研的基本内容。公共关系就是要使企业与公众建立良好的关系，不了解公众需求是难以成功的。

(2) 参与企业决策

公共关系部门从企业环境问题、公众关系问题等方面向企业决策机构提供咨询，在帮助企业制定决策目标、拟订和实施决策方案等方面全面参与企业决策。

公共关系参与企业决策主要体现在以下几个方面：

① 对企业的方针、政策和行动提供咨询，发挥公关对企业的观念导向、行为导向、形象导向和舆论导向的作用，参与决策，制定合乎企业发展的目标系统。

② 对企业的公共关系战略、经营销售战略、广告宣传战略提供咨询，使原先几个部门的工作整合成一个系统工程，并制定出科学合理的方案供决策者参考。

③ 对企业的生存环境及有关发展变化进行预测和咨询。

(3) 协调企业内外关系

现代企业作为一个开放系统,要求企业内部各要素之间以及企业和环境之间协调一致,减少并化解企业与内外公众的摩擦与冲突,实现企业内外环境的和谐。公共关系正是通过沟通协调这一基本职能,通过一些日常交往活动,如座谈会、联谊会、节庆活动、参观拜访、社会服务、社会赞助等形式,与公众进行有效沟通,培养公众对企业的感情,赢得公众对企业的信赖、合作与支持。

【案例启示】

"泰利诺"是美国强生公司在20世纪70年代至80年代的拳头产品。"泰利诺"作为一种替代阿司匹林的新型止痛药,是美国日常保健用品中销售量最大的品牌。

然而,1982年9月底,美国芝加哥地区连续发生了7人因使用强生公司生产的含有剧毒的氰化物的"泰利诺"止痛胶囊而中毒。消息一经报道,一下子成了全国性新闻,消费者纷纷对"泰利诺"避之而唯恐不及。

中毒事件发生后,强生公司立即拟订了一项重振计划:首先弄清事件真相和原因,并估计该事件所造成的破坏,然后采取措施抑制破坏趋势重新赢得市场。

强生公司在搜集相关资料的同时,警告所有的用户在事故原因未查清之前不要服用"泰利诺"胶囊。全美所有药店和超级市场都把"泰利诺"胶囊从货架上撤下来。

后来查明,此药根本无毒(美国食品与药物管理局怀疑有人故意打开包装,在药中加入剧毒氰化物,再以退货为由退回给药店),但"泰利诺"胶囊被投毒者利用这一事实还是使强生公司受到了巨大影响。据强生公司在事件发生一个月后的民意调查显示:61%的受访者仍声称不再购买"泰利诺"胶囊了。更糟糕的是,有50%的消费者甚至连"泰利诺"药片也不愿买了。

为了阻止"泰利诺"胶囊恐慌情绪蔓延,强生公司除了配合媒体向媒体提供及时准确的信息以外,还在全国范围内回收处置了所有进入市场的"泰利诺"胶囊(3 100万瓶、价值1亿多美元)。强生公司还向各个医院、诊所和药店等拍发了50万份电报、电传(耗资50多万美元),同时借助媒体,一方面提醒有关医生、医院和经销商提高警惕,另一方面,声明暂时将"泰利诺"胶囊生产改为药片生产,并以优惠价格鼓励消费者服用不易遭受蓄意破坏的泰利诺药片。

"泰利诺"品牌形象重建工作的重点首先放在老顾客身上。为了重新赢得老顾客的信任,强生公司通过电视广告声称它会不惜一切代价捍卫"泰利诺"的荣誉,期盼老顾客继续信任"泰利诺"。为了防止芝加哥的悲剧重演,强生公司给重新推出的"泰利诺"胶囊设计了防污染、防破坏的新包装。新包装为三重密封:盒盖用强力胶紧紧粘住,打开时得把它撕开且痕迹非常明显。药瓶帽和瓶颈处用一个塑料封条封死,封条上印着公司名称。瓶口又被一层箔纸从里面封住。药盒和药瓶上都写着:"如果安全密封被破坏,请勿使用。"

强生公司真诚的富有道德感的做法得到了公众的理解,产品重新获得公众信任。1983年5月,"泰利诺"重新夺回了前一年失去的绝大部分市场,市场占有率回升至35%。"泰利诺"摆脱了危机,走出了困境。

10.4.2 理解公共关系的对象

公共关系传播沟通的对象是企业内外有关的公众。公众是指因面临共同问题而与公共关系主体即企业存在着利益关系并相互联系、相互影响以及相互作用的组织、群体和个人。

公众的分类一般分为内部公众和外部公众。内部公众即企业内部成员,如企业的员工、股东;外部公众就是除去内部公众之外的公众,如顾客、政府、批发商、原料供应商、竞争对手等。公共关系处理的是一种公众关系,是与和组织具有某种直接或间接利益关系的社会群体打交道,但这并不等于说与公共关系直接打交道的就是群体,事实上直接打交道的往往是构成公众的个人。因此,公众可以是与组织有关的个人,可以是团体,也可以是各种社会组织。

公众是始终处于变化之中的,某个社会组织今天是企业的公众,明天可能不是,后天可能变为竞争对手的公众。由于公众的形成取决于共同问题的出现,因此它始终具有与组织的相关性,一旦问题解决,与企业很可能就不相关。

10.4.3 明确公共关系的基本原则

公共关系工作复杂而又烦琐,要想取得事半功倍的效果,就必须掌握下列公关的基本原则。

1. 求真务实的原则

公关活动应当从事实出发。公关人员必须树立先有事实、后有公关活动的思想。在每一次公关活动以前,公关人员要进行实事求是的调查研究,掌握企业与公众各方面的状况,才能设计出优秀的公关方案,并且在实际运行中取得预期效果。所以,任何形式的公关活动都必须以调查研究为出发点,把求真务实的原则贯彻到调查工作中,公关人员要努力做到客观、真实、全面、公正。

2. 真诚互惠的原则

公共关系的本质是企业与公众之间的一种利益关系,因此,互利互惠是搞好公共关系工作的根本原则之一。其具体内容包括两个方面:① 真诚地对待公众。具体包括诚实无欺、对外开放和对社会负责。企业对公众要以诚相待,不欺骗公众,更不能愚弄公众。② 给公众以实际的利益。企业必须给公众实实在在的利益,这样才能使他们对企业产生信赖感,乐于与企业合作。

3. 全员公关的原则

全员公关是指企业中所有员工都参与公共关系活动,其意义在于增强企业全体员工的公关意识,上下齐心,合理搞好公关工作。公共关系作为企业一项重要的信誉投资,已经得到了社会的普遍认同。但是,有些企业在进行各类公关活动时没少花钱,公关投资的效果并不明显,一个重要的原因就在于,其企业内部没有树立全员公关的意识,公关活动成了公关部门的孤立行为,没有得到企业全体员工的配合。有人为组织的形象投资,但也有人自觉不自觉地为组织形象抹黑,正负效果相互抵消,有时甚至负面影响超过了正面影响。因此,搞好公关工作的又一个重要原则是必须坚持组织内部的全员公关,树立全员公关意识。

4. 遵守法纪的原则

目前社会上之所以有种种对公共关系的不良舆论，主要因素在于一些企业进行的公关活动不遵守国家的法律、法规，违反了社会的道德规范。企业开展公关活动应遵守国家的相关法律，使自己的活动始终在法律规范的空间内运行。另外，企业开展公关活动应该符合社会的各种道德。公关人员在公关活动中必须遵守的主要道德是社会公德和职业道德，决不能用不健康、不文明的活动方式来吸引公众，获得公众的好感。

5. 创新原则

公共关系工作必须研究公众心理，满足公众求新、求异、求变的心理特征，这样才能取得预期的宣传效果。一味重复教科书上的经典战略，或者长期运用一种公关方法，必然会引起公众的审美疲劳，事倍功半，甚至会引起公众的反感，产生负效果。因此，公关人员要使自己的策划永远保持新意，不断推出新的形式、新的方法、新的手段。

10.4.4　选择公共关系的活动方式

一个企业的公共关系活动与企业规模、活动范围、产品类别、市场性质等有密切联系。一般来说，企业公共关系活动的主要方式有如下几种。

1. 为顾客排忧解难，消除不满

当顾客对企业和产品服务表示不满时，公共关系部门有责任设法针对问题加以解决，消除不满。2004年12月27日，全国的一些媒体报道了卫生部关于"2004年度食用植物油监督抽检情况的通报"，其中900 mL金龙鱼大豆色拉油因酸价指标超标被卫生部抽检判定为不合格产品。事发当日，金龙鱼品牌拥有公司——嘉里粮油（中国）有限公司公关部经了解情况，立刻通过《山西晚报》《法制晚报》《成都商报》等媒体发出声明，公司已迅速采取了如下行动：一是在第一时间着手对全国八家生产企业的金龙鱼产品进行全面复检；二是迅速查明了"被卫生部抽检判定酸价超标"的产品批次的去向；三是本着对消费者负责的态度，在没有查清事情的具体原因之前，将尚留存于渠道、卖场等零售点以及被消费者购买的此批次产品全部回收；四是正式提出要求卫生部复检。经过公关活动，消费者对金龙鱼更加信任，产品销售更加火爆。

2. 了解顾客意见，加强与消费者的沟通

企业公关部门应代表企业召开座谈会，举办招待会，以及采取调查、走访等多种方式，了解社会上各种不同的组织、个人对本企业的政策、产品、营销措施、大事和服务等方面的意见和态度。建立与消费者的联系制度，迅速、准确、友好地答复消费者的来访、来信、来电提出的各种问题。

3. 举办活动，协调内外关系

通过举办各种有意义的活动，如新闻发布会、展览会、联谊会、庆典、开放参观等，协调企业内部各部门、各项销售促销方式，加强与其他有关组织、政府部门、供应商、批发商、零售商以及社会上有影响的人士的信息联系，向他们介绍本企业的经营情况，并说明本企业对国家、地方、社会及消费者可能的贡献，最大限度地获得他们的支持。

4. 加强新闻宣传，开展公益活动

企业可争取一切机会同新闻媒介单位建立联系，及时将其有新闻价值的信息提供给报纸、杂志、电台、电视台等媒体,以扩大企业影响,加深顾客印象,激励推销人员及其他职工的工作热情。企业也可通过赞助和支持体育、文化教育、社会福利等公益性活动,树立企业形象。

10.5 认识营业推广

由于市场竞争日趋激烈,促使企业寻求一种有效的短期促销工具,以应付瞬息万变的市场。营业推广的促销方式,就能很好地满足企业的这个要求。

10.5.1 理解营业推广的概念和特点

营业推广,又叫销售促进,是指企业运用各种短期诱因,以鼓励购买或销售企业产品(或服务)的促销活动,它一般在较大的目标市场中使用。与其他促销方式相比,营业推广具有以下两个鲜明的特点。

1. 促销反应明显迅速

营业推广的许多方式,都表现为对消费者或中间商的利益刺激,因为他们对营业推广的反应是强烈而且迅速的,尤其在营业推广频数适宜的情况下,往往能够使消费者或经销商产生机不可失的感觉,从而迅速增加他们的购买欲望。一般认为,营业推广在销售中产生的反应要快于广告。

2. 损害商品形象

营业推广的促销方法显示出卖者急于出售的意图,因此有可能降低商品的身价,尤其在营业推广过频或使用不当的情况下更是如此。由于这个原因,营业推广往往不能够像公共关系那样建立长期的消费者忠诚。

营业推广已发展成一组种类繁多的促销工具,它越来越受到市场营销者的重视。

在产品处于生命周期的投放期和成长期时,销售促进的效果较好;在成熟阶段,销售促进的作用明显减弱。对于同质化程度较高的产品,销售促进可在短期内迅速提高销售额,但对于高度异质化的产品,销售促进的促销作用相对较小。

一般来说,市场占有率较低、实力较弱的中小企业,由于无力负担大笔的广告费,对所需费用不多又能迅速增加销量的销售促进往往情有独钟。

有时,企业也可以将销售促进与广告、公共关系等促销方式结合起来,以销售促进吸引竞争者的顾客,再用广告和公共关系使之产生长期偏好,从而争取竞争对手的市场份额。

10.5.2 选择营业推广的方式

营业推广比较适合于对消费者和中间商开展促销工作,一般不太适用于产业用户。对于个人消费者,营业推广主要吸引三类人群:一是已经使用本企业产品的消费者,促使其消费更多;二是已使用其他品牌产品的消费者,吸引其转向本企业的产品;三是未使用过该产品的消费者,争取其试用本企业的产品。对于中间商,营业推广主要是吸引中间商更多地进货和积极经销本企业的产品,增强中间商的品牌忠诚度,争取新的中间商。

营业推广方式随着营销环境的变化会出现多种方式。目前,较为常用的营业推广方式有以下几种。

1. 针对消费者的营业推广方式

企业通过各种奖励措施来刺激消费者购买的方法包括以下几种。

(1) 赠送样品

即向消费者提供免费样品,使其了解产品的性能、特点,从而达到增强消费者使用商品的信心。

(2) 有奖销售

生产企业对消费者给予一定的物质奖励,具体做法是:在产品销售时设立若干奖励,对一次性购买量达到一定数额的消费者按规定发给印有号码的奖券,然后定期公布中奖号码,中奖者可获得奖品,但要求奖品必须具有一定的吸引力。这种销售方法利用人们的侥幸心理,刺激力度比较大,有利于在较大范围内迅速促进商品销售。

(3) 折价购货券

生产者或经营者通过寄送或广告散发等形式给消费者提供折价购货券或消费券,持券者可在购买或消费时享受部分价格优待。此种方法,目前在我国零售业中普遍采用。

(4) VIP卡

VIP卡又叫贵宾卡,是指购买达到一定数量的顾客可取得有优惠措施的会员卡,持有卡的消费者可以享受不同价格折扣或服务的促销方式。

(5) 附赠品销售

在推销商品时,对购买者赠送免费品或便宜品,如买一赠一,吸引消费者购买。

(6) 咨询与服务

对一些技术性强、操作较复杂的商品,如空调、电脑等,为消费者提供咨询与服务,包括上门安装、调试、维修,解答疑问,免费送货。

2. 针对中间商的营业推广方式

(1) 提供津贴

为了鼓励中间商积极推销新产品或库存积压的产品,企业在一定时间内向购买该商品的中间商提供一定金额的津贴。

(2) 推销资金

由生产企业给推销自己产品的中间商发放一定数量的资金。一般对于一种产品,中间商推销数量完成或超过的情况下,可给他们一次性奖励;如果连续推销达到规定量,可以给予连续奖励。这对于调动中间商的推销积极性有非常重要的作用。

3. 针对推销人员的营业推广方式

(1) 红利提成

对于生产或经营性企业,为了调动推销人员推销商品的积极性,采用红利提成的办法,即按销售额或利润完成情况和企业所规定的提成比例,给推销人员提成,但提成比例要合理。

(2) 免费培训

当推销人员推销业绩达到一定规模即可免费参加企业组织的各种培训,以进一步提高自身素质和推销技能。

(3) 产品陈列和现场表演

企业在商场售点或经销点占据有利位置,进行橱窗陈列、货架陈列、流动陈列或进行现场表演等,以展示商品性能,打消顾客疑虑。

4. 其他营业推广方式

(1) 展销会

企业可举办商品展览销售会。通过产品的示范表演,吸引中间商和用户购买。

(2) 订货会

企业可以参与或自己举办订货会。因为所邀请的都是与商品有一定联系的客户,所以可以直接销售给客户,同时又能利用这一机会,调查了解客户的需要,建立起与客户的关系。

【案例启示】

免费赠送的妙用

免费赠送是一种促销方法,就其实质而言是一种销售促进策略,日本万事发公司就是利用这一方法一炮打响的。相当一段时间,万事发香烟的销路打不开,公司面临关闭的威胁,于是公司决定以"免费赠送"进行促销。于是,公司老板在各主要城市物色代理商,通过代理商向当地一些著名的医生、律师、作家、影星、艺人等按月寄赠两条该牌子香烟,而每过若干时日,代理商就会寄来表格,征求对香烟的意见。半年左右,万事发香烟赢得了一些较有身份和影响的顾客,接着利用这些名人做广告,宣传该牌子的香烟都是有身份的高贵人士所用,那些有点身份的人当然会来购买,而那些没有多少财富或名气的人碍于心理或面子的驱使,也买这种香烟。这样,万事发香烟很快获得众多的顾客。

不仅日本万事发,美国企业巨人西屋电器公司也曾从这种方法中获益。西屋电器公司曾经开发了一种保护眼睛的白色灯泡,为了打开销路,采取了免费赠送策略,两周后再派人到使用的用户家中收集使用意见。在反馈意见中,有86%的家庭主妇认为,这种灯泡比别的灯泡好,眼睛感觉舒服;78%的主妇认为,这种灯泡光线质地优良。于是,西屋电器公司以此作为实验性广告资料,将用户的评论意见公之于众,立即引起了消费者注意,西屋电器公司的白色灯泡一下子成为畅销品。

10.5.3 控制营业推广活动

营业推广是一种有效的促销手段,但如果使用不当,不仅达不到促销的目的,还可能影响商品和服务的销售,损害企业的形象。在开展营业推广活动时,必须注意以下问题。

1. 选择营业推广对象

选择营业推广对象应当注意,推广是面向目标市场的每一个人还是有选择的某类团体?范围控制在多大?哪些人是推广的主要目标?这些选择的正确与否都会直接影响到推广的最终效果。实践证明:营业推广的对象主要是"随意型"顾客和价格敏感度高的消费者,对于已经养成固定习惯的老顾客,营业推广的作用要小一些。

2. 确定刺激程度

要使推广取得成功,一定程度的刺激是必要的。刺激程度越高,引起的销售反应也会越大,但这种效应也存在递减的规律。因此,要对以往的推广实践进行分析和总结,并结合新的环境条件,确定适当的刺激程度和相应的开支水平。

3. 选择营业推广时机

在开始发动营业推广战役后,持续多长时间是值得研究的问题。持续时间过短,由于在这一时间内无法实现重复购买,很多应获取的利益不能实现;持续时间过长,又会引起开支过大和损失刺激购买的力量,并容易使企业产品在顾客心目中降低身价。按照有关研究,每个季度搞三次左右的推广活动为宜,每次的持续时间以平均购买周期的长度为宜。

4. 选择营业推广媒介

例如,选定赠券这种推广工具,那么须进一步确定有多少用来放在包装中,多少用来邮寄,多少放在杂志、报纸等广告媒体中,而这些又涉及不同的接受率和开支水平。

5. 确定营业推广预算

确定预算需要考虑各种推广工具的使用范围、额度、各种产品所处的生命周期的不同阶段等多种因素来加以平衡和确定。

6. 评价营业推广效果

营业推广的效果体现了营业推广的目的。每次营业推广后,都要对营业推广的效果进行评价。推广效果评价的方法有比较法、顾客调查法、实验法等。企业可通过这些方法取得营业推广的成果资料,并与推广目标和计划进行分析比较,肯定成绩,找出问题,以便控制和调整营业推广过程,实现推广目标。

微信扫码查看

课后自测

案例分析

【实训操作】

一、实训内容

根据所在城市或区域的特点,选择一个公司,从人员推销、广告、公共关系和营业推广四个方面,为该公司制定一个具体的促销组合策略。

要求:

1. 分组完成;
2. 每一小组可选择不同的企业,但一定是现实企业和产品;
3. 要对企业和市场进行实地考察;
4. 为企业或产品制定人员推销、广告、公共关系、营业推广策略,提出促销组合建议;
5. 要求预算合理,可执行性强;
6. 撰写书面报告。

二、实训步骤

1. 分组；
2. 授课教师有选择地指定当地几家不同层次的企业；
3. 学生通过网络等了解企业的相关信息，调查消费者对企业的评价；
4. 选择不同的时间去参观走访企业市场，了解企业产品的销售现状；
5. 小组讨论，整理分析调查结果；
6. 为企业或产品制定促销组合策略；
7. 撰写书面报告。

三、实训考核

1. 积极参与活动，用心完成任务；(2分)
2. 课后准备充分，收集资料全面；(2分)
3. 营销组合策略可行，预算合理；(3分)
4. 小组讨论认真，报告规范、完整。(3分)

任务11　创新市场营销

【任务目标】

知识目标：
1. 了解绿色营销的概念及策略；
2. 了解关系营销的概念和策略；
3. 了解体验营销的概念及形式；
4. 了解网络营销的概念和方法；
5. 了解整合营销的概念和策略。

能力目标：
1. 能运用绿色营销的方法；
2. 能使用网络营销的策略。

【导入案例】

盈然绿色产品

在大多数人眼里，地板业代表着对森林无休止地砍伐与破坏，似乎天生便与环保为敌。而广东盈然木业公司这些年所做的事，一直在证明着这种想法的片面之处。这家国内实木地板产销量最大企业的环保行为可以列出一个长长的名单：捐助西部绿色行动、发起"我为黄河种棵树"活动、启动"中国绿色版图"工程。其中绿色产品是盈然木业公司"绿化"的重要组成部分。

2007年，盈然木业推出了一种具有环保功能的生态地板，将一种新型纤维因子材料均匀地渗入地板中，不仅能延长地板的使用寿命，而且具有很好的防霉抗菌功能。为了减少木材采伐量，这种生态地板以"再生木、速生林"做原料，节约了很多珍贵树种。

随后，盈然木业耗时3年研制的"秘密武器"——活性生态漆问世。其最明显的特征是，能够持续释放负离子，而这种被称为"空气中的维生素"的物质，能有效清除空气中的甲醛、氨气、苯类等有害物质，其全面净化空气的功能可想而知。另外，由于活性生态漆中添加了独特的超耐磨因子，这种地板能承受的力比普遍地板大大增加，一个成年人拿着硬币以正常的力度在地板上划过，根本不会留下划痕。

这样的特性为运输过程的环保和节约提供了方便，人们可以省掉包裹珍珠棉这一步骤，将两块新环保地板大胆地放在一起。由于这项工艺的改进，盈然每家工厂每年节约下来的珍珠棉足以将长城铺满。

在中国,很多人都有一种"实木情结",而且拒绝有瑕疵的地板。而地板企业为了选择优质的木材生产无疤痕地板,导致了木材的大量浪费。在欧洲,1立方米原木可以做出45~50平方米的地板,而在中国,只能做出20平方米的地板。换言之,欧洲生产地板对原木的损耗是50%~55%,而中国的损耗是80%。国内的木材原料已越来越少,由于很多国家颁布了木材出口限制令,从国外进口木材也越来越难。从2002年起,盈然就在思考解决办法。后来,通过符合环保标准的人造板材,甚至快速生长的竹子,盈然对"实木情结"进行了重新演绎:以竹子作为基材,通过拓纹技术,使实木地板的质感纹理在竹材上清晰再现。由于替代材料的使用,使得产品木材原料的百分比一直在降低,到2007年10月,该比例已降至33%,远低于业内平均水平。

【思考】
盈然木业为了绿色产品的"绿色"采取了哪些措施?

【简要评析】
盈然木业公司是一家非常注重环保、营销环保的现代企业,它从自然中得到利益,也将利益回馈给自然和社会。盈然木业的地板,以社会的环保需求为前提,在生产、运输和销售等各个环节考虑环保问题,真正将"绿色"概念贯穿到产品甚至企业的各个方面,是当代企业绿色营销的榜样。

【理论指导】

创新是市场营销者的基本素质。营销者要善于研究市场需求的变化,不断地创新企业的营销战略和策略,并不断地对营销理论进行创新,以帮助企业更好地满足市场需求,抓住市场机会,避免或减轻市场威胁,增强实力,赢得竞争主动权。市场营销的创新理论和方法层出不穷,本书只对其中的几个方面进行简单的介绍。

11.1 认识绿色营销

11.1.1 理解绿色营销的定义

绿色营销是指以促进可持续发展为目标,为实现经济利益、消费者需求和环境利益的统一,市场主体根据科学性和规范性的原则,通过有目的、有计划地开发及同其他市场主体交换产品价值来满足市场需求的一种管理过程。

该定义强调了绿色营销的最终目标是可持续性发展,而实现该目标的准则是注重经济利益、消费者需求和环境利益的统一。因此,企业无论是在战略管理还是在战术管理的过程中,都必须从促进经济可持续发展这个基本原则出发,既注重按生态环境的要求,保持自然生态平衡和保护自然资源,又强调在创造及交换产品价值来满足消费者需求的时候,不会导致自然资源的破坏。实际上,绿色营销是人类环境保护意识与市场营销观念相结合的一种现代市场营销观念,也是实现经济持续发展的重要战略措施,它要求企业在营销活动中注重地球生态环境的保护,促进经济与生态的协同发展,以确保企业的永续性经营。

11.1.2 认识绿色营销的主要特征

绿色营销是在企业和社会生存环境发生变化下提出的,与知识经济和可持续发展密切相关的一种新的市场营销观念。绿色营销和传统的市场营销观念、方式相比,具有以下几方面的特点。

1. 绿色性

绿色性是绿色营销的重要特征。首先,市场营销的观念是"绿色"的。它以节约能源和资源、保护生态环境为中心,强调污染的防治、资源的充分利用、新资源的开发和资源的再生利用。其次,绿色营销企业的所属产业是绿色的,或者说其生产经营的产品是绿色的,如无烟工业。其产业或产品应该有节约能源、资源,开发和利用新型资源或促进资源再生利用等特点。至于一般企业的污染防治和"三废"整治等"绿色措施"应达到环境保护的基本要求。再者,绿色营销强调企业服务的不仅是顾客,而是包括整个社会;考虑的不仅是近期,更包括远期。最后,绿色营销不仅要从大自然中索取,更要强化对大自然的保护,即企业从生产技术的选择、产品的设计、材料的采用、生产程序的制定、包装方式的确立、废弃物的处置、营销策略的运用,直到产品的消费过程,都必须注意对环境的影响,体现营销过程中方方面面的"绿色"形象。

2. 可持续性

绿色营销的目的是实现社会资源、自然资源、生态资源的永续利用,保护和改善生态环境。要实现绿色营销,从技术开发、产品设计、物品采购、生产工艺、质量标准、包装材料、广告策划及促销方案等方面,都必须贯彻"绿色思想",从而带动绿色产业、绿色产品、绿色消费、绿色意识的发展,形成可持续发展的良性循环。

3. 系统性

绿色营销哲学具有系统性,也就是说它并不是一个非此即彼的单一观念,而是在借鉴现有哲学精华的基础上,由多个营销哲学子观念所形成的一个观念体系。不仅从系统的角度来考虑企业的营销活动,运用系统思维方式去分析营销系统、营销环境、营销组合等重大问题,而且更应用系统的思想去判断应采取的营销哲学。其内容包括顾客导向观念、服务导向观念、质量导向观念、环境导向观念、文化导向观念与社会福利导向观念等。各种观念互通、互相补充、互相支持并加以整合,共同指导企业的营销实践。

4. 整体性

绿色营销是由相互作用、相互影响的多种要素组成的一个不断变化的活动组合,是营销主体内部与外部要素、企业、消费者、环境与社会诸要素的集成。绿色营销系统具有动态性、层次性、复杂性等特点。

5. 和谐性

绿色营销的和谐性是指某企业实施绿色营销给其他经济主体带来的影响,包括对生态环境的保护、对其他企业的导向作用、给消费者带来的利益,以及对现实的社会文化、伦理和可持续发展的推动作用。随着绿色营销的实施,绿色产业和绿色消费必将大力发展,反过来将进一步促进人们绿色意识的提高,使消费者实现由"不自觉"到"自觉"消费绿色产品的转变,对社会的意识进步和经济社会的和谐发展也有一定的促进作用。

11.1.3 选择绿色营销的策略

1. 产品策略

"绿色"产品近年来被炒得沸沸扬扬。然而,许多人并不了解其真正内涵。真正意义上的绿色产品,不仅质量合格,而且生产过程、使用和处理、处置过程中,符合特定的环境保护要求,与同类产品相比,具有低毒少害、节约资源等环境优势。具体而言,就是在设计时,考虑到资源与能源的保护与利用;生产中,要采用无废、少废技术和清洁生产工艺,有益于公众健康;在废弃阶段,应考虑产品的易于回收和处置。绿色产品重视资源回收利用和产品的环境性能,不但要求尽可能地将污染消除在生产阶段,而且最大限度地减少产品在使用和处理、处置过程中对环境的危害程度,实现产品的再利用,促进经济的循环发展。

【案例启示】

大同煤矿集团公司作为一个具有 50 多年发展历史的老企业,为了适应绿色、环保的发展潮流,以市场为导向,实施绿色营销,不断开发新产品,延伸煤炭产业链,走循环经济发展之路,取得了显著成效。尤其是在建的塔山煤炭工业园区,成为走绿色营销和循环经济发展之路的典范。

大同煤矿集团投入百亿元打造的循环经济模式,就是以建设塔山矿井为龙头,每一个生产单位产生的废弃物都是另一个生产单位的主要生产原材料,逐层减量利用,直至将煤炭资源"吃干榨尽"。整个循环从采煤开始,年产 1 500 万吨的矿井内通过每小时 6 000 吨的大功率胶带运输机,从工作面直接把原煤运到地面 1 500 万吨的洗煤厂入洗。经过洗选后,洗选出的精煤直接对外输送。对洗选中产生的中煤、尾煤等低热值煤和排放出的煤矸石、煤泥等废弃物,输送到资源综合利用电厂和坑口电站进行发电,发出的电力除供整个园区使用外还可对外输送。同时上热电联供系统,利用发电产生的余热,取代锅炉对居民进行供暖,工程完成后可以保证对同煤集团整个生活区的供热问题。循环经济主链条排出的中间废弃物能否得到充分利用,是人们衡量循环经济彻底与否的一个标准。大同煤矿集团洗选煤排放出的高岭岩矿石,则被高岭岩加工厂进行深加工,制作成高岭岩系列产品,作为化妆品、陶瓷和造纸等产品的原材料。高岭岩厂和电厂排放出来的粉煤灰,则作为水泥厂的生产原料。水泥厂排放出的废渣作为砌体材料厂的原料。矿井排放出的工业废水、生活排放水,全部集中回收进入污水处理厂,净化处理后再进入电厂使用。整个工业园区共同组成生态工业链,多业并举,实现了煤炭资源利用低消耗、低排放、高效率。据估计,全部项目建成后,整个园区年销售收入可达 25 亿元。在塔山煤炭工业园区处处体现了资源—产品—废弃物—再生资源反馈式循环经济发展的新特点。

2. 价格策略

在绿色营销活动中制定绿色价格,借助市场供求来体现绿色价值,反映经济与环境的交换关系,是在经济生活中贯彻生态价值观,从而使其从根本上得到实现的一种有效途径。作为与人们生活密切相关的绿色产品,其价格的波动无论是对绿色消费的牵引,还是对企业的市场拓展都有深切的影响。

由于绿色产品用于环保的投入增加,成本上升,且消费者愿意付出更高的价格购买绿色产品,因此在营销过程中可以采取较高定价策略。曾有一份全球性的调查报告显示,66%的英国消费者愿意付更高的价格购买绿色食品,80%的德国人和66%的荷兰人在购物时考虑环境问题,77%的美国消费者愿意为绿色包装多付钱,而且这部分消费者的比例正在日益扩大。例如,在20世纪90年代后期,用户宁愿每吨煤多花30～40元购买大同煤矿集团公司的洗精煤产品,也不愿意低价购买原煤,可见绿色产品、环保产品备受青睐。另外,由于绿色产品在开发研制过程中用于环保的投入增加了,其成本也高于普通产品,具有较高的技术含量和环保价值,又有益于消费者的身心健康,因而价格可以定得高些。以煤炭企业为例,企业在开发洗精煤等环保、绿色产品时,从产品设计到市场推广,从机械设备到技术人员的配备,都需要大量的资金,必然要加大企业成本。如果绿色、环保的煤炭不能为企业带来效益,则绿色营销就难以为继。同时,用户也对低硫、低灰、低挥发分、高热值煤炭表现出强烈的购买意向,因此,为了实现绿色营销的可持续发展,可采取高价策略。但这种策略不能作为企业长期的定价策略,为了企业的长足发展,应在环保技术的开发研究上下功夫,不断革新技术,降低成本。可以预料:谁拥有先进的环保技术和环保产品,谁就能在激烈的市场竞争中赢得胜利。

3. 渠道策略

能否找出和选择正确的、有效的绿色渠道以使"绿色分销"顺利进行,是整个绿色营销能否顺利实施的一个关键环节。绿色渠道与传统意义上的分销的差别在于"绿色"。当然,前者是在后者的基础上形成的,绿色分销包括传统分销的含义,但它具有绿色标志,它以绿色商品的生产者为起点,以绿色商品的最终消费者为终点,绿色食品渠道网络成员(包括各级中间商、代理人等)都具有很强的绿色观念。总而言之,绿色渠道即在分销过程中以绿色为导向,保持绿色意识的一个"嫁接"概念。

① 慎重选择中间商。中间商是生产者向消费者出售产品时的中间环节,是沟通生产者与消费者的桥梁,在产品分销过程中起着重要的作用。企业在选择中间商时,要不断发现和选择热衷于环保事业的营销伙伴,启发和引导中间商的绿色意识,建立与中间商互利、互惠、共赢的利益关系,逐步建立稳定的绿色营销网络。

② 注重营销渠道有关环节的工作。为了真正实施绿色营销,从绿色交通工具的选择、绿色仓库的建立,到绿色装卸、运输、贮存、管理办法的制定与实施,认真做好绿色营销渠道的一系列基础工作。

③ 尽可能建立短渠道、宽渠道,减少渠道资源消耗,降低渠道费用和绿色成本。

4. 促销策略

绿色促销是绿色营销活动的重要组成部分,是指企业通过传播有关绿色产品和服务的信息,帮助消费者认知和了解绿色产品及其价值,促进绿色产品销售和绿色价值实现的各种宣传活动的总称。绿色促销的内容丰富,通常是一个由绿色推销、绿色广告、绿色公共关系和绿色营业推广等活动构成的体系,这个活动体系也被称为绿色促销组合。

(1) 绿色广告

广告是产品促销最有利的武器之一,企业对产品进行广告促销,首先要在广告创意上保持"绿色",设计出符合社会道德规范,具有真实性、思想性、艺术性、科学性和情报性的广告,避免广告内容庸俗、低级、浅薄、失真现象。其次,要选择"绿色"广告媒体,选择那些在广告受众中享有一定社会声誉、勇于承担社会责任、敢于实事求是的广告媒体。通过广告对产品的绿色功能定位,引导消费者理解并接受广告诉求,营造绿色营销氛围,激发消费者的购买欲望。

(2) 绿色推广

通过营销人员的绿色推销和营业推广,直接向消费者宣传、推广产品的绿色信息,讲解、示范产品的绿色功能,回答消费者所关心的环保问题,宣讲环保主义,激发消费者的购买欲望。同时,通过试用、馈赠、竞赛、优惠等策略,使消费者产生消费兴趣,促成购买行为。

(3) 绿色公关

企业通过一系列开放性公关活动,使社会公众与企业广泛接触,了解企业产、供、销各环节的绿色作业程序与制度,增强公众的绿色意识,树立企业的绿色形象,为绿色营销建立广泛的社会基础,促进绿色营销的发展。

【案例启示】

2006年7月5日,格兰仕在北京推出"绿色回收废旧家电——光波升级以旧换新"活动,消费者手中任何品牌的废旧家电,均可折换30~100元,用于购买格兰仕部分型号微波炉和小家电的优惠,同时格兰仕联合专业环保公司对回收的废旧小家电进行环保处理,为绿色奥运做出自己的贡献。活动推出后,北京市场连续3日单日销售突破1 000台,高端光波炉的销售同比增长69.6%。北京电视台、北京晚报、北京青年报、中国青年报、京华时报、北京娱乐信报、中国经营报等都对活动进行了追踪报道。随后活动向山东、福建、辽宁、云南、吉林、重庆等10多个省市蔓延。格兰仕"绿色回收废旧家电"的活动成为2006年小家电淡季市场一道靓丽的风景。

11.2 认识关系营销

11.2.1 理解关系营销的概念

所谓关系营销,是把营销活动看作一个企业与消费者、供应商、分销商、竞争者、政府机构及其他公众发生互动作用的过程,其核心是建立和发展与这些公众的良好关系。

这一定义包含了以下六个方面要求:

① 关系营销寻求为消费者创造新价值并与消费者一起分享新价值;

② 关系营销认识到消费者的关键角色是既作为购买者又作为对其希望获得的价值的决定者;

③ 关系营销者被认为是设计和处理过程、沟通、技术和支持消费者价值的人;

④ 关系营销要求买卖双方的不断合作;

⑤ 关系营销认识到消费者购买周期的价值(即产品生命周期价值);

⑥ 为了创造消费者想要的价值,关系营销寻求在组织内部及组织与其主要利益相关者(包括供应商、中间商、股东乃至政府机构等)之间建立起一种价值关系链。

11.2.2 理解关系营销和交易营销的区别

关系营销的观念是随着信息技术浪潮的推动,从大市场营销概念衍生、发展而来的,它的发展同时也借鉴了其他科学理论,如系统论、协同学的役使原理和传播学的交换原理等。关系营销是营销管理发展的必然趋势。

关系营销目前尚未有非常成熟的理论体系,但它关注长期交易,专注顾客忠诚,强调企业与分销商、供应商、政府、顾客、内部员工等各方面的关系的建立与维持,并提出了与传统的营销理念不同的营销方式。关系营销比传统营销关注的范围更加广泛,它涉及顾客、供应商、分销商、竞争对手、银行、政府及内部员工等各种利益相关群体。关系营销的核心是"关系",企业通过建立双方良好的互惠合作关系而从中获利,它是建立在"以消费者为中心"的基础之上的,强调充分利用现有资源来保持自己的现有顾客。

而交易营销是建立在"以生产者为中心"的基础之上的,它的核心是"交易",企业通过诱导对方发生交易而从中获利。交易营销的目光仅仅局限于目标市场,更加注重交易的短期利益,交易双方为了谋求各自的利益必然会产生许多的矛盾和冲突,进而增加交易的成本,降低整个交易的运作效率。关系营销与交易营销的区别,如表11-1所示。

表11-1 交易营销与关系营销的区别

	交易营销	关系营销		交易营销	关系营销
区别	以生产者为中心 关注短期利益 双方缺乏沟通 关注单方利益	以消费者为中心 关注长期利益 互动式的沟通 关注共同利益	区别	矛盾和冲突很多 增加交易成本 降低交易运作效率 目的是利润	减少矛盾和冲突 减少交易成本 加快交易运作效率 目的是发展

11.2.3 理解关系营销的本质特征

关系营销的本质特征可以概括为沟通、合作、双赢和控制等四点。

1. 沟通

沟通是以双向为原则的信息交流。如前所述,关系营销指的是企业与客户、供应商、竞争者、经销商、政府机构和其他社会团体发生互动作用的过程,其起点是与上述人员或组织的沟通,企业要想赢得支持与合作,就离不开广泛的信息交流和信息共享。如果由于企业主动和客户进行双向的交流,对于加深客户对企业的认识、察觉需求变化、满足客户特殊需求以及维系客户等有重要意义。如果仅仅是客户单方面联系企业,那么客户往往会认为这种交流和沟通不能够充分和坦率地表达他们的意见和看法,因而也无法和某一特定企业建立特殊关系。

2. 合作

一般而言,关系有两种基本状态,即对立和合作。只有通过合作才能实现协同,因此合作是"双赢"的基础。合作是以协同为基础的战略过程。对立性的关系状态是指企业组织为了各自的利益和目标,与相关者之间相互反对或排斥,包括对抗、竞争、冲突、斗争、强制等;合作性的关系状态是指关系的双方采取互相配合、相互支持的行动和态度,以实现共同的利益和目标。企业与相关者之间的合作与对立是并存的,但关系营销理论则倾向于合作,它要求企业在与客户建立良好的关系以吸引客户的同时,也关注企业与其他企业及其他相关组织的关系,因为一个企业的资源和能力有限,规模再大,都需与其他企业携手合作。同时,同行业不同企业间的过度竞争往往会产生一些负效应,从而增加企业的各种成本,降低企业的收益。要避免上述情况,则需进行某种形式的合作营销。

3. 双赢

目标是互利互惠的营销活动即为双赢。买卖双方相互之间有利益上的互补是发生关系营销的最主要原因。客户用货币在市场上从企业购买自己所需的产品或服务,企业出售产品或服务并从客户那里获取利润。双方之所以建立起良好的关系,前提是双方各自利益的实现和满足。双方在互利的基础上,各自利益得到满足,并且利益上取得一致,这是稳定的关系得以建立和发展的基础。真正意义上的关系营销,是实现双方互利互惠。所以,了解双方的利益需求,寻找双方的利益共同点,并努力使共同的利益得到实现是关系协调的关键。从某种视角来看,企业的利益可以分为关系利益和实质利益。赢得公众的信赖、好感和合作是关系营销的基本目标。双赢策略不会引起紧密的关系破裂,所以能持久。当关系双方的利益相悖时,企业为保存关系利益,只能以舍弃实质利益来换取。

4. 控制

建立一个反应迅捷的客户管理系统,用以追踪客户、经销商以及营销系统中其他参与者的态度,才能建立良好的关系。因此,关系营销必须有一个用以连接关系双方的反馈的循环,企业根据合作方提供的非常有用的反馈信息,了解到环境的动态变化,从而对其产品和技术进行改进。

【案例启示】

Apple 公司的 Macintosh 计算机的推出就是一个成功的案例。第一代 Macintosh 诞生于 1984 年,其不足很多,如几乎没有应用软件、内存不足且无法扩充等,但是得益于一群全力支持的使用者提供建议,Apple 公司不断改进产品。Apple 公司在推出 Macintosh 的几个月前,把样机送给一百位有影响的客户使用并请他们提出建议和意见,同时聘请了开发能够充分利用 Macintosh 优势的应用软件的多家软件供应商,拥有一批敢于进谏的支持者支持公司,任何形式的商业广告都没有如此经济有效。Apple 公司为现有和潜在的客户提供各种机会,包括提前使用和产品的展示,并收集客户反馈的意见和建议,对产品进行改善和创新,从而创造了营销的对话模式。此外,Apple 公司还定期请随机抽取的客户对公司员工的友好态度、服务质量等做出评价,向他们寄送调查表。

11.2.4 掌握关系营销的原则

关系营销的实质是在市场营销中与各关系方建立长期稳定的相互依存的营销关系,以求彼此协调发展,因而必须遵循以下原则。

1. 主动沟通原则

在关系营销中,各关系方都应主动与其他关系方接触和联系,相互沟通信息、了解情况,形成制度或以合同形式定期或不定期碰头,相互交流各关系方的需求变化情况,主动为关系方服务或为关系方解决困难和问题,增强伙伴合作关系。

2. 承诺信任原则

在关系营销中各关系方相互之间都应做出一系列书面或口头承诺,并以自己的行为履行诺言,才能赢得关系方的信任。承诺的实质是一种自信的表现,履行承诺就是将誓言变成行动,是维护和尊重关系方利益的体现,也是获得关系方信任的关键,是公司(企业)与关系方保持融洽伙伴关系的基础。

3. 互惠原则

在与关系方交往过程中必须做到相互满足关系方的经济利益,因为各营销关系方都是经济利益的主体,在市场上地位平等,根据商品经济的规律,在公开、公平、公正的条件下进行等价交换,有偿让度,使关系方都能得到实惠。

【案例启示】

马狮百货集团:完美的关系营销

马狮百货集团是英国最大且盈利能力最强的跨国零售集团。以每平方英尺销售额计算,伦敦的马狮集团每年都比世界上任何零售商赚取更多的利润。马狮很早就认识到关系营销的重要性,成功的运作,使它与顾客、提供商建立起了良好的长期合作关系。马狮的关系营销战略包括以下三大部分。

1. 围绕"满足顾客真正需要"建立企业与顾客的稳固关系

马狮认为,顾客真正需要的是质量高而价格不贵的日用生活品,而当时这样的货品在市场上并不存在。于是马狮建立起自己的设计队伍,与提供商密切配合,一起设计或重新设计各种产品,使得其货品具备优良的品质并能一直保持下去。马狮实行的是以顾客能接受的价格来确定生产成本的方法。为此,马狮把大量的资金投入货品的技术设计和开发,而不是广告宣传,通过实现某种形式的规模经济来降低生产成本,同时不断推行行政改革,提高行政效率以降低整个企业的经营成本。此外,马狮还用"不问因由"的退款政策,只要顾客对货品感到不满意,不管什么原因都可以退换或退款。

2. 从"同谋共事"出发建立企业与供应商的合作关系

马狮将其与供应商的关系视为"同谋共事"的伙伴关系,其对供应商有严格的要求,但也尽可能地给供应商以帮助,并将节约成本的利益转让给供应商,在实现顾客满意的同时,达到与供应商的双赢。从马狮与其供应商的合作时间上便可知这是一种何等重要和稳定的关系,与马狮最早建立合作关系的供应商时间超过100年,超过50年的供应商也有60家以上,超过30年的则不少于100家。

3. 以"真心关怀"为内容建立企业与员工的良好关系

马狮认为,员工是企业最重要的资产,将建立与员工的互相信任,激发他们的工作热情,发挥其潜力,作为管理的重点,同时也深信,这些资产是成功压倒竞争对手的关键因素。在人事管理上,马狮不仅为不同阶层的员工提供周详和组织严谨的训练,而且为每个员工提供平等优厚的福利待遇,并且做到真心关怀每一个员工。马狮对员工的关心不只是物质福利上的,而且细化到各个层面。

11.3 认识体验营销

11.3.1 理解体验营销的概念

体验营销是指企业通过采用让目标顾客观摩、聆听、尝试、试用等方式,使其亲身体验企业提供的产品或服务,让顾客实际感知产品或服务的品质或性能,从而促使顾客认知、喜好并购买的一种营销方式。这种方式以满足消费者的体验需求为目标,以服务产品为平台,以有形产品为载体,生产、经营高质量产品,拉近企业和消费者之间的距离。

11.3.2 选择体验营销的形式

由于体验的复杂化和多样化,所以《体验式营销》一书的作者伯恩德·H.施密特将不同的体验形式称为战略体验模块,并将其分为以下五种类型。

1. 知觉体验

知觉体验即感官体验,将视觉、听觉、触觉、味觉与嗅觉等知觉器官应用在体验营销上。感官体验可以突出公司与产品的识别,引发消费者购买动机和增加产品的附加价值等。

2. 思维体验

思维体验即以创意的方式引起消费者的惊奇、兴趣、对问题进行集中或分散的思考,为消费者创造认知和解决问题的体验。

3. 行为体验

行为体验指通过增加消费者的身体体验,指出他们做事的替代方法、替代的生活型态与互动,丰富消费者的生活,从而使消费者被激发或自发地改变生活形态。

4. 情感体验

情感体验即体现消费者内在的感情与情绪,使消费者在消费中感受到各种情感,如亲情、友情和爱情等。

5. 相关体验

相关体验即以通过实践自我改进的个人渴望,使别人对自己产生好感。它使消费者和一个较广泛的社会系统产生关联,从而建立对某种品牌的偏好。

【案例启示】

体验营销:一个咖啡王国的传奇

从1971年西雅图的一间小咖啡屋发展成为国际最著名的咖啡连锁店品牌,星巴克(Starbucks)咖啡的成长可称得上一个奇迹。星巴克的咖啡经济的确令人心动,拥有25年历史,全球连锁店达4 000多家,1992年在美国上市,如今,股票价值早已超过当初的10倍以上。

咖啡王国传奇的造就非一朝一夕之功,它源于其长期以来对人文特质与品质的坚持:采购全球最好的优质高原咖啡豆以提供给消费者最佳的咖啡产品,有其深厚的文化底蕴;更源于不懈的品位追求,时时处处体贴入微,提供给顾客最舒适、最优雅的场所。这也是星巴克的独特魅力所在,同时也体现了体验营销的威力,星巴克正是以"体验式营销"的方式带领消费者体验其所塑造的文化。

1. 优良的品质

星巴克的咖啡具有一流的纯正口味。为保证星巴克咖啡的质量,星巴克设有专门的采购系统。他们常年旅行在印尼、东非和拉丁美洲一带,与当地的咖啡种植者和出口商交流、沟通,为的是能够购买到世界上最好的咖啡豆。他们工作的最终目的是让所有热爱星巴克的人都能品到最纯正的咖啡。星巴克的咖啡品种也是繁多的,既有原味的,也有速溶的,既有意大利口味的,也有拉美口味的,顾客可凭自己的爱好随意选择。

2. 卓越的服务

星巴克咖啡连锁店有一个很特别的做法:店里许多东西的包装像小礼品一样精致,从杯子、杯垫和袋袋咖啡豆、咖啡壶上的图案与包装,到每天用艺术字体展示的当日主推产品等,都可以看出构思精心与匠心独具,于是会有顾客对这些小杯子、杯垫爱不释手,并带回家留做纪念,这个不在市场销售的赠品便成了顾客特别喜爱星巴克的动力,也成了体验营销的经典应用。

星巴克吸引消费者的另一个重要因素就是其内部幽雅独特的人文环境,木质的桌椅、清雅的音乐、考究的咖啡制作器具,为消费者烘托出一种典雅、悠闲的氛围。同时,高科技的应用也使星巴克与众不同,它成功地实施了微软 NET My Services 的商业模式,其顾客可以通过因特网预订想喝的咖啡,等踏入星巴克店门后不用等待,自己想喝的咖啡就会立即端上来。

星巴克还将顾客服务做到了售后。每一个星巴克连锁店都设有顾客意见卡,其顾客关系部每年都收到成千上万的电话,星巴克总是做出了让顾客满意的回答和服务。可以看出,在与顾客接触的任何时刻,星巴克都不忘将其独特的文化特色渗入人心。

3. 共同体验

来过星巴克咖啡店的人都会产生一些独特的体验,我们称之为"Starbucks Experience",这些心得和故事都是值得与其他人分享的共同体验。

星巴克从品牌名称到 Logo 设计都让人产生联想,并充满好奇感。"星巴克"一名取自美国古典冒险小说《大白鲨》,主人公是一名叫 Starbucks 的船大副,他幽默坚定、爱喝咖啡,有丰富的航海经验。星巴克的 Logo 形象设计则来自多数人都熟悉的古老的海神故事。荷马在《奥德赛》中描述了海神如何将水手引诱到水中,让他们在销魂的声音中幸福快乐地死去。中世纪的艺术家们把这些生灵刻画成美人鱼,从此这些生灵传遍了整个欧洲,人们用它们装饰大教堂的屋顶和墙壁。星巴克徽标中那个年轻的双尾海神,便是由中世纪的艺术演绎而来的。于是,星巴克充满传奇色彩的名称和徽标很容易在顾客头脑中形成一种印象,并由好奇而最终转变为好感,这种联想式的体验也是众多星巴克迷的钟爱之处。

同时,星巴克强调其自由的风格。首先,它采用的是自助式的经营方式,你在柜台点完餐,可以先去找位置稍加休息,不然也可以到旁边的等候区看店员调制咖啡,等你听到他喊你点的东西后,就可以满怀喜悦的心情,端取你的咖啡。然后再到用品区,那边有各式各样的调味料,如糖、奶精、肉桂粉以及一些餐具,可以自行拿取。由于是自助,所以也不用付服务费。店里的装潢并非经常更换,但让星巴克如此吸引人的正是这份自由的体验,星巴克就像一双 CONVERSE 的帆布鞋,自在、休闲,沾上水渍也一样轻舞飞扬。

4. 创造第三空间

在世界上有星巴克咖啡店的地方,星巴克都是人们在工作、居家之外,最喜爱停留的地方。在店里可以与其他的星巴克爱好者产生视觉、听觉的互动,或是单纯地喝一杯咖啡,享受独处的悠闲,星巴克是一个可以放松身心的地方。

在中国,几十平方米的咖啡店里,常常可以看见衣着光鲜的白领手捧咖啡杯,或聊天,或摊开资料、打开手提电脑讨论工作。如果运气好的话,还可以看见一些身着棉布衬衫、留着 IT 寸头的网络精英,其中一位很可能就是已经缩水但名气依旧不小的"数字富豪"。

星巴克以为顾客创造"第三空间"为主题,营造了一个全新的体验,通过情景,星巴克来创造"体贴"。正是真正了解了这些可以刺激顾客内心情感的细微环节,星巴克才可以将体验式营销用到极致,并成为个中经典。

11.3.3 理解体验营销的营销组合策略

1. 产品和服务策略

企业针对不同顾客的不同体验,可开发出相应的体验产品。比如根据约瑟夫·派恩和詹姆士·派吉尔摩提出的四种体验产品:娱乐体验、教育体验、逃避现实的体验和审美的体验。企业还可以针对人们的不同体验形式——感觉、感受、思维、行动和关联开发出不同的体验产品。不管什么类型的体验产品,只要迎合顾客的需要,具有更高的体验价值,顾客就会给予提供体验产品的公司更高的价格作为回报。同时,企业可以打造出体验产品,以吸引顾客参与品牌互动,实现品牌认同和忠诚。因此,提高商品和服务体验化程度,吸引顾客的参与是体验式营销成功的关键。

2. 价格策略

理性消费者总是追求自身利益最大化,顾客将从能为其提供最大让渡价值的公司购买商品。传统营销把体验视为一种服务,实际上,我们可以从中分出体验价值。而对于除产品之外的价值估计都是主观行为,并且人们对于机会成本的估计也不相同,有时取决于人们所掌握信息量的多少。体验消费的价格应主要按心理和需求确定,因此必须加强与顾客交流来使其认识到物有所值。最成功的定价方式是顾客把价格作为回忆体验价值的一种手段。

3. 促销策略

促销本身是对体验的一种描述,对消费者起引导作用,顾客很多时候是通过企业做促销了解体验活动内容的。不同类型的体验通过不同的促销形式传播。促销形式不同,但发生机制却是相同的。因为体验促销都是将图像、文本等符号化的东西和位置等元素结合起来,使展现日常生活的叙事呈现动态性,而且具有很高的仿真性。比如,促销的位置就控制着语境、背景、叙事的内容。这种控制使它们具有了特别的权利:使促销所表现的现实可以是"超真实的"。这样,体验促销就以极大的弹性构筑了一个"体验的现实",这个体验的现实在勾起欲望、潜意识和想象时特别有效,进而提高顾客体验价值。

4. 地点策略

从根本上讲,体验所在位置也会影响体验的结果。当消费者离体验地距离较远时,一方面会造成顾客消费体验总成本的上升,使顾客消费的次数减少;另一方面会带来文化上的差异,进而给顾客带来体验的差异化。例如,拉萨人和内地人参观布达拉宫的体验是有很大差别的。网络的流行正是因为其在一定程度上克服了地点的限制,而且体验选择性大大增加。如何让顾客在消费中身临其境是体验式营销活动的关键所在。

【案例启示】

2006年,定位于消费笔记本市场的天逸系列产品,在联想全球创新中心以及世界顶尖的研发团队的倾力打造下,全新具备Family Face的系列产品于年初集体亮相,外观风格统一但却各具特色的天逸F20、F30、F40拉开了2006年笔记本市场时尚潮流的序幕。这三款产品秉承了天逸笔记本产品"易科技,逸生活"的品牌主张,凭借独到的创新设计和应用,以最简易的科技元素带给用户最舒适的生活体验。其简洁而丰富的细节元素——娱乐飞梭(Shuttle Center),使所有天逸新品形成一个统一的时尚家族系列,而作为全球首款"可识别主人的智能笔记本电脑",新发布的天逸F30兼具安全和娱乐于一身,成为CCTV"创新盛典"笔记本电脑类产品最大的赢家。

在产品发布的背后,联想天逸还掀起了一场"体验营销"的风暴。一是暑期欢乐谷,小罗助力暑促"世界杯"。伴随世界杯的热潮以及集团签约小罗之势,联想笔记本协同消费台式电脑于7月份正式启动了"联想暑期欢乐谷"的全国巡展活动。二是非常逸人组,掀起高校体验风暴。10月23日至12月9日,联想笔记本在全国范围内正式启动"非常逸人组"全国高校挑战赛。三是非常逸周末,引爆"Fans"体验风潮。在笔记本粉丝级别的用户中开启了今冬最大规模的新品体验和见面活动。

通过与用户进行零距离的互动,让用户更加充分体验到品牌的力量和产品的创新点,并为其所接受,必然是未来"体验营销"的一个发展方向。联想笔记本的体验营销,开创式地让用户在体验中做出选择,从而引领整个笔记本市场走向一个全新的体验时代。

据悉,个性、时尚并具备丰富创新应用特质的天逸产品已经为联想带来了很好的"票房"收入。据相关数据显示,天逸系列产品的销量已占据了联想品牌笔记本整体销量的40%以上,产品创新带来的品牌价值以及"体验营销"掀起的风暴将在此后相当长的时间内继续发挥其威力。

11.4 认识网络营销

11.4.1 理解网络营销的概念

网络营销产生于20世纪90年代,发展于20世纪末至今。网络营销生产和发展的背景主要有三个方面,即网络信息技术发展、消费者价值观改变、激烈的商业竞争。

网络营销是以互联网络为媒体,以新的方式、方法和理念,通过一系列魅力网络营销策划、制定和实施营销活动,更有效地促成个人和组织交易活动实现的新型营销模式。它是企业整体营销战略的一个组成部分,是为实现企业总体或者部分经营目标所进行的,以互联网为基本手段营造网上经营环境的各种活动。

网络营销概念的同义词包括网上营销、互联网营销、在线营销、网络行销、口碑营销、网络事件营销、社会化媒体营销、微博营销等。这些词汇说的都是同一个意思,笼统地说,网络营销就是以互联网为主要手段开展的营销活动。

网络营销具有很强的实践性特征,从实践中发现网络营销的一般方法和规律,比空洞的理论讨论更有实际意义。因此,如何定义网络营销其实并不是最重要的,关键是要理解网络营销的真正意义和目的,也就是充分认识互联网这种新的营销环境,利用各种互联网工具为企业营销活动提供有效的支持。这也是网络营销研究必须重视网络营销实用方法的原因所在。

11.4.2 选择网络营销的方法

网络营销的方法非常多,各种创新的网络营销方法层出不穷,并起到了巨大的效果。下面介绍几种常见的网络营销方法。

1. 邮件列表

邮件列表实际上也是一种 E-mail 营销形式,它也是基于用户许可的原则,用户自愿加入、自由退出。稍微不同的是,E-mail 营销直接向用户发送促销信息,而邮件列表是通过为用户提供有价值的信息,在邮件内容中加入适量促销信息,从而实现营销的目的。邮件列表的主要价值表现在四个方面:作为公司产品或服务的促销工具、方便和用户交流、获得赞助或出售广告空间、收费信息服务。邮件列表的表现形式很多,常见的有新闻邮件、各种电子刊物、新产品通知、优惠促销信息、重要事件提醒服务等。

【案例启示】

许多人在注册像访客诚品、麦包包这种商城类的网站的会员时,通常是通过一定的注册协议,或是要进行电子杂志的订阅而提供 E-mail 地址,其实这些都是商家进行网络营销的一种手段。

对于商城类的网站,邮件营销是非常有力的,这属于许可式邮件推广,因为会员是通过一定的注册协议,或是对电子杂志的订阅而主动留下了客户的姓名和 E-mail。这些会员都是潜在的购买客户,对于这些会员,我们既要慎重,还有保存持久性,而这些都需要程序员编写的程序去设置,定时去投放邮件广告。下面以凡客诚品和麦包包的邮件为例,来分析一下他们的邮件广告。

(1) 相同点:
① 邮箱名都很简洁而都突出各自品牌"麦包包"和"VANCL 凡客诚品"。
② 邮件标题也都标出了 AD,即为广告邮件。
③ 标题中都出现了数字修饰。
(2) 区别:
① 从邮件频率上看凡客诚品是间隔一天,而麦包包是三天。

② 从广告标志 AD 上看麦包包放在前面,而凡客诚品却放在后面。

通过对比其相同点和区别,我们很容易掌握了一些商城网邮件发送的技巧:

① 邮箱名是品牌的象征,必须选择准确。

② 广告标志 AD 的添加有技巧。凡客诚品的做法是把它放在后面,毕竟当大家一看到 AD 会有一点点反感,有时候可能就不接着读而选择放弃,而放在标题最后既保证了标题的可读性又保留了诚信度。

③ 广告发放的频率要适度,切记不要发一些重复的广告,这个是客户最反感的。

④ 标题是至关重要的,既要诚实又要有足够的诱惑力。其中,标题中运用数字往往是最有说服力和吸引力的,从这方面可以看出麦包包和凡客诚品是各有千秋。

2. 个性化营销

个性化营销的主要内容包括用户定制自己感兴趣的信息内容、选择自己喜欢的网页设计形式、根据自己的需要设置信息的接收方式和接收时间等。个性化服务在改善顾客关系、培养顾客忠诚度以及增加网上销售方面具有明显的效果。据研究,为了获得某些个性化服务,在个人信息可以得到保护的情况下,用户才愿意提供有限的个人信息,这正是开展个性化营销的前提保证。

3. 会员制营销

会员制营销是通过利益关系将无数个网站连接起来,将商家的分销渠道扩展到互联网的各个角落,同时为会员网站提供了一个简易的赚钱途径。也就是说,各个网站主加入你的会员计划;浏览者访问你的会员的网站,然后点击你的广告并在你的网站购物;你付给会员销售佣金。

会员制营销又称"俱乐部营销",是指企业以某项利益或服务为主题将人们组成一个俱乐部形式的团体,开展宣传、销售、促销等营销活动。顾客成为会员的条件可以是缴纳一笔会费或荐购一定量的产品等,成为会员后便可在一定时期内享受到会员专属的权利。

会员制营销已经被证实为电子商务网站的有效营销手段,国外许多网上零售型网站都实施了会员制计划,几乎已经覆盖了所有行业。国内的会员制营销也已经逐步普及开来,而且,随着网络和电子商务的蓬勃发展,会员制营销必将迎来最旺盛的发展势头。

【案例启示】

eBay(易趣)成立于 1995 年 9 月,是目前世界上最大的网上拍卖网站,拥有注册用户 3 000 多万人。根据 Jupiter Media Metrix 发布的 50 家最大网站排名,2001 年 5 月份 eBay 的独立用户数量为 1 923.6 万人,排名第 12 位。从销售收入来看,根据 Nielsen/NetRatings 和 Harris Interactive 的研究报告,在 2001 年 5 月份网上拍卖网站收入达到 5.56 亿美元,比上年同期的 2.23 亿美元增长了 149%。eBay 在 2001 年 5 月份的收入占全部网上拍卖的 64%,收入为处于该领域第二位公司的 4 倍,让竞争对手望尘莫及,而且 eBay 的访问者转换率也是最高的,将近四分之一的网站访问者成为购买者。

eBay 的会员制营销开始于 2000 年 4 月,当时是与 ClickTrade 合作开展的。这个会员制营销计划提供的佣金是按照注册用户数量来计算的,从会员网站链接来的访问者成为注册用户,会员可以获得 3 美元的佣金。eBay 在与 ClickTrade 合作的一年中有 20 000 个会员网站加盟。2001 年 4 月 18 日，eBay 开始与 Commission Junction 合作，不过 ClickTrade 的会员制程序现在还可以继续使用，以后将逐步转移到 Commission Junction 的系统中。Commission Junction 是第三方会员制营销方案提供商，提供第三方的用户访问跟踪、实时报告系统、佣金结算，并解决会员账号管理中的一切问题。

eBay 与 Commission Junction 合作开始第 2 个会员制营销计划的同时，也将佣金水平从原来支付给每个注册用户 3 美元上升到 4 美元，这样又大大地激发了会员的积极性。新计划实施 1 周后，就有 3 000 个网站加盟成为会员，6 个星期后会员数量达到 12 000 个。有数字表明，在 2001 年 5 月份中的一个星期，通过 Commission Junction 会员制程序获得的点进次数超过 50 万，简直不可思议。

与一般网站花费大量金钱而吸引用户的做法不同，eBay 并没有为用户提供什么特别的激励手段，没有优惠券，也没有免费送货政策，用户加入 eBay 完全是出于自愿。根据 eBay 2001 年第一季度的财务报告，获得每个注册用户的平均成本为 14 美元，而通过会员制营销计划支付给会员的佣金为 4 美元，显然，这个佣金支出是很合算的。

4. 网上商店

建立在第三方提供的电子商务平台上，由商家自行经营网上商店，如同在大型商场中租用场地开设商家的专卖店一样，是一种比较简单的电子商务形式。网上商店除了通过网络直接销售产品这一基本功能之外，还是一种有效的网络营销手段。从企业整体营销策略和顾客的角度考虑，网上商店的作用主要表现在两个方面：一方面，网上商店为企业扩展网上销售渠道提供了便利的条件；另一方面，建立在知名电子商务平台上的网上商店增加了顾客的信任度，从功能上来说，对不具备电子商务功能的企业网站也是一种有效的补充，对提升企业形象并直接增加销售具有良好效果，尤其是将企业网站与网上商店相结合，效果更为明显。

5. 病毒性营销

病毒性营销并非真的以传播病毒的方式开展营销，而是通过用户的口碑宣传网络，信息像病毒一样传播和扩散，利用快速复制的方式传向数以千计、数以百万计的受众。病毒性营销的经典范例出自 Hotmail。现在几乎所有的免费电子邮件提供商都采取类似的推广方法。

【案例启示】

Hotmail 是世界上最大的免费电子邮件服务提供商，在创建之后的 1 年半时间里，就吸引了 1200 万注册用户，而且以每天超过 15 万新用户的速度发展。令人不可思议的是，在网站创建的 12 个月内，Hotmail 只花费很少的营销费用，还不到其直接竞争者的 3%。

Hotmail 之所以呈现爆炸式的发展，就是因为利用了"病毒式营销"的巨大效力。其原理和操作方法很简单：

① 提供免费 E-mail 地址和服务；

② 在每一封免费发出的信息底部附加一个简单标签："Get your private, free E-mail at http://www.hotmail.com"；

③ 人们利用免费 E-mail 向朋友或同事发送信息；

④ 接收邮件的人将看到邮件底部的信息；
⑤ 这些人会加入使用免费 E-mail 服务的行列；
⑥ Hotmail 提供免费 E-mail 的信息将在更大的范围扩散。

6. 来电付费

按接到客户有效电话的数量进行付费,是近年在欧美国家出现的一种新的广告推广计费新模式,实现策划不收费,展示不收费,点击不收费,只有广告主接到客户有效电话后才收取相应费用。也就是说,按来电付费,是一种真正意义上的按效果付费的模式。

7. 网络视频营销

通过数码技术将产品营销现场实时视频图像信号和企业形象视频信号传输至 Internet 网上,客户只需上网登录公司网站就能看到对公司产品和企业形象进行展示的电视现场直播。在这以前,所有的网站建设和网站推广方式所能起的作用只是让网民从浩如瀚海的互联网世界找到你,而"网络视频营销"能使找到你的网民相信你。

8. 论坛营销

事实上,人们早就开始利用论坛进行各种各样的企业营销活动了。当论坛成为新鲜媒体出现时,就有企业在论坛里发布企业产品的一些信息了,其实这也是论坛营销的一种简单的方法。在这里结合网络策划的实践经验简要地说一下什么是论坛营销。论坛营销就是企业利用论坛这种网络交流的平台,通过文字、图片、视频等方式发布企业的产品和服务的信息,从而让目标客户更加深刻了解企业的产品和服务,最终达到企业宣传自己的品牌、加深市场认知度的网络营销活动。

9. 网络图片营销

网络图片营销现在已经成为人们常用的网络营销方式之一。我们时常会在 QQ 上接收到朋友发过来的有创意的图片,在各大论坛上看到以图片为主线索的帖子,这些图片中多少也掺有一些广告信息,如图片右下角带有网址等,这其实就是网络图片营销的一种方式。目前,国内的网络图片营销方式多种多样,如供求信息平台、在线黄页服务、网上拍卖、网站资源合作、网上商店营销等。

10. 网络营销联盟

网络营销联盟目前在我国还处于萌芽阶段,在国外已经很成熟了。1996 年亚马逊通过这种新方式取得了成功。网络营销联盟包括三要素:广告主、网站主和广告联盟平台。广告主按照网络广告的实际效果(如销售额、引导数等)向网站主支付合理的广告费用,节约营销开支,提高企业知名度,扩大企业产品的影响,提高网络营销质量。

11. 竞价推广

竞价推广是把企业的产品、服务等通过以关键词的形式在搜索引擎平台上作推广,它是一种按效果付费的新型而成熟的搜索引擎广告,用少量的投入就可以给企业带来大量潜在客户,有效提升企业销售额。竞价排名是一种按效果付费的网络推广方式,由百度在国内率先推出。企业在购买该项服务后,通过注册一定数量的关键词,其推广信息就会率先出现在网民相应的搜索结果中。例如,企业在百度注册"电气设备"这个关键词,当消费者寻找"电气设备"的信息时,企业就会优先被找到,并且百度按照给企业带去的潜在客户访问数收费。

12. 电子书营销

从理论上讲,电子书广告应用起来很简单:在制作电子书时,将广告信息合理地安排到电子书中,比如书的首页、内容中的页眉或者页脚,或者在正文中的合适位置插入一定量的广告信息,让读者在阅读免费电子书的同时,接收到一定量的广告信息。

eBook 广告可以拥有网络广告的所有优点,比如,可以准确地测量每本书下载的次数,并可记录下载者来自哪个 IP 地址,同时,它比一般的网络广告具有更多的优势,如下载后可以通过各种阅读设备离线浏览,而一本好书往往会得到读者的重复阅读,并可能在多人之间传播,这样,同样数量的点击(对于 eBook 点击的表现形式为下载),明显会比普通的在线广告有更多的浏览数,读者对广告的印象自然也会加深。

13. 交叉网络营销

所谓交叉网络营销,是指交叉营销思想在网络营销中的应用。由于网络营销的天然优势,开展交叉营销具有更大的发展空间,因为网站本身就是一个有效的营销工具,网站的注册用户资料也是非常有价值的营销资源。两个公司/网站之间开展交叉营销可以有多种形式,通常以不同层次的网站合作为前提,比如网站交换广告、交换链接、内容共享、利用各自注册用户资料互为推广等。

11.5 认识整合营销

11.5.1 理解整合营销的定义

整合营销(IMC),又叫整合营销传播,是以消费者为核心重组企业行为和市场行为,综合协调地使用各种形式的传播方式,以统一的目标和统一的传播形象,传递一致的产品信息,实现与消费者的双向沟通,迅速树立产品品牌在消费者心目中的地位,建立品牌与消费者长期密切的关系,更有效地达到广告传播和产品行销目的的活动。

由于信息爆炸,处于信息超载的消费者接触消费信息的广度有了极大地增加,但深度却大大降低。消费者没有时间去仔细对各种信息进行处理,只能蜻蜓点水,把有意或无意所获取的零零碎碎的信息组合起来,形成某种知识,然后根据这种知识对产品做出判断。因此,仅仅运用广告等较为单一的传播手段是远远不够的,必须使消费者有多个信息接触点,进行系统、持续而统一的传播。同时,迫使企业的产品或服务信息必须清晰、一致而且易于理解,否则就会被消费者所忽略。一些企业逐渐认识到广告传播与企业其他信息传播活动分离的不足,业务重点放在整合营销传播上,更加重视和发挥广告信息沟通与其他信息传播手段的整合。这些职能的转变,表示整合营销传播新时代的到来。

11.5.2 理解整合营销的特点

1. 以消费者为中心,注重双向沟通

以 4Cs 理论为基础的现代企业经营的一切活动都围绕消费者而展开。现代企业的整合营销传播也是以 4Cs 理论为基础,强调以消费者为中心。因为在买方市场的状况下,产品供大于求,消费者的消费行为决定企业的生存状况。同时,在信息爆炸的背景下,消费者是信息的主人,对信息选择的主动性、信息接收的主观性表现得越来越强,一切传播活动只有围绕消费者展开才有意义。企业如果不能有的放矢地进行信息传播,企业的营销活动就不能够取得理想的效果。

营销即传播,传播即营销。但是,企业不能进行简单的单向传播,而应该进行双向的沟通。我们可以将每一个营销环节都看成与消费者沟通的过程,广告、公关、销售促进、直接营销等都只不过是不同形式的沟通和传播形式而已。

双向沟通意味着企业与其消费者在进行一种信息交换活动,为了达成信息交换的目的,企业必须在了解消费者所拥有的信息形态及内容的基础上,通过某种方式深入了解消费者的信息需求、媒介接触习惯等,然后满足这些需求,实现与消费者的沟通。

传播技术的快速发展,特别是网络媒介的发展,使以消费者为中心的整合营销传播的双向沟通成为可能。

2. 以资料库为基础

建立消费者资料库是整合营销传播必要性和重要性的工作。只有建立了健全和准确的资料库,才能真正实现以消费者为中心,达到与消费者交流沟通的目的。健全和准确的资料库是整合营销传播成功的基础。资料库应该详细记录消费者方方面面的信息,包括人口统计特征、心理统计特征、购买历史、购买行为、使用行为和习惯等。

整合营销传播的资料库应该是动态的,可以接收持续不断地有关消费者新的信息的流入,使得营销管理者能够及时地分析出消费热点、消费趋势等。

3. 以建立消费者和品牌之间的关系为目的

获得、保持或者提升顾客与公司或者品牌的紧密关系是整合营销传播的根本目的。整合营销传播针对特定的目标对象,影响特定目标对象的行为,建立起品牌与目标消费者稳固、双向的联系,培养真正的"消费者价值",与那些最有价值的消费者保持长久的紧密的联系。这意味着从消费者第一次接触品牌到品牌不能再为其服务为止,企业都必须整合运用各种传播手段,保持消费信息沟通渠道的畅通,提升消费者的品牌忠诚度,建立消费者和品牌之间的密切关系,彼此获利。

4. 以"一种声音"为内在支持点

随着信息量的不断增大,消费者获取有关消费信息的机会越来越多,根据需求接触信息的主动性也越来越强。而企业对消费者接触产品等信息的控制力却越来越小。面对这样的问题,整合营销传播突出强调要以"一种声音"进行诉求,不论运用哪些媒介,采用何种方式,都要统一、一致,即"用同一种声音说话",使消费者接触到的信息单一、明晰,避免消费者对信息可能出现的忽视与误解。

5. 以各种传播媒介的整合运用为手段

整合营销传播是复杂的系统工程,以各种传播媒介的整合运用为手段,强调各种传播手段和方法的一体化运用,使之发挥联合作用和统一作用,使消费者在不同的场合,以不同的方式接触到同一主题内容的信息。不单单是广告、公关、促销、CI、包装、新媒介等与消费者接触的工具,邻居和朋友间的口碑、产品包装、商店内的推销活动、待客之道与产品在货架上的位置等也是接触消费者的重要方式,当然也包括消费者或潜在消费者的朋友、亲戚、上司谈及某人使用该品牌产品的经验,还包括售后服务、各种客户申诉处理的方式、公司用以解决顾客问题或引发额外消费的信函方式,等等。凡此种种都是品牌与消费者的接触工具。找到属于自己的最佳沟通传播形式,以此为主导并与其他沟通传播形式完整结合,进而实现与消费者稳定的关系,这才是整合营销传播的根本所在。只有整合运用各种传播媒介,才能使消费者从各种各样的媒介接受各种形式、不同来源的信息,并且,营销传播者必须努力使这些信息保持"一种声音",实现最大的传播效果。

通过以上分析,我们可以发现,整合营销传播的重要意义在于它提出了一个全新的观念,即以消费者为核心,综合运用各种传播手段来传递"一种声音",以求给消费者传递统一的、清晰的信息,使自己的信息不致被包围着消费者的信息大潮所淹没,从而实现自己的传播目的。

11.5.3 掌握整合营销的步骤

整合营销需要营销传播人员了解他们想要争取的受众和他们想要得到的反应。他们必须善于发掘广告信息,这些广告信息应考虑到目标受众会对此做出什么反应。他们必须通过能赢得受众的媒体推出这些广告信息,而且必须搜集反馈,以便估计受众对广告信息的反应。概括来讲,整合营销包括以下步骤。

1. 明确目标受众

营销传播人员首先要做到对其目标受众了然于胸。受众可能是潜在的购买者,也有可能是目前的用户,他们是那些决定购买或影响购买的人。受众可以是个人、群体、特殊公众或一般大众。目标受众在以下几个方面对传播人员的决定有极大的影响:说什么、怎么说、何时说、何地说,以及由谁来说。

2. 确定传播目标

在大多数情况下,传播的最终目标是购买。但是,购买是消费者要经过长期考虑才能做出的决定。营销传播人员需要了解其目标受众目前处于购买决策(知晓、了解、喜欢、偏好、信任和购买)中的哪个阶段,以及需要引导到什么阶段。对处于不同购买阶段的消费者,要确定不同的传播目标。

3. 选择广告信息

传播人员在明确了所需的受众反应后,就要着手发掘有效的广告信息。理想的广告信息应当得到消费者注意,保持消费者兴趣,引发消费者欲望并获得行动(AIDA 模式的体系)。在实际运作中,很少能有几则广告信息能把消费者从知晓一直引导到购买。要策划出一则好的广告,营销传播必须决定说什么(信息内容)和如何说(信息结构及格式)。

4. 选择媒体

广告信息确定后,传播人员必须选定媒体,即宣传渠道。宣传渠道有个人的和非个人的两种类型。

(1) 个人宣传渠道

通过个人宣传渠道,两个或更多的人直接互相交流。他们可以通过面对面、电话甚至邮件交流。因为个人宣传渠道考虑到了个人的演说和反馈,所以效果良好。个人影响对于那些价格昂贵、风险大或别人容易看到的产品来说很有价值。

(2) 非个人宣传渠道

非个人宣传渠道是不通过个人联系和反馈来传播信息的媒体。这种渠道包括主要媒体、氛围和活动。主要媒体包括报刊媒体（报纸、杂志和直接邮件）、广播媒体（广播、电视）以及展示媒体（广告牌、招牌和招贴画）。氛围是特别设计的环境，能够营造出加强消费者购买某一产品的气氛。因此，律师事务所和银行的设计要考虑到传达客户可能看重的信任和其他素质，两者显然不同。活动是安排好的事件，向目标受众传达信息。例如，公共关系部门安排记者招待会、首场演出、表演和展览、公共旅行以及其他活动。

(3) 信息来源

无论是个人还是非个人宣传，广告信息对目标受众的影响还取决于受众如何看待传播人员。通过相当可信的来源传达的信息更有说服力。例如，医药公司要让医生们谈谈产品的益处，因为医生是相当可信的人物。许多食品公司把促销宣传瞄准医生、牙医和其他提供健康保障的人员，从而促使这些职业人士向病人推荐他们公司的产品。营销人员还雇用著名的演员、运动员，甚至通过漫画形象来传达他们的信息。篮球巨星迈克尔·乔丹使"佳得乐"饮料、麦当劳快餐和耐克运动鞋销售量大增，篮球巨星夏基尔·奥尼尔则支撑起百事可乐广告门面。

5. 搜集反馈

宣传人员在发布广告信息后，必须对其目标受众的影响进行研究。这种研究包括询问目标受众的成员是否记得这一信息，看到多少次，记住了哪几点，对信息感觉如何，以及他们对该产品及公司以前和现在的态度。宣传人员还需要衡量广告信息引起的行为变化，即多少人买了该产品，或与别人谈过它，或者去过商场了解该产品。

以上几个环节经常是相互交叉的。由于每个公司在进行整合营销传播时所遇到的机遇与挑战不尽相同，这主要取决于它们的业务、所依赖的渠道、消费者或客户数据的可获得性、对顾客进行细分的能力。但最重要的决定因素是组织的管理模式和战略方针。因此，在实际工作中，并不存在统一的整合营销传播模式。然而，尽管存在这些组织性的差异，在进行整合时还是有一些共同之处的。如同每个人都要经过婴儿期、童年、青春期最终到达成年一样，各个组织在进行营销传播时也要历经相似的阶段或层次。我们在此提出的阶段并不像人的成长阶段那样严格，然而，各个组织在进行整合营销传播时，的确要做相同的工作，解决相似的困难。

【案例启示】

在各种因素的综合作用下，2002年10月麦当劳股价跌至7年以来的最低点，比1998年缩水了70%，并在2002年第四季度第一次出现了亏损。为改变这种情况，2003年9月2日，麦当劳正式启动"我就喜欢"品牌更新计划。

麦当劳第一次同时在全球100多个国家和地区联合起来用同一组广告、同一种信息进行品牌宣传，一改几十年不变的"迎合妈妈和小孩"的快乐形象，放弃坚持了近50年的"家庭"定位举措，将注意力对准35岁以下的年轻消费群体，围绕着"酷"、"自己做主"、"我行我素"等年轻人推崇的理念，把麦当劳打造成年轻化、时尚化的形象。同时，麦当劳连锁店的广告海报和员工服装的基本色都换成了时尚前卫的黑色。配合品牌广告宣传，麦当劳推出了一系列超"酷"的促销活动,比如只要对服务员大声说"我就喜欢"或"I'm lovin it",就能获赠圆筒冰激凌,这样的活动很受年轻人的欢迎。2003年11月24日,麦当劳与中国移动"动感地带"(M-Zone)宣布结成合作联盟,并在全国麦当劳店内同步推出了一系列"我的地盘,我就喜欢"的"通信+快餐"的协同营销活动。麦当劳还在中国餐厅内提供WiFi服务,让消费者可以在麦当劳餐厅内享受时尚的无线上网乐趣。2004年2月12日,麦当劳与姚明签约,姚明成为麦当劳全球形象代言人。姚明将在身体健康和活动性、奥林匹克计划以及"我就喜欢"营销活动和客户沟通方面发挥重要作用。2004年2月23日,麦当劳推出"365天给你优质惊喜,超值惊喜"活动,推出一项"超值惊喜、不过5元"的促销活动。在2004年2月23日到8月24日期间,共有近10款食品价格降到了5元以内。2004年2月27日,麦当劳宣布,将其全球范围内的奥运会合作伙伴关系延长到2012年,此举一次性地将其赞助权延长连续四届奥运会。这一为期八年的续约延续了麦当劳在餐馆和食品服务领域向2006年意大利都灵冬季奥运会、2008年中国北京夏季奥运会、2010年加拿大温哥华冬季奥运会以及2012年英国伦敦夏季奥运会的独家销售权利,还可以在全球营销活动中使用奥运会的五环标志,并获得对全球201个国家和地区的奥运会参赛队伍的独家赞助机会。

经过一系列的努力,麦当劳2003年11月份全球销售收入增长了14.9%,亚太地区的销售收入增长了16.2%。公司的股价逆市上涨,创下了16个月以来的新高。

微信扫码查看

课后自测

案例分析

【实训操作】

一、实训内容

对淘宝高级别店家进行访谈,具体了解淘宝店铺卖家是如果开展营销活动的,哪些营销活动在什么情况下是最有效的,了解最流行的店铺推广方式。

要求:

1. 分组完成;
2. 选择淘宝网皇冠级别以上的卖家进行调查;
3. 可以通过网络或线下与卖家交流,也可以通过搜索引擎来进行调查;
4. 调查网上销售的特点及特殊要求,了解网络营销策略的特殊性;
5. 形成书面报告;
6. 每小组制作PPT,展示报告内容。

二、实训步骤

1. 学生分组;
2. 教师指定或小组自选淘宝网站高级别网店;

3. 小组讨论,明确任务,组内分工;
4. 搜集资料;
5. 小组集合,集中资料,讨论分析;
6. 形成报告;
7. PPT展示讲解。

三、实训考核

1. 课后准备充分,收集资料全面;(2分)
2. 积极参与活动,小组讨论热烈;(2分)
3. 搜集资料全面,分析深入;(3分)
4. 报告规范,讲解精彩。(3分)

参考文献

[1] 皮菊云.市场营销[M].银川:宁夏人民出版社,2006.
[2] 彭石普.市场营销原理与实训教程[M].北京:高等教育出版社,2006.
[3] 文腊梅.市场营销实务[M].长沙:湖南大学出版社,2006.
[4] 黄彪虎.市场营销原理与操作[M].北京:北京交通大学出版社,2008.
[5] 伍翼程,李倩兰,李乐群.市场营销原理与实务[M].长沙:中南大学出版社,2004.
[6] 菲利普·科特勒.营销管理(亚洲版·第三版)[M].北京:中国人民大学出版社,2005.
[7] 吴健安,郭国庆,钟育赣.市场营销学[M].北京:高等教育出版社,2000.
[8] 方光罗.市场营销学[M].大连:东北财经大学出版社,2001.
[9] 高云龙,朱李明.市场营销学教程[M].北京:社会科学出版社,2001.
[10] 王耀球,万晓.网络营销[M].北京:清华大学出版社,2004.
[11] 王立新.网络营销[M].北京:机械工业出版社,2003.
[12] 屈云波.电子商务[M].北京:企业管理出版社,1999.
[13] 方玲玉,曹虎山,黎利红.电子商务概论[M].长沙:中南大学出版社,2004.
[14] 罗文英,傅尔基.市场营销学——策略与实训[M].上海:华东理工大学出版社,2004.
[15] 徐育斐.市场营销策划[M].大连:东北财经大学出版社,2002.
[16] 尚晓春.市场营销策划[M].北京:高等教育出版社,2000.
[17] 叶万春.企业营销策划[M].广州:广东经济出版社,2001.
[18] 李汉君.西方经济学[M].北京:中国商业出版社,1997.
[19] 劳动部就业培训指导中心.国家职业资格培训教程营销师三级[M].北京:中国广播电视大学出版社,2006.
[20] 韩庆祥.市场营销学[M].北京:高等教育出版社,1999.
[21] 纪宝成,吕一林.市场营销学教程[M].北京:中国人民大学出版社,2002.
[22] 何永祺,张传忠,蔡新春.市场营销学[M].大连:东北财经大学出版社,2001.
[23] 梁修庆,邱志强.市场营销管理[M].北京:科学出版社,2002.
[24] 兰芩.现代市场营销学[M].北京:首都经济贸易大学出版社,2003.
[25] 杨浩.国际营销[M].北京:中国华侨出版社,2002.
[26] 汪长江,王又绳,陈杰.市场营销理论与实务[M].北京:北京工业大学出版社,2004.
[27] 毕甫清.市场营销学[M].北京:中国轻工业出版社,2004.
[28] 吴晓云.国际市场营销学[M].天津:天津大学出版社,2004.
[29] 张载伦,丁家桃.工业市场学[M].北京:中国经济出版社,1995.

[30] 薛仲章.市场体系及其运作[M].天津:天津大学出版社,1995.
[31] 郭国庆,李先国.营销管理[M].大连:东北财经大学出版社,2002.
[32] 符国群.消费者行为学[M].武汉:武汉大学出版社,2000.
[33] 张晋光,黄国辉.市场营销[M].北京:机械工业出版社,2005.
[34] 王瑜.现代市场营销学[M].北京:高等教育出版社,2003.
[35] 韩庆祥.前沿营销[M].北京:中国经济出版社,2004.
[36] 谭晨辉."五化"的消费者[J].中国营销评论,2006.
[37] 窦毅.不看技术看市场[N].中国经营报,2006-01-09.